La madurez de Miguel de Cervantes
Una vida en la Corte
(1580-1604)

CRÓNICAS DE LA HISTORIA

José Manuel Lucía Megías

La madurez de Miguel de Cervantes

Una vida en la Corte
(1580-1604)

www.edaf.net

MADRID - MÉXICO - BUENOS AIRES - SAN JUAN - SANTIAGO
2016

© 2016 José Manuel Lucía Megías.
© Diseño de la cubierta e ilustraciones de teatro, imprenta, Esquivias y planos del esquema de Cervantes por Andalucía: Ricardo Sánchez.
© Edición: Melquíades Prieto.
© 2016. De esta edición, Editorial EDAF, S. L. U., Jorge Juan 68 -28009 Madrid (España)
Documentación: autor, BNE, RAE,.AHN,AGS, AGI, UCM, Protocolos, mps.

EDITORIAL EDAF, S. L. U.
Jorge Juan, 68. 28009 Madrid
Tel. (34) 91 435 82 60
http://www.edaf.net
edaf@edaf.net

ALGABA EDICIONES, S. A. DE C. V.
Calle 21, Poniente 3323, entre la 33 Sur y la 35 Sur
Colonia Belisario Domínguez
Puebla 72180. México
522222111387
jaimebreton@edaf.com.mx

EDAF DEL PLATA, S. A.
Chile, 2222
1227 Buenos Aires, Argentina
11 43 08 52 22
edaf4@speedy.com.ar

EDAF CHILE, S. A.
Coyancura, 2270 Oficina, 914
Providencia, Santiago de Chile
Tel (56) 2/335 75 11 - (56) 2/334 84 17
Fax (56) 2/ 231 13 97
e-mail: comercialedafchile@edafchile.cl

EDAF ANTILLAS, INC/FORSA
Local 30 A-2
Zona Portuaria Puerto Nuevo
San Juan PR 00920
Tel. (787) 707-1792 - Fax (787) 707 17 97
e-mail: carlos@forsapr.com

Queda prohibida, salvo excepción prevista en la ley, cualquier forma de reproducción, distribución, comunicación pública y transformación de esta obra sin contar con la autorización de los titulares de la propiedad intelectual. La infracción de los derechos mencionados puede ser constitutiva de delito contra la propiedad intelectual (art. 270 y siguientes del Código Penal). El centro Español de Derechos Reprográficos (CEDRO) vela por el respeto de los citados derechos.

1.ª edición: noviembre de 2016

ISBN: 978-84-414-3693-0
Depósito legal: M-28762-2016

Graficas COFÁS. Pol. Ind. Prado Regordoño. Móstoles (Madrid)

A Carlos Alvar, Juan Manuel Cacho Blecua
y Fernando Gómez Redondo, maestros

Lo que se sabe sentir, se sabe decir
El amante liberal

No hay libro, que por malo que sea, no contenga algo bueno
El Quijote

Yo sé quien soy
El Quijote

Índice

INTRODUCCIÓN (al ritmo del juego de la oca de la *Filosofía cortesana* de Alonso de Barros) 11

1.- MIGUEL DE CERVANTES, EN EL LABERINTO DE LA CORTE 19
    Miguel de Cervantes llega a la Corte: ¿comienzo de una nueva vida?............... 19
    La Corte de la Monarquía Hispánica: el laberinto del poder y de las mercedes 23
    Más acá de la Corte: las facciones políticas 33
    Babilónica confusión: pretendientes y pleiteantes en la Corte........................ 38
    El primer trabajo de Miguel de Cervantes en la Corte: ¿espía o correo al servicio del rey? 43
    El primer autógrafo de Miguel de Cervantes: Madrid, 17 de agosto de 1582........ 52
    El sueño americano de Miguel de Cervantes: «busque por acá en qué se le haga merced» 59
    El (posible) oficio de Miguel de Cervantes en la Corte: agente de negocios 71
    Los círculos cortesanos de Miguel de Cervantes: de los poetas papistas a la cercanía del partido castellanista.. 75
    Un ¿viaje literario? a Esquivias: el Cancionero de Pedro Laínez 89
    Entre la Corte y la aldea: el matrimonio de Miguel de Cervantes con Catalina de Salazar 94
    Isabel de Saavedra, la hija natural de Miguel de Cervantes: un ejemplo de construcción biográfica 109

2.- MIGUEL DE CERVANTES, EN EL LABERINTO DE LAS LETRAS....................... 121
    El Madrid literario de Miguel de Cervantes: guía de avisos para escritores........... 121
    Las musas rameras: hacia profesionalización de la escritura................................ 127
    Aquí se imprimen libros: el libro entre el autor y la imprenta.............................. 135
    Miguel de Cervantes vende el privilegio de impresión de *La Galatea* 148
    Reivindicación de Blas de Robles, mercader de libros.. 156
    Muchos de los disfrazados pastores de ella lo eran solo en el hábito: *La Galatea* de Miguel de Cervantes... 162
    El *Canto de Calíope*: el mundo cortesano se hace literatura 170
    Es arte y no oficio mecánico: escritores y autores en los corrales de comedias...... 176
    Miguel de Cervantes, escritor de comedias para Gaspar de Porres (1585) y Rodrigo Osorio (1592) 196
    Los textos dentro del corral de comedias: cinco papeles de actor de

El trato de Argel y de *La conquista de Jerusalén* 206
Los textos fuera del corral de comedias: las copias manuscritas de *Los tratos de Argel*, *La Numancia* y *La conquista de Jerusalén* 218
Es más versado en desdichas que en versos: Miguel de Cervantes poeta 225
Miguel de Cervantes y Lope de Vega: historia de un enfrentamiento anunciado.. 240

3.- MIGUEL DE CERVANTES EN EL LABERINTO DE LAS CUENTAS REALES 251

Miguel de Cervantes consigue una merced: «comisario sobre la saca y embargo del pan de Andalucía» 251
El bastimento de las galeras: «verdaderamente cosa encantada» 263
Los primeros encargos del comisario real de abastos Miguel de Cervantes: las sacas de trigo y aceite en Écija (1587-1589) 269
«Con la iglesia hemos dado»: Miguel de Cervantes excomulgado 285
Miguel de Cervantes, «criado de su Majestad»: comisario real de abastos (1587-1594) 289
El sueldo de un comisario real de abastos: las dificultades económicas de Miguel de Cervantes 299
¿«Busque por acá en que se haga merced»?: Miguel de Cervantes, recaudador de impuestos (1594-1595) 304
Miguel de Cervantes, testigo literario de su tiempo: de la Armada Invencible a la muerte de Felipe II 312
Miguel de Cervantes en la cárcel: de la amenaza (Castro del Río, 1592) a la realidad (Cárcel Real de Sevilla, 1597-1598) 328
¿Se engendró el Quijote durante la estancia de Miguel de Cervantes en la Cárcel Real de Sevilla? 336
Una cárcel imaginada y mítica: la Cueva de Medrano en Argamasilla de Alba 347
Miguel de Cervantes más allá de las mercedes: el hombre en los márgenes de la Corte 359

EPÍLOGO: VALLADOLID ES CORTE 369

Bibliografía 377
Índice onomástico.. 385
Índice toponímicoo... 393

Introducción
(al ritmo del juego de la oca de la *Filosofía cortesana*
de Alonso de Barros)

Desde que Alonso de Barros le regalara un ejemplar de su *Filosofía cortesana*, el rito se repite todas las tardes. No importa el frío o el calor que haga en la calle, no importan las labores que hay que dejar a la mitad o si se espera o no alguna visita. A las cinco de la tarde se juega una partida de la *Filosofía cortesana* en casa de Miguel de Cervantes, en la recién casa alquilada en Valladolid, donde todo parece y es nuevo. La Corte, las disputas, las peleas, los pleitos y las pretensiones. Una o dos partidas.

El rito es siempre el mismo. Como debe ser entre personas habituadas al juego, a la disciplina del juego. Miguel de Cervantes despeja la mesa del escritorio. Se cierran las ventanas y se encienden las velas. El ambiente es tan importante como el propio juego. Alrededor de la mesa se reparten los asientos. Los fijos: Miguel de Cervantes y su mujer Catalina Palacios, que va comprendiendo mejor a su marido y la Corte a medida que se adentra en el juego; Andrea, que ha demostrado una gran pericia a la hora de jugar y que los dados le regalan una suerte que la vida se empeña en arrebatársela; y luego los amigos de Cervantes, eso que ha granjeado antes por su condición que por su ingenio; esos amigos que, desde hace unas semanas, se dejan caer a esta hora, sabiendo que la diversión —y alguna ganancia— está asegurada. Por supuesto, Juana Gaitán, que les ha acompañado a Valladolid abandonando sus tierras de Esquivias y que vive en el piso de arriba, y el negociante italiano Agustín Reggio y su buen amigo, Simon Méndez, financiero portugués que tenía a su cargo las aduanas marítimas de Castilla y de Galicia. Y poco más. Este es el círculo más íntimo de Miguel de Cervantes en la nueva Corte.

Las risas nerviosas se mezclan con los elogios por tan brillante juego, y todos recuerdan cómo tan solo hacía unos años había llegado a manos de su Majestad Nuestro Señor el Rey Felipe el juego de la oca, procedente de Italia. Pero el artificio

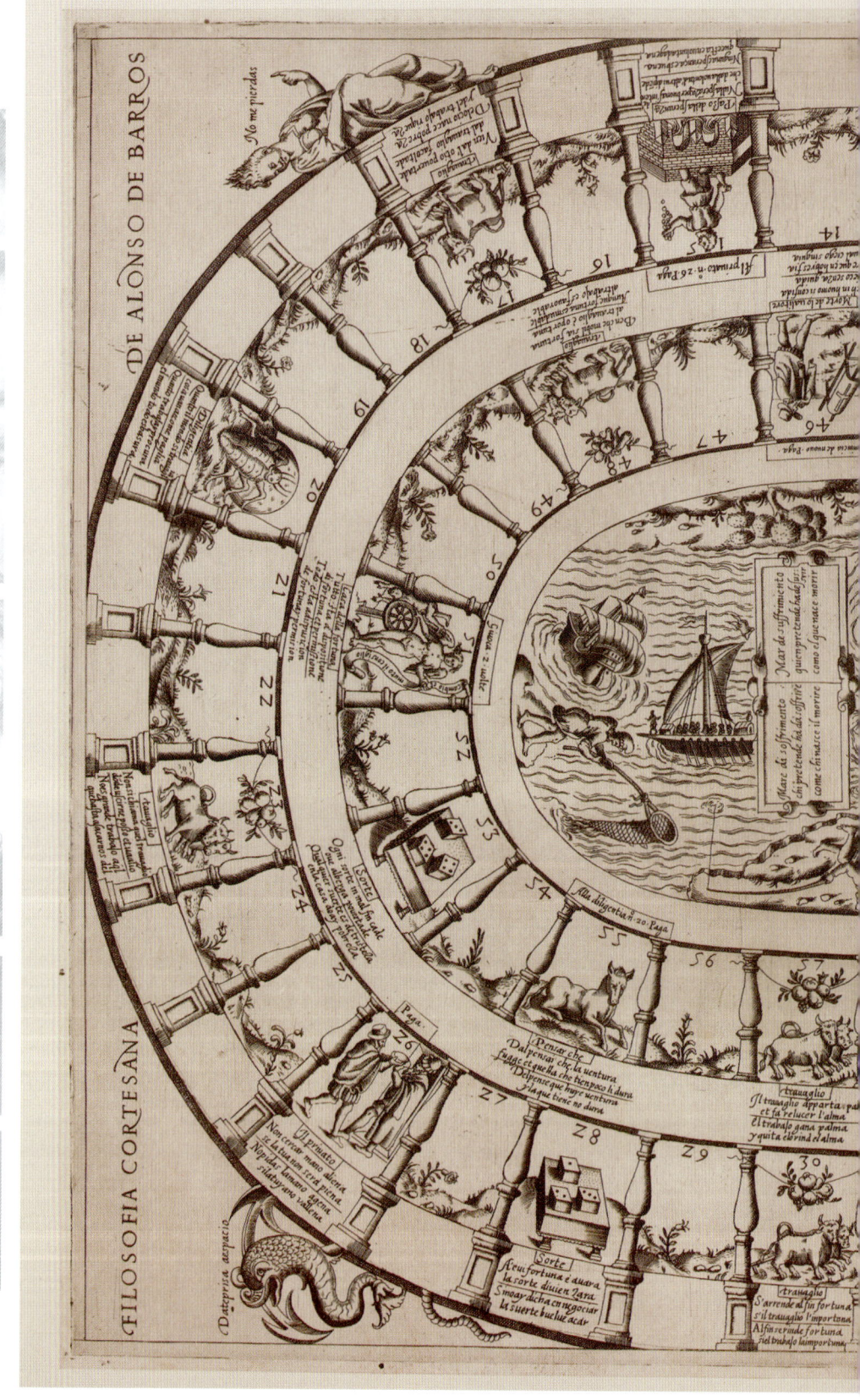

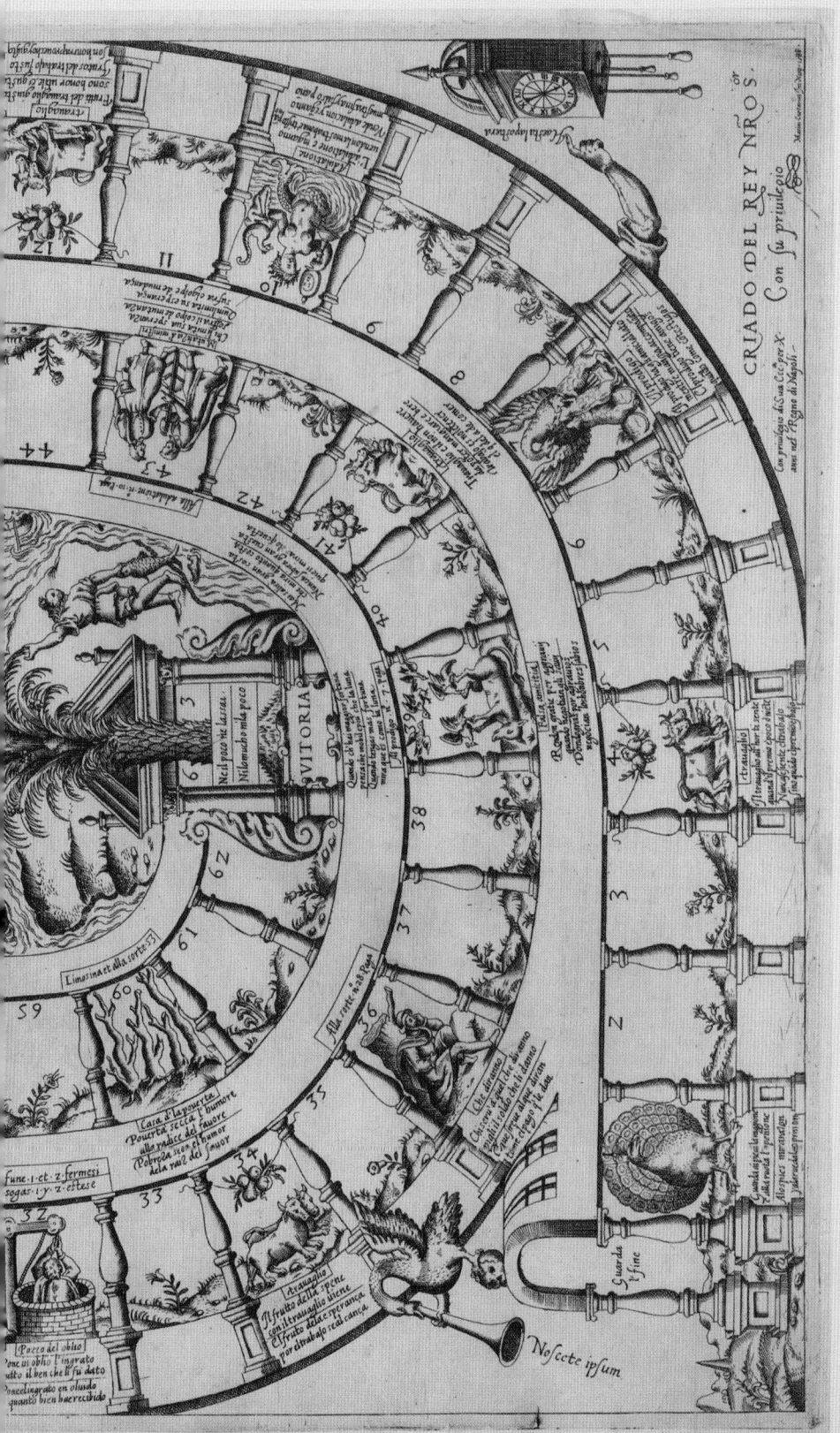

de Alonso de Barros a todos aventaja. Ellos juegan a la Corte sin tener que salir de la habitación. Algunos de ellos, como Cervantes, sueñan con tener más suerte con los dados que la que tienen en la vida real, llena de promesas, de trabajos, de desesperadas esperas en las antesalas de tantos Consejos.

Un suspiro compartido da la bienvenida al juego. Un suspiro que antes que ser de sorpresa es de esperanza. Todos sueñan con ganar aquella tarde como todos siguen soñando que esta victoria es un buen presagio del añorado triunfo en la vida real. Juegan a vencer en la *Filosofía cortesana* lo que el día a día se empeña en negarles. Los sueños de papel por unas horas pueden convertirse en sueños de verdad. ¿Por qué no será posible que la palma de la victoria en este particular juego de la oca no sea la certeza de la palma del triunfo en sus pretensiones cortesanas? Porque todos, en alguna o en otra medida, están enredados en la telaraña de sus sueños, de sus ilusiones, de sus peticiones y pretensiones. A modo de comienzo, Cervantes recuerda, con voz impostada como un verdadero maestro de ceremonias, las cuatro virtudes que todo pretendiente de la corte, que todo jugador de la *Filosofía cortesana* debe hacer gala: liberalidad, adulación, diligencia y trabajo.

Si hay algún jugador nuevo, algún pretendiente novel, se le pide a Cervantes que recite el soneto que le había escrito a su amigo Alonso de Barros como antesala de su obra. Y Miguel de Cervantes no se hace rogar mucho: le gusta oírse recitar, le gusta ver la impresión que sus versos suscitan en el público, esos versos que tanto adora pues, por encima de cualquier otro oficio, otro sueño, él se sueña con ser reconocido como uno de los mejores poetas de su tiempo:

> *Cual vemos del rosado y rico oriente*
> *la blanca y dura piedra señalarse*
> *y en todo, aunque pequeña, aventajarse*
> *a la mayor del Cáucaso eminente,*
>
> *tal este humilde al parecer presente*
> *puede y debe mirarse y admirarse,*
> *no por la cantidad, mas por mostrarse*
> *ser en su calidad tan excelente.*
>
> *El que navega por el golfo insano*
> *del mar de pretensiones verá al punto*
> *del cortesano laberinto el hilo.*
>
> *¡Felice ingenio y venturosa mano*
> *qu'el deleite y provecho puso junto*
> *en juego alegre, en dulce y claro estilo!*

Catalina Palacios, que casi ya se sabe de memoria los versos de tanto oírlos en la voz de su marido, vuelve la vista al tablero y recuerda las reglas haciendo acallar los aplausos y parabienes de los presentes: lo primero, establecer la cuantía de la «polla», del premio final del juego que ha de poner cada jugador antes de comenzar; se juega con dos dados y se avanzan tantas casillas como puntos; si se cae en la casilla de los bueyes, que simboliza el trabajo, se avanzan tantas casillas como las que sacó hasta llegar ahí.

Y todos ponen en el centro el dinero estipulado del premio final, encima de la palma de la victoria y el mar del sufrimiento, que recuerda a todos lo que la letra confirma: «Quien pretende ha de sufrir / como el que nace morir»... y todos se hacen cruces antes de comenzar, mirando fijamente la puerta de la opinión. Encima de ella, un cisne que, con su pie derecho sobre una calavera, la muerte »como fin de las cosas», grita con su trompa: «Noscete ipsum, conócete a ti mismo». Pues, antes de comenzar en el juego cortesano de las peticiones, es necesario saber si uno se merece lo que está pidiendo, no dejarse engañar por su alta estimación o el canto suicida de los aduladores. Un pavo real al inicio del juego y una letra, que todos leen sabiendo que no es a ellos a quien se refiere:

A los pies mira Razón
y a la rueda la Opinión.

Como un rito no escrito pero aceptado por todos, Miguel de Cervantes es el primero que tira los dados... cuatro. Uno, dos, tres y cuatro... «el trabajo»:

Nunca se siente el trabajo,
sino cuando el premio es bajo...

Y otros cuatro gracias a este primer impulso, dejando en la casilla 7 al pródigo y acercándose peligrosamente a la «adulación».

Esta vez será, esta vez sí que será, sí que llegará a la palma, sí que se llevará la cuantía del premio final, sí que se le hará merced, la tan esperada merced...

La vida es un juego... tan solo un juego.

****

Nunca imaginé que la aventura editorial de la biografía de Miguel de Cervantes me llevara por campos, tierras y mares tan diversos; que me obligara a retomar temas y asuntos conocidos y cercanos (el libro manuscrito e impreso, los autógrafos, la poesía de los Siglos de Oro), y, sobre todo, que me pusiera a las puertas de otros de los que siempre había oído hablar pero a los que nunca me había acercado: desde la organización de la Corte a la forma de recaudar víveres para las galeras, del modo de gestionar un corral de comedias a los múltiples oficios que surgieron al calor de los préstamos y el dinero a lo largo y ancho de los Siglos de Oro. Si el primer tomo de la biografía cervantina, *La juventud de Cervantes*, estaba marcado por la aventura y la construcción, por la incógnita y la esperanza, este segundo tomo, *La madurez de Cervantes*, me ha llevado a los derroteros de la reflexión, de la mirada serena, del paso de los sueños a ese "no hubo nada" con que acaba uno de los sonetos más famosos y conocidos de Cervantes. La madurez de Cervantes es un nuevo viaje. Un viaje bien diferente, con ese otro tono que marcan los años. En una de esas casualidades de la vida, de las letras, le he dejado a Cervantes en este segundo tomo frisando la edad de los cincuenta años, que son justo los años que yo he cumplido en el momento de su escritura. Carambolas del destino, del tiempo.

Pero lo que no ha cambiado en nada del primero al segundo de los tomos ha sido la generosidad de tantos amigos y compañeros que me han iluminado con su sabiduría, con sus conocimientos, que han leído muchas de las páginas del libro y las han comentado, mejorado; lectores y amigos que, con enorme paciencia, han contestado a mis dudas y me ha regalado algunas de las perlas que aquí encontrarás reunidas, lector, en este libro. A todos ellos, mil gracias, compañeros del alma: Alfredo Alvar, Feliciano Barrios, Cristina Castillo, Mª Augusta da Costa, Daniele Cravileri, Claudia Demattè, José Díaz-Pintado Hilario, Carmen y Justo Fernández, Ruth Fine, María Antonia Garcés, Pablo Jauralde, Abraham Madroñal, Emilio Maganto Hilario, Francisco José Marín Perellón, José Martínez Millán, José Montero Reguera, John O'Neill, Francisco Peña, Vicente Sánchez Moltó, Eduardo Torres, Aurelio Vargas Díaz-Toledo, Germán Vega García-Luengos, y ¡cómo no! a Melquiades Prieto, que ha compartido tantas horas en darle forma definitiva a este libro. Pero, entre ellos, quiero destacar a José Cabello Núñez, archivero de La Puebla de Cazalla, que ha sido uno de los regalos que me han concedido las celebraciones cervantinas en el 2016. No podré olvidar su entusiasmo y la triste historia personal que se esconde tras el descubrimiento de algunos de los últimos documentos cervantinos en Sevilla, que han permitido arrojar luz a algunos meses de silencio biográfico, y que han vinculado a Cervantes con personajes como Cristóbal de Barros. A José Cabello Núñez no solo hay que agradecerle su generosidad a la hora de compartir sus descubrimientos (como el posible significado de «en astillero» que le ha llevado a Andrés Trapiello a cambiar una línea en su espléndida traducción del *Quijote* al español moderno), que en nuestro libro, además de las decenas de correos compartidos, se ha concretado en la tabla que ha servido para poder (creo que por primera vez) hacer comprensible las comisiones de las que se hizo cargo Cervantes en su periplo andaluz como comisario real de abastos y como recaudador de impuestos atrasados, sino también ese entusiasmo cervantino que a nadie deja indiferente. En un mundo en que parece que se han perdido los valores de la liberalidad, la diligencia y el trabajo, ejemplos de tantos buenos amigos como los aquí convocados, demuestran todo lo contrario.

Vale.

1. Miguel de Cervantes en el laberinto de la Corte

Miguel de Cervantes llega a la Corte: ¿comienzo de una nueva vida?

El 27 de octubre de 1580 llega a las costas de Denia el padre Juan Gil con los últimos ocho cautivos que había conseguido liberar desde que su compañero, Antonio de la Bella, partiera el 3 de agosto de Argel con el grueso de los liberados de este año, hasta un total de 108. Entre los ahora ocho rescatados se encuentra Miguel de Cervantes, salvado *in extremis*, y gracias a que Hazán Bajá no quiso liberar a Don Jerónimo de Palafox por menos de mil escudos «por ser hombre de grande rescate y ser caballero». Por esta razón, el padre trinitario pudo utilizar los 500 escudos de oro que había ofrecido por él para rescatar a Miguel. No siempre nuestro autor tuvo la fortuna en contra.

      Llegó Cervantes a Valencia unos días después y, seguramente, no se repitiera el rito que se había vivido en Valencia el pasado agosto con más de cien liberados: la procesión desde el monasterio de Nuestra Señora de los Remedios, que se encontraba extramuros, en la que los cautivos eran acompañados por clérigos, frailes y una música que no dejaba a nadie indiferente, hasta llegar a la Seu donde eran recibidos por los canónigos, racioneros y capellanes, con los que cantaban el *Te Deum*, celebraban una nueva procesión, ahora en su interior, y oirían misa, para volver, en el mismo orden al monasterio donde les daban de comer. Difícil imaginar una triste y menguada procesión con tan solo ocho rescatados. Sin más ceremonias que las necesarias, seguramente les entregarían a todos ellos su patente de libertad, que les servía de salvoconducto, así como la licencia para volver a sus hogares. Seguro que es un lugar común y repetido por decenas de labios cada año al llegar a las costas valencianas, pero no por repetido debe dejar de ser cierto cuando así lo escribe y lo recuerda Cervantes en la novela *El amante liberal* (1613): «uno de los mayores [contentos] que en esta vida se puede tener, llegar, después de luengo cautiverio, salvo y sano a su patria». Sano y salvo, sin duda… pero no libre de deudas.

Con la llegada de los cautivos a Valencia, da comienzo el ritual religioso pero también el administrativo: Miguel de Cervantes, gracias a Juan de Estéfano, un compañero cautivo que viaja de Valencia a Madrid, le hace llegar a su familia una carta anunciándoles que, ¡por fin!, ha sido liberado. Es el momento en que su padre se ponga en marcha para solicitar una información con testigos que dé cuenta de este hecho, para así presentar al Consejo de Cruzada que, no lo olvidemos, había prestado sus buenos ducados para la ayuda de su rescate, o al Consejo de Estado para conseguir alguna nueva ayuda, como era habitual en la época. La información, que se encuentra actualmente en el Archivo Histórico de Protocolos de Madrid (Protocolo 499, fols. 1380r-1382r), se va a realizar en Madrid entre el 1 y el 9 de diciembre, y en ella, los testigos presentados van a confirmar que conocen a Cervantes y que lo han visto «rescatado y libre en la ciudad de Valencia» y, sobre todo, la cuantía del rescate: «quinientos escudos que valen en la dicha ciudad de Argel a quince reales y medio cada uno». ¿Quiénes fueron los testigos? Tres compañeros con los que coincidió en tierras argelinas: el citado Juan de Estéfano, «también cautivo en la dicha ciudad de Argel con el mismo amo que el dicho Miguel de Cervantes estaba, y estaban juntos en una casa»; Mateo Pascual, «negociante que pasó muchas veces a la ciudad de Argel» y el portugués Francisco de Aguilar que «lo sabe porque lo vido por vista de ojos estando este testigo cautivo en la dicha ciudad, y vinieron juntos en una nave cuando se rescataron».

El 18 de diciembre de 1580, estando ya instalado en Madrid, Miguel de Cervantes vuelve a solicitar que se le haga información sobre su cautiverio y rescate. Comienza así su carrera para pagar las deudas contraídas y, sobre todo, contar con papeles que le permitan abrirse paso en el laberíntico entramado de clientelismo e influencias que es la Corte. Su solicitud no deja lugar a dudas de la finalidad del documento y de las preocupaciones a las que quería dar respuesta:

> Miguel de Cervantes, natural de Alcalá de Henares, residente en esta Corte, digo que a mi derecho conviene probar y averiguar con información de testigos de [1] cómo yo he sido cautivo en la ciudad de Argel, [2] y cómo soy rescatado y lo que costó mi rescate, y lo que quedo a deber de él, y [3] cómo yo salí a pagarlo a cierto tiempo.

En este caso, los testigos serán también dos compañeros de cautiverio: Rodrigo de Chaves y, de nuevo, Francisco de Aguilar. Gracias a sus testimonios, conocemos las deudas con las que vuelve Miguel de Cervantes a España, y que se convertirán en el motor para conseguir su ansiada merced, pago a los servicios prestados a la corona: por un lado, «dos mil reales al dicho fraile [Juan Gil], de la orden de la

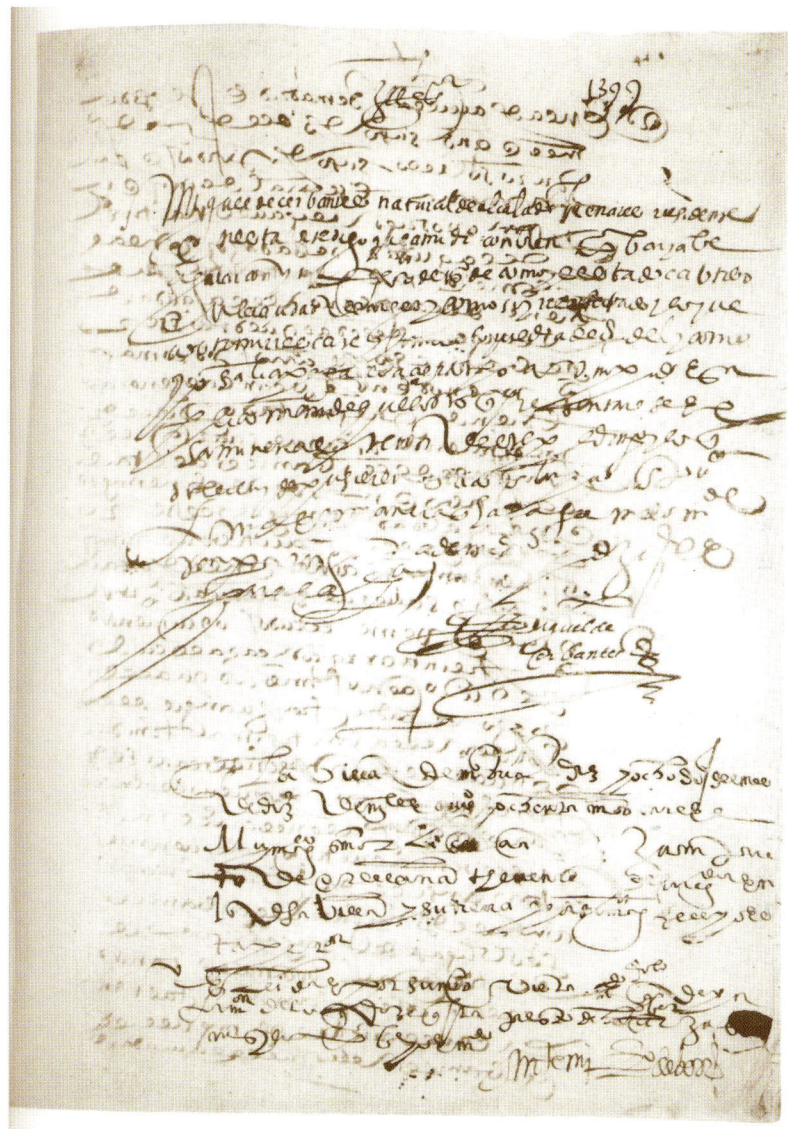

Solicitud de Miguel de Cervantes para que se haga información sobre su cautiverio en Argel, Madrid, 18 de diciembre de 1580: Archivo Histórico de protocolos de Madrid: Protocolo 499, fol. 1399r-1141r

Trinidad, y de ellos le hizo cédula de se los pagar a cierto tiempo»; y por otro, «más de mil reales, los cuales le habían prestado algunos mercaderes cristianos, que iban a la dicha ciudad para comer y otras cosas para pasar su cautiverio». Nada nuevo en aquella época. El mismo 19 de diciembre de 1580, Rodrigo de Chaves ante idéntico teniente de corregidor de la villa de Madrid, el licenciado Pietro de Orellana, hará una petición de información similar a la de Cervantes, en la que cuenta su periplo como cautivo (seis años entre Constantinopla y Argel), y las deudas que ha contraído en el momento de haber sido liberado. Miguel de Cervantes será uno de los testigos y, como le sucediera a él, sus deudas proceden de lo que adelantaron los frailes trinitarios para su rescate y el pago a los mercaderes en Argel para poder comer y sobrevivir mientras estuvo cautivo:

> y sabe que está rescatado y que le costó su rescate trecientos escudos de oro de a cuatrocientos maravedís cada uno y de ellos quedó debiendo al padre fray Juan Gil, que le ayudó a rescatar; y a otros mercaderes cristianos que tratan y contratan en la dicha ciudad de Argel dos mil y quinientos reales castellanos, y que se los habían prestado así para su rescate como para comer y vestirse.

A su vuelta a Madrid, Miguel de Cervantes encuentra la casa familiar muy semejante a como la dejó doce años atrás: un padre sordo que intenta sobrevivir como solicitante de causas; una madre, Leonor de Cortinas, cuya mayor preocupación ahora es justificar los sesenta escudos que el Consejo de Cruzada le había entregado para rescatar a sus hijos y conseguir un comprador para la licencia que le permite embarcar dos mil ducados de mercaderías para Argel; Andrea, soltera y con su hija Constanza; Luisa en el convento de Alcalá de Henares; Magdalena buscando marido, y con sueños de conseguirlo en la persona de Juan Pérez de Alcega, natural de Azpeitia, después de su fracaso con don Fernando de Lodeña entre 1575 y 1577, y Juan, el hermano del que solo se acuerda su padre Rodrigo en su testamento en 1585, y del que no tenemos más noticias, ni ahora ni nunca. Seguramente todos ellos vivían en la casa que Andrea tenía alquilada en la Calle de la Reina, en la que sobrevivía con trabajos de costura. El 1 de septiembre de 1573, Andrea toma «a soldada» a Isabel de Alvear, para enseñarla a «labrar y coser y hacer cadenetas»; lo que años después hará también su hermana Magdalena con Isabel de Saavedra, su sobrina.

Pero si en casa todo seguía igual, nada en Madrid de 1580 le recordaba a aquel otro Madrid que dejó cuando partió camino de Roma. A pesar de las historias escuchadas en los tercios o en los baños de Argel, a pesar del continuo querer saber quiénes dominaban en cada momento la Casa del Rey, a quién prestaba oídos el monarca antes de tomar decisiones o de nombrar nuevos cargos o aquellos que habían quedado vacantes, a pesar de querer reconocer las calles, el paseo del Prado, los mentideros, los amigos que había dejado y que ahora soñaba con volver a reencontrar, lo cierto es que Madrid es el mismo Madrid de siempre y es también un Madrid nuevo, un Madrid en continuo cambio y construcción. En sus calles, en sus plazas, en sus fuentes... pero también en sus intrigas, en sus redes de clientelismo e influencias, en sus laberínticos rincones llenos de secretos y de denuncias, de traiciones y de alguna que otra lealtad. Solo permanecía intacto el poder de Felipe II y el cielo azul.

Sin comprender la Corte, lo que significaba la Corte, cómo se organizaba la Corte de la Monarquía Hispánica es imposible comprender los pasos que irá dando Cervantes en sus años de madurez, pasos repetidos y semejantes a tantos otros pretendientes del momento, a tantos otros con los que había compartido tercios en Italia o en Flandes, o cautiverio en Argel o en Constantinopla. La Corte le da unidad a su vida, el sueño de triunfar con uno de los puestos vacantes en América. Da lo mismo que Miguel de Cervantes se encuentre en Madrid, en Tomar o en Sevilla, siempre estará en la Corte porque la Corte es algo más que un espacio, una villa. La Corte es la vida. Solo Madrid es Corte y solo en la Corte un espíritu inquieto y ambicioso como el de Cervantes podrá tener posibilidad de prosperar, aunque no siempre la fortuna le acompañará en su destino. Sin la Corte, sin la unidad y la estructura que aporta la Corte, no es posible comprender a Miguel de Cervantes después de volver de su cautiverio argelino con treinta y tres años.

La Corte de la Monarquía Hispánica: el laberinto del poder y de las mercedes

Madrid no había dejado de crecer desde que fue declarada Corte por Felipe II en 1561, pasando de los 20.000 habitantes de esta fecha a los 90.000 que terminó por tener en 1598, cuando muere el Rey Prudente, o los 142.000 a mediados del siglo XVII. Y lo mismo puede decirse de las casas: si en 1563, se habla de unas 2.500 casas, en 1597 se llega a las 7.000 y en 1618 ya existen 9.439, distribuidas en 396 calles y agrupadas en 13 parroquias.

Las construcciones se multiplican siguiendo el modelo de las casas a la malicia. Desde la Edad Media, existía un impuesto conocido como regalía de aposento, por el que los propietarios de viviendas donde se asentaba en cada momento la Corte estaban obligados a albergar a sus miembros, siempre que su casa poseyera varios pisos y espacio suficiente. ¿Qué sucede cuándo la Corte deja de ser itinerante y se hace estable en Madrid? Comienza entonces un pulso entre el ingenio de los propietarios madrileños y las autoridades reales. Si los segundos no dejan de crear nuevas leyes y controles para hacer efectiva la ley, los primeros potenciarán la construcción de las conocidas como casas a la malicia, viviendas de incómoda partición, con las que sus propietarios, al pagar una tasa, se veían exentos de albergar a ningún funcionario de la Corte. Por eso Madrid, la Corte de la Monarquía Hispánica, aquella que fue durante más de un siglo el centro del mundo conocido, no destaca por sus construcciones imponentes de cara al exterior. Este hecho, esta rapidez en la construcción de nuevas casas en la Corte pasó a ser un tema común en las comedias del momento, que se convierten en voz de lo que los espectadores sufrían día a día en silencio. Limitémonos a un ejemplo, la primera jornada de *Hombre pobre todo es trazas* de Calderón de la Barca comienza con el siguiente diálogo entre don Diego y don Rodrigo, que termina con una pulla final sobre los habitantes de la Corte, que más saben de las vidas ajenas que de las propias:

DON DIEGO Tú seas tan bien venido
como has sido deseado.
RODRIGO Tú seas tan bien hallado
como bien buscado has sido,
que ha tres horas que llegué
y tres mil que ando buscando
esta posada.
DON DIEGO Pues, cuando
te escribí, ¿no te avisé
de la calle?
RODRIGO ¡Lindo talle!
En Madrid ¿no es cosa llana,
señor, que de hoy a mañana
suele perderse una calle?
Porque según cada día
se hacen nuevas, imagino
que desconoce un vecino
hoy adonde ayer vivía.
Y dado caso que hallé
la calle, ¿qué me importó,
si en tu misma casa yo
por ti mismo pregunté
y me dijeron que allí
no estaba tal caballero?
Adonde más considero
la confusión que hay aquí,
pues la huéspeda ignoraba
quién en su casa vivía,
la criada a quién servía
y el huésped quién le pagaba.

DON DIEGO   Aquí a cualquiera condena
el ignorar lo que pasa
dentro de su misma casa
y saber lo del ajena [...] (vv. 1-32).

Y tampoco parece que fuera algo recomendable pasear por las calles de Madrid, a pesar de la limpieza de su aire y de azul de su cielo. Solo hay que recordar las quejas de algunos de los visitantes ilustres que pasaron por la Corte por estos años, que no pueden dejar de expresar su malestar y su repugnancia. Con estas palabras se expresa el caballero flamenco Lamberto de Wyts, quien estuvo en Madrid en 1570 acompañando a la nueva reina, Ana de Austria:

> Tengo esta villa de Madrid por la más sucia y puerca de todas las de España, visto que no se ven por las calles otros que grandes *servidores* (como los llaman), que son grandes orinales de m…, lo cual engendra una fetidez inestimable y villana y tan *luang* (¿), pues si os ocurre andar por dentro del fango, que sin eso no podéis ir a pie, vuestros zapatos se ponen negros, rojos y quemados. No lo digo por haberlo oído decir, sino por haberlo experimentado varias veces. Después de las diez de la noche, no es divertido el pasearse por la ciudad, tanto que, después de esa hora, oís volar orinales y vaciar la porquería por todas partes (Barrios, 2015, p. 217).

Una visión algo más diplomática es la de monseñor Camilo Borghese, que estuvo en Madrid como nuncio extraordinario del papa Clemente VIII, aunque la falta de higiene sigue siendo el centro de las sátiras y de las críticas:

> La ciudad de Madrid, [...] donde reside la Corte, está situada en el reino de Castilla la Nueva. Es bastante grande, llena de habitantes que aseguran que componen 50.000 fuegos. Hay la calle larga, la cual sería hermosa si no fuese por el fango y las porquerías que tiene. Está situada en colinas y en muchos lugares llena de cuestas. Las casas son malas y feas, y hechas casi todas de tierra y, entre las otras imperfecciones, no tiene aceras ni letrinas: por lo que todos hacen sus necesidades en los orinales, los cuales tiran después a la calle, cosa que produce un hedor insoportable (Barrios, 2015, p. 217).

No debía de haber cambiado en 1585, cuando la viuda de Alonso Gómez imprime el *Pregón general para la buena gobernación de esta Corte*. La disposición nº 65 endurece las penas para criados y señores que sigan con esta costumbre tan poco higiénica:

> Otrosí mandan que ninguna persona sea osada de echar por las ventanas en las calles públicas, agua ni inmundicia, ni otra cosa, so pena de cien azotes al criado, o criados de servicio que lo echaren, y el dueño de la casa o aposento de donde se

echare, sea desterrado de esta Corte y cinco leguas por cinco años, y pague diez ducados para los pobres y la otra mitad para el denunciador.

Este es el espacio. Este es el día a día de la Corte de la Monarquía Hispánica, con otras tantas costumbres que iremos desentrañando en los siguientes capítulos. Pero la corte, la Corte con mayúsculas, es algo más que un entramado bullicioso (y fétido) de casas, calles, plazas, patios, huertas, paseos y fuentes.

«En cuanto a la Corte de España, hay que tener en cuenta que no llaman la Corte al sitio donde está la persona del rey, sino donde sus consejos residen». Con estas palabras explica lord William Cecil Ross a su tío abuelo Lord Salisbury la peculiaridad de Madrid. Y en esta Corte se van a reunir los órganos de poder, que se fueron haciendo cada vez más complejos a medida que la Monarquía Hispánica irá ampliando su poder, llegando a su máximo exponente en 1580, con la adhesión de Portugal y de las Indias orientales. 1580, el año en que Cervantes volvió de su cautiverio encontrándose un Madrid, una Corte bien diferente a la que dejó casi doce años atrás.

Para comprender la complejidad de la Corte de la Monarquía Hispánica, el laberinto de puestos, oficios y voluntades que se fueron entretejiendo en estos años, el espacio necesario para comprender a Miguel de Cervantes y sus peticiones de merced hagamos un repaso a sus instituciones, a sus órganos de poder, una especie de «guía de forasteros» de la mano de los estudios de Feliciano Barrios, uno de los investigadores que mejor ha sabido desenvolverse entre los entresijos laberínticos de la administración cortesana de estos años. Solo así la Corte se llenará de pasillos, de recovecos, de oportunidades y de desilusiones, que son los que transitará Cervantes en sus años de madurez.

A. *Casa del Rey / Casas reales*. La Casa del Rey constituye el corazón de la Corte, el centro de sus actividades políticas, que estaba gobernada por una serie de cargos que tenía una única misión: servir al rey tanto dentro como fuera del alcázar. La Casa del Rey se dividía en tres departamentos: Cámara, Caballerizas y Real Capilla, todas ellas gobernadas por el mayordomo mayor, que se apoyaba en mayordomos de semana y por los oficiales mayores de cuenta y razón, que tenían a su cargo los asuntos económicos y administrativos. Además existían una serie de oficios, denominados como «de boca» y «de casa», a cuyo frente estaba un *sumillier* de los que dependían diferentes personas. Los «oficios de boca» (panetería, frutería, cava, sausería, guardamangier, potagier y busier) se encargaban de que nada faltara en la mesa del rey y que todo fuera de buena calidad. El *barlet servant* y el ujier eran los encargados de asistir al rey en la mesa. Por su parte, los «oficios de casa» (furriera, guardajoyas, cerería o tapicería) tenían como misión mantener en perfecto estado la Casa del Rey y guardar los objetos que les habían sido encomendados. Por su parte, no hemos de olvidar que la Cámara estaba constituida por las estancias privadas del monarca, que tenía su autonomía administrativa y de gestión; al frente estaba un *sumiller de corps*, que se apoyaba en un grupo variable de gentileshombres de la cámara, a los que hay que sumar ayudas de cámara, secretario, escribano y oficiales de cámara, cirujano y barbero, guardarropa, así como un variado número de oficiales de manos.

Cuando el rey sale de palacio se pone en marcha un nuevo departamento de la Casa Real: las Caballerizas, dirigidas por el Caballerizo Mayor, que formaban la comitiva que acompañaba al rey en sus desplazamientos. Además de una larga lista de oficiales que se dedicaban a los distintos oficios necesarios para mantener los establos palatinos y a sus caballos, las Caballerizas cumplían una importante misión educativa en la Corte Hispánica, ya que de él dependía la Casa de los Caballeros Pajes, donde acudían los hijos de la alta nobleza para formarse en los hábitos de la Corte.

Por último, la Real Capilla era el departamento encargado en dar asistencia espiritual a la familia real, al frente de la cual estaba el Capellán Mayor, que se auxiliaba de diferentes oficios para realizar las funciones religiosas: *sumiller* de cortina, capellanes de honor y toda una serie de ministros inferiores.

Esta estructura, con alguna que otra variante, es la que se repite para la Casa de la Reina y, en su caso, del príncipe o infantes. Miguel de Cervantes, gracias a Pedro Laínez, pudo tener acceso en su primera estancia madrileña desde 1566 a 1568, a la «alcobilla» del príncipe Carlos; es decir, a la Casa del Príncipe.

Muy cercanos al rey, y al resto de los miembros de la familia real, estaban las denominadas «gentes de placer»: locos, enanos, niños palaciegos y hombres deformes con vis cómica, que constituían una particular «corte», paralela a la que hemos descrito, con la única misión de divertir al rey y a la reina, príncipes e infantes.

B. *Consejos, juntas y secretariados.* Si la Casa Real constituye el corazón de la compleja y laberíntica administración de la Corte de la Monarquía Hispánica, serán los Consejos el reflejo de su historia, de su configuración, y los hilos con los que se intenta mantener cohesionado un territorio en el que, no lo olvidemos, nunca se ponía el sol. A la muerte de Felipe II había 13 consejos: Estado, Guerra, Inquisición, Cruzada, Castilla, Cámara de Castilla, Aragón, Italia, Portugal, Flandes y Borgoña, Indias, Hacienda y Órdenes. La casi totalidad de los Consejos se encontraban localizados físicamente en el alcázar. Villalba y Estaña en su visita por Madrid en 1577 ya dejó constancia de este hecho:

> El cual habiendo visto todo esto, se fue derecho a Palacio. Aunque el peregrino lo anduvo todo muy despacio, no pondré yo con mi estilo breve decir más de que tiene dos partes, en los cuales están todos sus Reales Consejos, el Supremo de Castilla, el de Indias, el de Contaduría, el de Órdenes, el de Flandes, el de Italia, el de Guerra, el de Estado, y el Supremo de Aragón, el de Hacienda, todos con apartamientos con mucho orden. Tienen, demás de esto, allí aposentos diversos el rey, la reina, el príncipe, los infantes e infantas, los príncipes de Bohemia, el mayordomo mayor y otros privados (Barrios, 2015, p. 240).

En principio, cada Consejo tenía asignada una función, aunque no siempre las competencias estaban claras y las disputas entre sus consejeros fueron también uno de los lugares comunes del momento y llenan actualmente centenares de legajos en los archivos. Estas serían las funciones principales de cada uno de ellos, el cuadro y las casillas que todo cortesano debía de conocer si quería salir indemne del juego de la Corte:

1) *Consejo de Estado*: tenía asignados los asuntos exteriores y consolidación de la Monarquía Hispánica. Con el Consejo de Guerra, es el único que estaba presidido por el rey y, sin duda es uno de los puestos más demandados de la Corte.

2) *Consejo de Guerra*: tenía como competencia la puesta en ejecución de la política militar y de defensa de la Monarquía Hispánica, que estaba encomendada al Consejo de Estado.

3) *Consejo de la Inquisición* (o *Suprema*): ayudaba a aplicar las leyes y la normativa específica del control religioso en sus territorios; trabajaba en estrecha coordinación con la Inquisición, dado que el Inquisidor general preside el Consejo.

4) *Consejo de Cruzada*: se encarga de la administración de las aportaciones de la Iglesia a la Hacienda Real, de acuerdo a las tercias que se entregaban de los diezmos eclesiásticos, las conocidas como «tres gracias»: la *bula de cruzada*, el *subsidio* (conocido también como décima o cuarta) y el *excusado*, que es el contribuyente mayor del diezmo en cada parroquia que, en vez de abonar su impuesto a la Iglesia, lo hacía a las arcas reales.

5) *Consejo de Castilla* (o *Consejo Real*): es heredero de la institución creada en las Cortes de Valladolid de 1385, y una de las piezas fundamentales de la nueva organización de la España moderna durante el reinado de los Reyes Católicos. Como el resto de los consejos de los reinos, el de Castilla tiene jurisdicción en todo cuanto toca a justicia y gobierno en los diferentes territorios castellanos.

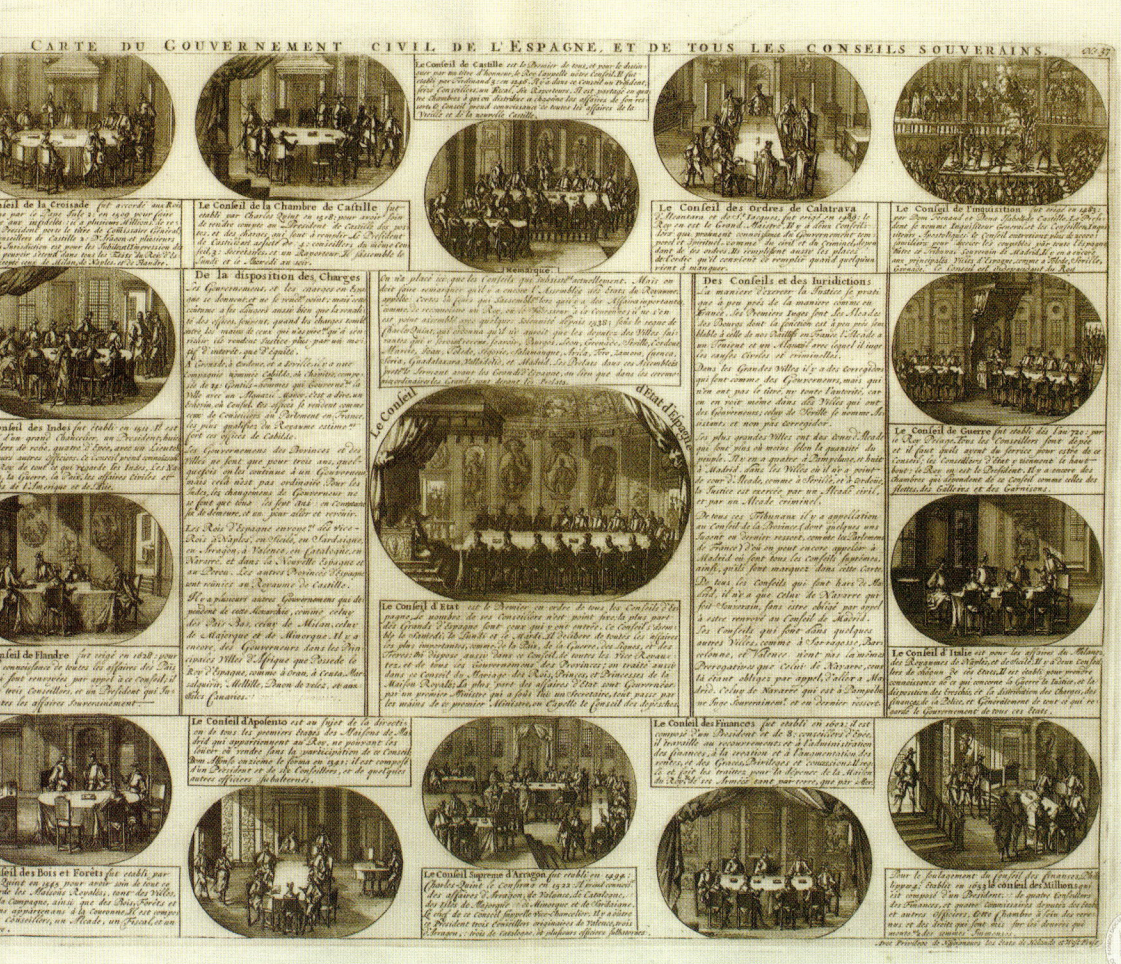

Carte du gouvernament civil de l'Espagne et de tous les conseills souverains, París, 1721

6) *Consejo de la Cámara de Castilla*: tenía como misión despachar las mercedes y gracias en la Corona de Castilla, así como los títulos de duques, marqueses y condes.

7) *Consejo de Aragón*: es la institución que encarnaba a la Corona de Aragón en la Corte, y en él se englobaban los Reinos de Aragón, Valencia, Mallorca y Cerdeña, y el Principado de Cataluña. Hasta la creación del Consejo de Italia, también englobaba a los territorios italianos vinculados a la Monarquía Hispánica.

8) *Consejo de Italia*: abarcaba los Reinos de Sicilia y Nápoles y el Ducado de Milán. Nació en 1563 y desde entonces los litigios con el Consejo de Aragón fueron continuos, pues se consideraron que la creación de este nuevo Consejo atentaba contra la integridad histórica de la corona aragonesa.

9) *Consejo de Portugal*, nacido de peticiones de algunos nobles portugueses en las Cortes reunidas en Tomar en 1581, se crea por medio de una Carta Patente el 12 de noviembre de 1582. Es el único de nueva creación.

10) *Consejo de Flandes y de Borgoña*. Es el más reducido de todos los consejos, teniendo en cuenta los enormes poderes del Gobernador General y que los asuntos de la alta dirección de la guerra lo llevaba el Consejo de Estado.

11) *Consejo (y Cámara) de Indias*. Como es normal, la primera administración de las Indias estuvo bajo el amparo del Consejo de Castilla y de una persona de confianza nombrada por los Reyes Católicos, que fue el arcediano Juan Rodríguez de Fonseca, que se completó en 1503 con la creación en Sevilla de la Real Casa de Contratación. Pero la complejidad de la administración americana (unida a la asiática) hizo necesario crear un órgano específico, que ya funcionaba de manera independiente desde 1523. Dado el gran número de cargos que había que proveer en Indias, el 25 de agosto de 1600 se crea la *Cámara de Indias*, que será la encargada de consultar al monarca todas «las provisiones eclesiásticas y seglares que hubieren de hacer para el buen gobierno, espiritual y temporal, de las indias», siguiendo de cerca el modelo de la Cámara de Castilla.

12) *Consejo de Hacienda*. Es el centro de la administración de la Corona de Castilla bajo los Austria, y en torno a él se conformaban sus dos Contadurías Mayores: la de Cuentas y la de Hacienda, así como el Tribunal de Oidores. Heredero de instituciones medievales, fue creado en 1523 por Carlos V.

13) *Consejo de las Órdenes*. Estaba constituido por caballeros de las Órdenes de Santiago, Calatrava y Alcántara, y tenía como misión comprobar la pureza de todos aquellos nobles que quisieran introducirse en las Órdenes; era común anhelo de muchos aquellos que querían ganar prestigio social en su propio estamento lucir en su pecho la cruz de algunas de estas órdenes.

Todos los Consejos tenían una misma estructura: al presidente, el fiscal y el secretario, se le unía un número variable de consejeros, nombrados directamente por el monarca.

Entre todos ellos, el Consejo de Estado es el más importante, el verdadero órgano de gobierno. De acuerdo a un modelo de organización del mundo a imagen y semejanza del hombre, fray Marco Antonio de Camos, del monasterio de San Agustín de Barcelona, escribe su *Microcosmía y gobierno universal del hombre. Para todos los estados y cualquiera de ellos* (Barcelona, 1592), y de esta manera explica la dependencia de todos los órganos sinodales al Consejo de Estado:

De la misma manera todos los miembros de este cuerpo público deben concurrir, como cosa en que va la sustentación de su república, y atender a los decretos y deliberaciones de este Consejo de Estado: como el principal del cual los demás dependen. Deben los pies, que son la gente común y plebeya, con humildad obedecer y seguir lo que en el Consejo de Estado se ordena. Las manos, que son los ministros de la guerra, procurar la paz y quietud, según por ese Consejo será ordenado. Los brazos, que son los señores y estados de la república, conservar ese Consejo y regirse por él. Los ojos, que son los consejos de justicia, aprobarlo. Las narices que son los fiscales y procuradores del príncipe, oler y advertir lo que se ha de proveer y es necesario ordenar para la conservación de la república. Finalmente los oídos, que son los virreyes, gobernadores y otros ministros de jurisdicción, deben, con atención a los órdenes de este Consejo, poniéndolas por ejecución con diligencia, primero que se atreviese en el buen suceso de ellas (Barrios: 2015, p. 443).

Con el tiempo, el Consejo de Estado va a perder su papel capitular y central dentro de la organización política de la Monarquía Hispánica, que abrirá las puertas al ascenso de los validos durante el reinado de Felipe III. Por un lado, el Consejo de Estado va a ver cómo su posición y resoluciones van a ser mediatizadas por los Secretarios de Estado y los Secretarios privados del rey, y cómo se va a imponer el poder de los secretarios a partir de 1573 en las figuras de Antonio Pérez y Mateo Vázquez. Los secretarios son los que convocan los Consejos, los que pueden decidir qué asuntos se han de tratar, y, después de tratados, son los que informan al rey de las decisiones tomadas así como de la posición de cada uno de los consejeros. Por otro lado, desde 1586 será habitual que el rey Felipe II prefiera reunirse con la Junta de Gobierno (formada por Juan de Idiáquez, el conde de Chinchón y don Cristóbal de Moura, con Mateo Vázquez como secretario), antes que asistir a los Consejos. Aunque un poco posterior, Saavedra Fajardo en su *Idea de un príncipe político cortesano* (1640), dará cuenta de la íntima relación del Rey y de los Secretarios, que bien puede dar idea de su trascendencia dentro del engranaje administrativo de la Corte:

Porque si Vuestra Majestad es la cabeza, sus secretarios son la garganta del cuerpo místico de esta Monarquía; y por este cuello comunican a los demás miembros de sus reinos el alimento de su gobierno: son el intérprete de su voluntad, porque llevan al príncipe las súplicas del reino, y vuelven decretados los memoriales con su respuesta. Son la voz de su lengua, porque lo que quiere el príncipe lo pronuncia el secretario. Son la imagen de su corazón, porque saben cuánto tiene el príncipe en él, por la dependencia precisa con él. Son el móvil de sus pensamientos, porque todos los mueve el secretario con las novedades que le consulta. Son el partícipe de sus cuidados, porque ayudan al príncipe en el desempeño de sus obligaciones. Son la guarda de sus secretos, porque esta es su profesión. (Barrios, 2015, p. 578).

Dentro del complejo mundo de la administración hay cuatro tipos de secretarios: sinodales, de Estado, del Despacho Universal y privados del monarca. En todo caso, para ocupar cualquiera de estos puestos había de ser designado como secretario del rey, que era merced que concedía el monarca, sin que esta conllevara ni un salario ni un puesto concreto.

Todos los Consejos, así como la Casa del Rey, contaba con una Secretaría, en la que, junto a su titular, el ansiado oficio de secretario, se organizaba una serie de personas de número variable: los oficiales, los escribanos (o más bien, escribientes, pues solo tenían una función mecánica y no fedataria) y los *entretenidos*, aquellas personas a las que sin estar dentro de la organización se les asignaban algunos trabajos concretos.

Miguel de Cervantes, como tantos pretendientes de mercedes y de cargos en este complejo entramado político y de influencias, sabía que el único camino de medrar era la adulación, el ser capaz de gozar del favor de alguien poderoso, ya fuera secretario o consejero de algunos de los Consejos que tenían su sede en el alcázar. «-Vuesa merced me excuse con ese señor, que yo no soy bueno para palacio, porque tengo vergüenza y no sé lisonjear», le dirá el licenciado Vidriera a un caballero salmantino cuando le comunique el deseo de un «príncipe o señor» que quería tenerlo cerca de la Corte. Y allí, precisamente en esta Corte a la que no quería ir, triunfará el licenciado Vidriera y allí se morirá de hambre el licenciado Rueda cuando vuelva cuerdo en busca de fortuna:

> Aquí he venido a este gran mar de la Corte para abogar y ganar la vida; pero si no me dejáis, habré venido a bogar y granjear la muerte. Por amor de Dios que no hagáis que el seguirme sea perseguirme, y que lo que alcancé por loco, que es el sustento, lo pierda por cuerdo. Lo que solíades preguntarme en las plazas, preguntádmelo ahora en mi casa, y veréis que el que os respondía bien, según dicen, de improviso, os responderá mejor de pensado.

Licenciados cuerdos hay cientos (y miles) en la Corte, todos ellos con la respuesta pronta a fluir de su boca. Licenciados locos, una particular «gente de placer», son los que llaman la atención, los que se buscan y se persiguen por las calles madrileñas hasta llegar al patio de los Consejos. Licenciados cuerdos que se mueren de hambre, pleiteantes que llenan sus calles hasta que les domina el desánimo y la desesperación, y terminan por abandonar la Corte con críticas muy semejantes a las que escribió Cervantes en su novela ejemplar *El licenciado Vidriera* (1613):

> —¡Oh Corte, que alargas las esperanzas de los atrevidos pretendientes, y acortas las de los virtuosos encogidos, sustentas abundantemente a los truhanes desvergonzados y matas de hambre a los discretos vergonzosos!

A lo largo del siglo XVI y principios del XVII las relaciones de poder y la composición y funciones de los distintos Consejos y de los miembros de las Casas Reales sufrieron grandes cambios, sobre todo en el paso de los reinados de Felipe II a su hijo Felipe III. Estos cambios y estas transformaciones las vivió Cervantes en primera persona, en su deseada (y desesperada) demanda de merced a lo largo de los años. Unas estructuras que se fueron transformando hasta el triunfo de las figuras de los validos. Unas estructuras que vieron cómo diferentes facciones políticas se iban adentrando en sus cargos, iban conquistando la voluntad del rey. Realidades y sueños, una vez más, en construcción.

Más acá de la Corte de la Monarquía Hispánica: las facciones políticas

La Corte, el laberinto de la Corte de la Monarquía Hispánica no se limita a las Casas, a los Consejos, las Juntas, sínodos…, al verdadero ejército de letrados y secretarios, de nobles y de pretendientes o pleiteantes que se dejan ver por sus calles, dentro y fuera de las carrozas, o que pasean sus penas y sus deseos, sus sueños y sus derrotas por los pasillos y antesalas del alcázar. La Corte de Felipe II y la de Felipe III, en la que sobrevivió Miguel de Cervantes como tantos miles de pretendientes de su momento, fue testigo también de la constitución, éxito y declive de diferentes partidos políticos cortesanos, un verdadero laberinto clientelar y de influencia familiar, que, en realidad, más allá de los puestos que uno ocupara, el linaje al que perteneciera o la relación concreta —y particular— que mantuviera con los miembros de la Casa Real, supone el verdadero telón de fondo que todo pretendiente debía de conocer si quería que sus pretensiones llegaran a buen puerto. Son el telón de fondo necesario que todo lector debe conocer si quiere comprender en su verdadera complejidad las peticiones de merced de Miguel de Cervantes, sus sueños y fracasos en su momento de madurez.

La Corte, de este modo, más allá de un espacio concreto y de unas instituciones, ha de entenderse como una compleja red de influencias y clientelismo que, gracias a los estudios de José Martínez Millán y de otros investigadores alrededor del Instituto Universitario «La Corte en Europa» de la Universidad Autónoma de Madrid, permite comprender un poco mejor el verdadero aire cortesano que tuvo que respirar Miguel de Cervantes.

Cuando llega Cervantes a Madrid en 1566, a la recién nombrada sede de la Corte, ya tuvimos ocasión de reseñar cómo se encontró con una situación de enfrentamiento de dos facciones que pretendían la hegemonía del poder: los conocidos como albistas y ebolistas, que tenían al Duque de Alba, y al príncipe de Éboli, el noble portugués Rui Gómez de Silva, como sus máximos dirigentes. Dos corrientes, dos facciones, que eran reconocidos por los embajadores y extranjeros que se acercaban a Madrid en estos momentos. Solo hay que recordar la noticia que el embajador Tiépolo envió a la república de Venecia nada más llegar a Madrid en 1563, que da cuenta de las dificultades de adelantar en los asuntos burocráticos o administrativos:

> A parte de eso, no están los consejeros de acuerdo entre ellos, porque no faltará nunca esa diferencia principal entre el duque de Alba y el señor Rui Gómez, por la cual se divide en dos partes no solamente casi toda la Corte y España, sino también casi todos los gobernadores de los Estados y los ministros del rey, al inclinarse o depender este de uno y aquel del otro; y a pesar de que el señor Rui Gómez a las claras no quiera disputar con el duque, de todas formas en secreto no pierde ocasión para serle contrario en casi todas las cuestiones. Él se reúne muy a menudo con el rey, y mucho más con Eraso, de cuya voluntad no se aleja, que es por distintas causas enemigo acérrimo del duque; el uno y el otro, según las ocasiones, desfavorecen diestramente sus cosas, y pasa alguna vez que lo que ha sido aprobado en el Consejo por parecer del duque es, gracias a la persuasión de estos, mudado o alterado por el rey. Y dado que por las manos de Eraso es necesario que pasen muchas decisiones, y sobre todo las que pertenecen al duque y a sus servidores, con gusto las retrasa y encuentra miles de impedimentos.

Tiépolo dio en el clavo. No solo destaca cómo el sistema de facciones o partidos políticos constituye la columna vertebral de la corte de Felipe II, sino que además supo ver quién era la facción dominante en este momento: la de los ebolistas, que cuentan entre sus filas al secretario Francisco de Eraso, que años atrás había sido uno de los dirigentes albistas. Y en efecto, de 1560 a 1565 se ha concretado el momento del triunfo de los ebolistas en la Corte, frente al periodo anterior (desde 1548 a 1560), dominado por los albistas, apoyados en letrados castellanos que pensaron que podrían dar continuidad a su posición de fuerza en la Corte de Carlos V, en la que habían marginado a los nobles borgoñeses.

El ascenso de Rui Gómez de Silva se fue construyendo con todos los medios de los que se disponía a su disposición. Por un lado, el matrimonio, que permitía entroncar con familias nobiliarias castellanas, y así en 1552 se casó con Ana de Mendoza, a pesar de que ella contara tan solo con 12 años y él ya había cumplido los 36; pero el matrimonio no podía ser más adecuado a sus intereses, pues Ana era hija de don Diego de Mendoza, príncipe de Mélito y duque de Francavila, que llegaría a ocupar los puestos de virrey de Cataluña y Aragón, así como presidente del Consejo de Italia, y de doña Catalina de Silva, hermana del conde de Cifuentes. Jugada redonda, pues en este mismo año se concertó el matrimonio entre doña Juana de Austria, hija de Carlos V, y el príncipe Juan de Portugal, con lo que, si Rui Gómez de Silva había emparentado con nobles castellanos, el matrimonio real le permitía aumentar su influencia a través de su propia familia portuguesa, sin olvidar las estrechas relaciones de Felipe II con Portugal por su madre y su primera esposa. Y por otro lado, su cercanía al príncipe, que conseguirá al ser su acompañante cuando viajó a Inglaterra en julio de 1554 para casarse con María Tudor. El contacto diario con el futuro Felipe II le permitió afianzar su posición en la Corte, que se vio recompensada por diferentes nombramientos: consejero de Estado (1556), Contador Mayor de Castilla e Indias (1557) y participante activo en las negociaciones de paz con Francia (1559). El 1 de julio de este mismo año recibe de manos del rey el nombramiento de Príncipe de Éboli, lo que no es casual. Como tampoco lo será que en las Cortes de Toledo de 1560, cuando Felipe II se presenta oficialmente ante sus súbditos castellanos, pueda escenificar ante toda la Corte su influencia y cercanía con el monarca.

El declive de su poder comenzará en 1564 cuando la situación en los Países Bajos comience a ser preocupante (donde el Príncipe de Éboli cuenta con buenos amigos), y se confirme la caída en desgracia del secretario Francisco de Eraso, que será acusado de fraude cuando se realice una visita a la administración del Consejo de Hacienda. Al príncipe de Éboli se le relegará a ser Mayordomo Mayor de la Casa del príncipe Carlos, cargo que ocupó hasta 1568, año de la muerte del hijo de Felipe II. La rueda de la Fortuna, de las influencias dentro de la corte se ha puesto en movimiento, y ahora será el momento de que los albistas recuperen algo de poder, con el Duque de Alba enviado a los Países Bajos en 1567 para aplastar las revueltas, y con el cardenal Espinosa cada vez más fuerte en la Corte, manteniendo un precario equilibrio entre las distintas facciones y las familias más influyentes... pero la rueda cortesana no deja de moverse, y unos años después, será el Duque de Alba el que vea que es cada vez menor su poder a medida que disminuye su prestigio por la imposibilidad de acabar con las sublevaciones, y será el momento en que el Príncipe de Éboli vuelva a ser llamado a ocupar un puesto de mayor influencia que en los años anteriores: el Papa Pío V solicitará su ayuda para que Felipe II participe en la Santa Liga, además de conseguir que don Juan de Austria sea nombrado general de la escuadra, que terminará siendo el gran triunfador de la Batalla de Lepanto.

Pero el enfrentamiento entre albistas y ebolistas, ese entramado de influencias que conoció Cervantes en su primera estancia en Madrid desde 1566 a 1569 y que le permitió entroncarse con los albistas, ya sea en Madrid (Lucas Gracián Dantisco, Gálvez de Montalvo y, sobre todo, su buen amigo Pedro Laínez), ya sea en Roma (Ascanio Colonna), estaba dando ya sus últimos coletazos, y puede decirse que en 1573 ha finalizado este primer modelo de facciones cortesanas: el 29 de julio muere el Príncipe de Éboli y este mismo año vuelve el duque de Alba después de su fracaso en los Países Bajos, y tiene que retirarse a sus territorios patrimoniales al haber perdido el apoyo del rey, comenzando, de este modo, su particular «muerte política», de la que solo saldrá cuando en 1580 se ponga al frente de las tropas castellanas en Portugal.

¿Qué sucedió con los partidos cortesanos ahora que han muerto —física o políticamente— sus hombres fuertes?

Se va a consolidar un hecho muy curioso, casi podríamos decir que evolución natural del sistema burocrático impuesto por Felipe II para gobernar una monarquía que no dejaba de crecer y de ampliarse: la reorganización de las facciones cortesanas alrededor de los secretarios Antonio Pérez y Mateo Vázquez, que, en parte, son herederos respectivamente de los ebolistas y albistas. Pero a estas alturas del reinado de Felipe II, los partidos cortesanos van a enfrentarse no solo en el dominio del poder y de los cientos de cargos creados por la Monarquía Hispánica, sino por una forma de comprender la organización y finalidad de la propia Monarquía, así como de la religión y la espiritualidad católica. José Martínez Millán, con muy buen criterio, y de acuerdo a las líneas maestras de actuación y el apoyo con el que van a contar dentro y fuera de la península, ha denominado a estas dos nuevas facciones sobre las que girará la política y las influencias cortesanas a partir de este momento como *papistas* y *castellanistas*.

El partido papista contaba con el apoyo del Papa Gregorio VIII (que deseaba influir más efectivamente en la política española), y tenía como cabeza visible al secretario Antonio Pérez, hijo del también poderoso secretario de Felipe II Gonzalo Pérez, a los que se añadía el respaldo de Ana de Mendoza, viuda del Príncipe de Éboli, y de don Juan de Austria. Además de una visión del Estado más cercana a los postulados del Papado, con el Mediterráneo como eje central de la política exterior, estaba cercano a los movimientos carmelitas y de reforma de la órdenes religiosas, defendiendo una espiritualidad reformadora. Su poder será total desde 1573 hasta 1577, año en que llega a Madrid Juan de Escobedo, secretario de Juan de Austria, que será asesinado por orden del rey instigado por Antonio Pérez, que veía con miedo el ascenso de otro secretario dentro de su propia facción. Pero esta traición será también el origen de su caída; en julio de 1579 es apresado y la Princesa de Éboli, Ana de Mendoza, pasará el resto de sus días recluida en su palacio de Pastrana en Guadalajara.

Por su parte, el diezmado partido albista, sobre todo después del fracaso en los Países Bajos, se reorganizará alrededor del secretario Mateo Vázquez, que había llegado a la corte de la mano del cardenal Espinosa, como hemos tenido ocasión de indicar en el primer tomo de la biografía. Será a partir de 1579 y hasta 1598 cuando los castellanistas dominarán la política de Felipe II, con la anexión de Portugal en 1580 como el primero de sus triunfos. El predominio de una política orientada más al Atlántico y a las posesiones americanas, y una defensa total a los principios emanados del Concilio de Trento, serán algunos de sus rasgos más definitorios. El rey se llevó a Portugal desde 1580 a 1583 a lo más granado del partido castellanista, dejando al Cardenal Granvela, a quien había hecho venir de Roma un año antes, en Madrid, para así coordinar la política de los distintos Consejos siguiendo las órdenes que le llegaran de Portugal.

A partir de 1598, con la muerte de Felipe II y la coronación de su hijo, se producirá un nuevo cambio en la política cortesana, con el éxito de un renovado partido papista, que había conseguido en los últimos años aunar a todos los que protestaban por la forma de gobernar de los castellanistas, que solo velaban por sus intereses: miembros de la familia real, siempre muy cercanos a las propuestas del Papa; el grupo aragonés, con los Argensola a la cabeza, que también se acercaron al conde de Lemos; un cada vez más abundante grupo de nobles que se sentían marginados de la Corte y que Roma se ganó con prebendas y cargos, como el conde de Puñoenrostro, los Cardona, el duque de Sessa o el Marqués de Velada; y, por último, un grupo de letrados, que, descendientes de algunos de los antiguos miembros del partido papista, habían visto mermada considerablemente su influencia en la Corte.

Este es el día a día de Miguel de Cervantes. Un día a día en construcción, que él pudo ir conociendo tanto en los tercios italianos como en las largas conversaciones en los baños de Argel, donde las noticias que llegaban de la Corte eran analizadas hasta en sus más recónditos detalles.

Cervantes, desde sus años de juventud, desde sus relaciones con Pedro Laínez y la casa real del príncipe Carlos, desde sus intervenciones y trato con la «alcobilla del príncipe», siempre estuvo vinculado al partido ebolista, pero siempre le tocó vivir en la Corte en los momentos en que este grupo (o el de los papistas) no tenían el poder. Miguel de Cervantes, como veremos en los próximos capítulos, intentó acercarse siempre al más fuerte, pero casi nunca lo consiguió, ni cuando al final de su vida, el Conde de Lemos fue nombrado virrey de Nápoles y designó a los Argensola para llevar de la Corte su propia academia literaria. Miguel de Cervantes, como Quevedo o Góngora, fueron aspirantes, pero todos ellos se quedaron fuera de esta última posibilidad de prosperidad, cada uno por una razón diferente. La Corte, el laberinto clientelar y de influencias en la Corte, permite tanto comprender los sueños cervantinos como explicar sus fracasos personales.

Babilónica confusión: pretendientes y pleiteantes en la Corte

¿Cómo imaginarse la Corte, la de ayer y a la de hoy, sin pretendientes y pleiteantes, sin personas que día a día ocuparan los pasillos del alcázar solicitando una merced en pago a sus servicios, o queriendo ascender por la cercanía con los más poderosos, en las intrincadas redes clientelares que se tejieron por estos años, enseñando sus relaciones de méritos y servicios personales, o con el deseo de llevar a buen puerto sus demandas y pleitos? Siempre fue así y siempre lo seguirá siendo, pero el hecho de que la Monarquía Hispánica no dejara de crecer desde que se asentara en la villa madrileña en 1561 y que todo tenía que pasar por manos del rey y de sus Consejos, hicieron que Madrid, el espacio de la Corte de Madrid se convirtiera en destino inevitable para todos aquellos que demandaran una merced, todos aquellos que tuvieran un pleito que resolver. González Dávila en su *Teatro de las grandezas de la Villa de Madrid* (1623) no puede dejar de admirarse de los miles de puestos que el rey concede en merced desde los distintos Consejos:

> son tantos los oficios que el Rey da, por este y otros Consejos, que pasan de sesenta mil, sin las mercedes que se conceden por ellos, que es otro mar sin suelo.

¡60.000 puestos a punto de convertirse en mercedes, más las vacantes de la propia Corte!

Por eso no extraña que los pretendientes, que no dejaban de aumentar en número y en solicitudes, fueran considerados uno de los grandes problemas de la Corte y de la propia administración hispánica. Un problema que vuelve ingobernable la ciudad, como indica Pedro Fernández Navarrete en su *Conservación de monarquías* (1626), que no es casual que esté dedicada al Presidente del Consejo de Castilla. A pesar de que sean citas de principios del siglo XVII, están reflejando una realidad que no sería muy diferente a la que tuvo que vivir Cervantes:

> Supuesto que el intento del Consejo es limpiar la Corte de la infinidad de gente que la hace intratable e ingobernable, parece forzoso se haga juntamente lo que propone,

de que no solo se purgue de los vagamundos, sino también de los que legítimamente están ocupados en sus justas pretensiones. Y porque es cosa cierta que en las Cortes de ordinario arrebatan los premios, no los más dignos, sino los más solícitos, y los que tienen más franca la entrada en los últimos retretes de los ministros, propone el Consejo, que se den los premios a los beneméritos que los esperan en sus casas, haciendo incapaces de ellos a los ambiciosos, que con importuna asistencia en la Corte están molestando a los reyes y a sus ministros.

E incluso, Fernández Navarrete aboga por un cambio trascendental en la Corte de ayer (como en la de hoy), pues defiende que los cargos se otorguen según la especialización y formación de los pretendientes:

> El que se ha criado toda la vida en la guerra, en ella ha de recibir los honores y mercedes. Al que ha ejercitado la pluma, no se le han de encargar los ministerios en que se ha de manejar la espada; y aun dentro de los límites de una profesión hay diferentes estatutos. El que hubiera asistido a los papeles de Estado o Guerra, no será bueno para los de Hacienda, ni el de Hacienda será bueno para los otros Consejos; siendo los mismos en los demás ministerios industriales, que por no ocuparse en la misma esfera en que se han criado, viene a haber una babilónica confusión.

El hecho de que en 1626 Fernández Navarrete esté defendiendo esta medida de alejamiento de la Corte de los pretendientes como una solución a los problemas de población y gobierno de Madrid viene a mostrar el fracaso de las *Ordenanzas de la Cámara de Castilla* que promulgara Felipe II el 6 de enero de 1588: «Ordenaréis, con resolución, que se vuelvan a sus casas, y sin detenerse en la Corte, diciéndoles que, estando en ellas, se tendrá más memoria de los que lo merecieren; y apercibiéndoles que, por el mismo caso que lo dejaren de cumplir, no serán proveídos». El 22 de junio de 1588 se extendería esta disposición al Consejo de Indias (ordenanzas que repetirá Felipe III en 1610). Un fracaso anunciado si tenemos en cuenta el propio comportamiento de la Corte, que en pocas ocasiones concede la «palma de la victoria» a los que «mueren» esperando mercedes en su casa, como recuerda Francisco Bermúdez de Pedraza en el *Hospital Real de la Corte* (1643):

> También se han visto salir decretos para limpiar la Corte de esta molestia: diciendo en ellos que Su Majestad tendrá cuidado de servirse de los pretendientes, cuando sea necesario; y no tiene efecto porque no se ha visto llamar alguno; y unos se retiran a las aldeas de Madrid, donde se desaparecen de día, y negocian de noche, como mercaderes que han quebrado. Otros se quedan en la Corte a la sombra de buenos árboles, y estos son pretendientes vivos, porque obran; y los que se retiran a su casa, se cuentan con los muertos; no tienen acciones vitales, y mueren como gusanos de seda, encerrados en el capullo de su casa; no llaman a nadie, ni es posible; porque

si bien sea el deseo del Rey, y de sus ministros, el acierto de sus elecciones, y ocupar los más dignos; y la materia para darse mucha, porque es una lluvia perpetua, que nunca falta; pienso que es mayor la lluvia de los pretendientes propios, y extraños; y no puede alcanzar a todos el agua de la gracia (Barrios, 2015: 287).

Madrid estaba llena de pretendientes que iban y venían cargados con sus memoriales, llenos de solicitudes y de informaciones y documentos que justificaran cada uno de los méritos aducidos para obtener una determinada merced. Pretendientes que podían entrar en la categoría de «consultados», aquellos cuyos nombres se oían para ocupar algunos de los puestos vacantes, como los tres castillos y plazas en Nápoles a los que aspira el soldado que pretende a Cristina en el entremés cervantino *La guarda cuidadosa* (1613), buen reflejo de una realidad que bien conocía Cervantes, aunque nunca llegara a este nivel en sus pretensiones de un puesto vacante en América:

> Pues lléguese vuesa merced a esta parte, y tome este envoltorio de papeles; y advierta que ahí dentro van las informaciones de mis servicios, con veinte y dos fes de veinte y dos generales, debajo de cuyos estandartes he servido, amén de otras treinta y cuatro de otros tantos maestres de campo, que se han dignado de honrarme con ellas.

Como nosotros, el padre de Cristina no puede dejar de admirarse de la exageración de los méritos aducidos: «Pues no ha habido, a lo que yo alcanzo, tantos generales ni maestres de campo de infantería española de cien años a esta parte». Jamás la picaresca estuvo alejada de quien solicita y pide.

Y entre tantos pretendientes, en varios momentos de su vida, hemos de situar a Miguel de Cervantes. Un Miguel de Cervantes que conoció los entresijos de la Corte y que sabe que en el triunfo final cuenta tanto el clientelismo, el ministro amigo, los servicios prestados, la adulación certera como la ayuda de la fortuna. No todo está tabulado, no todo está completamente regido en la Corte Hispánica… y a esa esperanza seguramente se aferró en más de una ocasión durante sus años de pretendiente. Una fortuna muy presente en los consejos que don Quijote le regala a Sancho Panza antes de que parta para ocupar su «merced», el puesto de gobernador en la Ínsula Barataria:

> —Infinitas gracias doy al cielo, Sancho amigo, de que antes y primero que yo haya encontrado con alguna buena dicha te haya salido a ti a recibir y a encontrar la buena ventura. Yo, que en mi buena suerte te tenía librada la paga de tus servicios, me veo en los principios de aventajarme, y tú, antes de tiempo, contra la ley del ra-

zonable discurso, te ves premiado de tus deseos. Otros cohechan, importunan, solicitan, madrugan, ruegan, porfían, y no alcanzan lo que pretenden, y llega otro y, sin saber cómo ni cómo no, se halla con el cargo y oficio que otros muchos pretendieron; y aquí entra y encaja bien el decir que hay buena y mala fortuna en las pretensiones. Tú, que para mí sin duda alguna eres un porro, sin madrugar ni trasnochar y sin hacer diligencia alguna, con solo el aliento que te ha tocado de la andante caballería, sin más ni más te ves gobernador de una ínsula, como quien no dice nada. Todo esto digo, ¡oh Sancho!, para que no atribuyas a tus merecimientos la merced recibida, sino que des gracias al cielo, que dispone suavemente las cosas, y después las darás a la grandeza que en sí encierra la profesión de la caballería andante (II, cap. 42).

La Corte se ha convertido en un lugar poco propicio para la virtud. Los cortesanos tienen que levantarse sabiendo que su misión es la de defender su puesto o la de recuperarlo en el caso de haber caído en desgracia; los pretendientes y pleiteantes, con la ilusión de que sus deseos de merced o resolución de sus conflictos lleguen a buen puerto en el menor tiempo posible, sin olvidar a todos aquellos que solo encuentran en el engaño ajeno una posibilidad de supervivencia. No era fácil sobrevivir en la Corte de 1580, y tampoco en los años posteriores, como, con mucho humor y no cierta ironía, deja escrito Antonio Liñán y Verdugo en los ocho discursos que conforman su *Guía y avisos de forasteros que vienen a la Corte* (1620). Ocho discursos entre los que se insertan catorce novelas a modo de escarmiento, que ponen nombres, espacio y artificio a tantos engaños y casos curiosos que todo forastero debe conocer antes de venir a Madrid, y que permite a Maximiliano de Céspedes, médico de su Majestad, no solo un elogio del libro sino una verdadera radiografía de lo que era la Corte, lo que ha sido (y en parte, sigue siendo) la Corte, que se imprime como prólogo al inicio del libro:

> Todo esto he traído para prevenir lo que en alabanza de estos avisos y escarmientos de los forasteros en Corte quiero decir y proponer. Verdaderamente alcanzamos unos tiempos (de los que advirtió y profetizó el Apóstol) que apenas se oyen verdades de la boca de los mayores amigos y más familiares consejeros nuestros; todo es engaño, todo mentira, cada uno tira a su interés y a su negocio, ya todos anteponen al bien común el suyo particular, las fábulas deleitan, las verdades y lección de buenos libros cansa; es oído el lisonjero y poco admitido el desengañado y verdadero amigo y que nos dice lo que nos conviene y avisa de lo que nos importa. ¡Oh, cuánto me lastima esto, cuánto me duele! La larga experiencia de la vida de Corte, tras de tantos años de estudios y escuelas, me ha hecho maestro de avisos y padre de escarmientos; y así, cuando leí el título de este libro, juntando con lo sustancial el método de él y de las materias que en su discurso se tocan, tan convenientes y necesarias a forasteros recién venidos a Madrid y a negociantes y pre-

tendientes poco experimentados en él, daba mil gracias a su autor y a quien le movió la pluma y dio luz a su ingenio, para que ya estando en los postreros años de su edad, se animase a escribir y poner en público materia tan necesaria y libro tan en provecho de tantos.

¿Dónde se reunían tantos pretendientes en busca de noticias que permitiera soñar con el éxito de sus pleitos o de las mercedes solicitadas? En el Madrid de los Austrias había tres famosos mentideros, tres lugares habituales de reunión: el de los Representantes, en el Barrio de las Letras; el de las Losas de Palacio, en el alcázar y el de San Felipe, en la Puerta del Sol. Si el primero se dedicaba a los asuntos teatrales o literarios, y el segundo a los cortesanos, el tercero estaba especializado en intercambiar noticias, rumores, calumnias, inventos, secretos y opiniones sobre cualquier asunto. Una vida donde desaparecían los límites entre la ficción y la realidad, donde todo podía ser real, posible, necesario. Agustín de Moreto en su comedia *De fuera vendrá quien de casa nos echará*, muestra claramente un aspecto esencial de la vida cortesana: la necesidad de noticias, de novedades, y la facilidad con que una mentira dicha en el momento apropiado puede convertirse en una noticia por todos conocida, repetida y tenida por verdadera, como le explica el Alférez a Lisardo nada más haber sufrido uno de los inevitables hurtos al llegar a la Corte, esos de los que había prevenido Liñán en su *Guía y avisos de forasteros*:

ALFÉREZ.   Pues que más, si a Madrid recién llegados
                el paje nos lamió la faltriquera,
                más que si plato de conserva fuera.
                Mas al despique apelo,
                que yo con estas gradas me consuelo
                de San Felipe, donde mi contento
                es ver luego creído lo que miento.
LISARDO.   Que no sepáis salir de aquestas gradas.
ALFÉREZ.   Amigo, aquí se ven los camaradas.
                Estas losas me tienen hechizado,
                que en todo el mundo tierra no he encontrado
                tan fértil de mentiras.
LISARDO.   ¿De qué suerte?
ALFÉREZ.   Crecen tan bien aquí que la más fuerte
                sembrarla por la noche me sucede,
                y a la mañana ya segarse puede.
LISARDO.   De vuestro humor, por Dios, me estoy riendo.
ALFÉREZ.   Por la mañana yo, al irme vistiendo,
                pienso una mentirilla de mi mano,

> vengo luego, y aquí la siembro en grano,
> y crece tanto que de allí a dos horas
> hallo quien con tal fuerza la prosiga
> que a contármela vuelve con espiga.
> Aquí del Rey más saben que en Palacio.
> Y el Turco, esto se finge más a espacio,
> porque le hacen la armada por diciembre,
> y viene a España a fines de setiembre.
> Aquí está el Archiduque más que en Flandes;
> aquí hacen todos títulos y grandes.
> Ver y oír esto, amigo, es mi deseo,
> mi comedia, mi prado y mi paseo;
> y aquí solo estoy triste, cuando hallo
> quien mienta más que yo sin estudiallo.

Pasillos, memoriales, informaciones, relaciones de méritos, conversaciones y oídos abiertos, medias verdades y mentiras completas, silencios y egoísmos, miedos y esperanzas, amistades y odios... este es el día a día de la Corte en Madrid. Este es el día a día en que podemos imaginar a Cervantes, como a tantos de cientos de soldados, cautivos, escritores y escribanos que se dejaban caer por Madrid en busca de uno de los miles de puestos que todas las noches se soñaban vacantes y a la mañana siempre aparecían ocupados... y, casi siempre, por otro pretendiente. Sin la Corte no es posible entender a Cervantes. No es posible seguirle en sus paseos por los pasillos del alcázar, en sus viajes a Tomar y a Sevilla, en sus tardes en los mentideros, en sus primeros libros impresos, comedias estrenadas y romances difundidos sin tener como fondo la Corte y su deseo de conseguir una merced, una merced que se concreta en uno de los puestos vacantes en América, en los que nunca se oyó su nombre como posible candidato.

El primer trabajo de Miguel de Cervantes en la Corte: ¿espía o correo al servicio del rey?

El domingo 16 de abril de 1581, en unas solemnes cortes en Tomar, Portugal reconocía, por fin, a Felipe II como su rey. El espacio había sido decorado como lo merecía la ocasión; y así lo recuerda una relación anónima de 1584, que da cuenta del juramento que recibió el rey por los tres estados de los reinos de Portugal:

> En el monasterio de Tomar, cabeza y convento de la orden de Cristo se hizo un tablado en forma de teatro en el descanso de las gradas de la iglesia, donde suben al monasterio, y estuvo aderezada la plaza donde estuvo el dicho tablado con paños

de tapicería de Túnez, que eran de la Reina Doña María. Las gradas estaban cubiertas de alhombras de oro y seda de Persia, y un dosel de brocado con una silla cubierta con un paño grande de tela de oro, con almohadas en el suelo de la misma tela.

En los bancos «cubiertos con arambeles de brocado de Berbería» se colocarán, de acuerdo al lugar que le correspondía por importancia a cada ciudad o villa, los procuradores de cortes. A las dos del mediodía ya se encontraban todos en sus sitios, y a esta hora llegaron los «prelados de estos reinos», que se situaron a la parte derecha del estrado de acuerdo a «sus antigüedades». Y por último, el tercero de los estados: «los señores de título», entre los que destacaron el Marqués de Villareal, el Conde de Alcoutin, el Conde de Portalegre, el Duque de Berganza con su hijo mayor, el Duque de Barcelos, etc. etc. Nadie escatimó en lujos ni en demostraciones de su adhesión al nuevo rey castellano, incluso en las telas y modas de los trajes que portaban, como destaca el anónimo cronista:

> El Duque [de Berganza] vestido con calzas y jubón colorado y sayo de raso, y capa guarnecida y gorra con botones de perlas. El hijo venía vestido de blanco con calzas y jubón blanco, capote de raso aforrado en tela encarnada. [...] Venían con el Duque el Comendador mayor de Cristo y el mariscal de este reino con otros caballeros de su casa, vestidos a lo castellano con telas de oro, y botones de perlas, que parecían muy bien.

El rey Felipe II vistió a lo portugués, como se había lamentado en una carta que había escrito el 3 de abril a sus hijas Isabel Clara Eugenia y Catalina Micaela: «Creo que comenzarán pronto las Cortes y primero el juramento, porque ya viene mucha gente. [...] Y ya habréis oído cómo me quieren hacer vestir de brocado, muy contra mi voluntad, mas dicen que es costumbre de acá...». Y así lo describe el anónimo relator de tal solemne ceremonia: «El vestido del Rey era sotana de tela de oro y ropa de brocado, aforrada en la misma tela, con el collar y el tusón y gorra de rizo». Luis Cabrera de Córdoba es su hagiográfica biografía de Felipe II (1619) va a más allá en sus palabras: «empuñando el cetro y con la corona parecía el Rey David, rojo, hermoso a la vista y venerable en la majestad que representaba» (II, 633).

Después de las intervenciones y de los discursos y exhortaciones del Obispo de Leira y el procurador de Lisboa, y del juramento de los *señores de título*, los prelados y los alcaldes mayores, consejeros y procuradores del reino,

> un rey de armas dijo a altas voces: «¡Oíd!». Y el alférez mayor levantó el estandarte real diciendo tres veces:
> —Real, Real, Real por el Rey don Felipe Nuestro Señor, que viva muitos annos.

Esto se repitió tres veces mientras S. M. tardó de bajar desde su silla hasta las gradas de la iglesia adonde le estaban aguardando los prelados vestidos de pontifical, y el convento cantando *Te Deum laudeamus* le metieron dentro, acabándose este negocio con bendición del arzobispo de Braga.

No había sido fácil llegar a este solemne momento desde que el trono portugués había quedado vacante tras la muerte del rey don Sebastián en agosto de 1578 y del cardenal don Enrique en enero dos años después. El partido castellanista había conseguido afianzar su poder en la Corte gracias a esta empresa, que modificaba en gran medida, la política de la Monarquía Hispánica durante el siglo XVI: se consolidaba un giro institucional que movía el centro de interés del Mediterráneo al Atlántico. Las posesiones portuguesas en América eran una pieza crucial en este nuevo escenario político. Pero lo dicho, no había sido nada fácil llegar al juramento solemne en Tomar, dada la resistencia de buena parte de la nobleza portuguesa que había hecho fuerte las pretensiones de Antonio, el prior de Crato, nieto natural de Manuel *el Afortunado*. Felipe II se apoyó no solo en sus derechos dinásticos, como único nieto varón, sino también en la fuerza de un ejército comandado por el Duque de Alba, al que hace volver de su destierro político después de su fracaso en Flandes, compuesto de más de 30 000 soldados, entre los que destacan los tercios viejos de Italia, los conocidos como de Nápoles y Lombardía, así como de los soldados embarcados en las galeras y naos que Álvaro de Bazán, Marqués de Santa Cruz, tiene listos y aparejados en el Puerto de Santa María. Galeones que en meses participarán en la conquista de las Islas Terceras, en la que participó Rodrigo

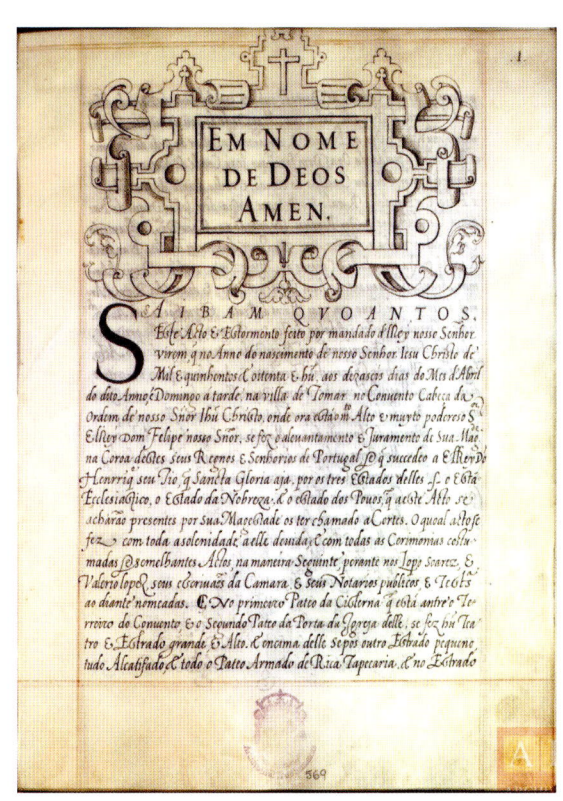

Priemer folio del juramento de Felipe II en las Cortes de Tomar.
AGS, PTR, LEG, 50, 112-1.

de Cervantes, y gracias a las que se convirtió en soldado aventajado (la misma condición que consiguiera su hermano Miguel después de la Batalla de Lepanto).

El 6 de mayo de 1580 el rey Felipe II había salido de Madrid para dirigirse a Lisboa. Nunca pensó lo difícil que iba a resultar este viaje. Dejaba en la villa madrileña al Cardenal Granvela, a quien había hecho venir de Roma para que dirigiera el grueso del aparato administrativo de la Monarquía, que no se moverá de sus espacios en el alcázar. Como se ha indicado, al rey será acompañado solo de un reducido número de consejeros y de secretarios, que mantendrá una eficaz comunicación con Madrid para dar noticias de las resoluciones y deseos del monarca.

A principios de junio de 1580 se encuentra Felipe II ya en Badajoz, después de haber pasado unos días en el Monasterio de Guadalupe y haber hecho oídos sordos a las peticiones de los gobernadores portugueses de que retrasase su entrada en Portugal hasta que ellos no dictaminaran cuál era el elegido entre los pretendientes al trono. El 13 de junio, en una gran parada militar en Cantillana, hace su demostración de fuerza, que se concretará en la victoria de Alcántara en agosto de este año.

Pero en Badajoz el rey Felipe II enfermará de una epidemia gripal que asolaba toda España, estando a punto de perder la vida, lo que le llevó a dictar su testamento. Pero el Divino Vallés consiguió salvarle, lo que no pudo hacer con la reina doña Ana de Austria, que morirá el 26 de octubre. El brote de peste que se había iniciado pocos meses antes en Lisboa aconsejará al rey a permanecer en Tomar, donde será coronado.

A Tomar se encaminaron los pasos de Cervantes en busca de una merced, siguiendo el camino que cientos de pretendientes habían realizado mucho antes, y otros tantos realizarán después. Como tantos otros cautivos soldados, cuando uno era liberado lo habitual era acercarse a los Consejos de Estado y de Guerra para entregar informes sobre la situación de Argel, sobre todo lo que pudieran saber sobre sus captores, o las defensas de la ciudad. En muchos casos eran «despachos a boca», que solo se consignaban por escrito si eran de gran interés; pero en otras, se trata de informes por escrito, como el que en 1582 escribiera el mercader genovés Luigi Fresco, remitido por los cautivos liberados Antonio de Sosa y Juan de Bolaños. Pero Cervantes no podía quedarse en las antesalas de los Consejos en el alcázar en Madrid. Tenía que encaminarse a Portugal. Allí estaba el rey. Y, sobre todo, allí estaba el secretario Mateo Vázquez, el cada vez más poderoso secretario a la cabeza de la facción de los castellanistas. Y junto a Mateo Vázquez también habían viajado a Portugal dos caballeros, Antonio de Toledo y Francisco de Valencia, que habían compartido cautiverio argelino y deseos de fuga con él. Estos dos caballeros de la Orden de San Juan habían ayudado a Cervantes en su tercer intento de fuga en 1577 al entregar a su hermano Rodrigo cartas para el virrey de Valencia y el gobernador de Mallorca, e incluso, como ya se indicara en el primer volumen de nuestra biografía (pp. 256-257), fue Antonio de Toledo el encargado en pasar a limpio la *Epístola a Mateo Vázquez* y entregársela al propio secretario, con el deseo de influir en él para que tomara a su servicio a Cervantes en el caso de conseguir éxito en su fuga. Antonio de Toledo, conocido en su época con el apodo del *turquete*, era persona también cercana al rey. Gracias al amparo de Mateo Vázquez y al estar vinculado a la familia del Duque de Alba, fue nombrado gentilhombre en la Cámara de Felipe II, y fue uno de los pocos que le acompañó a su salida de Madrid con destino a Portugal. Esta relación cercana junto al rey se mantuvo hasta los últimos momentos del monarca, siendo también uno de los pocos cortesanos que le asistieron en su agonía final en 1598.

El fracaso del tercer intento de fuga de Argel en 1577 había vuelto en papel mojado la *Epístola* que Cervantes le enviara a Mateo Vázquez y las recomendaciones que pudiera oír en boca de Antonio de Toledo. Pero ahora, en 1581, las cosas podían ser diferentes. Por las manos del secretario, entre tantos y tantos documentos que dejaba consignados en su libro—abecedario, habían pasado los cuatro memoriales que la madre de Cervantes, doña Leonor de Cortinas, había escrito entre 1577 y 1578 para conseguir los permisos necesarios para la venta de productos en Argel, que fueron remitidos por Mateo Vázquez al Consejo de Castilla o al Secretario Delgado, del Consejo de Guerra, con un escueto «Está bien» escrito en sus márgenes. El 15 de abril de 1580 consigna la entrada de una carta «de los cristianos cautivos en Argel», que, escrita por Antonio de Sosa, se le enviaba al rey Felipe II y al Papa Gregorio VIII dejando constancia de la gran labor que había realizado en los baños argelinos Fray Jorge del Olivar, durante sus trece meses de cautiverio. Esta carta venía refrendada por decenas de firmas, incluida la de «Miguel de Cervantes Saavedra», que muestra cómo ya en el cautiverio firmaba con su particular segundo «apellido» (vol. 1, pp. 243-246).

Todo parecía a su favor y era el momento de comenzar una nueva «partida cortesana», de la que esperaba conseguir «la palma de la victoria». Para este nuevo viaje contaba ahora con la información que podía proporcionar sobre la situación de Argel, el apoyo de sus antiguos compañeros de cautiverio, ahora bien situados en la Corte, las «informaciones» realizadas por su padre y por él mismo a su llegada a Madrid en 1580, y, en especial, con algunas recomendaciones, como la que firmara fray Juan Gil en la *Información de Argel* (1580):

> De la misma manera doy fe y testimonio que, dende el tiempo que estoy en este Argel haciendo la redención por mandado de su Majestad, que son seis meses, he tratado y conversado y comunicado particular y familiarmente al dicho Miguel de Cervantes, en cuyo favor se hizo esta información; y le conozco por muy honrado, que ha servido muchos años a su Majestad, y particularmente en este su cautiverio ha hecho cosas por donde merece que su Majestad le haga mucha merced, como más largamente consta por los testigos arriba escritos.

[…] Y si tal en sus obras y costumbres no fuera ni fuera por tal tenido y reputado de todos, yo no le admitiera en mi conversación y familiaridad.

«Que su Majestad le haga mucha merced». Las conversaciones y las entrevistas con Mateo Vázquez y Antonio de Toledo no han quedado recogidas en ningún escrito, en ningún documento que pudiera ahora rastrearse en los archivos. Fueron «despachos a boca». De ellas, seguramente nacieran algunas promesas y, sin duda, el primer trabajo que consiguió Cervantes en la Corte, la primera merced que le hizo el rey.

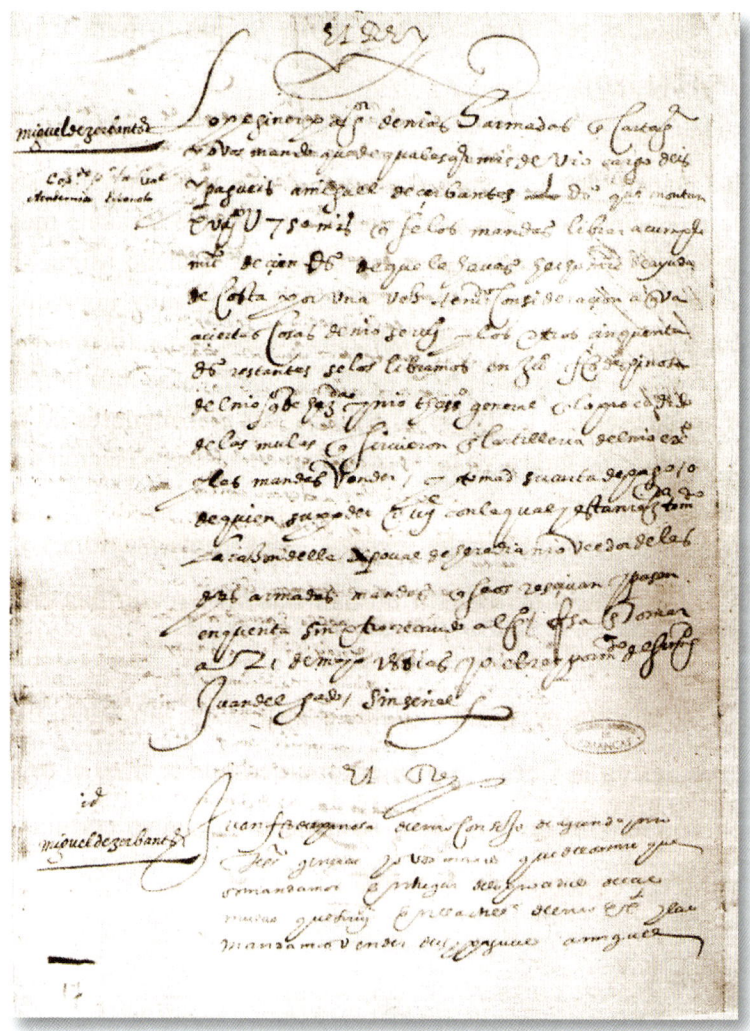

Cédula real por las que se le pide a los Tesoreros Generales que le entreguen a Cervantes 100 ducados como «ayuda de costa». Tomar (Portugal), 21 de Mayo de 1581. Archivo General de Simancas: Guerra Antigua, libro 36 hoja 257v-258r

En el Archivo General de Simancas se conservan cuatro cédulas reales que dan cuenta del primer trabajo conocido de Cervantes a su vuelta de Argel.

En la primera, el secretario personal de Felipe II, Juan Delgado, ordena a Juan Fernández de Espinosa, «del nuestro Consejo de Hacienda y nuestro Tesorero General», que le entregue a Miguel de Cervantes «cincuenta ducados, que montan diez y ocho mil setecientos cincuenta maravedís a cumplimiento de cien ducados, de que le hacemos merced de ayuda de costa», y lo mismo solicita a Lope Giner. Las órdenes están fechadas en la ciudad portuguesa de Tomar el 21 de mayo de 1581. ¿La razón del pago? «Teniendo consideración a que va a ciertas cosas de nuestro servicio». El 23 de mayo, Juan Fernández de Espinosa deja constancia en sus libros del pago de los primeros 50 ducados «de ayuda de costa». El 26 de junio de este mismo año recibe el resto de los ducados de Lope Giner en Cartagena. Acaba aquí el primer servicio que Miguel de Cervantes realizó al rey después de su vuelta del cautiverio.

Esas «ciertas cosas a nuestro servicio» se llenan de detalles en el memorial que presenta Cervantes al Consejo de Indias en 1590 para cubrir alguno de los puestos vacantes en América: «Fue el que trajo las cartas y avisos del alcaide de Mostagán y fue a Orán por orden de Vuestra Majestad». Gracias a estos documentos, la misión cervantina conocida por los biógrafos desde 1819 se pudo por fin situar en el tiempo: los meses de mayo y junio de 1581, abandonando las hipótesis de que trajera las cartas —no se sabe de qué manera— desde su cautiverio argelino.

Estos son los datos. Los escuetos datos documentales de este primer trabajo de Cervantes en la Corte de la Monarquía Hispánica. Escasos datos que son caldo de cultivo para ir construyendo un mito, sobre todo entre los biógrafos de finales del siglo XIX y principios del XX.

Estos documentos fueron recopilados por Martín Fernández de Navarrete para una versión ampliada de su biografía impresa en 1819 que nunca vio la luz. Su nieto se los cedió a Jerónimo Morán que los publicó por primera vez en la segunda edición de su *Vida de Cervantes* en 1867, sin más glosa y comentario. Ese a «ciertas cosas a nuestro servicio» tenía que ser explicado, y así lo hará Ramón León Máinez en 1901 en *Cervantes y su época* con estas palabras, sobre las que se ha asentado la mayoría de los acercamientos biográficos posteriores:

> Fue entonces, sin duda, cuando se le encargó una comisión a Orán, por la confianza que inspiraba su conocimiento con las autoridades de aquella plaza y sus prendas de prudencia y acierto. Ignórase la verdadera significación de tal cometido, aunque hubo de ser de índole reservada, quizás avisando de los que debía hacerse en aquella posesión española, en previsión de peligros que se temían a causa de las contin-

gencias políticas del momento. [...] De que desempeñó la comisión con diligencia y discreto tacto, es indicio casi seguro la complacencia con que recuerda, como confianza que le honraba, que fue por orden del Rey a Orán (p. 219).

Eran momentos delicados para la política en el Mediterráneo. El triunfo de la facción castellanista y la adhesión de Portugal suponía un cambio total en la estrategia de la corona hispánica, que ahora miraba al Atlántico y a las posibilidades americanas, pasando a un segundo plano la política mediterránea, que había sido el eje principal hasta este momento. Son los años en que se están firmando y consolidando las treguas con la Sublime Puerta, pero también los tiempos de los rumores y de los informes de posibles rupturas de las tregua por parte del renegado Euchali, que no quería perder su hegemonía y dominio sobre Argel, y que amenazaba con atacar Orán y hacerse fuerte en el norte de África. Momentos también delicados porque, con la caída de Antonio Pérez, seguramente se vio afectada la red de agentes secretos españoles en el Mediterráneo que él gestionaba de manera personal. En este ambiente, en estas circunstancias, era necesario contar con noticias de primera mano, de que los agentes secretos, los verdaderos espías que llevaban años de profesión y de anonimato, pudieran hacer llegar sus informes a la corona, así como el destino de los miles de ducados que gestionaban cada año para los sobornos que se repartían con generosidad en Estambul. Y este servir de correo del rey seguramente sean las «cosas a nuestro servicio» que realizó Miguel de Cervantes, como tantos otros excautivos que por aquel entonces seguían navegando por el Mediterráneo, y cuyos nombres han quedado sepultados en las infinitas listas de los documentos al no haber sido capaz de trascender a estos momentos cotidianos con una obra excepcional, como así le sucedió a Cervantes.

Como indican Emilio Sola y Francisco F. de la Peña en su *Cervantes y la Berbería* (1995), más que en la función de espía al servicio del rey Felipe II, hemos de pensar en Cervantes como un agente menor y circunstancial del que solo conocemos y tenemos constancia documental de esta única actividad en el Mediterráneo. Un agente menor con una misión concreta: recibir las cartas, es decir, los informes del «alcaide de Mostagán» en Orán. ¿Quién fue este personaje? Dado que la ciudad de Mostaganem, uno de los enclaves más cercanos a Orán, se encuentra por estos años en poder de los turcos, no es lógico que su alcaide fuera informante o agente al servicio de la Monarquía Hispánica, y mucho menos que Cervantes se viera con él. Entonces, ¿a quién se está haciendo referencia? Emilio Sola y Francisco F. de la Peña recuerdan que en la documentación de la época se habla de un tal «alcaide de Mostagán». En el momento en que el hijo del ex rey de Marruecos Abu Hasun renegó y se volvió cristiano, con el nombre de Juan de Castilla, se le sugiere al rey que le dé un «entretenimiento» de veinte ducados, siguiendo el ejemplo del «alcaide de Mostagán» al que se le concedió una paga de 3.750 maravedís anuales al renegar; alcalde que en otro documento se le cita como «don Felipe Hernández de Córdoba, alcaide que era de Mostagán», lo que le vincula, como homenaje a sus protectores, a la influyente familia de los Hernández de Córdoba, familia de la que solían salir los go-

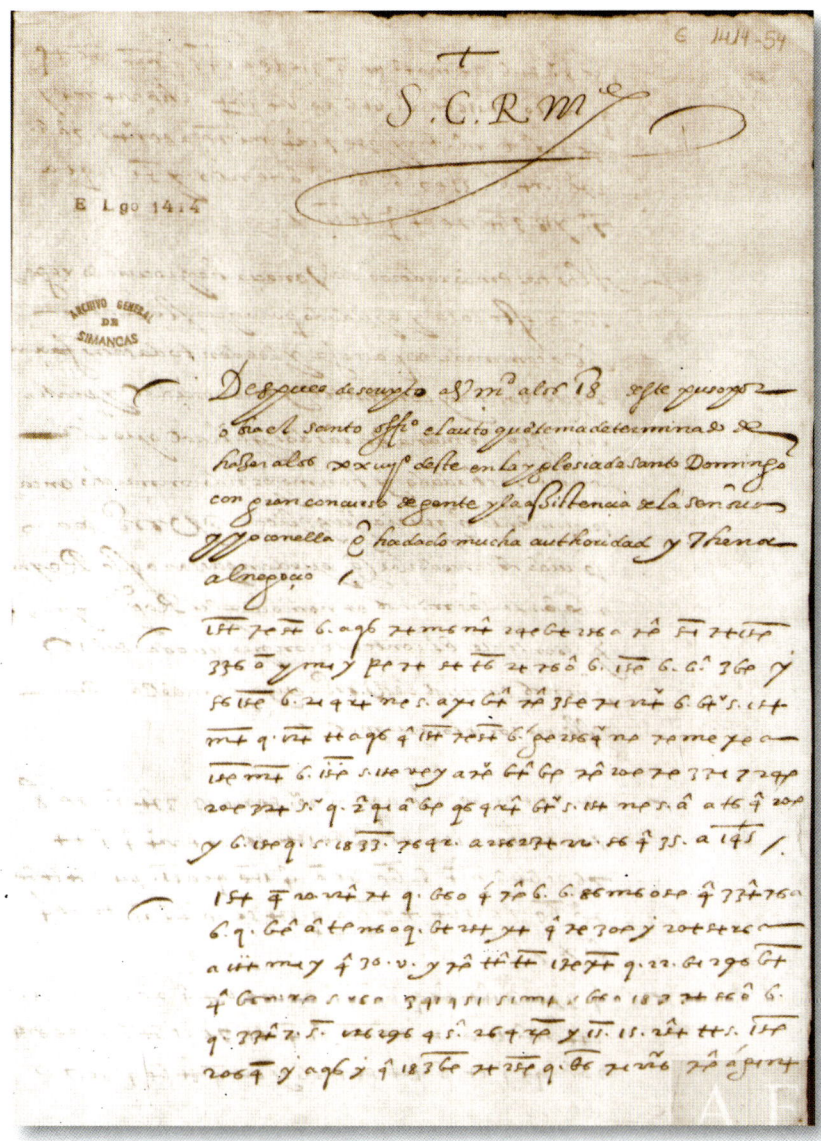

Carta cifrada que le envía Don Pedro de Mendoza, embajador en Génova, al rey Felipe II, donde las letras se sustituyen por números (29 de abril de 1581). Archivo General de Simancas: Est. Leg,1414, 54

bernadores de Orán. De este modo, el «alcaide de Mostagán» sería un musulmán converso —o tal vez renegado— de origen notable, un espía al servicio de la Monarquía Hispánica, que le entregaría a Cervantes una serie de cartas que debería entregar al rey en Tomar. Cartas, seguramente, cifradas, ilegibles para el que no conociera el código de lectura, como muchas de las que se conservan en el Archivo General de Simancas.

Seguramente esta será la primera (y única) misión que Cervantes realizó al servicio del rey en el Mediterráneo por estos años. Un primer trabajo, el de correo del Rey, que conseguiría gracias al apoyo de Mateo Vázquez y a la influencia de sus excompañeros en los baños de Argel. Nada que ver con un destino de compromiso y de confianza y, mucho menos, al nivel de la compleja red de espías que la Monarquía Hispánica tiene desplegada en el Mediterráneo durante todo el siglo. Un destino que tampoco debería de ser tan secreto cuando el propio Miguel de Cervantes lo convierte en una línea más de su lista de méritos en el memorial que presenta en 1590 para poder acceder a uno de los cuatro puestos vacantes en las Indias.

¿Llegó Cervantes a visitar en esta ocasión Lisboa? No hay documentos que lo prueben, pero la crítica, dadas las descripciones exhaustivas que presenta en el *Persiles y Sigismunda*, defiende que solo alguien que la hubiera visitado podría haberlas escrito con tanto detalle. Un misterio más —como iremos viendo— alrededor de la vida de Cervantes en sus años de madurez.

El primer autógrafo de Miguel de Cervantes: Madrid, 17 de agosto de 1582

El 6 de octubre de 1954 el director del Archivo General de Simancas le envía una carta a Luis Astrana Marín anunciándole un descubrimiento sensacional realizado por la archivera Concepción Álvarez Terán, Jefa de la Sección de Guerra y Marina: el autógrafo de Miguel de Cervantes más antiguo de los que se han conservado, fechado en Madrid el 17 de agosto de 1582.

Es un autógrafo particular no solo por su contenido sino también por su forma, pues es el único de los documentos cervantinos en que su autor se esfuerza en demostrar su pericia como escribano, su dominio en la organización del texto, con su amplio margen izquierdo, así como en la cuidada escritura de la letra bastarda, propia del oficio. No se ha dejado nada al azar, ni en su forma ni en su contenido. La carta enviada al secretario del Consejo de Indias, Antonio de Eraso, ha sido pensada palabra a palabra. En su concisión está una de sus claves.

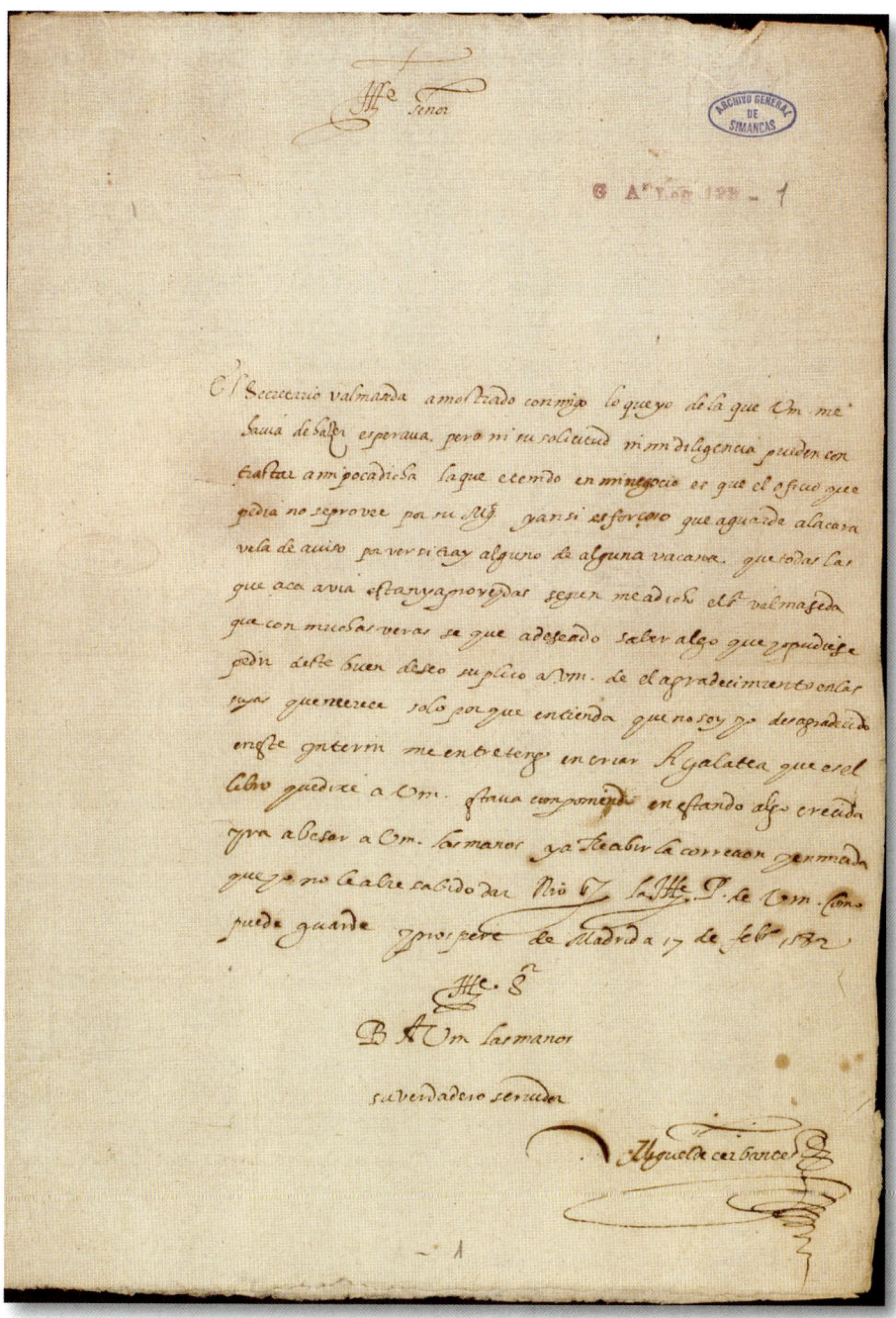

Carta autógrafa de Cervantes enviada a Antonio de Eraso. Madrid, 17 de agosto de 1582.
Archivo General de Simancas: Guerra antigua, legajo 123, número 1

¿De qué habla Cervantes en el primero de sus autógrafos, en la única de las cartas (casi) personales que hemos conservado? Son dos los aspectos que desea destacar nuestro autor, que muestran sus intereses en este momento en que ha vuelto a Madrid, después de haber pasado unos meses en tierras portuguesas, realizado un primer servicio a la corona como correo del rey.

En primer lugar, desea mantener viva, desde la distancia, su pretensión de una «merced» en la Corte que, por su mala fortuna, no ha conseguido todavía. Así le comunica a Antonio de Eraso las gestiones que don Francisco de Sopando Balmaseda, titular de la Escribanía de Justicia de la Secretaría del Consejo de Indias, ha realizado en Madrid, donde permanecen los Consejos:

> Ilustre señor: El secretario Valmaseda ha mostrado conmigo lo que yo, de la que vuestra merced me había de hacer, esperaba; pero ni su solicitud ni mi diligencia pueden contrastar a mi poca dicha: la que he tenido en mi negocio es que el oficio que pedía no se provee por Su Majestad, y ansí, es forzoso que aguarde a la carabela de aviso, por ver si tray alguno de alguna vacante: que todas las que acá había están ya proveídas, según me ha dicho el señor Valmaseda, que con muchas veras sé que ha deseado saber algo que yo pudiese pedir. De este buen deseo suplico a vuestra merced dé el agradecimiento, en las suyas, que merece, solo porque entienda que no soy yo desagradecido.

Y en segundo lugar, da noticia de sus «entretenimientos» mientras espera que llegue a buen puerto su pretensión de merced: la escritura de *La Galatea*, el libro de pastores que verá la luz en el año 1585. Pero más allá del dato literario —crucial para entender la génesis de la obra y su escritura continuada en los años—, interesa resaltar ese «dije a vuestra merced», en la que el autor quiere mostrar una cotidianidad con el influyente secretario del Consejo de Indias, hijo natural del también secretario Francisco de Eraso:

> En este ínterin me entretengo en criar a *Galatea,* que es el libro que dije a vuestra merced estaba componiendo. En estando algo crecida, irá a besar a vuestra merced las manos y a recibir la corrección y enmienda que yo no le habré sabido dar. Nuestro Señor la ilustre persona de vuestra merced como puede guarde y prospere.

No hemos de olvidar que Antonio de Eraso estaba desde 1578 vinculado a Mateo Vázquez, lo que le permitía al secretario controlar la provisión de oficios en Indias. Con este autógrafo podemos datar el inicio del sueño americano de Miguel de Cervantes. Como se ha indicado, en los libros-abecedario de Mateo Vázquez se registran dos memoriales que envía Miguel de Cervantes al rey: el 16 de noviembre de 1581 y otro el 8 de agosto al año siguiente. En los dos casos, el secretario escribe en un lateral: «Al Consejo de Indias». Seguramente estas peticiones —que sin duda se repetirían en los años posteriores— irían acompañadas de copias de la *Información de Argel*, así como de las informaciones realizadas a su vuelta del cautiverio, como apoyo y justificación de los servicios prestados al rey, desde su participación en la Batalla de Lepanto a los años pasados en el cautiverio argelino.

¿Cuál podría ser ese oficio concreto en América que había demandado a Balmaseda y al que no había podido aspirar al ser un oficio «que no se provee por Su Majestad»? La respuesta estará escrita en los memoriales enviados por Cervantes, que aún no se han encontrado en el Archivo General de Indias.

Luis Astrana Marín plantea que el sueño americano pudo ser alentado por el poeta y el licenciado Juan de Mestanza Rivera, que se embarcó para Perú en 1555, y que se encuentra en estos momentos en Guatemala, ocupando los puestos de fiscal de la Audiencia y, a partir del 3 de octubre de 1583, el de alcalde de la villa de Trinidad. Miguel de Cervantes lo cita con versos laudatorios («testigos de tu canto numeroso») en el «Canto de Calíope» de *La Galatea* dentro de la sección dedicado a los poetas del Nuevo Mundo, así como también lo citará en el *Viaje del Parnaso* (1614):

> Llegó JUAN DE MESTANZA, cifra y suma
> de tanta erudición, donaire y gala,
> que no hay muerte ni edad que la consuma.
>   Apolo le arrancó de Guatimala,
> y le trujo en su ayuda para ofensa
> de la canalla en todo extremo mala. (VII, vv. 61-66)

Pero tampoco es necesario buscar un ejemplo concreto, una persona en particular que explique el sueño americano en Miguel de Cervantes, camino que transitaron otros escritores como Gutierre de Cetina o Mateo Alemán. «La llamada de América» había pasado de un sueño o una ilusión (llena de épica y de visiones más propias de los libros de viajes o de caballerías) después de la euforia de la conquista y de los primeros asentamientos, para convertirse en una buena posibilidad de nuevas oportunidades, ya fuera al obtener tierras y encomiendas de indios, la explotación de las ricas minas de plata de Zacatecas o de Potosí, o un abanico muy amplio de mercaderes, o uno de los oficios o beneficios de los miles que el Consejo de Indias tenía disponibles, con una duración media de seis años. Estos puestos, en muchos casos, permitían que los jóvenes de las familias nobiliarias comenzaran a amasar su propia fortuna. Por eso no extraña que en muchas de las resoluciones se apoya una determinada candidatura «atento a los servicios prestados» al monarca realizado por padres o parientes cercanos. En todo caso, los últimos estudios han limitado en mucho los gritos apocalípticos de los arbitristas que veían en la emigración americana una de las causas de la sangría demográfica de Castilla, pues se piensa que no superaron el medio de millón las personas que emigraron a América durante el período colonial, desde 1492 a 1824, siendo el siglo XVI el que aportó, por razones obvias, más emigrantes (unos doscientos mil).

El Consejo de Indias está lleno de memoriales y peticiones de puestos vacantes en América, muy similares a los que presentó Cervantes a lo largo de los años, desde 1581 a 1590. Las cartas de los emigrantes están llenas de las ilusiones puestas en estas peticiones de merced. Detengámonos tan solo en dos ejemplos de los cientos que Enrique Otte transcribió en sus *Cartas privadas de emigrantes a Indias (1540-1616)*. El 12 de abril de 1604 escribe Luis Diez de Morales a su mujer, Lorenza Clara de Artiaga, animándola a cumplir su promesa «que me diste delante de Nuestra Señora de los Remedios de Madrid» para encontrarse con él en América. Y para convencerla le explica los beneficios y cargos que ha ocupado desde que llegó, así como los que quisiera ocupar en un futuro para así poder prosperar lo antes posible y volver con dinero a España, mercedes que sabe que necesitan del apoyo de las recomendaciones:

> También envío al señor Bernardino de Valverde un traslado de mi comisión y el título de teniente general para que, mediante estos servicios y la merced que mi señora me ha de hacer en esto, como se lo escribo, me provean en uno de tres corregimientos: uno de Cajamarca la grande, que se ha encomendado ahora en el conde de Altamira; otro de Andaguailas la grande, otro de Parinacoha, que están antes de llegar a Cuzco. Que todos son corregimientos de indios. Pon diligencia, vista esta, por amor de Dios, en hablar a mi señora, y que se dé memorial en el Consejo de Indias pidiendo se me haga esta merced de uno de estos tres corregimientos, que también acudirá a ello el señor Bernardino de Valverde y fray Diego Matías, mi hermano. Y trabaja cuando pudiéredes en que se me haga esta merced, y vente con los recaudos, que serás una reina, y en tres o cuatro años ganaremos más de treinta mil pesos con el ayuda de Dios, y nos volveremos a Castilla (pp. 495-496).

Diego de Rojas escribe desde Potosí a su madre, Teresa de Ávila, el dos de enero de 1585. Se queja del oficio que ahora tiene, pues, aunque le permite sobrevivir sin pedir nada a nadie, no es suficiente para conseguir las ganancias suficientes antes de regresar a Castilla, última voluntad (no siempre cumplida) de todo emigrante. Y bien ha hecho los deberes porque hasta concreta diez puestos que sabe vacantes a los que le gustaría acceder:

Y los oficios que por acá se entienden están vacos son los siguientes: contador o factor o tesorero de Cuzco, si allá no se han proveído; o la vara de alguacil mayor del Cuzco, que la tiene Montalvo por seis años, que los cumple presto, que acabados, se me dé a mí, o la vara de alguacil mayor de las Charcas y villa imperial de Potosí, con voto en el cabildo, que la tiene Montalvo, hermano del alguacil mayor del Cuzco; o contador de Quito, o factor o tesorero contador de Chile, que está vaco. Este es buen oficio y en buena tierra. O factor de Chile o tesorero, contador o factor o tesorero de Guamanga y Huancavelica; contador o factor o tesorero de Arequipa y Arica, es en buena tierra, aunque no son tan buenos. La vara del alguacil mayor de Guanuco y su tierra, este no es tan buen oficio, pero es razonable con voto y voz en Cabildo (pp. 536-537).

Y como no podía ser de otro modo, para aspirar a cualquiera de ellos, no solo valen los méritos presentados, sino también el apoyo de alguien cercano en la Corte:

Cualquiera de estos es buen oficio para hombre de capa y espada, y en que holgaría ser acomodado, y así suplico a v.m. se haga en procurar esto toda la diligencia posible, pues tengo servicios y méritos para que se me provea cualquiera de los oficios que aquí digo. Y más teniendo al señor licenciado Gasca por tan señor nuestro, y que tanta merced siempre nos ha hecho, que con su favor y buena diligencia de v.m. será fácil conseguir lo que se pretendiere (p. 537).

El Archivo General de Indias está lleno de estas peticiones, así como también de las contestaciones de los diferentes secretarios, que muestran la red clientelar propia de la administración de la Monarquía Hispánica y de la necesidad de contar siempre con el respaldo de un linaje, de un apellido, de un amigo… En un documento fechado en Madrid el 18 de noviembre de 1581, se proponen a tres personas para cubrir tres puestos vacantes:

> Para contador de Quito, a Francisco de Cáceres.
> Para contador de La Paz, a Francisco Sánchez Tristán.
> Para contador de Arequipa, a Hernando Xara de la Cerda.

Y en el mismo documento, se deja constancia de las personas a quienes se le concede el puesto en realidad, al margen de la propuesta inicial, en que se incorpora un nuevo nombre «un Mosquera», que permite incidir sobre la costumbre de la época de insistir e insistir («me ha suplicado muchas veces»), para conseguir la merced solicitada:

De estas tres contadurías de Quito y de la ciudad de la Paz y de Arequipa, se dé la primera a Francisco Sánchez Tristán; y para la que queda de Arequipa se mire si será a propósito un Mosquera, que ha servido en el ejército de este reino de Comisario de Muestras, y me ha suplicado muchas veces por un oficio en las Indias, y se me avise de ello y de lo que os pareciere.

En otras ocasiones, como se desprende de la documentación, no era fácil encontrar la persona adecuada para un determinado puesto vacante. Eran muchos los requisitos y no siempre adecuados los candidatos. Para poder cubrir el puesto vacante del Corregimiento de la ciudad de la Paz en 1596 se proponen hasta cinco personas, todas ellas amparadas por sus títulos y por sus apellidos:

> Don Pedro Mena Barrionuevo
> Tristán de Oribe Salazar
> Francisco del Alcázar Sotomayor
> Don Félix de Zúñiga y Avellaneda
> Don Lorenzo Maldonado.

La respuesta será detener la provisión hasta que el marqués de Cañete no diera su opinión sobre el asunto. El 5 de marzo de 1598, todavía está sin cubrir el puesto, y a la vista del informe del Marqués de Cañete, se responde: «Nombrénseme más personas». El 25 de abril, se vuelve a comenzar el proceso con la presentación de más candidatos a este puesto vacante:

> En contestación a la resolución de la consulta de 5 de marzo, se nombran más personas para el corregimiento de la ciudad de la Paz:
>
> Don Nuño de la Cueva
> Capitán Hernando Durán
> Almirante Juan Núñez de Zurbarán
> Don Juan de Montoya.

Al final, el puesto vacante de Corregidor de la ciudad de La Paz será para: «A don Nuño de la Cueva». Y la elección de este ejemplo no ha sido casual: será uno de los puestos vacantes que solicitará Miguel de Cervantes en 1590.

En este contexto de oportunidades y de sueños, de extensión de las reglas de los pretendientes y pleiteantes de la Corte a todos sus territorios, del difícil equilibrio que hay que mantener entre los solicitantes desde los territorios europeos de la Monarquía hispana y los que ya se encuentran en América, que aspiran a mejorar su posición a medida que quedan vacantes los puestos más solicitados, hemos de situar el sueño americano de Cervantes, un sueño que comparte con cientos de pleiteantes por aquellos años.

El sueño americano de Miguel de Cervantes: «busque por acá en qué se le haga merced»

Además de los memoriales que envió Cervantes al Consejo de Indias en 1581 y en 1582, según se indica en el libro-abecedario del secretario Mateo Vázquez y tal como comenta en su primer autógrafo enviado al secretario Antonio de Eraso en 1582, ¿en cuántas ocasiones más solicitó nuestro autor alguno de los puestos vacantes en América? No se han descubierto todavía trazas documentales de sus aspiraciones, pero lo cierto es que el «sueño americano» marcó la principal línea maestra de la vida de Cervantes en la Corte de la Monarquía Hispánica, a la que se supeditaba el resto de sus actuaciones, incluso sus acercamientos literarios a los libros de pastores, los corrales de comedias y el difundido universo del *Romancero Nuevo*, sin olvidar sus deseos por agradar al círculo clientelar del secretario Mateo Vázquez, a pesar de su pasado (y presente) ebolista. Si la Corte, el complejo entramado clientelar de la Corte le otorga unidad a la madurez de Cervantes, su deseo de convertir su «merced» en uno de los puestos vacantes en América se convertirá en el eje de vida de nuestro autor. Un eje que comenzará a cambiar cuando acepte en 1587 una comisión para abastecer de manera extraordinaria los galeones que participarían en la Armada Invencible.

América, por tanto, ha de entenderse como la meta de su vida, un sueño que durará hasta 1590, año en que se data el último de los memoriales que envía al Consejo de Indias, importante por las informaciones que lo acompañan, en especial, la conocida como *Información de Argel*, que analizamos ya en el primer tomo de nuestra biografía (pp. 212-222). Una América que en sus sueños e imaginaciones debía de ser bien diferente a cómo la caracteriza en su novela ejemplar *El celoso extremeño* (1613):

> refugio y amparo de los desesperados de España, iglesia de los alzados, salvoconducto de los homicidas, pala y cubierta de los jugadores (a quien llaman *ciertos* los peritos en el arte), añagaza general de mujeres libres, engaño común de muchos y remedio particular de pocos.

Aunque tan mal no le fue al hidalgo extremeño Felipo de Carrizales que, después de gastar todo su patrimonio, embarca a América a la aventura, sin destino claro ni puesto vacante que ocupar, a la edad de 48 años. Y después de pasar 20 años en el Perú ayudado de su industria y diligencia, «alcanzó a tener más de ciento y cincuenta mil pesos ensayados».

Pero volvamos a la realidad de los documentos, más allá de la vida en papel, publicada por Cervantes en los últimos años de su vida.

El 21 de mayo de 1590 se envía el memorial cervantino al Presidente del Consejo de Indias, don Hernando de la Vega y de Fonseca, para que sea tratado en la siguiente reunión del Consejo que se celebrará unos días después.

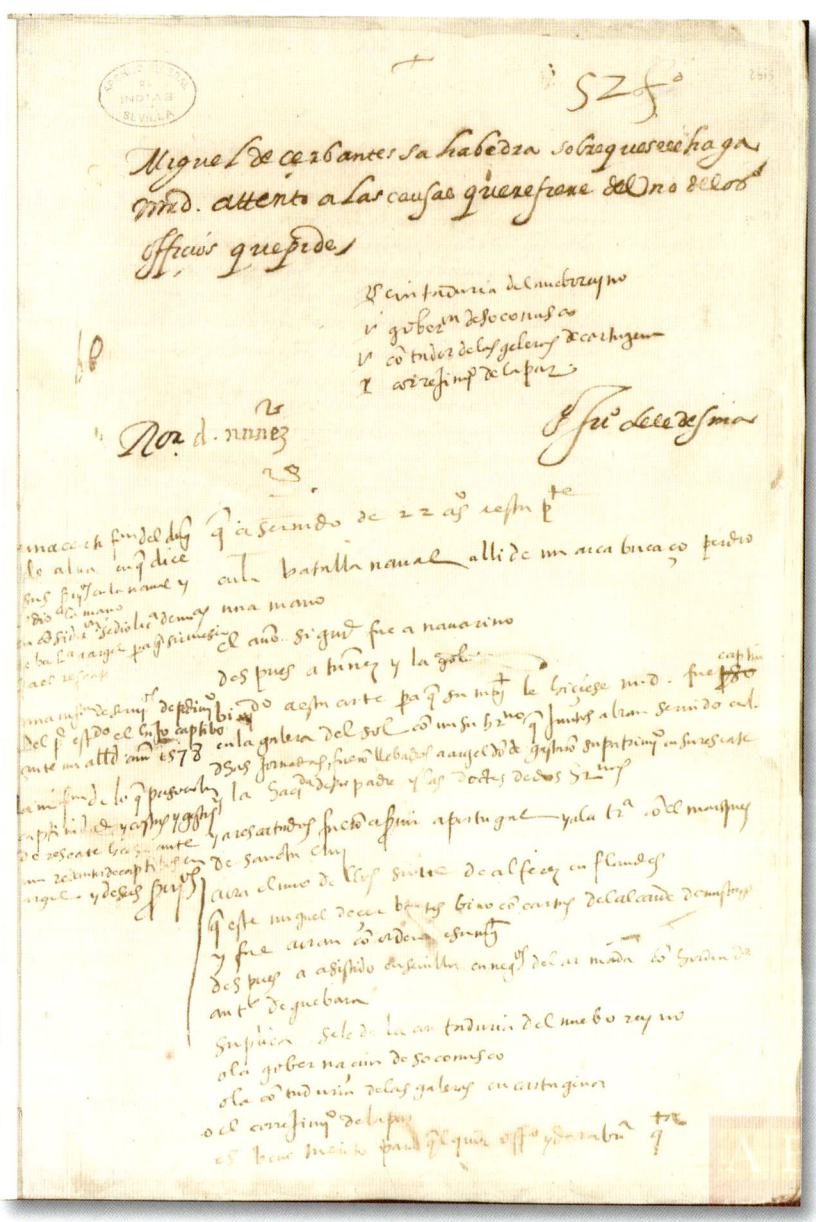

Extracto de la petición que hizo Miguel de Cervantes al Consejo de Indias para ocupar uno de los cuatro puestos vacantes en América. Archivo General de Indias: PATRONATO,253,R.1.

Ahora interesan las trazas burocráticas que pueden descubrirse en este documento conservado en el Archivo General de Indias, que dan cuenta de su recorrido administrativo, y que lo sitúan, como a miles de memoriales semejantes conservados en los archivos, en el engranaje cotidiano de los sueños rotos.

Como suele ser habitual, los memoriales cuando llegan para su estudio al Consejo vienen acompañados de un extracto donde se da cuenta de la petición concreta que se solicita y de los méritos que presenta el pretendiente. En este caso, seguramente el resumen fuera realizado por Juan de Ledesma, escribano de Cámara del Consejo de Indias.

En la cabecera, se indica con una letra de un cuerpo mayor, tanto el nombre del pretendiente como las mercedes a las que aspira:

> Miguel de Cervantes Saavedra, sobre que se le haga merced, atento a las causas que refiere, de uno de los oficios que pide.

—Contaduría del Nuevo Reino
—Gobernación de Soconusco
—Contaduría de las galeras de Cartagena
—Corregimiento de La Paz

Y debajo de las rúbricas tanto del relator del Consejo de Indias (Doctor Núñez Morquecho) como del escribano de Cámara (Juan de Ledesma), se concretan las «causas» que justificarían su petición, que no son más que un resumen de la petición realizada por el propio Cervantes al inicio de su memorial, y que constituyen, en muchos casos, un sumario —en ocasiones el único que conocemos— de los hitos más trascendentales que Cervantes quería destacar de su vida para conseguir su propósito:

—que ha servido de 22 años a esta parte
—en la Batalla Naval, allí de un arcabuzazo perdió una mano
—el año siguiente fue a Navarino
—después a Túnez y la Goleta
—y viniendo a esta Corte para que su Majestad le hiciese merced, fue cautivo en la galera del Sol con su hermano, que juntos habían servido en las dichas jornadas. Fueron llevados a Argel, donde gastaron su patrimonio en su rescate y la hacienda de su padre y las dotes de dos hermanas
—ya rescatado fueron a servir a Portugal y a la Tercera con el Marqués de Santa Cruz
—ahora el uno de ellos sirve de alférez en Flandes
—que este Miguel de Cervantes vino con cartas del alcaide de Mostagán y fue a Orán con orden de su Majestad
—Suplica se le dé la contaduría del Nuevo Reino
—o la gobernación de Soconusco

—o la contaduría de las galeras en Cartagena
—o el Corregimiento de La Paz
—es benemérito para cualquier oficio y dará buena cuenta.

Además de esta última frase, que parece afirmar lo que ya Cervantes expusiera de sí mismo, en el margen izquierdo se detallan las fuentes documentales que apoyan los méritos presentados, así como algunos otros detalles administrativos:

> Una certificación del Duque de Alba en que dice sus servicios en la Naval y perdió la mano. En consideración se dio licencia de mercancías [***] a Argel para que sirviese para el rescate.

> Una información de servicios de pedimientos del padre estando el hijo cautivo ante un alcalde. Año 1578.

> La información de lo que puso en la cautividad y costas y gastos de rescate hechos ante un redentor de cautivos en Argel, y de sus servicios.

En la parte inferior de la primera hoja del memorial, en la que el propio Cervantes expone sus peticiones, se deja escrito la resolución del Consejo de Indias, en su sesión celebrada en Madrid el miércoles 6 de junio de 1590: «busque por acá en que se le haga merced», firmada por el relator el Doctor Núñez Morqueco. En el lateral izquierdo, aparecen los presentes en el Consejo, que ratifican esta resolución, desde el Presidente («su señoría»), hasta siete consejeros: Diego Gasca de Salazar, Medina de Zaraúz, Luis de Mercado, Pedro Gutiérrez Flórez, Pedro Díez de Tudanca, Benito Rodríguez Baltodano y Agustín Álvarez de Toledo. La petición de Cervantes nunca pasó de esta primera fase de la administración; el nombre de Cervantes nunca estuvo entre los candidatos para cubrir un puesto vacante, como sí lo fue su amigo el castellanista Alonso de Barros, como tendremos ocasión de ver más adelante.

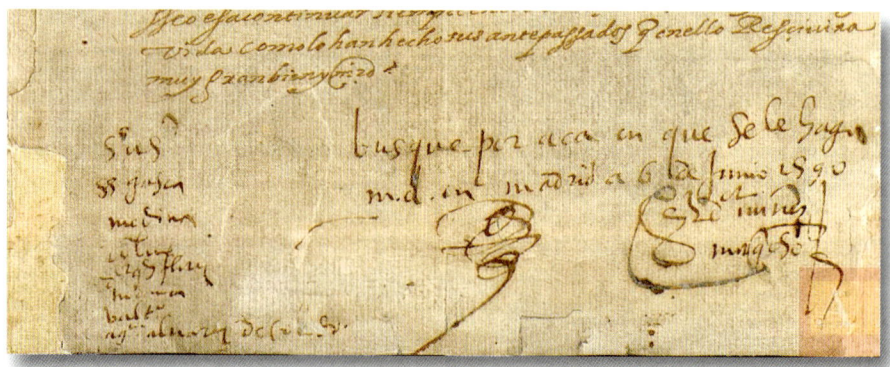

Detalle de la petición de Cervantes al Consejo de Indias, con la contestación del mismo.
Archivo General de Indias: PATRONATO,253,R.1

Una primera pregunta se nos impone después de haber visto la última de las solicitudes que Cervantes envía al Consejo de Indias, ¿por qué estos cuatro puestos en concreto? ¿Son los únicos que han quedado vacantes? ¿Quién le ha pasado la información para que en su proposición sea tan explícito? Emilio Maganto en un estudio actual sobre un documento cervantino que dio a conocer en 1992, y que se ha tenido muy poco en cuenta a pesar de su importancia: las velaciones entre Miguel de Cervantes y Catalina de Salazar, realizadas en la Iglesia de San Martín de Madrid el 16 de enero de 1586, nos ha dado una clave. En la ceremonia de las velaciones, que estudiaremos más adelante, participan además de Magdalena de Cervantes como madrina y su hermano Rodrigo como testigo, otros cuatro amigos, cada uno de ellos más interesante a la hora de comprender los lazos de amistad, relación y clientelismo que supo ir fraguando Cervantes a lo largo de su vida: como padrino, firmará Pedro de Ludeña, y como testigos Cristóbal Peña, Pedro Montesdoca «el Indiano» y Juan Delgado. Los nombres no dicen mucho, pero cuando sepamos algo de su vida, de su relación con el sueño americano, todo será diferente.

El más conocido por los cervantistas es, sin duda, Pedro Montesdoca, poeta andaluz, que llegó a ser capitán en Perú, por lo que Cervantes lo va a recordar entre los poetas indianos en el *Canto de Calíope* dentro de *La Galatea* (1585):

> Este mismo famoso insigne valle
> un tiempo al Betis usurpar solía
> un nuevo Homero, a quien podemos dalle
> la corona de ingenio y gallardía.
> Las Gracias le cortaron a su talle,
> y el cielo en todas lo mejor le envía;
> éste, ya en vuestro Tajo conocido,
> PEDRO DE MONTESDOCA es su apellido. (vv. 569-576)

Como tantos otros soldados—poetas indianos, le encontraremos también en la Corte en busca de alguna merced. Murió en 1609 en su Moguer natal, después de haber pasado gran parte de su vida en diferentes destinos en Perú.

También podemos relacionar con Perú a Cristóbal de la Peña, otro de los testigos, hijo de uno de los militares que acompañó a Pizarro en las campañas militares de Venezuela y Perú. Desde el 2 de abril de 1580 se encuentra en la Corte demandando una merced para mejorar la encomienda de Indios que posee en América. Vuelve a las Indias, a su Guamanga de origen, el 18 de agosto de 1586, con una renta de 1000 ducados concedida por el rey, así como otros mil «atendiendo a los méritos de su padre y madre».

Y el último de los testigos es Juan Delgado, que es uno de los secretarios cercanos al rey Felipe II (uno de los pocos que le acompañó en su viaje a Portugal), que estuvo vinculado al Consejo de Guerra y al de Hacienda. Juan Delgado ya había aparecido en la biografía cervantina en 1581, pues de su puño y letra es la primera de las cédulas reales que se envía al tesorero Juan Fernández de Espinosa para que le pague a Cervantes los ducados necesarios para cubrir las costas y el viaje del primer trabajo que nuestro autor realiza en la Corte después de haber vuelto de su cautiverio de Argel. Pero lo que ahora interesa, es que desde 1582, Juan Delgado pertenece al Consejo de Indias. El círculo se va estrechando.

Y para el final hemos dejado a la persona más influyente que participará en la ceremonia, Pedro de Ludeña, que lo hará en el puesto, ni más ni menos, que de padrino; lo que muestra una estrecha relación con Cervantes... y también con su familia. El apellido Ludeña es conocido entre los cervantistas: su hermano, Fernando de Ludeña, incumplirá la promesa de matrimonio que le había dado a Magdalena de Cervantes, por lo que le demandará 300 ducados. En el testamento que firma Magdalena —que no olvidemos, fue madrina de las velaciones cervantinas— el 11 de octubre de 1610, todavía recuerda esta deuda no pagada, en una fórmula de redacción bastante curiosa: «Ítem. Declaro que don Fernando de Ludeña me debe trescientos ducados prestados, siendo mozo soltero; y después de casado con doña Ana María de Urbina, su mujer, yo se los fui a pedir delante de la dicha Ana...». Ya habrá tiempo de volver sobre este documento y las relaciones amorosas de las «Cervantas» en el tercer tomo de la biografía. Ahora interesa el hermano, Pedro de Ludeña, y su brillante carrera que le llevará de ser regidor del Ayuntamiento de Madrid, a ser nombrado el 30 de agosto de 1585, Gobernador y Capitán General de Cartagena de Indias, cargo en que estuvo hasta 1593, y en que tuvo que sufrir los continuos ataques de los piratas ingleses, entre ellos, Drake. Años después, y después de haber sido Maestre de Campo en El Ferrol, fue nombrado en 1589 Gobernador de la Plata y Corregidor de Potosí.

Estos cuatro nombres son, sin duda, solo la punta del iceberg de una red de relaciones indianas de Cervantes que desconocemos. Lamentablemente, la biografía cervantina se ha ido construyendo a partir de piezas documentales muy heterogéneas y parciales, sin tener en cuenta que los silencios documentales (los reales y los que todavía están esperando a ser descubiertos en los archivos nacionales, provinciales, municipales o eclesiásticos) muestran otro Miguel de Cervantes que merece ser también ser atendido. El «sueño americano» no era una posibilidad, una fantasía, sino que estaba cimentado en un trato personal (y estrecho) con personas tanto que vivían en América (y que conocía en la Corte, centro de todo pleiteante y pretendiente), o con aquellos que manejaban la información dentro del Consejo de Indias. El hecho de que

Cervantes esté demandando los puestos de la contaduría del Nuevo Reino o de las galeras de Cartagena ahora cobra mucho más sentido teniendo en cuenta que el padrino de las ceremonia de sus velaciones con Catalina de Palacios es, ni más ni menos, que el recién nombrado Gobernador y Capitán General de Cartagena de Indias, la persona de la que dependían estos dos oficios americanos.

Pero, ¿qué sucede con los otros dos puestos, el de Corregidor de La Paz (al que luego irá destinado el propio Juan de Ludeña, que aquí se presenta como su posible benefactor) y el de Gobernador de Soconusco? ¿Acaso eran puestos vacantes destinados a una persona como Cervantes, con un historial militar en el que no ha llegado a ser capitán, con un apellido que no tiene ninguna influencia en la Corte ni unos padres a los que el rey deba agradecer los servicios ofreciendo un puesto a sus hijos? ¿Quiénes ocuparon los dos puestos solicitados por Cervantes? Ahora, por primera vez, tenemos ocasión de poner nombre a quienes sí que transitaron el «sueño americano» de Cervantes. Para el cargo de Corregidor de La Paz, se nombrará a Alonso Vázquez de Arce «en consideración a sus servicios y a los del doctor Vázquez, su padre», y para el de Gobernador de la provincia de Soconusco, al capitán Gonzalo Menéndez de Valdés.

¿Qué podía hacer Miguel de Cervantes al lado del apellido Vázquez de Arce, y de la influencia cada vez mayor en la Corte de Rodrigo Vázquez de Arce, padre de Alonso, como se indica en el mismo nombramiento? Solo unos datos, unos escuetos datos para comprobar el abismo entre Alonso y Miguel a la hora de optar a un cargo de tal envergadura. Rodrigo Vázquez de Arce, padre de Alonso, fue uno de los dirigentes más reconocidos e influyentes del partido castellanista desde 1575, y ocupó, entre otros tantos, los siguientes cargos en la administración hispánica: consejero del Consejo Real (1570), que alternó desde 1575 como consejero de la Suprema (el de la Inquisición), y que le posibilitó controlar el funcionamiento del Consejo Real, que estaba presidido en Madrid por el papista Pazos, durante la estancia del rey en Portugal, lo que permitió colocar a sus allegados en los puestos promovidos en este tiempo, Presidente del Consejo de Hacienda (1584) y Presidente del Consejo Real (1592). ¿Acaso no se había equivocado Cervantes en la elección de los puestos vacantes que solicita? ¿Cómo pudo pensar que tenía alguna posibilidad ante un Vázquez de Arce, ante un apellido similar al que estaban destinadas estas vacantes? ¿Acaso no sucede algo similar hoy en día en varios estamentos de la administración española, como puede ser Justicia o Diplomacia, donde los árboles genealógicos permiten explicar buena parte de los puestos asignados?

La exhaustiva documentación emanada del Consejo de Indias permite también conocer un poco más alguno de los destinos solicitados por Cervantes, imaginar

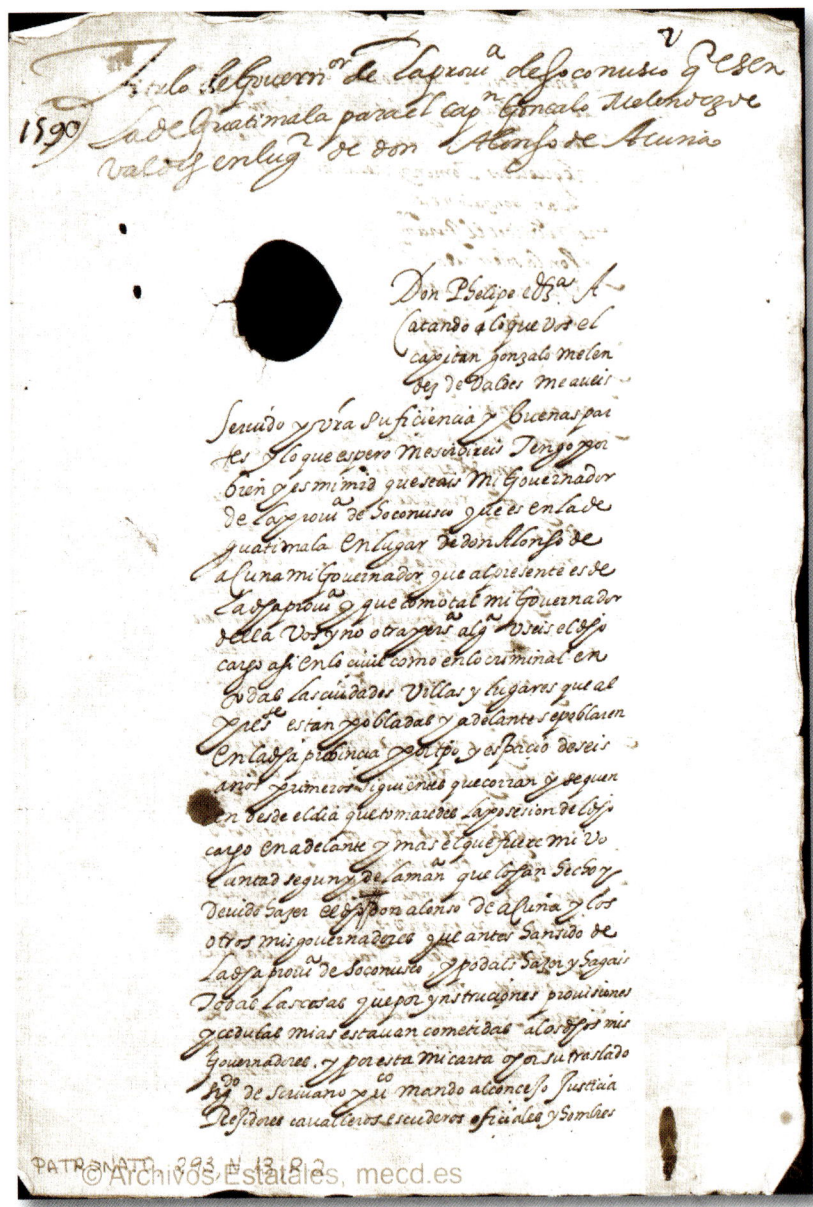

Nombramiento de Gonzalo Menéndez de Valdés como gobernador de la provincia de Soconusco (4 de abril de 1590): Archivo General de Indias: CONTRATACION,5788,L.1,F.220-221

cómo podría haber sido su vida si se hubiera cumplido su sueño americano. ¿Qué geografía, qué provincia hubiera vivido Miguel de Cervantes de haber sido nombrado Gobernador de Soconusco que, por aquel entonces, dependía de Guatemala?

Como se ha indicado, el Archivo General de Indias conserva el nombramiento de Gonzalo Meléndez de Valdés como Gobernador de la provincia de Soconusco, firmado el 4 de abril de 1590 por Hernando de Vega de Fonseca, presidente del Consejo de Indias, según escrito de Andrés de Alba, secretario de Felipe II.

El nuevo gobernador sustituye a Alonso de Acuña, que había sido nombrado el 15 de noviembre de 1583. El título de gobernador, como suele ser habitual en este tipo de documentos que repite las mismas fórmulas y expresiones, ofrece curiosas informaciones sobre el espacio y las costumbres de la época, sobre las dificultades y detalles del trabajo que deberá realizar la persona nombrada. Después del encabezado, el primer párrafo se reserva al nombramiento en sí, concretando su duración (seis años), naturaleza de su poder (civil y criminal) y su jurisdicción (ciudades, villas y lugares pobladas como las que se hayan de probar), así como la obligación de todos los súbditos de aceptarlo como gobernador y obedecerlo, como si fuera el propio rey. Pero, ¿qué sabemos de la provincia de Soconusco en este momento, ese destino con el que soñó Cervantes en América? ¿Era un puesto tan idílico, tan lleno de promesas de enriquecimiento fácil y rápido que justificaría los esfuerzos y las continuas peticiones de nuestro autor? No hemos de olvidar que América, que un puesto de estas características sí que era un paréntesis, de al menos seis años, de la vida que ha conocido, que se ha ido construyendo durante estos años.

Precisamente, unos días antes, el 15 de febrero de 1590, el entonces aún gobernador de Soconusco, Alonso de Acuña, había enviado una carta al rey donde le relata los problemas que ha sufrido siendo gobernador de esta provincia: primero, su dificultad para sobrevivir al ser la tierra pobre y el salario de gobernador escaso, y los abundantes peligros cuando el que gobierna «pasa necesidades». Desde esta perspectiva, tenemos que abandonar, de una vez por todas, esa falsa idea de que cualquier puesto en América era mucho mejor que lo solicitado en Castilla:

> Después que llegué a la provincia de Soconusco, a donde Vuestra Merced me mandó le viniese a servir en el gobierno de ella, y visto ser tierra pobre y los bastimentos muy caros por traer de otras partes lejos de ella, y el salario de que Vuestra Merced me hace merced muy poco, y mucho el deseo de acertar a servir a Vuestra Merced con rectitud en mi oficio, estaba con cuidado para conseguir esto por el peligro en que pone la necesidad al que gobierna.

Y la situación no mejorará en los meses siguientes. El 16 de marzo de 1591, el nuevo gobernador, el capitán Gonzalo Meléndez de Valdés, le manda al rey una carta donde da cuenta de los grandes problemas que arrastra la provincia de Soconusco, una tierra fértil, donde se cultiva cacao y marzal, pero muy empobrecida por la falta de indios que trabajen la tierra. Se hace necesario un plan para propiciar la llegada de los indios a una tierra próspera en otros tiempos, y así poder cumplir con el pago de los tributos, único aspecto que sabe el nuevo gobernador que interesa en el Consejo de Indias:

> Yo llegué a esta provincia a los nueve de febrero. Luego que llegué, se comenzó la residencia de don Alonso de Acuña mi antecesor y en ella se queda trabajando. [...] Lo que yo entendí en esta provincia entre otras cosas que Vuestra Alteza mande remediar y hacer merced a esta tierra, la cual está medio despoblada a falta que los indios de ella se han muerto, y por falta de ellos no pueden cultivar las heredades de cacao y marzales, que con estas dos cosas es con lo que se paga el tributo a Vuestra Alteza. Y las más veces no pueden pagar el dicho tributo por no tener con qué. Esta tierra es *in solidum* de Vuestra Alteza y no hay en ella encomendero alguno. Es tierra fértil donde se paga a su Majestad mucha cantidad de tributo. Para el remedio de esta provincia es necesario que Vuestra Alteza mande dar sus previsiones reales para que en la Nueva España puedan venir de ella libremente los indios e indias que quisieren vivir en esta provincia y lo propio de la provincia de Guatemala y otras partes cualesquiera haciéndoseles merced que por nueve o diez años sean libres de tributo, hasta que las heredades que ellos sembraren y plantaren den fruto, de que puedan pagar el tributo a Vuestra Alteza, y de esta suerte esta provincia será poblada y el real haber de Vuestra Alteza acrecentado.

Una de las consecuencias de esta pobreza es la ruinosa situación de las iglesias, que llevan años sin repararse, con lo que es difícil que puedan en ella oficiarse los oficios divinos. Como en el caso anterior, el nuevo gobernador ofrece no solo una descripción de lo que ve, sino también un programa de soluciones:

> Así mismo las iglesias están tan pobres y destrozadas por falta de haber poca gente que los que hay no pueden acudir al reparo de ellas, tienen necesidad que Vuestra Alteza las favorezca y haga merced que de su real haber y tributo que de esta tierra tiene las mande reparar, pues la costa será poca para que se puedan celebrar en ella los oficios divinos; pues esto es servido de Dios Nuestro Señor, que Vuestra Alteza suele mandar se provea. Yo por descargo de mi conciencia doy aviso de lo que veo por vista de ojos. Y en todo lo que más sucediere, avisaré a Vuestra Alteza para que lo mande remediar.

Este hubiera sido el espacio geográfico y estas las particularidades económicas y sociales con las que se hubiera encontrado Miguel de Cervantes en sus seis años como gobernador de Soconusco en el caso de que hubiera sido elegido para ocupar el cargo. Quizás los cargos de contador de galeras de Cartagena o la contaduría del Nuevo Reino de Granada hubieran sido puestos más acordes a las posibilidades reales de Cervantes, pues, muchos parientes de las familias más influyentes en la Corte o que tenían un contacto con los miembros del Consejo de Indias, veían en América una oportunidad de poder introducir a sus pariente en el entramado burocrático de la Monarquía Hispánica. Seis años en América, a pesar de las dificultades del viaje, de los vaivenes de la fortuna en destino, era el sueño de muchos licenciados, doctores, capitanes y apellidos habituales en las listas de consejeros en la compleja red clientelar de la administración de la Monarquía Hispánica para que ninguno de estos puestos, sobre todo los de Gobernador o los de Corregidor estuvieran en el horizonte de expectativas de Miguel de Cervantes. Solo hay que recordar algunos de los nombres que ocuparon estos puestos vacantes alrededor de estos años para hacer una radiografía perfecta de la quimera que era el sueño americano de nuestro autor:

—Capitán Pedro del Peso de Vera. Corregidor de los Andes del Cuzco, al Perú: 11 de marzo de 1586
—Licenciado Alonso Enríquez, Teniente de Corregidor de Potosí, al Perú: 29 de marzo de 1586
—Licenciado Pedro de Zorrilla, Oídor de la Audiencia de Quito, a Quito: 14 de abril de 1590
—Capitán Jerónimo de Carranza, Gobernador y Capitán General de Guatemala: 20 de junio de 1590
—Licenciado Juan Cuende, Alcalde del Crimen en la Audiencia de México: 30 de junio de 1590
—Licenciado Vasco López de Vivero, Corregidor de México: 1 de julio de 1590
—Licenciado Pedro Fernández de Recalde, Alcalde del Crimen de la Audiencia de México: 5 de julio de 1590
—Capitán Gonzalo Meléndez de Valdés, Gobernador de Soconusco, en Guatemala: 7 de julio de 1590
—Alonso Vázquez de Arce, Corregidor de La Paz: 27 de enero de 1592
—El capitán Diego Fernández de la Cuba, Gobernador de Chucuito (Perú): 6 de febrero de 1592
—El licenciado Francisco Manso de Contreras, Gobernador de Santa Marta: 8 de febrero de 1592
—El capitán Alonso Ordóñez, Gobernador de Yucatán: 13 de julio de 1592…

«Busque por acá en qué se le haga merced» pone punto y final a las pretensiones de una prosperidad en tierras americanas. Una prosperidad más soñada que real.

Y no fue el único. El escritor Juan Rufo, famoso por su poema épico *La Austriada* (1582), que narra los hechos heroicos de Juan de Austria tanto en Las Alpujarras (1568) como en la Batalla de Lepanto (1571), y entre cuyos poemas preliminares aparecerá un soneto de Miguel de Cervantes, presenta ante el Consejo de

Indias un memorial solicitando un puesto en América, cuyo extracto fechado el 29 de febrero de 1584 no se limita a un simple resumen de sus méritos (como sucede en el caso de Cervantes), sino que se pronuncia favorablemente a sus pretensiones:

> Joan Rufo Gutiérrez, que fue jurado de Córdoba por el memorial que va aquí, ha suplicado a V. M. que, atento a que ha servido doce años escribiendo un libro de que V. M. está informado [*La Austriada*], se le haga merced de una receptoría de la Audiencia Real de México. El Consejo tiene buena relación de lo mucho que ha trabajado y que es untuoso y estudioso, y tiene necesidad. V. M. le mandará hacer la merced que fuere servido (cito por Marín Cepeda, 2005, p. 297).

En el margen se escribe la respuesta del monarca: «Avíseme qué valdrá este oficio por una vez, y lo que pareciere al Consejo, que será bien hacer con él lo que pide». Y del 10 de marzo se le da la respuesta al monarca «que podrá valer hasta 1.500 ducados vendida allá. Parece que de lo que de ella procediere se le podría hacer merced de hasta 800 ducados». Al final, las pretensiones de Juan Rufo no llegaron a buen puerto, aunque tampoco se fue con las manos vacías: «Désenle 500 ducados de ayuda de costa por una vez».

Años después, el 11 de febrero de 1588, vuelve Juan Rufo a demandar un puesto en la Corte, en este caso al Consejo de Castilla, pues ahora desea quedarse en Madrid, ciudad a la que acaba de llegar: «suplica a V. M. le mande dar título de coronista o algún entretenimiento moderado con casa de aposento o aquello que Vuestra Majestad más sea servido, para que el pueda servir, porque no desea más bien en esta vida que poderlo hacer con las letras que aprendió, y la experiencia y noticia que tiene de muchas cosas, para ser capaz de que V. M. mande cometerle cualquiera empresa difícil». Y sigue siendo curioso, no lo olvidemos, que presenta como méritos su obra literaria, la escritura de la *Austrida* «libro útil y de sustancia», además de su «oficio de jurado de Córdoba» o los diversos «advertimientos de cosas de su real servicio» que le ha dado «de palabra y por escrito». No tuvo tampoco éxito en esta última petición, y Juan Rufo y su familia tuvieron que regresar a Córdoba y heredar el oficio de tintorero de su padre. Esta será también la historia del fracaso de Lope de Vega, del famoso y exitoso Lope de Vega, que nunca consiguió el puesto de Cronista real que demandó al final de su vida.

Aunque nos duela que Cervantes —antes incluso de ser el Cervantes del *Quijote* y del mito del genio creador—, no consiguiera una respuesta positiva a sus peticiones de *merced*, lo cierto es que los archivos están llenos de peticiones y de respuestas negativas muy similares. Y seguramente estas peticiones también vengan avaladas por las promesas de amigos y de personas cercanas de que intercederían por él, como los «amigos americanos» o relacionados con el Consejo de Indias que participaron como padrino y testigos en la ceremonia de velaciones de 1586 de Miguel de Cervantes y Catalina de Salazar.

¿Pero es realmente una respuesta negativa a sus pretensiones de conseguir un oficio este «busque por acá en qué se le haga merced»? Desde 1587 hasta 1594 Miguel de Cervantes se hará cargo de varias comisiones como comisario real de abastos, bajo las órdenes de los Proveedores Generales de galeras (Antonio de Guevara y Pedro de Isunza) y de la Armada (Cristóbal de Barros); y en 1595 aceptará una comisión como juez recaudador de impuestos atrasados por tierras granadinas. ¿Acaso puede pensarse que esta es la *merced* que había demandado en pago a los servicios a la Corona? Todo lo contrario. Serán sus contactos sevillanos o quizás los que previamente había establecido con Pedro de Isunza como agente de negocios los que le permitieron acceder a la primera de las comisiones, una de las extraordinarias para el abastecimiento de la Armada Invencible. No hay oficio detrás de las comisiones. No puede pensarse que, al final, consiguiera Cervantes ningún pago por sus servicios a la Corona durante 22 años. Ni en América ni en Castilla.

Miguel de Cervantes se quedó a las puertas de su *merced*, como tantos otros miles de pretendientes en la Corte, de una *merced* en las Indias o una *merced* en Castilla. Una *merced* hubiera sido un puesto como secretario, cronista o «aquello que Vuestra Majestad más sea servido», como había también solicitado su amigo Juan Rufo. Nada que ver con ser comisario real de abastos o recaudador de impuestos atrasados, que no son ningún oficio, siempre dependiendo de las comisiones que se le asignan, como veremos más adelante.

El (posible) oficio de Cervantes en la Corte: agente de negocios

¿Y de qué vive Miguel de Cervantes y el resto de su familia mientras espera la respuesta del Consejo de Indias, y hasta que en septiembre de 1587 se haga cargo de una comisión para abastecer las naves de la Armada Invencible? Con Rodrigo en los tercios españoles, Luisa en el convento de las carmelitas en Alcalá de Henares, y el misterioso Juan, que solo es nombrado en el testamento de su padre en 1585, tan solo quedan con él sus padres y sus hermanas, Andrea y Magdalena, que consiguen ganarse la vida cosiendo, la mayor ya en su propia casa. ¿Y Miguel? ¿Acaso el pago por dos comedias y la venta del privilegio de impresión de la *Galatea*, los únicos beneficios conocidos entre 1584 y 1585, son ganancias suficientes para mantenerse?

En las *Averiguaciones sobre la muerte del caballero Ezpeleta* que el alcalde vallisoletano Diego de Villarroel hizo en la casa que habitaba la familia de Cervantes a las afueras de Valladolid en 1605, Andrea de Cervantes responde con las siguientes palabras cuando se le pregunta por Miguel:

> dijo que algunas personas entran a visitar al dicho su hermano por ser hombre que escribe y trata negocios y que por su buena habilidad tiene amigos.

Ese «trata negocios» y «buena habilidad» parece que se aclaran cuando sabemos que uno de los amigos más habituales en la casa era el portugués Simón Méndez, que «ha visitado a Miguel de Cervantes, su hermano sobre ciertas fianzas, dijo que le ha pedido que vaya a hacer al reino de Toledo para las rentas que ha tomado, y que por otro ninguno no ha entrado» (ídem). Ya habrá tiempo de volver sobre este documento para conocer la realidad nada halagüeña de la vida de la familia Cervantes en la Valladolid que acaba de estrenar Corte. Ahora interesa ese «trata negocios». ¿Esconde acaso esta expresión una ocupación de Cervantes, un oficio, que tiene que ver con ser agente de negocios, como ya indicara Juan Antonio Pellicer en su biografía de 1797-1798, o solicitador de causas, o, tal vez, corredor de cambio o de oreja, ya sea a cuenta propia o asalariado, o esa persona que se dedica al cobro de deudas, con un salario de 500 maravedíes al día? ¿No podría haber sido también algunas de ellas la profesión con la que su padre Rodrigo habría intentado ganarse la vida cuando vio que su oficio de cirujano no se lo permitía?

Como ya indicábamos en la primera parte de nuestra biografía (pp. 97-100), Rodrigo de Cervantes llegó a Valladolid en 1551. Y allí pidió un préstamo a Gregorio Romano por valor de 44.472 maravedís (casi unos 120 ducados), que, al no poder devolver, le llevó a pasar unos meses en la cárcel al año siguiente, de la que solo pudo salir al demostrar que era hidalgo y que, por tanto, no podía ser encarcelado por deudas.

El 13 de junio de 1585 murió en Madrid el padre de Miguel. «Recibió todos los santos sacramentos, testó ante Diego Hernández escribano, nombró por sus albaceas a Doña Leonor, su mujer, y a Doña Catalina de Palacios, viuda, mujer que fue de Hernando de Salazar, mandó decir las misas que quisiese decirle su mujer», según se indica en su partida de defunción. Fue enterrado en el Convento de la Merced, quizás recordando a los frailes que habían liberado de Argel a su hijo Rodrigo en 1577. El 8 de junio había firmado su testamento. Un testamento breve pues son escasos los bienes que lega, pero eso sí, tiene espacio para dejar por escrito algo que parece que le preocupa, y que, seguramente, tenga que ver con sus negocios: «Digo y declaro que no debo cosa alguna a ninguna persona». Al menos su pasado no va a ser una losa sobre el futuro de su familia.

De la documentación conservada de Miguel de Cervantes en estos primeros años después de la vuelta del cautiverio, destacan varias cartas fechadas en diciembre de 1585 en la ciudad de Sevilla, justo un año después de que Miguel se casara en Esquivias con Catalina de Salazar. Los documentos, dados a conocer por Pérez Pastor en 1898 y en 1902, hablan de cantidades desorbitantes para la economía cervantina, donde están, además, involucrados algunos de los bancos y de las casas de cambio más solventes del momento, tanto en Madrid como en la ciudad bética.

El 2 de diciembre, Miguel de Cervantes, que se declara «vecino del lugar de Esquivias», recibe en Sevilla de Gómez de Carrión un préstamo de 204.000 maravedís, ¡unos 544 ducados!, un poco más de lo que había costado su rescate de Argel, que tiene que devolver en el plazo de seis meses, con unas obligaciones claras, según la cédula obligatoria o pagaré que firma en esta fecha:

> Y si al dicho plazo, y como dicho es, no vos diere y pagare las dichas doscientas y cuatro mil maravedís, consiento y tengo por bien que las podáis ir y enviar a cobrar de mí y de mis bienes al dicho lugar de Esquivias y a otra parte donde estuviere o residiere, o tuviere bienes y hacienda con una persona, la cual gane —y yo me obligo a pagalle— quinientos maravedís de salario en cada un día de todos cuantos vos o la tal persona se ocupare en la dicha cobranza en la ida, estada y vuelta a esta ciudad hasta haber cobrado y puesto en ella lo contenido en esta escritura (Pérez Pastor, 1902, p. 94).

Firman como testigos Gabriel de Angulo y Tomás Gutiérrez, antiguo comediante que ahora regenta uno de los mesones más famosos de Sevilla, que está muy relacionado con la estancia sevillana de Cervantes, como veremos más adelante.

Ese día, ante el mismo escribano, Francisco de Vera, Gómez de Carrión va a firmar otro documento: un poder a favor de Miguel de Cervantes para cobrar los cien ducados que debe Diego de Hondaro, vecino de Madrid, al que tendremos ocasión de ver más adelante al hablar de Juana Gaitán, la esposa del poeta Pedro Laínez. En este caso, Gómez de Carrión actúa como solicitador de causas, pues lo hace en nombre del licenciado Rodríguez Zamorano, que es la persona con la que, en realidad Hondaro tiene contraída la deuda, según escritura de obligación que se firmó en Sevilla el 20 de agosto de 1584. Gómez de Carrión se declara «cesario que soy en mi causa propia de el Licenciado Rodrigo Zamorano». Gracias a este segundo documento, sabemos que Cervantes actúa como agente de negocios de Carrión. ¿Para quién trabajará en el caso del primer documento?

Antes de salir de Sevilla, el día 5 de diciembre, y para no viajar hasta Madrid con tal cantidad de dinero en «reales de plata», deposita 187.000 maravedís en la casa de cambio sevillana de Andrés de Écija y Pedro de Villamor, que le entregan una «libranza de cambio», que se hará efectiva en la casa—banco de Baltasar Gómez posibilidades de soñar con un puesto de secretario cuando llegó a Madrid en 1566; y junto a él serán habituales los nombres de Pedro de Padilla, Luis Gálvez de Montalvo, Luis de Vargas, Juan Rufo o Pedro Liñán de Riaza, sin olvidar al gran Figueroa, por el que siente una verdadera admiración literaria. Ya tendremos ocasión de volver a hablar de ellos pues algunos, junto a Cervantes, serán los impulsadores del *Romancero Nuevo*, que supuso una renovación en los caminos garcilasistas y herrerianos de la poesía castellana del momento. Pero ahora interesan sus nombres porque está vinculados a una gran figura cortesana a la que Cervantes se acercará e intentará vincularse en estos momentos: Ascanio Colonna, uno de los últimos seguidores del partido papista en tierras castellanas.

La red literaria que van a tejer entre ellos la podemos apreciar, de manera clara, en los poemas preliminares que se imprimen en las obras que por aquel entonces todos ellos están publicando. Estos poemas cumplen, a un tiempo dos funciones: por un lado, muestran la relación de quien lo escribe con el autor y su obra, con un género y un círculo literario concreto; y por otro, es una demostración por parte de quien lo solicita de su capacidad de convocatoria, donde, como en las Academias de aquel entonces, se producirá una curiosa mezcla entre nobles que se quieren hacer pasar por poetas, y poetas que desean acercarse lo más posible a la nobleza. Literatura y vida como las dos caras de una misma realidad cortesana, cuyos límites, antes que difusos, son intercambiables.

Bien podría Cervantes, como el poeta sacristán de Majadahonda en *El Buscón* (1605) de Francisco de Quevedo, describir estos encuentros y estas amistades poéticas con palabras similares a estas:

> Hombre soy yo que he estado en una posada con Liñán, y he comido más de dos veces con Espinel, que había estado en Madrid de Lope de Vega como lo estaba de mí, y que había visto a don Alonso de Ercilla mil veces y que tenía en su casa un retrato del divino Figueroa, y que había comprado los gregüescos que dejó Padilla cuando se metió a fraile y que hoy día los traía y malos. Enseñolos y dioles esto a todos tanta risa que no querían salir de la posada.

¡Qué Barrio de las Letras el de aquel Madrid de los Siglos de Oro, donde tantos genios, más allá y más acá de la literatura, se daban cita en posadas, mesones, tabernas, mentideros, calles, salones, academias y corrales!

Al poeta andaluz Pedro de Padilla, casi de la misma edad de Cervantes pues nació hacia 1550, le va a dedicar nuestro autor hasta cinco poemas: dos como preliminares al *Romancero* (Madrid, 1583) y las *Grandezas y excelencias de la Virgen* (Madrid, Pedro de Madrigal, 1587); y otros tres dentro de su *Jardín espiritual* (Madrid,

1585), que dan cuenta de su ordenación como carmelita descalzo en 1584. Dos de ellos, impresos a costa del librero Blas de Robles, dato no menor como tendremos ocasión de ver. En el escrutinio de la biblioteca de Alonso Quijano, en la primera parte del *Quijote*, cuando el barbero señala el *Tesoro de varias poesías*, la primera obra de Padilla (Madrid, 1580), el cura no puede dejar de criticar algunos de sus versos, al tiempo que le salva de la hoguera por ser su autor amigo suyo:

> Como ellas no fueran tantas, fueran más estimadas: menester es que este libro se escarde y limpie de algunas bajezas que entre sus grandezas tiene; guárdese porque su autor es amigo mío, y por respeto de otras más heroicas y levantadas obras que ha escrito (I, cap. 6).

Juan Gutiérrez de Rufo, nacido también en 1547, jurado de la ciudad de Córdoba, participó en la Batalla de Lepanto, en la galera *Real* de don Juan de Austria, de quien glosará sus éxitos militares en *La Austriada* (Madrid, 1584), dedicada a la emperatriz viuda, doña María de Austria, muy cercana a los postulados religiosos y políticos de los papistas. La obra se abre con un despliegue de poemas preliminares, un verdadero mapa de los poetas papistas como Lupercio Leonardo de Argensola, Luis de Vargas, Diego de Rojas Manrique, Luis de Góngora, Francisco Cabrero y el propio Miguel de Cervantes. Este libro, junto con *La Araucana* de Alonso de Ercilla y el *Monserrato* de Cristóbal de Virués, también impreso gracias a la inversión de Blas de Robles, merece uno de los mayores elogios del cura en el *Quijote*:

Grabado de Juan Rufo en el interior de *La Austriada* (Madrid, 1584).

> Todos estos tres libros son los mejores que en verso heroico en lengua castellana están escritos y pueden competir con los más famosos de Italia; guárdense como las más ricas prendas de poesía que tiene España (I, cap. 6).

Como se ha visto, la composición de *La Austriada* será uno de los méritos que Rufo presente para aspirar a una vacante en América o para cualquier puesto de secretario en Madrid. No creo que esta hagiografía épica dedicada a uno de los miembros del partido ebolista más influyente fuera bien recibida en los círculos castellanistas que dominan los secretos cortesanos por estos años. Pero estos son entresijos de la política de aquel entonces que ahora se nos escapan.

Además de estos, Miguel de Cervantes escribió por estos años dos poemas preliminares para el *Cancionero* de Francisco López Maldonado (Madrid, 1586), con quien comparte espacio con otros tantos poetas papistas, como Luis de Vargas, Vicente Espinel, Juan de Vergara, Gonzalo Gómez de Luque, Diego Durán, Pedro de Padilla o Pedro Liñán de Riaza, entre otros; y al *Tratado de todas las enfermedades de los riñones, vejiga y carnosidades de la verga y urina* (Madrid, 1588), de Francisco Díaz, cirujano de Felipe II y dedicado al Doctor Vallés «protomédico del rey nuestro Señor y Médico de su Cámara». Libro curioso (y novedoso) que convoca y une en sus paratextos literarios a Lope de Vega y Cervantes, que muestran cómo ambos autores, que con los años serían enemigos, compartían por estos años un mismo espacio literario y cortesano. Si Lope escribirá dos composiciones como pórtico, a Cervantes le tocará cerrar el volumen con este soneto donde, junto a la novedad de los temas tratados, se destaca la alegría que, gracias a su contenido, recuperarán los enfermos, por lo que el autor merece todo tipo de elogios:

> Tú, que con nuevo y sin igual decoro
> tantos remedios para un mal ordenas,
> bien puedes esperar de estas arenas,
> del sacro Tajo, las que son de oro,
>   y el lauro que se debe al que un tesoro
> halla de ciencia, con tan ricas venas
> de raro advertimiento y salud llenas,
> contento y risa del enfermo lloro;
>   que por tu industria una deshecha piedra
> mil mármoles, mil bronces a tu fama
> dará sin invidiosas competencias;
>   daráte el cielo palma, el suelo yedra,
> pues que el uno y el otro ya te llama
> espíritu de Apolo en ambas ciencias.

En este ambiente político papista se inserta el libro de pastores de *La Galatea*, que ha comenzado a escribir Cervantes a su vuelta de Argel y que verá la luz en Alcalá de Henares en 1585, gracias al librero Blas de Robles. El libro comienza con tres poemas encomiásticos, pedidos a tres de los poetas más influyentes del círculo de Ascanio Colonna: Luis Gálvez de Montalvo (autor también de un libro de pastores: *El pastor de Fílida*, publicado en 1582), Luis de Vargas Manrique y López de Maldonado. El libro, como no podía ser de otro modo, visto lo visto, está dedicado al ilustrísimo señor Ascanio Colona, que, como indica el propio Cervantes en su carta dedicatoria, se encuentra en España estudiando en la Universidad de Salamanca, y después pasará a la Universidad de Alcalá (desde 1584 a 1586), y se ha convertido en un mecenas del grupo de poetas del *Romancero Nuevo*, estando vinculado por ideario político y religioso, además de por tradición familiar, al partido papista:

Retrato de Luis Gálvez de Montalvo en el interior de *El pastor de Fílida* (Madrid, 1582)

> Ha podido tanto conmigo el valor de V. S. Ilustrísima, que me ha quitado el miedo que, con razón, debiera tener en osar ofrecerle estas primicias de mi corto ingenio. Mas, considerando que el extremado de V. S. Ilustrísima no sólo vino a España para ilustrar las mejores universidades de ella, sino también para ser norte por donde se encaminen los que alguna virtuosa ciencia profesan, especialmente los que en la de la poesía se ejercitan, no he querido perder la ocasión de seguir esta guía, pues sé que en ella y por ella todos hallan seguro puerto y favorable acogimiento (*Dedicatoria*).

En todo caso, no hay que pensar en una incomunicación, una oposición total entre papistas y castellanistas (como tampoco así sucedía entre albistas y ebolistas), donde la madeja de relaciones familiares y los diferentes acontecimientos políticos, que llegaban a establecer complejos laberintos clientelares con los mismos protagonistas a lo largo del tiempo, hacía posible una relación entre sus miembros más allá de quien ostentara el poder en cada momento. O precisamente por eso. Ya hemos tenido ocasión de rescatar la figura de don Antonio de Toledo, el cautivo argelino que es un nexo de unión entre Miguel de Cervantes con Mateo Vázquez, que se hará realidad en la *Epístola* que Cervantes le envía al secretario de Felipe II en

1577 y, como se ha indicado, en la estancia cervantina en Tomar. Y de nuevo, la figura de Antonio de Toledo aparece como nexo de unión entre el partido castellanista y Ascanio Colonna, con el que mantuvo una correspondencia activa desde 1584 al 1588, como ha descubierto y dado a la luz Patricia Marín Cepeda (2015); dieciocho cartas autógrafas que muestran el deseo que tiene Antonio de Toledo de servir al poderoso Ascanio (al margen de la facción política en que ambos están militando), ya sea como capellán, durante su corta conversión religiosa que le llevó a tomar los hábitos desde 1586 a 1588, o para darle a conocer «novedades literarias» cercanas a su gusto o ser intermediario entre él y Mateo Vázquez o el Marqués de Velada, como le escribe desde Madrid el 26 de mayo de 1588, en la última carta que Antonio de Toledo le envía a Ascanio Colonna, ya nombrado cardenal:

> procurando en mandarme con este oficio en esta Corte se ofreciere de su servicio que, aunque la persona que está aquí es de tanto valor, me le podrá dar a mí lo que deseare acertar a ocuparme en esto. Y cuando no lo merezca, será en cuanto a V. S. Illma. le hubiere de dar gusto de las curiosidades que en España se rezumaren (porque todo es poco) de verso y prosa. Y cuanto en cualquier género hubiere de darle un grandísimo favor que V. S. Illma. me dé licencia para haga el oficio que tanto deseo. Y si alguno de la comunicación del señor Mateo Vázquez o Marqués de Velada se ofreciere, le haré con ellos de parte de V. S. Illma, que le hacen conmigo de amistad y saben cuán de la casa de V. S. Illma. soy.

Esta carta, una de las miles que se debieron de escribirse durante los Siglos de Oro, muestra los vasos comunicantes entre las diferentes posiciones políticas, pues estas plantean unas bases ideológicas particulares y apoyan una serie de redes clientelares, pero no determinan exclusivamente las relaciones en la Corte.

Por esto, no extraña que Miguel de Cervantes intentara acercarse en estos mismos años en que estrecha sus relaciones literarias y personales con poetas amigos del grupo papista, a algunos de las personas más vinculadas a Mateo Vázquez y al partido castellanista, que mueve los hilos del poder por estos años. Y este acercamiento se aprecia claramente en la amistad y relación que le une a uno de sus escribientes, el segoviano Alonso de Barros, paradigma del hombre cortesano, que comparte con nuestro autor muchos detalles biográficos, hasta el punto que podemos afirmar que estamos ante vidas paralelas que permiten imaginar al «otro» Cervantes que pudo llegar a ser en la Corte si no hubiera tenido (o hubiera querido) salir de Castilla en 1568. ¿Por qué no imaginarnos un Miguel de Cervantes escribiente de Mateo Vázquez, que, al no ser letrado, se sabe fuera de los altos cargos de la administración de la Monarquía Hispánica pero no de su engranaje burocrático? ¿Acaso no es un mal modelo de vida querer llegar a ser un «Alonso de Barros»?

Alonso de Barros nació en Segovia en 1542. Sus orígenes, frente a lo que le sucediera a Cervantes, le abrieron las puertas para sobrevivir en la Corte: su padre, Diego López de Orozco, fue Ayuda de Cámara y Aposentador del emperador Carlos I, y su madre, Elvira de Barros, pertenecía a una de las familias más ilustres de Segovia. Por este motivo, no extraña que en 1563, con solo 21 años (los mismos que tenía Cervantes cuando se fue a Roma) fuera nombrado Aposentador de la Casa Real, oficio que desempeñó hasta su muerte en 1604. De este modo, Alonso de Barros, gracias a su familia, comienza su vida en la Corte cumpliendo el deseo que nunca alcanzará Cervantes a lo largo y ancho de la suya. En todo caso, como Cervantes y como tantos otros jóvenes de la época, también Alonso de Barros participó en la milicia: formó parte de la toma del peñón de la Gomera (1564), así como se conoce su participación en la campaña de Córcega y en el socorro de Malta (1565), aunque no parece que la milicia hubiera estado en su horizonte de vida, como sí que lo estuvo en Cervantes que soñó por un tiempo en conseguir la patente de capitán que le hubiera permitido avanzar en su brillante carrera militar, comenzada en la Batalla de Lepanto, de la que salió como soldado aventajado.

Pero hay otro aspecto que supone una intersección entre las biografías de ambos escritores cortesanos: la solicitud de un puesto vacante en América. Pero también en este caso, Barros llegó a donde nunca lo consiguiera Cervantes. En el Archivo General de Indias se conserva la propuesta del Consejo para ocupar varios puestos vacantes, firmada en Madrid a 11 de agosto de 1582; entre ellos, el puesto de contador de la Real Hacienda en la Provincia de Guatemala, donde aparece su nombre como el de Juan de Castellanos Orozco, que, al final, terminó por ser nombrado.

La propuesta del Consejo de Indias es la siguiente:

> El oficio de Contador de la Real Hacienda de las provincias de Guatemala está vaco por muerte de Gaspar de Rosales. Tiene de salario trescientos mil maravedís. Y al Consejo parece que serán a propósito para él Alonso de Barros, Aposentador de V. M., atento a que sus padre y abuelo sirvieron en la casa real de V. M., y él lo ha continuado; y el año de sesenta y cuatro sirvió en la jornada de Córcega en compañía del contador del ejército, que era hermano suyo, y luego en las galeras de Sicilia, en compañía del veedor don Joan de Villarroel, y últimamente en ese reino y el haber ido al recibimiento de la Majestad de la Emperatriz y venido sirviéndola en el viaje. Y que ha pedido que se le haga esta merced y que en su persona concurren las partes suficiencia y habilidad que para ello se requiere.
>
> Y don Joan de Castellanos Orozco, atento a que su padre sirvió muchos años en el cargo de tesorero de la Real Hacienda de las mesmas provincias y por su muerte V. M. hizo merced del dicho cargo al dicho don Joan de Castellanos, y le sirvió más de tres años, y por haber puesto culpa en la muerte de un hombre se proveyó su oficio en otra persona, aunque ha muchos días que está libre de todo

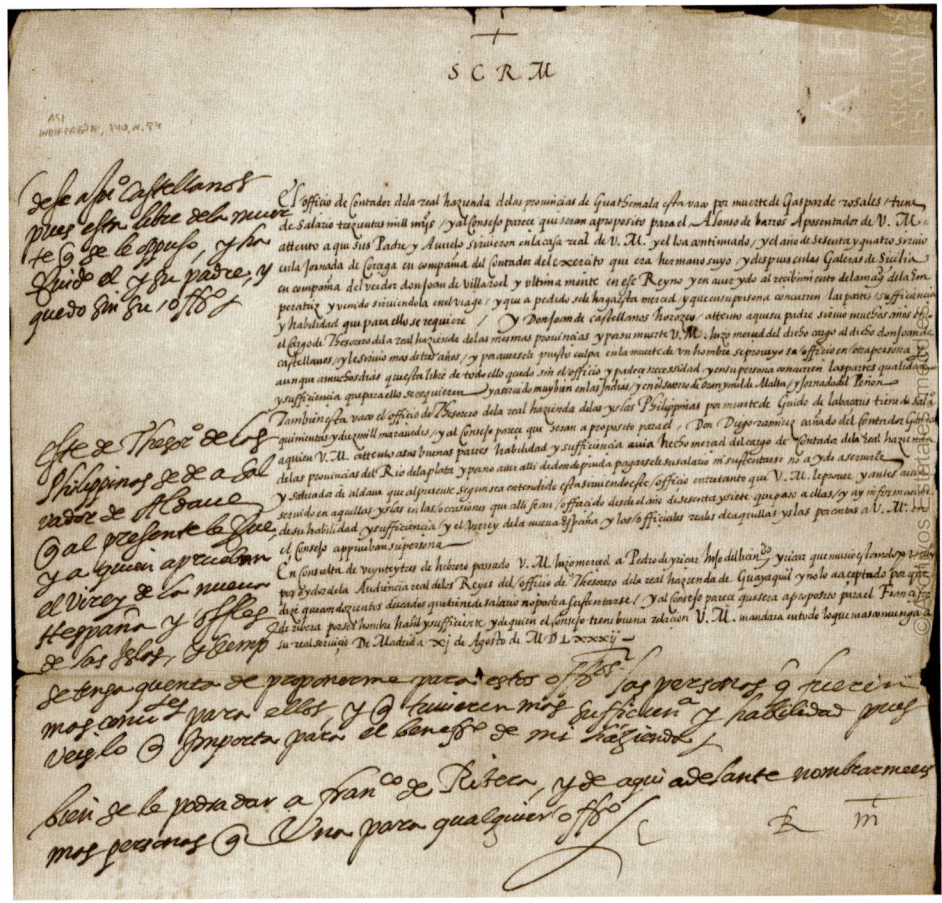

Propuesta del Consejo para ocupar varios puestos vacantes en América, firmada en Madrid a 11 de agosto de 1582 (Archivo General de Indias: Indiferente, 740, N.84)

ello, quedó sin oficio y padece necesidad y en su persona concurren las partes, cualidades y suficiencia que para ello se requieren. Y ha servido muy bien en las Indias y en el socorro de Orán, y en el de Malta y jornada del Peñón.

En el lateral, el rey deja constancia de su voluntad:

Dese a Juan Castellanos, pues está libre de la muerte que se le opuso y ha servido él y su padre, y quedó sin su oficio.

Este interesante documento, muy poco conocido, demuestra, una vez más la quimera del sueño americano de Cervantes. Sin un oficio real, sin los servicios prestados por familiares, sin el apoyo de un determinado consejero, noble o letrado, sus continuas peticiones de merced de un puesto vacante en América nunca pasaron de ser eso: una simple petición, sin llegar a convertirse, como sí le sucediera a Barros, en una propuesta que el Consejo remite al rey. Servicios al rey, participación en diferentes empresas militares o civiles eran la moneda de cambio habitual de este tipo de memoriales y peticiones. Papel mojado si no viene acompañado de un «atento a los servicios...». En esto, Cervantes, como en tantos otros aspectos de su vida, no deja de ser un pretendiente más en la Corte.

Además de los *Proverbios morales* (Madrid, 1589), obra que dedica al también líder castellanista García de Loaysa y Girón, que gozó de un gran éxito tanto dentro como fuera de Castilla; de los elogios que escribe para encabezar algunas de las obras de sus amigos, como Hernando de Soto (*Emblemas moralizadas*, 1599), Mateo Alemán (primera parte del *Guzmán de Alfarache*, 1599) o Cristóbal Pérez de Herrera (*Discursos del amparo de*

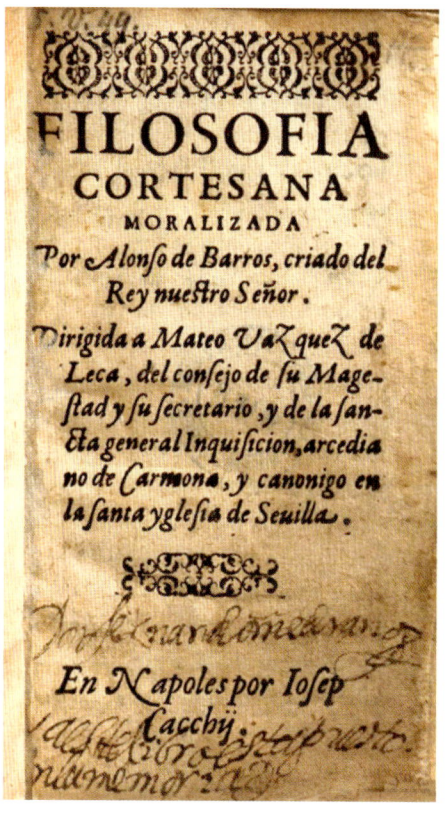

Portada de la segunda edición de la *Filosofía cortesana moralizada* de Alonso de Barros, publicada en Nápoles.

los legítimos pobres y reducción de los fingidos, 1598), y de textos que tienen que ver más con su condición de arbitrista (*Memorial para el reparo de la milicia,* [s.a.], y el inédito *Discurso y definición del privado*), la primera obra que Alonso de Barros dará a la imprenta será un curioso libro: *Filosofía cortesana moralizada,* impreso por Madrigal en Madrid en 1587, que será reeditada al año siguiente en Nápoles. Un curioso libro, pues en realidad se trata de «una pintura que se contiene en un pliego grande», una «pintura» que representa uno de los primeros juegos de la oca que se conocen. No hemos de olvidar que hacia 1576 Franceso de' Medici había regalado un juego de la oca a Felipe II, ya que era conocida la afición que el Monarca sentía por él.

El libro, que está dedicado, ¡cómo no!, a Mateo Vázquez de Leca, «del Consejo de su Majestad, su secretario, y de la Santa General Inquisición, arcediano de

Carmona y canónigo en la Santa Iglesia de Sevilla», se abre con dos poemas encomiásticos que, curiosamente, firmarán dos escritores más cercanos a las tesis papistas: Pedro Liñán de Riaza y Miguel de Cervantes.

Pero el juego de la oca es algo más que un simple divertimento: es una «doctrina» y, además, necesaria, según escribe el autor en la carta dedicatoria a Mateo Vázquez, para todos los pretendientes de la Corte, como Miguel de Cervantes, para así conocer el principio, medio y fin de sus pretensiones. Una obra sobre la Corte que explica las claves más profundas bajo la apariencia del entretenimiento que se ha indicado; y se la dedica a quien conoce como nadie los entresijos de esta realidad, cuyos hilos domina, sin olvidar que ataca un modelo de corte superficial y frívola que es la que terminará triunfando en el siglo XVII, en la de los validos y en las diversiones palaciegas de Felipe III:

> La *Filosofía cortesana* que presento a v.m. es doctrina (según ha parecido a los hombres cuerdos que la han visto) necesaria, para que los que por elección o por necesidad pretenden ser acrecentados sepan los principios, los medios y los fines por do caminan y vienen a parar las pretensiones humanas. Por esta razón, no he podido excusar de ofrecer a v. m. esta tan pequeña obra en las palabras, y tan grande en la sustancia y verdades que en ella hay; y porque por el lugar que v. m. tiene, que es de tanta importancia y consideración, y como un centro de los negocios de esta monarquía, lo entenderá mejor que otros.

Este es el mecanismo y el modelo de lectura: tras la diversión y el juego aparente se esconde en la obra una finalidad didáctica, que se aprovechará de un sistema de exposición que será muy querido por Alonso de Barros: la sentencia, que permite condensar una enseñanza que, al tiempo se recuerda y memoriza. Así el juego de la oca, las «casas» se llenan de emblemas, imágenes con sus respectivos textos, que serán glosados y explicados en el libro impreso.

La *Filosofía cortesana moralizada*, por tanto, entra dentro de una corriente de pensamiento de la época, conocida como *tacitista* (por basarse en pensamientos del escritor romano Tácito), que también debería ser la de Cervantes (en el caso de que podamos identificarle como uno de los «hombres cuerdos» que había leído la obra antes de su publicación). Una corriente que entiende la política como una ciencia, por lo que la Corte y las pretensiones pueden comprenderse de un modo *científico*. Para que el pretendiente llegue a la palma de la victoria, a alcanzar sus pretensiones, ha de conocer y dominar una serie de técnicas, que para Barros y los tacitistas se concretan en la liberalidad, la adulación, la diligencia y el trabajo. No es la «fortuna» o el «azar» lo que mueve las leyes de la Corte, sino la «ciencia cortesana», el continuo trabajo para poder alcanzar su objetivo:

Para cuyo desengaño se pinta aquí un discurso de pretensores con los medios más usados, que son *Liberalidad, Adulación, Diligencia* y *Trabajo*, con que, pasando por la *Esperanza*, se da en la casa del privado, y tiene por azares al *Olvido* y *Qué-dirán, Falsa amistad, Mudanza de ministros, Muerte del valedor* y *Fortuna mal aprovechada*, el *Pensé-que* y *Pobreza*, por medio de algunos de los cuales se suele alcanzar la *Palma* de lo pretendido, aunque no de balde como lo muestra el hombre que está por defuera. Y finalmente, ello es un retrato al vivo de las muertes que se padecen, para que, si fuere posible, alguno escarmentase en cabeza ajena, contentándose cada cual con su suerte, supuesto que en ninguna faltan trabajos (fols. 11r-12r)

Y así, lo principal para el pretendiente, como para el propio juego de la oca, es comenzar con buen pie, es decir, pretender aquello que realmente esté en sus posibilidades conseguir. En caso contrario, el fracaso (y la muerte en el juego) está garantizado. Gracias a uno de los ejemplares conservados de la edición de Nápoles de 1588, podemos poner imagen a las explicaciones que Alonso de Barros expone en su librito:

Detalle de la «pintura» de la *Doctrina cortesana moralizante* (Nápoles, 1588).

> El que comience a pretender entra por la puerta de la opinión, engañado de su pensamiento con la estimación propia y satisfacción que de sus valedores tiene; con la cual va tan vano, haciendo alarde de su merecer, que hace la rueda como el Pavón, hasta que el tiempo le avisa que se mire a los pies de sus deméritos y la deshaga. Y para mostrar que muchas veces de la elección del principio nacen las dificultades del fin está encima de la puerta un Cisne con un pie levantado sobre una muerte como fin de las cosas, y una trompa dando voces que cada uno se conozca a sí mismo y mire al fin de lo que pretende, porque después no se queje de su fortuna si le fuere contraria, que por ventura no le hace agravio. Y así dice la letra:

A los pies mira razón
y a la rueda la opinión (fols. 13r—v).

Si la liberalidad es una de las llaves con la que ganarse el favor del privado que trabajará por hacer realidad los deseos del pretendiente («No pidas la mano ajena/ si la tuya no va llena»), la pobreza en que termina cayendo el que no consigue en un tiempo prudencial su merced termina siendo fatal, una de las causas que le hacen retroceder en el juego cortesano de la casilla 60 a la 53:

Detalle de la «pintura» de la *Doctrina cortesana moralizante* (Nápoles, 1588)

> Y con el tiempo, engaño y dilaciones viene el pretensor a la pobreza, que está figurada a sesenta casas por una tierra tan seca que no hay hoja ni fruta en los árboles, para mostrar lo que va a decir de la Primavera de la abundancia el Invierno de la necesidad; especial en el efecto que hace en el valedor, conocer de su pretensor que ha venido a pobre, porque en viendo que lo es, luego se le seca de palabras con ser hoja que lleva el viento, y mucho más de obras, fruto de la obligación que nos tenemos unos a otros. Lo cual era muy al revés en el tiempo que él tuvo hoja y fruto de gusto para ganar voluntades; que como le ha faltado el riesgo, todas se le han secado. A cuya causa dice su letra:

Pobreza seca el humor
de la raíz del favor (fols. 29v-30r).

¿Qué necesita, entonces, el pretendiente en estas duras y angustiadas jornadas? Alonso de Barros lo tiene claro, y esta es la filosofía de los tacitistas, y esta también termina siendo la filosofía de Cervantes, al menos es lo que se aprecia en sus continuas peticiones de merced a lo largo del tiempo, a sus deseos de continuar aspirando a un puesto vacante en América (que no le correspondía, no lo olvidemos), a seguir prosperando cuando se le concede una comisión en la Sevilla de 1587.

En las casas del Trabajo no se debe parar, porque en las pretensiones no ha de haber punto de descanso, so pena de quebrar el hilo a los frutos que de él resultan. Esto se figura por dos bueyes arando con unas frutas enhiladas, que son los frutos del justo trabajo, enhilados unos de otros, y los bueyes son los animales que más trabajan y menos lo sienten, si les pagan con regalo. Como el hombre, que no parece que siente el cansancio de sus trabajos sino cuando se le niega la paga que le había prometido su esperanza, a cuya causa dice su letra:

Nunca se siente el trabajo,
sino cuando el premio es bajo
(fols. 14v-15r).

Detalle de la «pintura» de la *Doctrina cortesana moralizante* (Nápoles, 1588)

Y este modelo cortesano es el que defenderá el propio Mateo Vázquez, muy alejado de esa otra Corte de «falsas amistades», «qué—dirán», «pensé—que», que son algunos de los grandes peligros a los que todo cortesano tiene que enfrentarse en el juego de la oca (y no solo).

Y por eso, no extraña que Miguel de Cervantes, a pesar de que por relaciones y por convicciones, tanto políticas como religiosas, estuviera más cercano al partido papista, no dejara de acercarse a Mateo Vázquez, y a otros miembros del partido castellanista, que es el que le podría abrir las puertas a sus pretensiones y conseguirle alguna merced. Por eso, no extraña que en *La Galatea*, Cervantes aproveche el encuentro de tres caballeros cortesanos y sus damas con un grupo de pastores, para insertar en boca de Damón, un poema compuesto por Lauso como «Menosprecio de la Corte», enviada al famoso Larsileo:

Cuán bien se conforma con tu opinión, Darinto —dijo Damón-, la de un pastor amigo mío que Lauso se llama, el cual, después de haber gastado algunos años en cortesanos ejercicios y algunos otros en los trabajosos del duro Marte, al fin se ha reducido a la pobreza de nuestra rústica vida; y, antes que a ella viniese, mostró desearlo mucho, como parece por una canción que compuso y envió al famoso Larsileo, que en los negocios de la Corte tiene larga y ejercitada experiencia. Y, por haberme a mí parecido bien, la tomé toda en la memoria, y aun os la dijera si imaginara que a ello diera lugar el tiempo y a vosotros no os cansara el escucharla. (Libro IV).

Los detalles biográficos no vienen a caracterizar los personajes de ficción sino a dar las claves para encontrar sus trasuntos en la vida real. Quien habla, el pastor Damón, es el poeta Pedro Laínez, que recuerda de memoria el poema de «un pastor amigo mío», que no es otro que Cervantes, quien, ha pasado buena parte de su vida tanto en la milicia como en los «cortesanos ejercicios»; y este «Cervantes» le envía la canción «al famoso Larsileo», que no es otro que el propio Mateo Vázquez, que, como también recordará Alonso de Barros en su carta dedicatoria, de todos los peligros y de todos los negocios de la Corte «tiene larga y ejercitada experiencia». El poema es una alabanza del campo, pero no ha de ser leído como menosprecio de «toda» la Corte, de la misma como institución sino crítica de un determinado modelo de Corte, que no se rige por los méritos ni por los trabajos sino por la adulación y la mentira, en la que los grandes hechos de armas nada valen para medrar en ella:

> Poco allí le fatiga el rostro grave
> del privado, que muestra en apariencia
> mandar allí do no es obedecido,
> ni el alto exagerar con voz süave
> del falso adulador, que en poca ausencia
> muda opinión, señor, bando y partido;
> ni el desdén sacudido
> del sotil secretario le fatiga,
> ni la altivez honrada
> de la llave dorada,
> ni de los varios príncipes la liga,
> ni del manso ganado un punto parte,
> porque el furor de Marte
> a una y a otra parte suene airado,
> regido por tal arte
> que apenas su secuaz se ve medrado. (vv. 97-112)

Imagen y pensamientos que volveremos a ver cuando Cervantes contraponga al soldado frente al cortesano, a los trabajos frente al linaje.

Esta es la Corte que vivió Miguel de Cervantes, la Corte en que se movió en un difícil equilibrio entre las facciones papistas y castellanistas, sin un apellido detrás, un puesto familiar que le permitiera tener esperanza en ver cumplidos sus sueños de una merced. Un pretendiente sin territorio, sin espacio casi para poder respirar. Menosprecio de la Corte... pero acaso ¿alabanza de la aldea?

Un ¿viaje literario? de Cervantes a Esquivias en 1584: el *Cancionero* de Pedro Laínez

En 1951, en el tercer tomo de su biografía, Luis Astrana Marín daba cuenta de un documento inédito que sitúa a Cervantes en la villa toledana de Esquivias el 22 de septiembre de 1584. En este documento, Juana Gaitán, viuda del poeta Pedro Laínez, gran amigo de Cervantes, le otorgaba una carta de poder al «procurador de causas» Ortega Rosa para que «pueda parecer y parezca ante su Majestad y señores de su Real Consejo y pedir, sacar, recibir, haber y cobrar el privilegio y merced de que su Majestad le ha hecho mandar de mandarle dar y librar para poder imprimir el *Cancionero* de Pedro Laínez, su primero marido, difunto». En el documento se indica que estaba presente su nuevo marido, Diego de Hondaro, y firman como testigos Miguel de Cervantes, «vecino de Madrid,» y Alonso de Morales y Bartolomé de Morales, vecinos de Esquivias.

Pedro Laínez había muerto en Madrid el 26 de marzo de 1584, y fue enterrado en la Iglesia de San Andrés. Su entierro debió de ser majestuoso, si se cumplieron los deseos que había expresado en su testamento:

> Item mando que acompañen mi cuerpo doce clérigos de la dicha parroquia (no los hallando en la dicha parroquia, sean los que el cura de la dicha iglesia quisiere); y me acompañen cuarenta y ocho frailes, los doce de San Francisco, y doce de la Merced, y doce de la Trinidad, y doce de la Vitoria; y por ello se les pague lo acostumbrado; y que el día de mi fallecimiento, si fuere hora de decir misa, me digan una misa cantada, con diáconos y subdiáconos con su vigilia y tumulto, honradamente, según que mis albaceas quisieren, y se pague lo acostumbrado de mis bienes, y que asimismo acompañen mi cuerpo veinte y cuatro niños de la doctrina.
> Item mando que el dicho día de mi enterramiento se me diga la misa de ánima en altar privilegiado, y se pague lo acostumbrado de mis bienes.

El testamento lo firmó en su casa donde permanecía enfermo cinco días antes, dejando a su mujer Juana Gaitán como heredera universal de una buena fortuna. Entre los objetos que detalla hay uno que ahora nos interesa:

que mi libro, que tengo compuesto, que es un *Cancionero*, le haga trasladar la dicha doña Juana Gaitán, mi mujer e imprimir, y de la mitad de lo que de él sacare, lo dé por amor de Dios, y la otra mitad sea para ella.

En el inventario de dote que firman los nuevos esposos el 5 de junio este *Cancionero* será tasado en 120.000 maravedís (320 ducados), y otro «libro de prosa y verso» *Engaños y desengaños de amor* por 5.000 reales, que ascienden a más de 453 ducados.

Este viaje inesperado de Cervantes a Esquivias, para honrar la muerte de su amigo, muerto sin haber llegado a publicar sus obras, se convierte en uno de esos momentos novelescos en su vida, esos que le cambian el curso de un futuro construido con otras expectativas, como el posible duelo con Antonio de Sigura en el alcázar madrileño (si llegó realmente a producirse) en 1568, que le llevó a Roma, o ese instante en octubre de 1575 cuando, a la vista de las costas catalanas, su galera fue raptada por los corsarios de Argel, lo que le llevó a permanecer cinco años cautivo. Ahora estaríamos ante otro momento esencial, durante el paseo por las calles de Esquivias en que llegó a conocer a la joven Catalina de Salazar, con la que terminaría casándose unos meses después, en diciembre de este mismo año, alejándose así de unos amores adúlteros con la tabernera madrileña Ana Franca. Astrana Marín, con su particular pluma y estilo, pone voz a toda una tradición romántica que narra desde una determinada óptica los amores y el matrimonio de Miguel con Catalina:

> Concluido este negocio con la entrega a Cervantes del *Cancionero* y del poder para Ortega Rosa, solo le restaba a nuestro poeta tornar a Madrid. Pero algo, trascendental para su vida (y aun para su obra inmortal), hubo de retenerle, aunque por poco tiempo, en aquel lugar de los ilustres linajes y de los ilustrísimos vinos.
>
> ¿Cómo conoció allí a la que pronto sería su esposa? ¿Se la indicó o buscó doña Juana Gaitán, con el buen deseo de apartarle de Ana de Villafranca? ¿La vio en su casa, frecuentada sin duda, como señora de buen caudal y como viuda del ayuda de cámara del príncipe Carlos, por las familias encopetadas del pueblo, ansiosas de realzar su hidalguía con personas que oliesen a Corte? Nada puede asegurarse con certeza. Si no la vio en su casa, ni en ella se la presentaron, fácilmente pudo verla, no obstante, por cualquier azar. En Esquivias, como lugar pequeño, bastaban pocas horas para conocer a todo el vecindario, y aun solo media con ir a misa un domingo. Como quiera que la viese, fuera en casa de la Gaitán, en misa, o en el ordinario paseo a la fuente de Ombidales, el flechazo debió de sobrevenir súbito. Y este enamoramiento repentino, si otros datos faltaran, que no faltan (las acusaciones de *Avellaneda*), indica que la joven era una mujer hermosa (III, pp. 405 y 407).

Pero hay demasiados interrogantes, hay demasiados detalles (de los pocos que conocemos de la vida de Cervantes) que no cuadran con esta historia ni tampoco con los motivos para que Cervantes acudiera a la villa toledana en estos momentos.

Comencemos por donde lo habíamos dejado: por las dos bodas de Juana Gaitán. El 24 de mayo de 1581, Pedro Laínez, que ha vuelto después de pasar seis años en Italia junto al archiduque Ernesto, se casa con Juana Gaitán, a la que conoció en Madrid, aunque ella tenía posesiones en Esquivias, donde pasaba largas temporadas en compañía de su tío, Pedro de Villafuerte, después de quedarse huérfana. Pedro Laínez contaba con 48 años, y Juana Gaitán no llegaba a los veinte. Si la novia tenía posibles en tierras toledanas, Pedro Laínez tampoco andaba pobre en Madrid, pues a los 100.000 maravedís anuales (unos 270 ducados) que desde 1578 le había concedido el rey situados en las rentas del almojarifazgo mayor de Indias, se le sumaban diversas posesiones por parte de su padre, el aposentador de Palacio, Bernardino de Ugarte: varias casas en la villa, heredades fuera de ella, y «tierras de pan», es decir, adecuadas para el cereal, camino de Vicálvaro y en Leganés; propiedades que se vieron aumentadas con la herencia recibida en 1581 por la muerte de su madre.

Durante estos años, Pedro Laínez, gracias a la difusión manuscrita y oral de sus poemas, gozaba de fama como poeta. La poesía posee caminos bien diferentes de difusión más allá de la imprenta. La oralidad, los cancioneros manuscritos, las copias multiplicadas en talleres de escribanos o la memoria de tantos versos escuchados en academias, saraos, fiestas o en cualquier rincón fuera y dentro de la Corte serán los medios que harán famosos y conocidos a los poetas. No hace falta que hayan impreso sus obras, como así le pasó a muchos de ellos, como al propio Góngora, Cervantes y a Pedro Laínez, para que sean reconocidos. La imprenta solo añadía un valor: permitía establecer un corpus canónico, amparado y aceptado por el autor, que incorporaba aquellas poesías que se difundían anónimas o suprimía aquellas otras que lo hacían bajo su nombre, amparándose en su prestigio, pero que él nunca había escrito. Y esta debería de ser una de las obsesiones de Laínez, la de terminar imprimiendo su *Cancionero*, lo que le lleva a recordárselo a su mujer incluso en su testamento.

La obra poética de Laínez se ha conservado, principalmente, en dos cancioneros: uno autógrafo, anterior a 1573, y dedicado a Rui Gómez de Silva y Mendoza, el que llegaría a ser el todopoderoso Príncipe de Éboli, que se conserva actualmente en la Biblioteca de la Fundación Bartolomé March, procedente de la biblioteca del Duque de Gor, adquirida en 1962; y en segundo lugar, una copia italiana de un cancionero posterior, al que se han añadido hasta 76 composiciones nuevas y que seguramente esté más cercano a esa versión final que dejó en el lecho de muerte; cancionero dedicado a un «alto y poderoso señor, serenísimo príncipe» que actualmente se conserva en la Bibliothèque Nationale de France: Mss. Esp. 314.

La fama de Laínez perdurará en la memoria de los lectores y también en el recuerdo de los amigos poetas, que, con estas alusiones, permiten que sigan vivos sus nombres y su recuerdo y no solo la grandeza de su poesía. Así, Lope de Vega en la silva IV de su *Laurel de Apolo* (1630) recordará a Laínez con entusiasmo y admiración más de cuarenta años después e su muerte:

> Vaya también la Fama,
> amante Apolo de la verde rama,
> el nombre dilatando
> por cuanto el cielo, el sol, los polos mide,
> de Pedro de Laínez, celebrando,
> *la pura estrella, que a la noche impide*
> *el paso virginal, que maldecía*
> *el que esperaba tras la noche el día.*

Lope es buen ejemplo de lo habitual y cotidiano que era la transmisión oral y manuscrita de la poesía, que pervive más allá de los libros impresos: los tres últimos versos pertenecen a una «octava rima» del mismo Laínez, que, sin haberse publicado, Lope conocía de memoria y aquí reproduce en homenaje a su creador.

Pero más sorprendente es el segundo matrimonio de Juana Gaitán: antes de cumplirse tres meses de la muerte de Pedro Laínez, la viuda se casa con Diego de Hondaro. ¿El lugar elegido? La iglesia de Esquivias. ¿La fecha? 12 de junio de 1584. En la escritura de dote, que firman en Esquivias siete días antes, puede comprobarse lo bien situada que dejó Laínez a su viuda, que por aquel entonces contaba con unos 24 años:

Cancionero de Pedro Laínez, conservado en la biblioteca de la Fundación Bartolomé March.

Suman y montan todos los dichos bienes raíces y muebles y ropas y joyas y aderezos, dos cuentos y seiscientas y cincuenta y tres mil y quinientas y cincuenta y siete maravedís.

Una cifra nada despreciable, una pequeña fortuna, pues todos estos bienes suman unos 7.076 ducados. A los que había que sumar los 1.500 ducados que añade Diego de Hondaro «por honra nuestra y del dicho nuestro casamiento y por el mucho amor y voluntad que os tengo y para que se vea más acrecentado el dicho vuestro dote y caudal».

¿Quién era el generoso Juan de Hondaro, que no tiene más de veinte años cuando se casa con Juana Gaitán? Es un prestamista mercader, como su padre, que le encontramos firmado poderes para que auxiliares cobren deudas pendientes, así como cartas de obligación en que piden préstamos que deben devolver en un tiempo estipulado. Su padre, Juan de Hondaro, procede de Burgos, pero sus negocios se van a desarrollar sobre todo en Sevilla y en Madrid, los espacios económicos más privilegiados de la Monarquía Hispánica. Pero no hemos de pensar en Juan de Hondaro como en un busca fortunas, caracterizado por Astrana Marín, junto a su padre, como «gente desaprensiva, arriesgada y llena de deudas». Todo lo contrario. Su relación con Laínez y con su mujer viene de lejos.

Pedro Laínez, como tantos otros poetas y escritores de su época, utilizó su dinero y sus contactos para hacer diferentes negocios, para los que necesitaba a diferentes agentes, procuradores de causas y corredores. Y uno de ellos será la familia Hondaro. Su relación estrecha se aprecia en el hecho de que Diego de Hondaro sea uno de los testigos convocados para la firma de su testamento, junto a Diego de Garnica, Pedro de Rueda, Alonso de Estrada, Juan Maldonado y el Doctor Porres.

Juan de Hondaro era, por tanto habitual en la casa de Laínez y Gaitán, de casi la misma edad, quizás sus amoríos —o sus intereses económicos compartidos— comenzaron tiempo atrás. No sé si ir tan lejos como Astrana, que de verle como un joven caza fortunas pasa a ser un peón en manos del marido, que quiere dejar bien situada y protegida a su mujer después de su muerte, con lo que el matrimonio a los pocos meses de su muerte se puede llevar a cabo porque se hace con su consentimiento «post mortem».

¿Qué relación tenían Miguel de Cervantes y Juana Gaitán? ¿Ninguna antes de que se casara con Catalina y se fuera a vivir a Esquivias? Hay que tener en cuenta que, con el tiempo, la fortuna de la Gaitán fue alejándose de los esplendores de la juventud, y en 1605 la encontramos en Valladolid viviendo junto a la familia Cervantes en una casa a las afueras de la ciudad. No me cabe duda de que, desde que se casaron en 1581, Pedro Laínez y Juana Gaitán pasaron largas temporadas en Esquivias. Como veremos cuando Miguel de Cervantes se instale allí, las distancias con Madrid son los suficientemente cortas como para imaginar constantes viajes. ¿Por qué debió de ser este único viaje documentado en septiembre de 1584 el primero de los que Miguel de Cervantes hiciera a la tierra de su buen amigo Pedro Laínez? ¿Por qué no pensar en una relación más estrecha entre los Cervantes—Cortinas y los Palacios—Salazar, que solo terminaría en boda en 1584, justo cuando la joven Catalina se queda huérfana, ya que su progenitor murió el 6 de febrero de este año, dejando detrás varias posesiones y muchas deudas? ¿Cómo, de otra manera, puede explicarse que Rodrigo de Cervantes cuando hace testamento el 13 de junio de 1585, tan solo seis meses después de la boda de Miguel con Catalina, nombre como albaceas de sus bienes a su propia mujer y a su consuegra, doña Catalina de Palacios?

Sea en septiembre de 1584, sea en ocasiones anteriores, lo cierto es que a partir de este momento, Esquivias entra con todo su protagonismo en la vida de Cervantes de la mano de los Palacios; y en la obra universal escrita por nuestro autor, según algunos autores, de la mano de los Quijada, familia de Esquivias emparentados y enfrentados con ellos. Pero esa será otra historia que merecerá su análisis y comentario en el tercer tomo de nuestra biografía.

Entre la Corte y la aldea: el matrimonio de Miguel de Cervantes con Catalina de Salazar

«Sucedió, pues, lector amantísimo, que, viniendo otros dos amigos y yo del famoso lugar de Esquivias, por mil causas famoso, una por sus ilustres linajes y otra por sus ilustrísimos vinos, sentí que a mis espaldas venía picando con gran priesa uno...».

Con estas palabras comienza Miguel de Cervantes el prólogo de su novela bizantina, *Los trabajos de Persiles y Sigismunda*, que se publicará en Madrid en 1617, un año después de la muerte de su autor. Un dejar atrás este lugar, famoso por sus buenos vinos, como había recordado también en el entremés *La cueva de Salamanca* (1615), en un recorrido hacia la Corte, de la que solo distaba diez leguas (unos 45 kilómetros); un viaje mucho más habitual y cotidiano que lo que pudiéramos pensar.

En 1576 Felipe II mandó realizar una descripción de los pueblos de España, la que se conoce como *Las relaciones topográficas*, que se conservan manuscritas en la Biblioteca del Monasterio de El Escorial. Se basa en datos recalados en los mismos lugares a partir del testimonio de vecinos seleccionados, que respondían a diferentes preguntas. Para el caso de Esquivias, «de la jurisdicción de la ciudad de Toledo», el cuestionario fue respondido por Lope García de Salazar, de sesenta años, y por Juan

Toledano de más de setenta, y se realizó el 12 de enero de ese mismo año. Entre otros, destacamos las siguiente informaciones, que dan cuenta del Esquivias que conoció Cervantes: el predominio en el lugar de las buenas viñas y de los olivos, por lo que hay muy poca labranza y cría de ganados; en cuanto a la población, aunque no hay noticias de «personas señaladas», sí que hay recuerdo de muchos capitanes y alféreces, algunos de ellos presentes en algunas de las batallas del Mediterráneo que también conoció nuestro autor:

> pero que en armas ha habido muchos capitanes y alféreces y gentes de valor [...] Y conocieron al capitán Juan de Salazar y a Pero de Mendoza alférez, que fue el primero que puso la bandera cuando se ganó la Goleta [...], y Alonso Mejía que fue alférez y sargento mayor en Italia y Flandes, y Diego de Sobarzo, que fue alférez del rey don Fernando, y Lope García de Salazar, que fue alférez y murió en el fuerte de Túnez, esta postrera vez cuando la ganaron los turcos, y el capitán Hernán Mejía, que murió en Hungría, y el capitán Jofré de Loaisa...

Algunos de ellos o de sus familiares podrían compartir experiencias militares con Miguel, más allá de las conversaciones propias de todo lugar de campo: el tiempo, la calidad de las uvas y de las aceitunas, un suspiro como recordando algo. En total, reconocen que en el pueblo hay unos 250 personas y que «fuera de los vecinos que son labradores, hay entre ellos treinta y siete hijosdalgo, que todos son casados y casas pobladas», y que todos ellos poseen sus cartas ejecutorias y los escudos de armas en sus casas; en cuanto a la riqueza, «se responde que la gente del dicho pueblo ni es rica ni pobre, y que los cien vecinos del dicho pueblo ternán de comer y los demás son pobres jornaleros».

Sin duda, el matrimonio de Miguel de Cervantes con Catalina de Salazar sea de los episodios peor explicados en las biografías cervantinas. Demasiadas dosis de romanticismo y escasos documentos y referencias personales. De la visión del amor a primera vista se ha pasado a la del divorcio a la primera oportunidad, en una engranaje que no siempre permite encajar las relaciones amorosas de Cervantes con Ana Franca y el matrimonio con Catalina, que comparten tiempos y espacios. Esta situación debió cambiar en 1992 cuando Emilio Maganto descubrió uno de los documentos esenciales para comprender lo sucedido entre el 12 de diciembre de 1584 (fecha del desposorio en Esquivias) y el 9 de agosto de 1586 (fecha del recibo del pago de parte de la dote): la ceremonia de velaciones, que se llevó a cabo el 16 de enero de 1586 (¡13 meses después del desposorio!), en la madrileña parroquia de San Martín. El hecho de que este documento no haya sido utilizado por los biógrafos desde entonces, ha llevado a perpetuar dudas e hipótesis que ya no tienen sentido a la luz de su contenido y de los estudios que Emilio Maganto ha realizado desde entonces, y que están en la base de estas páginas. Un «nuevo» documento que, como suele suceder en el puzzle biográfico de Miguel de Cervantes ofrece muchas respuestas pero plantea, a su vez, nuevas preguntas e interrogantes.

La sesión 24 del Concilio de Trento estará dedicada a las «Reformas sobre el matrimonio». Se recogen y reforman modelos anteriores con una clara finalidad: hacer público el consentimiento de los cónyuges, y así acabar con la costumbre del «matrimonio secreto», ese que nace de la intimidad de los contrayentes y que ocasiona tantos desmanes al compensarse con dinero las promesas matrimoniales no cumplidas, del que Cervantes es testigo privilegiado (los casos de sus hermanas Andrea y Magdalena) y que ha dejado numerosos testimonios en su obra (el caso de Dorotea en el *Quijote* o de la novela ejemplar *Las dos doncellas*, por solo poner dos ejemplos). De este modo, el sacramento del matrimonio católico se consuma con dos ceremonias: por un lado, el desposorio, que se realizaba en la Iglesia, normalmente de la que era feligresa la mujer, delante de testigos, en que los cónyuges hacían público su consentimiento para casarse; y por otro lado, las velaciones, que es la solemne bendición del matrimonio, donde es necesario que, además del párroco y de testigos, estén presentes dos padrinos, celebradas, normalmente, en la misma iglesia del desposorio o, en su caso, en la que sea feligrés el marido. Esta segunda ceremonia es la que realmente ponía fin al sacramento del matrimonio, pues, hasta no producirse, no era posible que los cónyuges compartieran ni plato, ni casa ni cama. Por esta razón, el Concilio de Trento recomienda que las velaciones se lleven a cabo inmediatamente después del desposorio, para así no dar pie ni a murmuraciones ni a problemas de honor, pues hasta realizarse las velaciones se considera que el matrimonio no ha sido consumado. Además, dado que las velaciones resultan la fiesta más solemne y en la que se congregan más invitados y es el pórtico para todo tipo de excesos, en las disposiciones del Concilio de Trento se establecen unas fechas «de clausura», en que esta ceremonia no puede realizarse, para no interferir en otras festividades religiosas: desde el primer domingo de Adviento hasta el día de la Epifanía (Navidad) y desde el miércoles de ceniza hasta después del domingo *in albis* de Pascua (Semana Santa).

En todo caso, las continuas ordenanzas que emanan de los sínodos a partir de esta fecha para que no transcurra mucho tiempo entre el desposorio y las velaciones muestra cómo esta recomendación se cumplía en muy pocas ocasiones. Por no salirnos de la vida de Cervantes, van a pasar unos seis meses entre el desposorio de Isabel de Saavedra con Luis de Molina (8 de septiembre de 1608) y las velaciones (1 de marzo de 1609), en que participaron como padrinos el propio Cervantes y su mujer, Catalina de Salazar.

¿Por qué razón se retrasan las velaciones si hay una norma emanada del Concilio de Trento que impone todo lo contrario?

La razón hay que buscarla en el otro componente del matrimonio desde la Edad Media y que sigue estando vigente en los Siglos de Oro: el ser un contrato de derecho privado. El matrimonio, de este modo, comienza con las capitulaciones, es decir los acuerdos económicos a que se comprometen las familias antes del desposorio, que se concretan en los esponsales. De este modo, habrá una relación estrecha entre los requisitos legales con las ceremonias religiosas: antes del desposorio, se hace necesaria la escritura de promesa de dote, por la que se comprometen las familias de los desposados a aportar unos determinados bienes al matrimonio; y, de la misma manera, antes de las velaciones, se ha de firmar el recibo de haberse pagado la dote. De este modo, el retraso de la celebración de esta última ceremonia religiosa —la verdadera culminación del matrimonio— puede deberse a la dificultad de conseguir el patrimonio prometido en la carta de dote.

El descubrimiento del documento de las velaciones de Miguel de Cervantes y Catalina de Salazar permite ahora, por fin, plantear unos nuevos tiempos de su convivencia desde 1584 a 1586, y una relación mucho más estrecha en Madrid de lo que se había apuntado hasta el momento.

El 12 de diciembre de 1584 se desposan Miguel de Cervantes y Catalina de Salazar en la Iglesia de Santa María de la Asunción de Esquivias, según se indica en el *Libro de difuntos (y de matrimonios)* de la iglesia parroquial, documento conocido desde el siglo XVIII:

> En 12 de diciembre, el reverendo Señor Juan de Palacios tiniente desposó a los señores Miguel de Cervantes, vecino de Madrid, y doña Catalina de Palacios, vecina de Esquivias. Testigos: Rodrigo Mejía, Diego Escribano y Francisco Marcos.

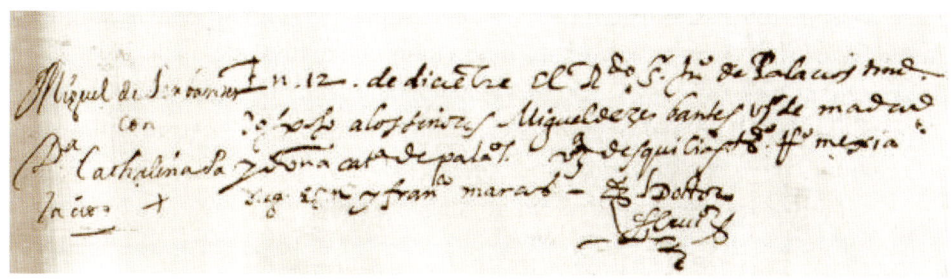

Detalle del registro del desposorio entre Miguel de Cervantes y Catalina de Salazar en Esquivias el 12 de diciembre de 1584.

El coadjutor que oficia la primera de las ceremonias del matrimonio será don Juan de Palacios, tío de la novia, y como testigos estarán tres personas influyentes del lugar: Rodrigo Mejía, alcalde de Esquivias por el estado de los hijosdalgo del lugar; Diego Escribano, seglar y sobrino del cura don Juan Sanz; y Francisco Marcos, sacristán mayor de la parroquia. Como suele ser habitual, el desposorio es una ceremonia casi íntima, sin mucha presencia de personas de ambas familias, dado que la que culmina el matrimonio son las velaciones. De ahí, que no tenga mucho sentido, basándose en la escasa presencia de testigos y de familiares de Cervantes en el desposorio, hablar de una enemistad de las familias o del disgusto de los Palacios-Salazar por el matrimonio de Catalina con un maduro soldado que poco podía ofrecer al enlace.

Miguel de Cervantes, con sus cumplidos treinta y siete años, sus pretensiones en la Corte y su hoja de servicios debajo del brazo, y alguna que otra notoriedad literaria (con escasa repercusión económica) parece que tenía muy poco que ofrecer al matrimonio. O eso nos lo parece a nosotros. Pero, ¿qué ofrecía Catalina de Salazar, que acaba de cumplir diecinueve años, y que, para los cánones de la época no era ya ninguna jovencita casadera, como tampoco lo debía de ser Juana Gaitán cuando se casó con Pedro Laínez, por cierto? No olvidemos que por aquel entonces, la edad de casamiento de una mujer es a los catorce años, para así ser madre a partir de los quince, y, de este modo, poder ser abuela a los treinta. No eran ningunas jovencitas ni Juana ni Catalina cuando llegaron al altar. En más de una ocasión seguro que tuvieron pesadillas de quedarse a vestir santos. Y su dote, como veremos, tampoco es para echar las campanas al vuelo, ni real ni metafóricamente.

Hasta aquí, todo se ha llevado a cabo según el guión establecido por las costumbres y las normas del momento. Al realizarse el desposorio el 12 de diciembre, las velaciones no podrían completarse hasta después del 6 de enero de 1585, pues habían entrado en tiempo «de clausura». Pero, como se han indicado, las velaciones no se consumaron hasta trece meses después, superado con creces los tres meses que el Concilio de Trento consideraba como tiempo máximo que debía pasar entre las dos ceremonias. Un nuevo misterio en la biografía cervantina. Un nuevo misterio acrecentado por algunas irregularidades administrativas, que, seguramente, eran más comunes de lo que podríamos pensar.

Como se ha indicado, será Emilio Maganto quien en 1992 dio a conocer el registro eclesiástico de las velaciones que se celebraron el 16 de enero de 1586 en la madrileña Iglesia de San Martín, de la que sería feligrés Miguel de Cervantes.

> En diez y seis días del mes de enero de 86, yo el licenciado Gabriel Álvarez, teniente cura de San Martín velé a Miguel de Cervantes y Catalina de Salazar. Fueron padri-

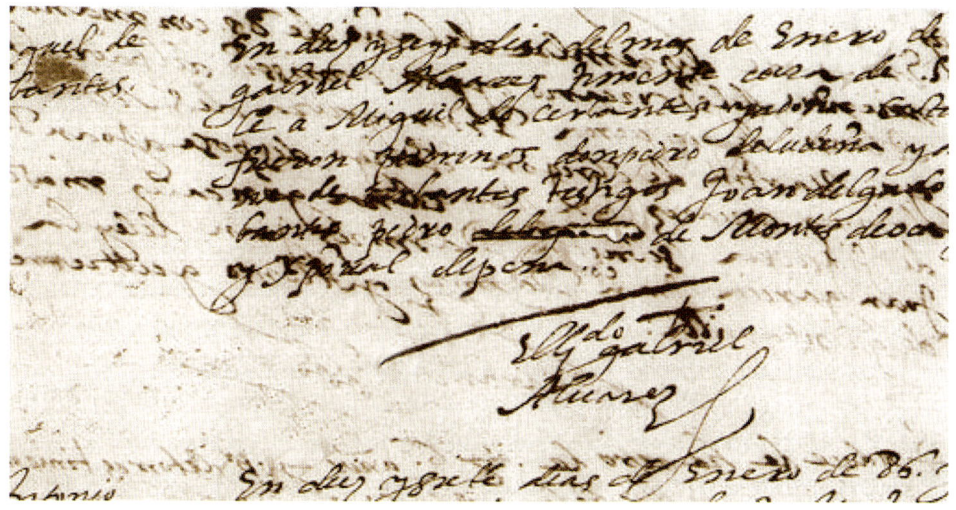

Detalle del asiento de las velaciones de Miguel de Cervantes y Catalina de Salazar en la Iglesia de San Martín, el 16 de enero de 1586.

nos don Pedro de Ludeña y doña Magdalena de Cervantes; testigos: Juan Delgado, Rodrigo de Cervantes, Pedro de Montesdeoca, Francisco de Laguna y Cristóbal de Peña. [rúbrica: Licenciado Gabriel Álvarez].

El documento es importante por tres razones: por un lado, porque nos ofrece una fecha documentada más en el itinerario cervantino, que permite comprender mejor cómo desde 1584 a 1587, cuando parte a Sevilla para trabajar como comisario real de abastos, no hemos de imaginar a Cervantes recluido en Esquivias, angustiado por la paz y la monotonía de la aldea frente al bullicio y las posibilidades de prosperar que ofrece la Corte, sino en una geografía compartida entre Madrid y Esquivias, con paradas intermitentes en Toledo; en segundo lugar, por las personas que acompañan como padrinos y testigos en esta ceremonia, que muestran todos ellos una vinculación con América y el Consejo de Indias, como hemos tenido ocasión de reseñar con anterioridad; y, por último, permite plantear, como lo hace Emilio Maganto en sus estudios, que la razón última del desfase temporal entre el desposorio y la velación hayan sido los problemas económicos tanto de la familia Palacios-Salazar como de la de Miguel de Cervantes a la hora de cumplir con los compromisos de las promesas de dote. Problemas y compromisos que no terminaron en el momento de la velación —como es costumbre en la época—, sino que la carta y recibo de dote será firmada por Miguel de Cervantes siete meses después, y en ella todavía da cuenta de que solo recibe una parte de la dote prometida.

Los hidalgos rurales Hernando de Salazar Vozmediano y Catalina de Palacios habían tenido cinco hijos: dos murieron cuando eran pequeños, y los otros tres nacieron en 1565 (Catalina), 1577 (Francisco) y 1581 (Fernando). Miguel de Cervantes, en el momento de casarse, dado que su suegro había muerto el seis de febrero de este mismo año, se convierte en el tutor de todos ellos. Una muerte que puso en evidencia las dificultades económicas de la familia, más llena de deudas que de bienes, por lo que se explica que, en momentos difíciles de la vida de Cervantes, como su vuelta de Andalucía en los primeros años del siglo XVII, prefiera la familia entera irse a vivir en una pobre casa a las afueras de Valladolid, pasando todo tipo de penurias, que instalarse en Esquivias, en su casa solariega, con su escudo de hidalgo en la puerta.

El 9 de agosto de 1586, siete meses después de celebrada la velación en Madrid, Miguel de Cervantes firma en Esquivias «la carta de dote y arras», en la que se de da por pagada de tan solo una parte de la dote a la que se había comprometido en los esponsales, acuerdo que debió ser verbal, pues no se hace alusión a ningún documento firmado ante notario. Si tenemos en cuenta los diferentes tiempos que conlleva el matrimonio en los Siglos de Oro (esponsales, desposorio y velación), ahora podremos comprender mejor las primeras líneas del documento:

> Sepan cuantos esta carta de dote y arras vieren como yo, Miguel de Cervantes Saavedra, vecino del lugar de Esquivias, juridición de la ciudad de Toledo, digo que por cuanto a servicio de Dios nuestro Señor y con su gracia y bendición yo estoy desposado y casado ligitimamente y según orden de la Santa Madre Iglesia de Roma con doña Catalina de Palacios y Salazar, hija ligítima de los señores Fernando de Salazar Bozmediano y Catalina de Palacios, su mujer, vecina del dicho lugar de Esquivias; con la cual, al tiempo que se trató el dicho casamiento, la dicha señora Catalina de Palacios me prometió y mandó en dote y casamiento cierta cantidad de maravedís en bienes raíces y muebles apreciados; y al presente, por haberse efectuado el dicho matrimonio, la dicha señora Catalina de Palacios, cumpliendo lo que prometió y mandó, me da y entrega, a buena cuenta y en parte de pago de la dicha dote, los bienes muebles y raíces que aquí irán declarados.

Los bienes que se citan de Catalina de Salazar en esta carta de dote muestran como forma parte de ese grupo de hidalgos en Esquivias que no es ni rico ni pobre. Se le entregan a Cervantes siete majuelos de viñas y una huertecilla, tasados todos en unos 112.000 maravedís (unos 300 ducados), a los que se suma su ajuar: colchones, sábanas, almohadas, mantas, esteras, arcas, banquillos, calderas, sartén, trébedes y muchas, muchas tinajas, todo ello valorado en unos 86 ducados. Por su parte, Miguel de Cervantes aporta 100 ducados, que es el dinero mínimo que el marido suele aportar en este tipo de documentos:

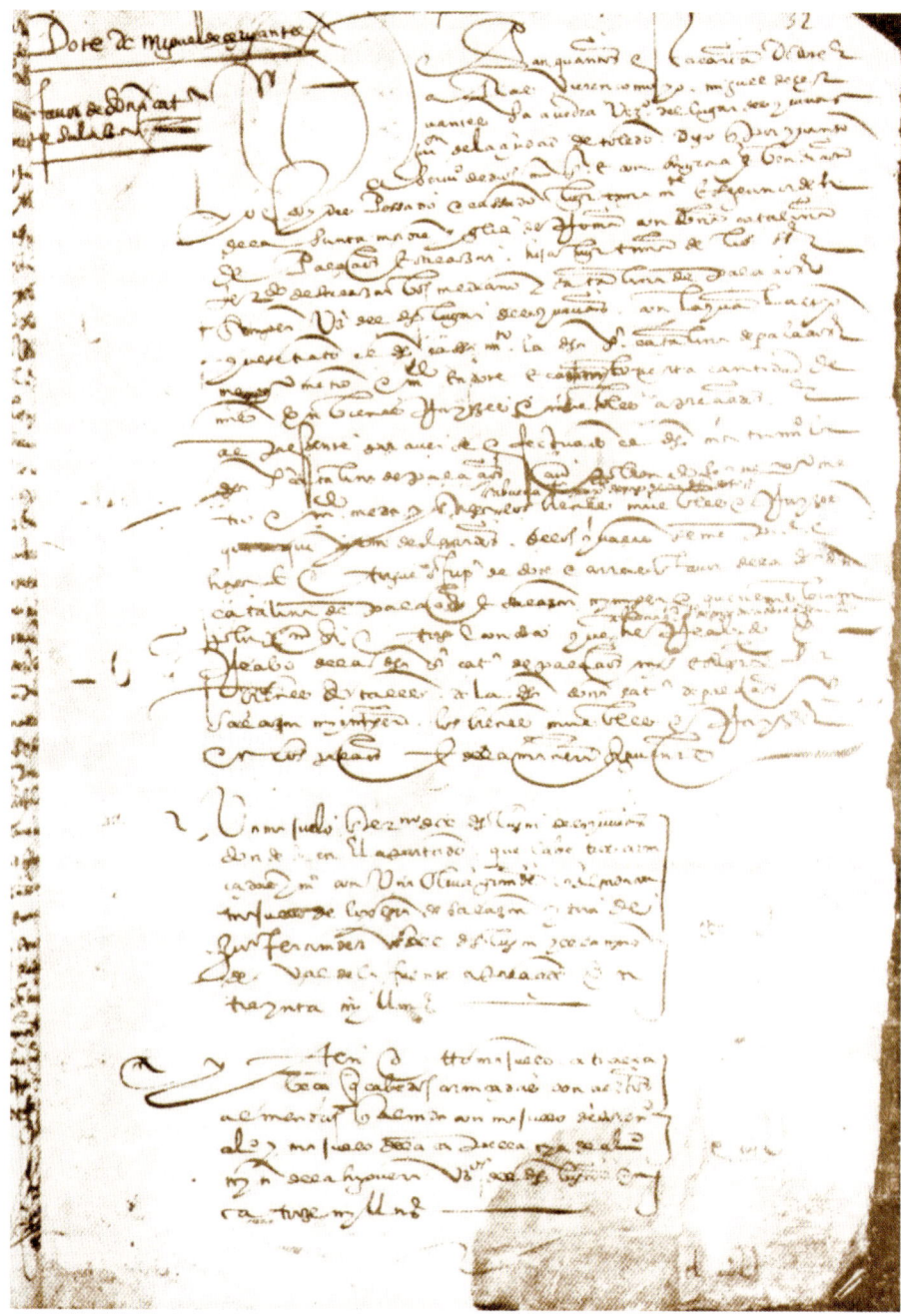

Carta de dote firmada por Miguel de Cervantes en Esquivias el 9 de agosto de 1586, en que se da por pagado de parte de los bienes prometidos por Catalina de Salazar. Archivo Histórico Provincial de Toledo: 23041/11

> Y yo el dicho Miguel de Cervantes Saavedra mando a la dicha doña Catalina de Palacios y Salazar, mi mujer, en arras y proter nupcias y donación irrevocable que el Derecho llama «entre vivos», cien ducados […] que confieso que caben en la décima parte de mis bienes, derechos y acciones.

Nada del «mucho amor y voluntad que os tengo», con que se habían completado las cartas dotales de la boda en junio de este mismo año entre Juana Gaitán y Diego de Hondaro. Todo queda aquí en los límites legales de estos documentos, que llenan de detalles financieros los primeros días de los matrimonios a lo largo y ancho del Siglo de Oro. Años después, cuando Catalina de Salazar firme su primer testamento, en 1613, le dejará a su marido como heredero universal «por el mucho amor y buena compañía que ambos hemos tenido». Ahora sí que hay lugar para salirse de las líneas frías del lenguaje jurídico.

Estas dificultades económicas a la que tiene que hacer frente la suegra de Miguel de Cervantes, bien explican los documentos de sus actividades económicas en estos meses. Por ejemplo, el 29 de marzo de 1586 vende a Juan de Briviesca un majuelo por 350 reales, y el mismo 9 de agosto de 1586, en el momento en que Cervantes firma la carta en que se da por pagado de parte de la dote de su mujer, también Catalina de Palacios firma un poder por el que nombra a Cervantes administrador absoluto de sus bienes; una Catalina de Palacios que confiesa no saber firmar, por lo que un testigo firmará por ella al final del documento. ¿Sabía leer y escribir la mujer de Cervantes? Nada en la documentación permite afirmar algo más que lo evidente: sabía firmar, que tampoco es decir mucho.

El «nuevo» documento de la velación de Miguel de Cervantes y de Catalina de Salazar, firmado en enero de 1586, plantea otra de las cuestiones que ha llevado de cabeza a los

Foto antigua de la casa de Catalina de Salazar en Esquivias.

biógrafos, empeñados en mostrar que el matrimonio de Cervantes con una lugareña toledana abría una nueva etapa de su vida, en que se alejaba de la infernal Corte para adentrarse al bucolismo de la aldea, que termina por aborrecer por cansancio y aburrimiento. Una visión de espacios contrapuestos que entra en contradicción con lo que nos dicen los documentos conservados, con las costumbres de la época y con la situación geográfica del lugar de Esquivias y de la villa y Corte de Madrid, a las que solo les separa diez leguas.

Según la costumbre de la época, Miguel de Cervantes no podía vivir en la casa de su mujer hasta que se celebrara la velación, por lo que podemos imaginar que después del desposorio en diciembre de 1584, nuestro autor volviera a Madrid, o se quedara en Esquivias en casa de Juana Gaitán y de Diego de Hondaro. ¿Hasta cuándo se mantuvo esta situación, teniendo en cuenta que Juan de Palacios, párroco de Esquivias y tío de Catalina, no podría admitir ir en contra de una disposición emanada del Concilio de Trento? Los escasos documentos que hemos conservado fechados en 1585, al año siguiente del desposorio, sitúan a Cervantes tanto en Madrid como en Esquivias: como «residente en esta Corte» y «residente en esta dicha villa de Madrid» aparece citado en un documento del 5 de marzo y en otro del 30 de diciembre, respectivamente, ambos escritos ante un escribano de Madrid; por su parte en la obligación de préstamo que firma en Sevilla el 2 de diciembre se declara: «vecino del lugar de Esquivias, jurisdicción de la ciudad de Toledo». Habrá que esperar al año siguiente para que en todos los documentos conservados (todos ellos vinculados a su familia política) aparezca ya como residente en Esquivias, en la casa solariega que los Salazar-Palacios poseían en el pueblo, y de la que hoy solo queda su ubicación y parte de su fachada, con el escudo de los Salazar encima de la puerta. Lo normal, teniendo en cuenta que solo después de la velación, en enero de 1586, la cohabitación del matrimonio estaría aceptada, tanto en Madrid como en Esquivias.

El 28 de abril de 1587, firma Miguel de Cervantes en Toledo una carta de poder a favor de su mujer para que pueda gestionar todos sus bienes durante su ausencia, una carta muy similar en intención a la que hace menos de un año le otorgara su suegra para administrar todos sus bienes, que, por esta razón, quedan ahora bajo la administración y control de su hija. Algo habitual en la época cuando el marido debe ausentarse por un tiempo indeterminado, dado que, de otro modo, la mujer no tendría ninguna capacidad jurídica para gestionar sus bienes. No debemos de olvidar que la mujer en estos momentos —y durante siglos— no tenía entidad jurídica y no podía tomar decisiones si no contaba con el consentimiento del marido. El hecho de que este poder se haya realizado en Toledo estando ausente Catalina, y que le fuera entregado por medio de un testigo, el sobrino Gaspar de Guzmán, ha

LA CASA DE ESQUIVIAS

EN UN LUGAR DE TOLEDO

El primer documento que constata la presencia de Miguel de Cervantes en Esquivias es del 22 de septiembre de 1584. ¿Había visitado Esquivias antes de esta fecha, lo que parece normal, dada su relación con el poeta Pedro Laínez, que se había casado con Juana Gaitán, vecina de Esquivias, en 1581? No lo sabemos ni, seguramente, lo podremos saber. Lo cierto es que a partir de 1584 el lugar de Esquivias formará parte de la vida de Cervantes. El 12 de diciembre de este mismo año se celebran en su iglesia los desposorios entre Miguel de Cervantes y Catalina de Salazar. En el *Persiles*, Cervantes recordará al «famoso lugar de Esquivias, por mil causas famoso, una por sus ilustres linajes y otra por sus ilustrísimos vinos».

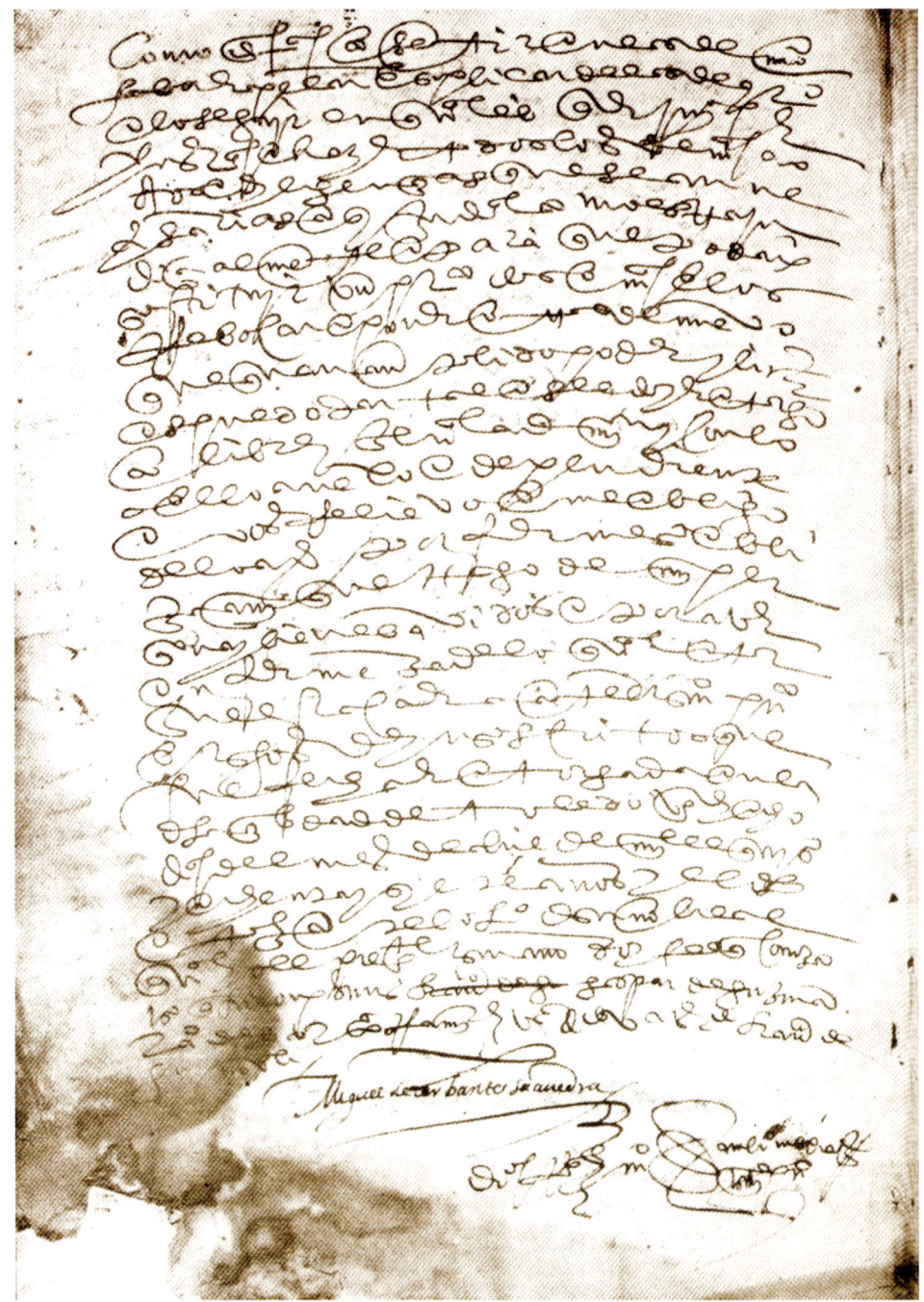

Carta de poder de Miguel de Cervantes a favor de Catalina de Salazar firmada en Toledo el 28 de abril de 1587: Archivo Histórico Provincial de Toledo.

dado vuelo a todo tipo de especulaciones, como que, en el fondo, constituye el «convenio de separación» por parte de Cervantes, que comienza de este modo una nueva vida en Andalucía huyendo de un matrimonio fallido y la soledad de una aldea que nada podía ofrecer a un espíritu inquieto y aventurero (y cortesano) como el suyo. Nada más lejos de la realidad.

¿Qué sabemos de Cervantes desde que se desposó con Catalina de Salazar en diciembre de 1584 y se fue a tierras sevillanas en abril de 1587? ¿Qué podemos imaginar de su vida en los primeros años de su matrimonio, teniendo en cuenta que, gracias al registro de la velación en enero de 1586, contamos que el año 1585 pudo vivir Cervantes a caballo entre Madrid y Esquivias, sin haber podido consumar el matrimonio? ¿Acaso hemos de imaginar que el desposorio en 1584 o la velación trece meses después conllevaron un cambio radical en su vida, en su ritmo de vida? Todo lo contrario. Esquivias, sobre todo a partir de 1586, ofrece tan solo una nueva geografía a la conocida y habitual de Cervantes, que puede compaginar sin ningún problema dada su cercanía con Madrid. De este modo, como ya se ha visto, Cervantes puede seguir desde Esquivias con sus préstamos y cobros de deudas por cuenta de terceros, lo que le obligará a ausentarse por un tiempo a Sevilla; por otro lado, estos años son los de mayor presencia literaria en la Corte: en 1585 se ponen a la venta los ejemplares del libro de pastores *La Galatea*, que pueden comprarse en la librería que tiene abierta Blas de Robles en Madrid, así como en las librerías de Alcalá de Henares, donde mantiene sus negocios; la mayoría de sus obras fueron representadas en los corrales de comedias, de acuerdo al contrato que firma con el empresario Gaspar de Porres en marzo de 1585, y durante estos años no deja de frecuentar y de mantener contactos y relaciones con el grupo de poetas y escritores papistas, alrededor de Ascanio Colonna, o de los castellanistas, con Alonso de Barros a la cabeza, ya que en este tiempo y al año siguiente publicarán algunas de sus obras acompañadas de poemas escritos por Cervantes, sin olvidar los continuos viajes que haría con su mujer, o que su familia haría a Esquivias y que no están documentados, como tampoco los que Cervantes había hecho los años anteriores de su matrimonio, siguiendo a su buen amigo Pedro Laínez, y la posible relación entre su familia y la de los Palacios—Salazar, que se fue estrechando con el tiempo.

¿Qué sucedió en abril de 1587 para que Cervantes abandonara Esquivias y dejara allí a su mujer al cargo de la administración de su hacienda?

Como hemos visto, desde 1581 Cervantes está solicitando, como tantos otros soldados cautivos, una *merced* a su Majestad, en pago a los servicios prestados. Conocemos, porque se ha documentado, tan solo una de sus peticiones al Consejo de Indias para ocupar uno de los puestos vacantes de América; pero seguramente también enviaría sus memoriales a otros Consejos en busca de diferentes cargos dentro de la Corte, de las que hasta ahora nadie ha dicho nada pues no se ha encontrado ninguna documentación que lo justifique. No olvidemos que, como indica al secretario Antonio de Eraso en 1582, ha tenido muy poca dicha en su primera petición pues «el oficio que pedía no se provee por Su Majestad».

Y ahora en 1587, después de algunas peticiones, y dada su experiencia con las cuentas por su oficio de agente de negocios, y sus relaciones con Pedro de Isunza y también con algunos jueces sevillanos, como Diego de Valdivia, a Cervantes se le ofrece una nueva posibilidad: la encomienda de comisiones para el abastecimiento extraordinario de la Armada Invencible, que se lleva a cabo desde Sevilla. No es el puesto soñado por Cervantes, no es la *merced* tan demandada y solicitada, no es el punto de llegada, pero quizás un punto de partida para conseguir, por fin, un oficio dentro de la compleja red burocrática de la Monarquía Hispánica, que sea el justo pago a todos los servicios prestados. Se abre un periodo de esperanzas —y de nuevas construcciones—, que, con el paso de los años, se verá que es otro callejón sin salida.

No hay tiempo que perder. Es necesario dejarlo todo —aunque, eso sí, bien atado en las cuestiones legales como él muy bien conoce— y partir para Andalucía, para instalarse en Sevilla, una Sevilla que está más agitada que nunca, y desde la que Cervantes nunca dejará de soñar con ir a América, de prosperar, ahora sí, en una mítica América. En septiembre de 1587 será ya citado en la documentación como «comisario del Rey Nuestro Señor».

¿Huida, fuga, separación, hartazgo, aburrimiento...? Nada de eso. Trabajo. Tan solo un trabajo temporal, dependiendo de las distintas comisiones que le asignan los Proveedores Generales, es la causa por la que Cervantes abandona la vida que se había construido entre Madrid, Esquivias y Toledo, para lanzarse a los campos sevillanos, sin perder nunca las esperanzas puestas en su sueño americano, como el memorial de 1590 al Consejo de Indias así lo demuestra. Adiós a los préstamos y a los cobros de deudas. Adiós a la administración de la (escasa) hacienda familiar. Adiós a los contratos con empresarios de los corrales para seguir escribiendo comedias y autos sacramentales, y a sus visitas para ayudarles a solventar sus deudas... Adiós al lugar de Esquivias donde iba, día a día, construyendo una vida cotidiana como uno de aquellos hidalgos de los de lanza en astillero, adarga antigua y galgo corredor que eran paisaje habitual en tantas aldeas y lugares de La Mancha.

«Sin Esquivias no hubiera habido el *Quijote*» escribió en su momento Luis Astrana Marín. Y en Esquivias se recuerda a Cervantes y su matrimonio con Catalina de Salazar todos los años, y desde 1994 puede visitarse la Casa Museo de Cervantes, declarada Monumento Histórico—Artístico en 1971. Se trata de una casa solariega

Vista exterior de la Casa Museo de Cervantes en Esquivias, declarada Monumento Histórico-Artístico en 1971, y que perteneció al hidalgo Alonso Quijada de Salazar.

que en el siglo XVI perteneció al hidalgo don Alonso Quijada de Salazar, pariente de Catalina, y con quien su familia no mantenía muy buenas relaciones. Este hecho no es casual porque, como tendremos ocasión de analizar en el tercer volumen de nuestra biografía, cervantistas tan prestigiosos como Rodríguez Marín o Astrana Marín defendieron en su momento que este pariente de la vida real inspiró a Cervantes el personaje de ficción del hidalgo Alonso Quijano el Bueno. Pero esa será otra historia.

Isabel de Saavedra, la hija natural de Cervantes: un ejemplo de construcción biográfica

«En la dicha casa están el dicho Miguel de Cervantes y su mujer, y una beata que se llama Dña. Magdalena, y Dña. Isabel, que es hija del dicho Miguel de Cervantes, y Doña Constanza, que es sobrina…». Quien así declara en 1605 ante el alcalde en Valladolid es la criada de Cervantes, de edad de 18 años. Juan Antonio Pellicer fue el primero en dar a conocer este documento, el conocido como *Averiguaciones hechas sobre las heridas de Gaspar de Ezpeleta*, en su biografía cervantina de 1797-1798.

Este es el momento de aparición de Isabel de Saavedra en la biografía de Cervantes, el instante que comienza a construirse su personaje y su mito, sombra de los de su padre. Un mito novelesco que todavía sigue llenando la imaginación de más de una biografía y estudio, aunque, gracias a los descubrimientos de Pérez Pastor (1898), Astrana Marín (1948-1958) y Emilio Maganto (2013-2015), ya quede poco espacio para la invención. El recorrido que va de las primeras especulaciones a los datos documentados de la vida de Isabel (y de su madre, Ana Franca) es también el viaje de cómo se ha ido construyendo la biografía cervantina desde sus orígenes hasta nuestros días: una primera biografía que llenaba con especulaciones —basadas en su mayoría en lecturas interesadas de las propias obras cervantinas— lo que se desconocía documentalmente, hasta llegar a otra más moderna que parte de los datos documentados y del conocimiento de la época para situar a Cervantes en su contexto, aunque en muchos casos la imagen romántica del siglo XIX sigue prevaleciendo como música de fondo que todo lo contamina.

La aparición de una «hija natural» con la edad de veinte años en la casa que ocupaba la familia Cervantes en Valladolid en 1605 suponía un primer problema a los biógrafos cervantinos: ¿había nacido Isabel meses después de que Cervantes se casara con Catalina de Salazar? ¿Cómo aunar este nuevo dato con la imagen de un marido modélico que se quería ofrecer, primera piedra de esa «vida heroica y ejemplar» que había comenzado a construirse? Martín Fernández de Navarrete en 1819 no va tener inconveniente en matizar esos «veinte años» que confiesa Isabel, por la costumbre de que las mujeres, sobre todo las solteras, desean «aparentar menos edad, o decirla al poco más o menos». Así, cuando Isabel dice tener veinte años, en realidad, tiene veintitrés o veinticuatro, lo que permite situar su nacimiento y los amoríos de Cervantes durante su estancia portuguesa. Los argumentos con que apoya su teoría son buena muestra del modo con que se utilizaban las citas cervantinas en este momento (y en buena parte del siglo XIX):

> hemos creído que Cervantes durante su residencia en Portugal se apasionó y fue correspondido de alguna dama portuguesa, de cuyo trato resultó esta hija, llamándola Isabel por ser nombre tan predilecto y de tanta devoción en aquel reino, a causa de contar a Santa Isabel en el catálogo de las reinas; conjetura que se confirma con las expresiones y elogios que hizo siempre de Portugal, y particularmente de Lisboa, y del amor y hermosura de sus mujeres. Habiendo pues residido allí Cervantes en los años 1581, 82 y parte de 83, podría su hija tener a mediados de 1605 la edad de veinte y tres o veinte y cuatro (pp. 253-254).

Pero no se detiene aquí Navarrete en sus hipótesis y teorías. Dado que en 1614 profesó en el recién fundado convento de las trinitarias descalzas de Madrid una «Isabel», ratificando su profesión en 1618, monja que no sabe firmar, como confiesa Isabel en el interrogatorio de Valladolid, «hacen indudable que esta era aquella monja *Isabel*, apoyándolo además la tradición constante en la comunidad, de que lo fue en dicho convento la hija de Cervantes, igualmente que su madre natural, aunque de esta ignoramos todavía el nombre y las circunstancias» (pp. 254-255).

Dentro de lo que cabe esta teoría era mejor que la que habían expuesto otros estudiosos, por la que defendían que Isabel era el fruto de los amores de Cervantes con una mora en Argel, basándose en la relación del capitán cautivo con Zoraida en el *Quijote*, e incluso la de Don Lope con Zara en la obra de teatro *Los tratos de Argel*.

Nicolás Díaz de Benjumea, como suele ser habitual en su creativa y desbordante genialidad, ofrece a mediados del siglo XIX una nueva teoría sobre los orígenes de Isabel, siempre con la necesidad de dejar a salvo la fidelidad conyugal de Cervantes: Isabel, en realidad, es una expósita que recoge Cervantes por caridad, y para ello se basa en numerosas citas del *Quijote*, de las *Novelas ejemplares*, e incluso del *Quijote* de Avellaneda, llegando a las siguientes conclusiones:

> De suerte, que es muy probable que un acto de hidalguía, de generosidad y de caridad, como el haber recogido esta huérfana Doña Isabel, haya pasado como muestra de que nuestro poeta no fue en su juventud tan platónico como pintó a Quijano.

Menos mal que Jerónimo Morán, en su brillante *Vida de Miguel de Cervantes* de 1863, dejara las cosas claras y pusiera un poco de orden y lucidez en los desmanes biográficos que se iban sumando en el momento de mitificación de Cervantes en este curioso siglo XIX:

> después de todo, la verdad comprobada por las resultas del proceso de Valladolid es que con Cervantes vivía entonces una hija natural suya, llamada Isabel, sin que se sepa ni en dónde ni de quién la hubo. Todas las demás imaginaciones sobre este, como sobre otros puntos no acreditados, tienden tan solo a introducir la confusión en una historia bastante esclarecida ya en lo principal, y que no ha menester de fábulas ni de consejas para el aliciente de su lectura (p. 191).

Estos eran los datos y no valía la pena seguir avanzando en el campo de las especulaciones, pues otros temas cervantinos —más cercanos a los acontecimientos políticos del momento, como la Guerra de África— atraían la atención de biógrafos, estudiosos, intelectuales, pintores y escultores del momento, como el mito de la participación «ejemplar y heroica» de Cervantes en la Batalla de Lepanto, y la posterior visita de don Juan de Austria al hospital de Messina para agradecerle sus servicios, otra de esas «imaginaciones» que seguimos arrastrando hasta nuestros días (véase tomo I, pp. 168-172).

Por esta razón, debió de ser muy emocionante el momento en que Cristóbal Pérez Pastor leyó el documento conservado en el Archivo de Protocolos de Madrid fechado en Madrid el 9 de agosto de 1599 en que «Isabel de Saavedra por sí y Ana Franca, su hermana, hijas que quedaron de Alonso Rodríguez y Ana Franca, su mujer, difuntos», pedían nombrar a Bartolomé Torres su «curador», lo que le permitía realizar todos los pleitos y demandas que ellas no podían hacer al ser menores (1898, documento nº 36). ¡Por fin se conocía el nombre de los «padres» de Isabel y que contaba con una hermana! Pero la sorpresa no quedaba ahí, pues en el mismo archivo se conservaba una de las primeras gestiones realizada por Bartolomé Torres, que vincula a Isabel con la familia de Cervantes: el 11 de agosto se firma el asiento de servicio de Isabel de Saavedra en casa de doña Magdalena de Sotomayor, que no es otra que la hermana de Miguel de Cervantes. Un servicio que tenía una duración de dos años, y por el que Isabel ofrecía veinte ducados, que le tendrían que ser devueltos al finalizar el plazo. Por este contrato, Isabel se comprometía a servir «a la dicha doña Magdalena de todo lo que le mandare dentro de su casa y la acompañará y servirá bien y fielmente», mientras que el compromiso de Magdalena será el de «enseñar a hacer labor y a coser, y darla de comer y beber, y cama y camisa lavada, y hacerla buen tratamiento» (documento nº 37).

Junto a estos documentos, encontró el buen presbítero otros cinco nuevos que daban cuenta de algunos pormenores de la vida de Isabel de Saavedra, todos ellos publicados también en 1898: su matrimonio con Luis de Molina, en Madrid a 8 de septiembre de 1608 (nº 41), la carta de pago y recibo de parte de la dote de Isabel, del 5 de diciembre de este año (nº 42), de cómo es la fiadora de negocios de su marido el 22 de noviembre de 1613 (nº 49), su testamento, fechado en Madrid el 4 de junio de 1631 (nº 54), en la que indica que es «hija de Miguel de Cervantes y de Ana Rojas» y, por primera vez, firma como «Isabel de Cervantes y Saavedra», con su codicilo, es decir, su disposición de última voluntad al no contar con un heredero (nº 55), así como el testamento de Luis de Molina, del 25 de diciembre (nº 56).

A los cuatro años, Pérez Pastor publica el segundo volumen de sus documentos inéditos (1902), y gracias a ellos sabemos que Isabel de Saavedra, antes de casarse con Luis de Molina, vive en una casa en la madrileña y céntrica calle de Red de San Luis, que se la tiene alquilada a Juan de Urbina (nº LXXX), con el que entrará en pleitos por su propiedad años después, en 1619 (nº XCI), siendo reconocida su posesión en

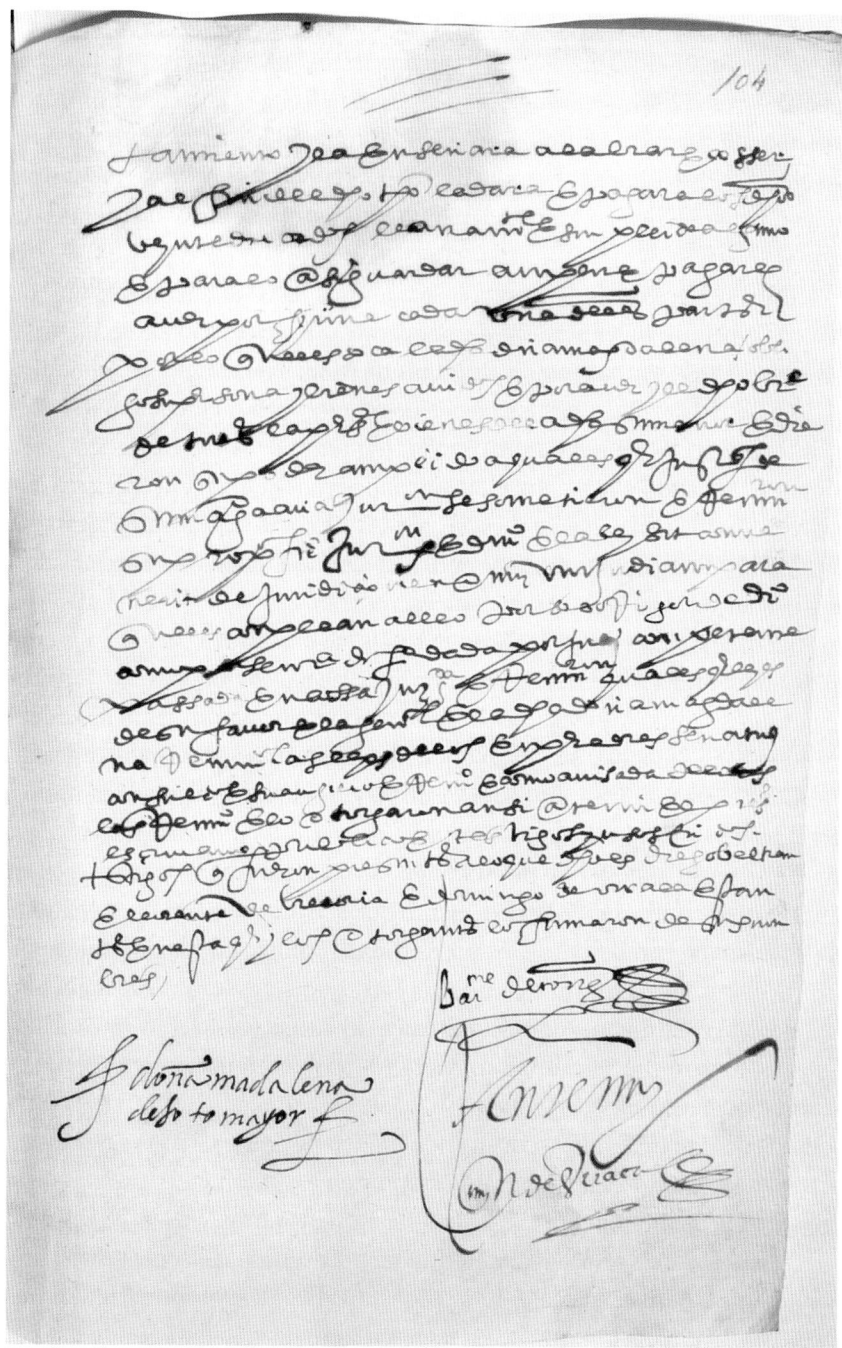

Asiento de servicio de Isabel de Saavedra [hija de Miguel de Cervantes], en casa de Magdalena de Sotomayor, su tía. Madrid, 9 de agosto de 1599. AHPM 1/1.1/T.002410, f.103v-104r

1621 (nº XCV); que todavía está en pleitos en 1608 para cobrar parte de la herencia de su madre, Ana Franca (nº LXXXI); que en 1639, ya viuda, vivía en la calle de Barrionuevo, «frente de una confitería», pues en esta fecha declara en el proceso que la Inquisición abrió contra María Bautista, y el último de los testamentos de Isabel, fechado en Madrid el 19 de septiembre de 1652; muere Isabel al día siguiente, y fue enterrada en la Iglesia de San Martín, «mandó mil misas de alma y doscientas de testamento» (nº CIII).

Estos nuevos documentos ofrecían valiosos datos para conocer un poco más la vida de Isabel, desde el nombre de sus padres, su vinculación con la familia Cervantes desde 1599, su matrimonio con Luis de Molina a la vuelta de la familia a Madrid, sus casas en la villa, y hasta su fecha de muerte: 1652. Pero al tiempo, los documentos, como no podía ser de otro modo, abrían nuevos interrogantes: ¿quién era Ana Franca? ¿Cuándo ella y Cervantes se conocieron? ¿Quién era Alonso Rodríguez, su padre, y cómo es que llegó a reconocer a Isabel como hija suya? ¿Cómo fue la relación de Miguel de Cervantes con su hija? ¿Y la de Catalina de Salazar con Isabel, antes y después de la muerte de nuestro escritor?...

Le tocará a Luis Astrana Marín, a su pluma exhaustiva (heroica y ejemplar) el papel de poner orden a esta documentación, a ampliarla con nuevos documentos sobre Ana Franca, y así ofrecer un relato de los hechos, que, sin grandes cambios, se ha venido repitiendo desde entonces, hasta las nuevas investigaciones de Emilio Maganto en el siglo XXI. Ana Franca nació alrededor de 1563 y, desde muy joven, dadas las penurias económicas de su familia, entrará al servicio de su tío, Martín de Múgica, alguacil de Casa y Corte de su Majestad, y de su mujer, Damiana de Alfaro, que en el testamento que hizo el 20 de junio de 1579, deja escrito que le entreguen 100 ducados a Ana, «mi criada y parienta», como dote. A los pocos meses, Damiana de Alfaro muere.

El matrimonio, apoyado en una dote semejante, no se hizo esperar, y el elegido fue un mercader asturiano, Alonso Rodríguez. El 11 de agosto de 1580, cuando Cervantes todavía permanecía cautivo en Argel, Alonso Rodríguez otorga la carta de pago y recibo de dote a su mujer, lo que permite suponer que el matrimonio, como suele ser común en la época, se había consumado un tiempo antes. Gracias a este documento se sabe que Alonso Rodríguez no sabía escribir en este momento, por lo que será un testigo quien firme por él ante el escribano Simón de Varnuevo.

Hacia 1582 o 1583, Alonso Rodríguez conseguiría la licencia para abrir junto a su mujer una taberna en la calle Tudescos, que por aquel entonces era una de las calles más concurridas en la Corte, relativamente cerca de la Red de San Luis y del mentidero de los Representantes. Las tabernas en el Madrid de Cervantes, que llegaron a ser hasta 120 en sus mejores momentos, se identificaban claramente por el color rojo de sus fachadas, y eran los únicos locales donde se permitía vender vino. Y solo vino. La comida, ya fuera incluso la que llevaban los propios clientes, está reservada a los bodegones y mesones. La taberna de la calle Tudescos no debía de ser diferente a las descripciones que nos ha llegado de otros locales de la época, con su suelo de tierra, y sus tres espacios: la entrada con su mostrador (en la mayoría de los casos tablas sobre un par de toneles), donde se bebía de pie, una trastienda para que algunos clientes pudieran disfrutar del vino con una mayor tranquilidad con sus bancos y mesas, y un sótano, donde se guardaba el vino. Y poco más. Jarras metálicas que eran la medida oficial para servir el vino, que se mezclaba con las risas y gritos de los clientes, que no dejarían de quejarse de que más que vino parecía que estuvieran bebiendo agua con algo de color. Un lugar común en la literatura de la época, como bien recuerda Francisco de Quevedo en su fantasía moral *La fortuna con seso y a hora de todos* (1645):

> Los taberneros, de quien, cuando más encarecen el vino, no se puede decir que lo suben a las nubes, antes que bajan las nubes al vino, según le llueven, gente más pedigüeña del agua que los labradores, aguadores de cuero, que desmienten con el piezgo los cántaros, estaban con un grande auditorio de lacayos, esportilleros y mozos de sillas y algunos escuderos, bebiendo de rebozo seis o siete de ellos en maridaje de mozas gallegas, haciendo sed bailando, para bailar bebiendo. Dábanse de rato en rato grandes cimbronazos de vino. Andaba la taza de mano en mano, sobre los dos dedos, en figura de gavilán. Uno de ellos, que reconoció el pantano mezclado, dijo: «¡Rico vino!» a un picarazo a quien brindó. El otro, que, por lo aguanoso, esperaba antes pescar en la copa ranas que soplar mosquitos, dijo:
> —Este es, verdaderamente, rico vino, y no otros vinos pobretones, que no llueve Dios sobre cosa suya.

Este sería el lugar en que se encontrarían Miguel de Cervantes y Ana Franca. El lugar propicio para sus amores adúlteros... ¿consentidos por su marido Alonso Rodríguez? Para Astrana Marín, y después de él, para la mayoría de los biógrafos cervantinos no hay lugar a dudas: estamos ante el típico matrimonio de conveniencia, en la que la mujer, algo liviana, no pudo dejar de alejarse de su marido «hombre burdo, seguramente, y sin delicadeza para estimarla», para caer en los brazos de un poeta en pleno éxito, con sus comedias en los Corrales. ¿Y Miguel? ¿Cómo explicar desde esta óptica de la moral nacional católica que Cervantes mantuviera un romance con Ana Franca, una mujer casada?

> Cómo la conoció Cervantes y la cautivó, precisamente en sus días de éxito en los «corrales» de comedias, préstase mucho a desplegar la fantasía; porque siempre será una mujer que se rindió a un poeta. Ni faltará quien imagine se compadeció este de su situación, si bien la suya tuviera poco de próspera; y así, cada cual puede opinar como se le antoje. Solo tenemos la seguridad de que aquellos amoríos no encadenaron la vo-

luntad de nuestro escritor, pronto desligado de ellos, ni pasaron de pasión bastarda y devaneo fugaz, sin otras huellas en el corazón de Miguel que la prenda de semejante transgresión, por él recogida y educada luego, como padre amantísimo. Y al correr de los años veremos este rasgo de su grandeza de alma, contestado con otro más aún: que al llegar el momento oportuno, se confesó lealmente con su esposa, le reveló su pecado y la existencia de aquella hija, y solicitó su perdón. Y doña Catalina de Salazar, cuando Isabel contrajo nupcias con Luis de Molina, no solo no tuvo inconveniente en que pasar por «legítima» sino que ella y Miguel fueron testigos del desposorio. [...] ¡Era toda una señora la mujer de Cervantes! Y es que al lado de él, en consorcio con su bondad y grandeza de alma, todo lo bueno se transformaba, como rica alquimia, en mejor; y lo mejor en óptimo (III, pp. 357-358).

Sin palabras.

Con esta retórica, en ocasiones sin reconocerla, se siguen explicando y difundiendo algunas de las relaciones más personales de Cervantes, alejando de las costumbres y modos de su época.

En este sentido, no hemos de olvidar que el adulterio femenino era perseguido en la época, y que el marido tenía derecho a exigir justicia e, incluso a tomársela de su propia mano. Así lo recuerda Cervantes en un famoso pasaje del *Persiles* (1617), en el capítulo séptimo del tercer libro. Un marido cornudo polaco cuenta su triste historia a Periandro, de su matrimonio con una hermosa joven de Talavera de la Reina y de su deshonra al fugarse ella nada más casarse con su amante, el hijo del mesonero; y de cómo se dirige a Madrid, donde ambos están presos para así hacer justicia en ellos y, con su sangre, lavar su honra. Ante esta resolución, Periandro le intenta convencer con estas palabras:

> ¿Qué pensáis que os sucederá cuando la justicia os entregue a vuestros enemigos, atados y rendidos, encima de un teatro público, a la vista de infinitas gentes, y a vos blandiendo el cuchillo encima del cadahalso, amenazando el segarles las gargantas, como si pudiera su sangre limpiar, como vos decís, vuestra honra? ¿Qué os puede suceder, como digo, sino hacer más público vuestro agravio? Porque las venganzas castigan, pero no quitan las culpas.

Y no parece que Periandro esté hablando por hablar. La crítica ha visto en estas palabras el recuerdo de un hecho real que se produjo en Sevilla el 19 de enero de 1565, y que seguramente Cervantes conoció. Este día se iba a cumplir la sentencia contra la mujer del tabernero Silvestre de Angulo que había sido adúltera con un esclavo mulato que «se echaba con ella». Dos años habían pasado en la Cárcel Real, y ahora había llegado el momento de ser ejecutados públicamente en la Plaza de San Francisco. En el momento en que iban a ser ahorcados, hincados de rodillas y con los ojos tapados, subió al cadalso el marido cornudo y con él algunos religiosos

Detalle de una carta de perdón de cuernos del siglo XVII, con un dibujo alusivo a su contenido.

franciscanos y jesuitas. Uno de ellos alzó un crucifijo pidiendo al marido que perdonase a su mujer y al mulato, pero el perdón nunca llegó: sacando un cuchillo que traía en las botas, se lanzó contra su mujer a la que acuchilló en la cabeza y en los pechos, y luego hizo lo mismo con el mulato, hasta que los dio por muertos. El cronista de esta truculenta historia se regodea en los detalles: en el momento en que estaba a punto de bajar, sin que nadie se lo impidiera pues tenía derecho a tomarse la justicia por su mano, alguien gritó que el adúltero todavía se movía, por lo que el tabernero Silvestre de Angulo «tornó a él con una espada y a la que mujer también y le dio muchas estocadas hasta que se sintió bien vengado de su crueldad». Y aún quedaba un último gesto: «tomó luego un sombrero de seda que traía sobre la cabeza y quitóselo y arrojolo por la plaza diciendo: '¡cuernos fuera!'» (Biblioteca Capitular y Colombina de Sevilla, mss. 59-1-13, fols. 46v-47r).

Pero no siempre los cuernos acababan de esta manera trágica en medio de una plaza pública, o en la deshonra conocida por los más cercanos a los protagonistas. También había otras posibilidades más discretas, como las «cartas de perdón de cuernos» que escribía el marido cornudo ante un escribano, y que entregaba al ofensor para reparar sus ofensas físicas o morales, con independencia de que se hubieren ya comenzado querellas ante los tribunales. Lógicamente, para ayudar a que el perdón llegara cuanto antes, el ofendido recibía una compensación económica, aunque nunca de ello se habla en estas curiosas cartas. En los archivos se encuentran varias de ellas, dadas a conocer Francisco Núñez Roldán (2004). Quedémonos con una de ellas, conservada en el Archivo Histórico Provincial de Córdoba, fechada el 21 de enero de 1551 (Oficio 18, tomo 16, folio 647), en la que Martín Rodríguez, al ser informado que su mujer Juana García y su amante Juan Jiménez, habían sido juzgados y condenados a la pena de muerte, pide que no se cumpla la sentencia y que los dos adúlteros conserven la vida, aunque, eso sí, lejos de su Córdoba natal:

> porque soy informado de personas dotas que no puedo ejecutar la sentencia sin peligro de mi ánima, y por el mucho amor que he tenido y tengo a la susodicha, y por bien de paz y concordia con los susodichos y sus deudos y parientes, [...] pido

al señor Alcalde de la Justicia que acepte y haga la dicha abolición y la mande soltar de la dicha prisión, y que la dicha sentencia no se ejecute contra los susodichos; [...] condición que la dicha Juana García, mi mujer, vaya desterrada de esta ciudad de Córdoba y su tierra por el tiempo que mi voluntad fuere [...] y que el dicho Juan Jiménez no viva ni esté en Córdoba ni en sus arrabales en todo el tiempo que fuere mi voluntad, y que no pueda entrar en esta ciudad de Córdoba.

El escribano sevillano Mateo de Almonacir, en el margen de una de estas cartas, la que firmó don Diego Martín el 1 de abril de 1625, dejó bien claro con un dibujo cuál era la naturaleza de estos delitos.

De los amores adúlteros entre Miguel de Cervantes y Ana Franca nació Isabel de Saavedra. ¿Amores reconocidos, aceptados, solucionados gracias a una de las cartas de perdón de cuernos? ¿Volvieron Miguel de Cervantes y Ana Franca a verse después de 1585, en las continuas visitas de Cervantes a la Corte?. Nada sabemos sobre esta historia, una más de tantas anónimas que se dieron durante los Siglos de Oro.

Marco imperial con el presunto retrato de Isabel de Saavedra.

Lo único que ahora sí que conocemos es que Ana Franca murió el 12 de mayo de 1598, unos años después de la muerte de su marido y que fue enterrada en la Iglesia de San Martín.

Emilio Maganto Pavón ha dedicado los últimos años a indagar en diferentes archivos en busca de nueva documentación, encontrando algunos de los documentos más buscados por Astrana, como la partida de nacimiento de Isabel de Saavedra, que fue bautizada el 9 de abril de 1584 en la Parroquia de los Santos San Justo y Pastor, al vivir sus padres en la calle Toledo, y no en la de Tudescos, donde tenían la taberna.

¡Por fin la fecha documentada de su nacimiento! Así como el nombre de sus padres: «hija de Juan Rodríguez y de su mujer, Ana de Villafranca», por más que hubiera un error en el nombre del padre. Hemos tenido que esperar, desde 1797 al año 2011 para dar por definitivo un dato en la biografía de Cervantes, un dato menor (sin duda), pero ¿cuántos otros todavía permanecen inéditos en nuestros archivos esperando nuevas y concienzudas investigaciones como la llevada a cabo por Emilio Maganto, que en el año 2015 nos ha ofrecido hasta un total de nuevos 19 documentos relacionados con la familia Villafranca en el Archivo General de Indias?

Isabel de Cervantes formó parte del círculo familiar de Cervantes desde 1599. Una relación que estuvo llena más de sinsabores que de encuentros, de acuerdo a la documentación conservada en los últimos años de la vida de nuestro escritor. Ya tendremos ocasión de acercarnos a la única hija de Cervantes, a sus negocios y trapicheos en la Corte junto con su marido Luis de Molina, y a la complicada relación con su padre, al tratar de sus últimos años en Madrid.

Pero antes de cerrar este primer capítulo, una última curiosidad.

El 11 de mayo de 1905, en pleno epicentro de las celebraciones del III Centenario de la publicación de la primera parte del *Quijote*, publica el periodista D.

Presunto retrato de Isabel de Cervantes e indicación de su nombre en la parte posterior del mismo.

Manuel Alhama Montes («Wanderer») un artículo en la revista que él dirige, *Alrededor del mundo*, con el sugerente título: «La hija de Cervantes en el Rastro». En el artículo da cuenta de una compra que había realizado en el Rastro de Madrid hacia

1895 junto con su amigo, el teniente coronel D. Rafael de Lacy, una mañana del mes de mayo, después de haber pasado toda la noche en el Casino. Nada más entrar se toparon con un hombre que en ese momento estaba colocando unos pocos objetos «sobre el santo pero puerco suelo». Y un objeto, entre todos los demás, les llama la atención:

> Vi en sus manos un marco viejo, que al instante despertó mi interés; mediría unos cincuenta centímetros de alto, y tenía la forma de un águila imperial, sobre cuyo pecho, en un óvalo abierto para recibirlo, había otro óvalo de terciopelo oscuro, casi negro, sirviendo como de orla a otro de plata que circundaba a un retrato de mujer joven de la época de Felipe III. Tan codicioso estaba yo por aquel hermoso marco, que no reparé casi en la pintura; era un marco de forma rara y altamente decorativa [...]. Pregunté el precio: el hombre pidió cuatro duros; yo le ofrecí treinta reales; me miró desdeñoso, y mi amigo y yo nos alejamos, confiando en que el chamarilero no nos dejaría ir sin regatear. No sucedió así; el prendero no nos llamó, y yo, que estaba encaprichado por el marco y temía que me lo arrebatasen, volví a los pocos minutos y lo compré, con retrato y todo, por cincuenta reales.

Pero la sorpresa no acaba aquí. Al llegar a casa, y después de admirar el retrato y ver que estaba hecho sobre tela, y de la época de la retratada, y «acometiendo la tarea que hace un buen aficionado cuando acaba de adquirir un cuadro antiguo: la de levantar el cartón o tablilla que hay detrás de casi toda pintura con marco, y ver si entre ellos y el lienzo o la tabla descubre algún grabado antiguo, algún dibujo o algún documento metidos allí como en escondite o para uniformar la presión. Nada encontré, salvo algún papel de a principios del siglo XIX. Pero me quedé parado de asombro al leer sobre el respaldo de la tablilla, que estaba pintado el retrato, estas palabras, escritas en letra española algo tosca, con pluma de ave y tinta parduzca: Isabel de Cervantes».

En realidad, en el dorso del retrato puede leerse «Ysabel / hija de / ceruantes».

La última persona que vio este presunto retrato de la hija de Cervantes, tan inventado como los del propio padre estudiados en el primer volumen de esta biografía, fue Cesáreo Aragón, Marqués viudo de Casa Torres, quien, a petición de su dueña, Dña María Alhama, le pidió que hiciera un informe sobre su autenticidad que publicó en Madrid en 1947 con el título: *El retrato de la hija de Cervantes (Isabel)*. Desde entonces, nada sabemos de él. De nuevo, la hija de Cervantes se escapa entre los dedos del misterio de la iconografía, de sus retratos, como le sucede también a su padre.

2. Miguel de Cervantes en el laberinto de las Letras

El Madrid literario de Miguel de Cervantes:
guía de avisos para escritores

Miguel de Cervantes escribió durante toda su vida. Desde los poemas juveniles a su llegada a Madrid en 1566 hasta la carta dedicatoria del *Persiles*, unos días antes de morir en 1616. Y lo hizo en un tiempo en que la escritura fue conquistando nuevos espacios en la sociedad, en que se consolidaron o, en ocasiones, se pusieron las bases, de grandes cambios que transformaron la relación de las letras con el poder, el dinero, el prestigio y la fama. Una época donde los letrados, los secretarios fueron ascendiendo y copando los puestos de poder, relegando a la nobleza (y su función de defensa y de expansión militar) a una fastuosa red de ritos, fiestas y relaciones públicas cada vez más espectaculares y huecas; una época en que todo había que ponerlo por escrito, y en sus márgenes quedaban las huellas de las resoluciones tomadas, del pulso con el destino y la muerte o la resurrección de las pretensiones y de los pleitos. Una época donde el analfabetismo se daba la mano con una eclosión de formas literarias orales, con el teatro a la cabeza, transformando los corrales de comedias en un pequeño imperio de ficción a imagen y semejanza del aquel otro de verdad que hacía aguas por todos lados. El tiempo de las representaciones era un tiempo de orden y de tranquilidad frente al caos de la vida diaria: orden en la organización del espacio, donde cada uno ocupaba su sitio dependiendo de su sexo, clase social y situación económica; orden en la estructura del espectáculo, sobre todo después del triunfo de las fórmulas propuestas por Lope de Vega, con sus comedias en tres actos, y sus loas, entremeses y bailes; y orden en los propios contenidos, en los versos que iban destilando un conflicto tras otro —ya fuera del pasado o del presente—, pero que todos terminaban con un final feliz, con un rey «deus ex machina» que con sola su presencia devolvía la paz a la escena, al universo. Una época en que las letras formaban parte de la vida, eran su expresión, pero también eran el modo de integrarse y de destacarse al mismo tiempo;

un medio para conseguir un espacio y, también, para poder mejorarlo. La literatura nunca dejó de ser un instrumento, una herramienta que cada uno, según su sexo, clase y situación social y económica, utilizó, con mayor o menor destreza, para llevar a buen puerto sus fines, sus sueños, sus deseos, sus necesidades. Escribir para conseguir una merced. Escribir para conseguir medrar en la Corte. Escribir para conseguir los ducados necesarios para sobrevivir. Escribir para poder añadir una línea de méritos en los memoriales que se envían a los Consejos. Escribir para cenar caliente una noche en una Academia. Escribir para conseguir una cita amorosa para el señor que te ha contratado como secretario...

Y escribir en una época de cambios y de transformaciones, en el ojo del huracán de un tiempo que se va dejando atrás, pero que todavía no ha dado la bienvenida a un nuevo tiempo. Escribir en una grandiosa época de transición como los fueron los últimos años del siglo XVI y las primeras décadas del XVII. Escribir en una Corte con sus particulares reglas que, poco a poco, irán construyendo una nueva Corte literaria que, como un espejo, imitará su estructura convirtiéndose en un espacio propicio para las intrigas, los enfrentamientos, las traiciones, los reproches, los insultos más o menos velados... un espacio literario donde los apellidos, los servicios prestados por familiares y amigos, la posibilidad de acercarse a las facciones más poderosas, el dinero, el tan denostado dinero, también marcan las líneas maestras del triunfo, de la posibilidad de estreno en los corrales, de edición en las imprentas o de difusión en los salones y jardines palaciegos. Tiempo de construcción y de consolidación de una Corte, la política y la literaria. Tiempos de trabajo, de mucho trabajo, según los preceptos de los tacitistas. Pero también tiempo de suerte, de mucha suerte.

Este es el espacio de la escritura de Miguel de Cervantes. En este contexto, en esta particular Corte literaria que él vio nacer y consolidarse —y en la que participó de una manera muy activa— escribió sus obras, las que hemos conservado y aquellas otras que él cita (las comedias) y otras tantas que leemos anónimas cuando realmente salieron de su pluma (romances, canciones y sonetos). Una escritura instrumental —como la mayoría, por no escribir la totalidad, de su tiempo—; una literatura con la que quería mejorar sus condiciones de vida, ya sea en sus pretensiones de conseguir un puesto de secretario (primeros poemas laudatorios en Madrid o la *Epístola a Mateo Vázquez* desde el cautiverio), como apoyo a la solicitud de una merced por los servicios prestados (*La Galatea*, un libro de pastores, o los romances, tan del gusto de la nobleza que copaba los puestos de los Consejos, sin olvidar los poemas al inicio de obras de amigos, que conforman y consolidan su particular camarilla literaria y política), o para obtener un beneficio económico rápido (las primeras comedias que escribe en la década de los años ochenta o la primera parte del *Quijote*). Nada nuevo en la Corte literaria llena de pretendientes y de pleiteantes. El beneficio económico inmediato o el apoyo a corto plazo para conseguir un trabajo son motores habituales de la escritura en la época de Cervantes; y, como Cervantes, muchos autores cifraban en ellos su futuro, sus esperanzas de futuro. Y Cervantes, como otros tantos escritores de su época, dejaron testimonios de ellos —de sí mismos— en sus propias obras.

En la ronda de preguntas a los galeotes con los que se encuentra don Quijote, le toca el turno a Ginés de Pasamonte, conocido como Ginesillo de Parapilla, como se esfuerza en recordarle uno de los comisarios. Harto Ginés de tantas preguntas y de tanto querer saber el caballero andante la vida de todos ellos, le contesta confesándole que todos los detalles de la suya los puede leer en un libro que ha escrito «por estos pulgares». Libro que, aún inacabado, ya le ha dado sus primeros beneficios, pues lo deja empeñado en la cárcel por doscientos reales (unos 20 ducados), aunque para su autor bien podrían valer 200 ducados:

—¿Tan bueno es? —dijo don Quijote.
—Es tan bueno —respondió Ginés— que mal año para *Lazarillo de Tormes* y para todos cuantos de aquel género se han escrito o escribieren. Lo que le sé decir a voacé es que trata verdades, y que son verdades tan lindas y tan donosas que no pueden haber mentiras que se le igualen (I, cap. 22).

Entre esos «todos cuantos de aquel género» se encuentra el gran éxito de ventas de los Siglos de Oro: el *Guzmán de Alfarache* (1599) de Mateo Alemán. Su éxito será tal que se le conocerá y citará siempre como el *Pícaro*, como si antes o después no hubiera habido pícaros ni picaresca. «Mal año...». La búsqueda del *best—seller*, el sueño de todo editor de la época, como Francisco de Robles, que creerá que lo ha conseguido con la primera parte del *Quijote* en 1605, pero que todo se quedará en un espejismo, como tendremos ocasión de ver en el tercer tomo de nuestra biografía.

Precisamente en la segunda parte del *Quijote*, en el increíble episodio de la visita de don Quijote a una imprenta en Barcelona, escribe Cervantes uno de los primeros relatos de ciencia ficción; en él un personaje de una obra impresa entra dentro del espacio tecnológico que multiplica los objetos que le dan la vida, que le permite poder «vivir» en la lectura de las miles de personas que en unos meses tendrán un ejemplar entre sus manos. Este es el espacio para situar al autor —al mismo Cervantes como a tantos otros miles de escritores de su tiempo— ante el reto del beneficio económico de su trabajo. Después de asombrarse por todo lo que ve allí dentro —la tecnología de la información y del conocimiento del siglo XVI—, y de hablar sobre los límites de la traducción, don Quijote le pregunta a un autor, demostrando un conocimiento del mundo editorial que es el de Cervantes y de los lectores de su tiempo: «Pero dígame vuestra merced: este libro, ¿imprímese por su cuenta, o tiene ya vendido el privilegio a algún librero?». A lo que el autor no duda en responder:

> —Por mi cuenta lo imprimo —respondió el autor—, y pienso ganar mil ducados, por lo menos, con esta primera impresión, que ha de ser de dos mil cuerpos, y se han de despachar a seis reales cada uno, en daca las pajas.
> —¡Bien está vuesa merced en la cuenta! —respondió don Quijote—. Bien parece que no sabe las entradas y salidas de los impresores, y las correspondencias que hay de unos a otros; yo le prometo que, cuando se vea cargado de dos mil cuerpos de libros, vea tan molido su cuerpo, que se espante, y más si el libro es un poco avieso y no nada picante.
> —Pues, ¿qué? —dijo el autor—. ¿Quiere vuesa merced que se lo dé a un librero, que me dé por el privilegio tres maravedís, y aún piensa que me hace merced en dármelos? Yo no imprimo mis libros para alcanzar fama en el mundo, que ya en él soy conocido por mis obras: provecho quiero, que sin él no vale un cuatrín la buena fama (II, cap. 62).

Hasta aquí la historia literaria de Cervantes en los umbrales de 1605. Hasta aquí la historia literaria de cientos de escritores que se acercaron y convivieron en la Corte literaria de los siglos XVI y XVII, que destacaron —o no—, por escribir poemas, romances, comedias y alguna que otra obra en prosa. ¿Qué le hace diferente, singular a Miguel de Cervantes del resto de los poetas y escritores de su tiempo? Precisamente, el motor que le movió a dedicar los últimos años de su vida —los años de descuento— a un proyecto literario singular, que no tenía la vista ni la intención de conseguir mejorar su situación personal —por más que lo consiguiera económicamente con la venta de los oportunos privilegios de impresión— sino pensando en el futuro, en la segunda vida, que no es otra que la Fama.

De este modo, Miguel de Cervantes, que se encuentra en los márgenes del poder literario de su tiempo, que ha triunfado de manera relativa tanto en la Corte política (con las comisiones a las que hace frente como comisario real de abastos o como recaudador de impuestos atrasados frente al canto de sirena del sueño americano), como en la Corte literaria (es reconocido como romancista y sus obras, desde las comedias al primer *Quijote*, tuvieron un cierto éxito nada más estrenarse o publicarse), pero que nunca ha llegado a ser el centro (espacio solo ocupado por Lope de Vega y Góngora), se dispone en los últimos años de su vida a ofrecernos una «vida en papel», un programa literario que ha ido configurando y escribiendo a lo largo de toda su vida, pero que ahora tiene necesidad de imprimir, de dar a conocer, de dejar memoria y constancia antes de morirse.

Desde que en 1613 Cervantes publicara las *Novelas ejemplares* (y se empeñara en destacar en sus prólogos y paratextos literarios una determinada imagen de cómo quería ser recordado con el paso del tiempo), todo estaba ya medido y pensado. Y no podía ser de otro modo, pues la vida se le escapaba de las manos, los años sabía que no eran muchos y sí los proyectos literarios... y así le da tiempo a reivindicarse como narrador, el «primero que ha novelado en lengua castellana» con su particular «mesa de trucos» que son las *Novelas ejemplares*, donde sorprende a los lectores con cada una de ellas, a cual más ingeniosa y sorprendente en sus inicios; al año siguiente, en 1614, se reivindica como poeta narrativo con su *Viaje del Parnaso*, al que ya hace alusión al inicio de sus *Novelas*; y a comienzos de 1615 será el momento para reivindicarse como poeta dramático, con la publicación de sus *Ocho comedias y ocho entremeses nunca hasta ahora representados...* Y como el mismo Cervantes confiesa en el prólogo del *Persiles*: «el tiempo es breve, las ansias crecen, las esperanzas menguan...», pero también son muchos los campos literarios donde quiere dejar su huella (la poesía épica, con el *Bernardo*, o, de nuevo, la pastoril, con la segunda parte de *La Galatea*... obras nunca publicadas), se decanta por dar fin a los *Trabajos de Persiles y Sigismunda*, dentro del género narrativo más prestigioso y culto del momento: la novela bizantina. Y a este empeño dedicará casi su último aliento, si tomamos como cierto el comienzo de la carta dedicatoria que le escribe al Conde de Lemos en abril de 1616: «Ayer me dieron la extremaunción y hoy escribo esta». Novela que solo verá la luz al año siguiente, de manera póstuma. Pero no importa: Cervantes ya no vive en esta vida sino que lleva años haciéndolo en el sueño de una segunda vida, en que su nombre se recuerde por la fama de sus obras.

Y en medio de este programa literario bien pensado y medido, se le cuela la vida real, la que él sigue transitando en sus paseos por el Madrid del siglo XVI: la publicación a finales de 1614 de la *Segunda parte del Ingenioso Hidalgo don Quijote de la Mancha*, impresa en Tarragona por un tal Alonso Fernández de Avellaneda, que le obliga a aparcar por un tiempo su *Persiles* y dar rienda suelta a su pluma para acabar la segunda parte del *Quijote*, que publica por el mes de octubre de 1615. Pero esta ya será otra historia que merecerá su espacio y su glosa en el tercer tomo de nuestra biografía.

De este modo, desde el punto de vista de las relaciones entre las cortes políticas y literarias, entre la inevitable comunicación y contaminación entre la vida real y la vida literaria, que son solo una durante los Siglos de Oro, podemos delimitar claramente en la biografía literaria de Cervantes dos momentos bien diferentes: un primer momento, en que la literatura es un instrumento en sus manos para mejorar sus condiciones de vida (ya sea en sus pretensiones de merced o en las económicas diarias), donde hemos de situar tanto sus obras juveniles como las que escribe y difunde en los años ochenta y noventa del siglo XVI (en especial, *La Galatea* y sus comedias); y una segunda época, a partir de 1613, la «vida en papel», en la que desarrolla Cervantes un proyecto literario ambicioso, que lo alza por encima de las costumbres y modos de actuar de los escritores de su época, todos ellos mucho más supeditados al día día de los compromisos de las *musas rameras*, como tendremos ocasión de ver más adelante. Un proyecto literario de reivindicación personal, que ya hemos visto, como novelista ingenioso (*Novelas ejemplares*), poeta narrativo (*Viaje del Parnaso*), poeta dramático (*Ocho comedias y ocho entremeses*) y novelista culto (*Persiles y Sigismunda*). ¿Qué queda al margen de estos dos grandes momentos de su escritura? Justamente dos obras que nacen de impulsos marginales a Cervantes: la *Primera parte del Quijote* (1605), un encargo editorial del librero Francisco de Robles; y la *Segunda parte del Quijote* (1615), una respuesta al desafío (y venganza personal) del *Quijote* apócrifo, grito desesperado y vengativo de la Corte literaria dominada por Lope de Vega.

Trabajo y más trabajo es uno de los principios de la *Filosofía cortesana moralizada* que Alonso de Barros publicara (y dibujara) en 1587 para triunfar en la Corte, tanto en la real como en la literaria. Trabajo que vence a la Fortuna, como se empeñan en destacar varias máximas en sus correspondientes casillas:

> Al fin se rinde fortuna
> si el trabajo la importuna.
>
> Aunque fortuna es mudable,
> al trabajo es favorable.

Miguel de Cervantes escribió durante toda su vida. No dejó de trabajar incansablemente por sus sueños: el sueño americano de una merced, el sueño literario de un espacio central en la Corte literaria de su momento; sueños que nunca llegó a disfrutar. Pero no por eso dejó de trabajar hasta los últimos momentos de su vida, quizás recordando la máxima: «El trabajo gana palma / y quita el orín del alma».

Pero Cervantes no escribió en cualquier tiempo ni tampoco él fue cualquier escritor, sobre todo en los últimos años de su vida. Cervantes escribió en un momento de construcción y de cambios. Escribió en el momento del triunfo de la imprenta como el medio habitual para la difusión de la información y del conocimiento, fuente de beneficio económico del escritor por su trabajo; pero lo hizo cuando la industria editorial hispánica estaba sufriendo una gran crisis, como las crisis financieras de la Monarquía Hispánica, que le obligó a recomponerse, a inventarse, dejando atrás los antiguos modelos de negocios de la primera mitad del siglo XVI para abrirse a nuevas posibilidades editoriales, a una adaptación inevitable frente a la competencia desmesurada de las imprentas y librerías europeas. Pero también escribió Cervantes en el momento en que los corrales de comedias y las compañías teatrales fueron creando un nuevo espacio de negocio literario y de difusión (y control) ideológico; un periodo de construcción que otros, como Lope de Vega, terminarían por consolidar y controlar. El espacio de la novela, el espacio del teatro, que convivirá con el de la poesía, con el nacimiento del *Romancero Nuevo* (en que Cervantes tuvo un gran protagonismo junto con otros poetas papistas cercanos a Ascanio Colonna), y con sus particulares modos de difusión, sus particulares modos de supervivencia manuscrita. Oralidad, manuscrito e impreso que se dan la mano en estos momentos en un cruce de caminos que merecerá su correspondiente glosa.

Cervantes escribió a lo largo de toda su vida, pero no siempre le movió el mismo impulso ni finalidad a la hora de hacerlo. Solo si comprendemos la literatura de Cervantes en diálogo con su vida, con sus sueños y esperanzas, con las reglas de las Cortes políticas y literarias que le tocó vivir y en las que participó activamente, solo así podremos comprender algunas de sus claves, sus razones y la repercusión de su obra. Pensar en una vida literaria cervantina al margen de su vida y la realidad en su época, una literatura de evasión que le permitiera sobrevivir, levantarse por encima de lo que está viviendo en cada momento, es seguir viendo a Cervantes como un héroe romántico, que triunfa en el papel lo que se le niega en la cotidianidad, siguiendo las líneas maestras de una visión biográfica construida durante el siglo XIX completamente superada casi dos siglos después.

Miguel de Cervantes escribió a lo largo de toda su vida. Pero lo hizo en diálogo con su vida, como un instrumento más de su vida. En esto, como en tantos otros aspectos, Cervantes no deja de ser un escritor de su tiempo, uno de los cientos de escritores que vivieron en Madrid, en la Corte de la Monarquía Hispánica con la esperanza de sobrevivir, de consolidar una vida en continua construcción. Día a día.

Las musas rameras: hacia profesionalización de la escritura

No comenzó bien el mes de julio de 1615 para Lope de Vega, pues durante semanas se quejará de cómo llegó de su viaje desde Toledo: «que apenas he podido enderezarme». Demasiado trabajo y demasiadas preocupaciones, por lo que en otra carta al Duque de Sessa por estos días se lamenta: «esta mi cabeza está peor, y he temido que pronostica algo de lo mucho que esta división de los tiempos suele causar en los humores». Solo el rezar algo le calma. Por eso no extraña que, ante la insistencia del duque de que le haga copias de unos romances, le conteste: «Para trasladar los romances no he tenido lugar; mañana me dejarán las musas, a que me obliga la pura necesidad, porque en mí no son damas, sino rameras».

Mucho ha escrito Lope desde que a los trece años terminara su primera comedia *El verdadero amante*. Y mucho le quedará todavía por escribir «por pura necesidad» hasta su muerte en 1635. Escritura que le quita la salud, pero también escritura que le permite pagar sus *deudillas*, como le confiesa al duque, su señor, en mayo o junio de 1617:

> Hoy quería ir a ver lo que V. E., señor, quería mandarme, y amanecí tal de los ojos que hasta ahora no he podido tomar la pluma; desvelos son de lo que he escrito estos días, hurtando campo al sueño y aun al sustento, por pagar algo de mis deudillas, que, como todo se remite a mi pluma, no puede la tinta tanto; que se echan ella y el papel como la hembra y el varón: el papel se tiende y la pluma lo trabaja como la forma y la materia, que todo es uno.

Y si esto lo escribe Lope de Vega, el «monstruo de naturaleza», quien se ha alzado con el cetro de la monarquía de la poesía dramática, como tan bien ha estudiado Alejandro García Reidy (2013), ¿qué no podremos pensar y decir del resto de los autores de los Siglos de Oro, de los que intentan aprovecharse de la escritura para mejorar su vida en este tiempo?

No es posible entender la relación de Miguel de Cervantes con la escritura ni de buena parte de los autores de su época si no tenemos en cuenta cómo por estos años se va a ir configurando la profesionalización de la figura del autor, la posibilidad del poeta de ganarse la vida a partir del ejercicio de las letras, al margen de las reglas del clientelismo o del mecenazgo, que son las que habían dominado en los siglos anteriores. Poco a poco. No es el punto de llegada sino más bien el de partida, como el ejemplo de Lope de Vega pone de manifiesto: no hay escritor de su época que haya sabido ganarse mejor la vida a partir de sus escritos, pero sin poder renunciar tampoco al apoyo de un mecenas, a su oficio de secretario de varios nobles (Marqués de las Navas, Marqués de Malpica, Marqués de Sarriá o el Duque de Sessa) o la búsqueda de un puesto real, como el de cronista, que siempre le fue negado. Miguel de Cervantes habló de Lope como «monstruo de naturaleza» por todas las comedias que escribió (y representó); y «monstruo de naturaleza» también podríamos llamarle por todo lo que ganó, según concluyera Juan Pérez de Montalbán en su exagerada y casi hagiográfica *Fama póstuma a la vida y muerte del Dr. Frey Lope Félix de Vega Carpio* (Madrid, 1636), donde las dádivas de los señores constituyen solo una parte, aunque importante, de sus ingresos:

> Fue el poeta más rico y más pobre de nuestros tiempos. Más rico porque las dádivas de los señores y particulares llegan a diez mil ducados. Lo que le valieron las comedias, contadas a quinientos reales, ochenta mil ducados; los autos, seis mil; la ganancia de las impresiones, mil y seiscientos, y las dotes de entrambos matrimonios, siete mil, que hacen más de cien mil ducados. [...] Trescientos de una prestamera que le dio en un lugar suyo el excelentísimo señor Duque de Sessa, su amigo, su valedor, su dueño y su heroico mecenas, y más cuatrocientos ducados para su plato, de muchos años a esta parte, porque le dijo que no quería escribir más comedias, sin otras liberalidades secretas de tanta cantidad que, hablando una vez con el mismo Lope de las finezas del duque su señor, aseguró que le había dado en el discurso de su vida veinte y cuatro mil ducados en dinero, grandeza digna solamente de príncipe tan soberano, que con esto se dice todo.

Sin duda su querido discípulo exagera en las cifras, pero lo importante es que no lo hace en las fuentes de su fortuna, que son, además de las dádivas del mecenas, los factores que explican la profesionalización de la escritura en estos momentos: por un lado, la imprenta, que popularizó las obras de entretenimiento y consolidó un mercado consumidor de libros, entendidos estos como objetos de consumo antes que como herramienta cultural o ideológica; por otro lado, los corrales de comedias, que con su desarrollo por toda la península permiten a los poetas conseguir ingresos relativamente elevados y, lo más importante, estables en el tiempo. Y, por último, las fiestas organizadas por ayuntamientos y otras instituciones, como lo será el Corpus con el protagonismo de los autos sacramentales. Tres factores que no son exclusivos de la Monarquía Hispánica sino que los encontraremos también en Italia, Inglaterra y Francia, donde comenzará también por estos años un proceso de reivindicación de la figura del autor —paralela a la reivindicación de los artistas plásticos— que quieren abandonar la posición de «artesanos» para llegar a ser considerados «artistas».

Si Lope de Vega puede ser presentado como el prototipo de este proceso en suelo hispánico, con la construcción de su identidad gracias a los retratos que aparecerán al inicio de las ediciones de sus obras (como se vio en el primer volumen, pp. 19-26), William Shakespeare lo será en Inglaterra, de la mano de sus compañeros de la compañía teatral King's Men, que están detrás de la publicación

Portada del *First Folio* de las comedias y tragedias de William Shakespeare (Londres, 1623)

de sus comedias y tragedias en 1623, el conocido como *First Folio*. La edición canónica de las obras de Shakespeare, hasta este momento uno de los actores y escritores que, de manera conjunta con otros, triunfaba en The Globe, y en los salones palaciegos, sorprende por la imagen del *autor* que invade la portada, que se impone a los títulos, a las dedicatorias, a los datos bibliográficos del propio libro, y que se apodera de todo lo allí escrito aunque la crítica ha demostrado que muchas de estas obras eran de Shakespeare y de otros actores, dada la tendencia a una escritura conjunta dentro de una compañía. Compárese esta portada programática con las de las obras de Cervantes, donde el espacio central iconográfico está reservado al escudo de la personalidad a la que se le dedica la obra (Ascanio Colonna) o el sello tipográfico de la imprenta donde ha visto la luz.

Pero la función reivindicativa del *autor* no se limita al retrato, sino que se apoya en la afirmación de que se han fijado los textos a «partir de las verdaderas copias originales». Una reivindicación de los *originales de autor*, que lo es de su propiedad intelectual, que también lo veremos en relación a Lope de Vega y la edición de sus partes de comedias. En mayo de 1614 se ponen a la venta en Madrid las *Doce comedias de Lope de Vega Carpio*. En la portada se destaca que, frente a las tres series de doce comedias que se habían publicado anteriormente al margen de Lope, estas se imprimen «sacadas de sus originales». El autor no es solo quien crea la obra, que luego tiene que vender para que pueda ser difundida (ya sea a un librero o un impresor, ya sea a un *autor de comedias*) sino que además empieza a reclamar que se reconozca el respeto sobre su texto, que no puede ser difundido sin su permiso, y, mucho menos, modificado sin su aprobación. Estamos aún muy lejos del reconocimiento de los derechos de autor y de la propiedad intelectual, pero ahora se están poniendo las bases para el triunfo de un derecho, que tendrá que esperar a los siglos XVIII y XIX

Portada de las *Doce comedias de Lope de Vega Carpio (Madrid, 1614)*, la primera que se hace a partir de los «originales de compañía» que poseía el autor de comedias Gaspar de Porres

para convertirse en ley. El autor de comedias Gaspar de Porres, vinculado también a Cervantes en sus primeros momentos como dramaturgo, será el promotor de esta edición lopesca de 1614, para lo que utilizará los originales de las comedias comprados a Lope de Vega años atrás, todas ellas representadas por su compañía. Y así lo deja escrito en el prólogo «Al lector»:

> Los agravios que muchas personas hacen cada día al autor de este libro imprimiendo sus comedias tan bárbaras como las han hallado después de muchos años

que salieron de sus manos, donde apenas hay cosa concertada, y los que padece de otros que por sus particulares intereses imprimen o representan las que no son suyas con su nombre, me han obligado, por el amor y amistad que ha muchos años que le tengo, a dar luz a estas doce, que yo tuve originales, pareciéndome que hacía tres cosas muy puestas en razón: la primera, satisfacer a la opinión que le quitan; la segunda, dar a sus aficionados estos papeles corregidos con sus originales; y la tercera, desengañar a los que no le son afectos, que aunque deben ser pocos, corto fuera su ingenio si careciera de la envidia y detracción, de que solo se libran los ignorantes.

La consideración paulatina del autor como un profesional que puede ganarse la vida —o al menos, pagar algunas «deudillas»— con la venta directa de su trabajo a un mercado comercial independiente o a terceros, va a chocar con las estructuras de poder y de consideración de los autores, admitidas desde la Baja Edad Media, donde encontramos, esencialmente, dos modelos de escritor: el aristocrático, que se acerca a las letras de manera desinteresada, pues no depende de ellas para su supervivencia; y el escritor artesano, que pone su pluma al servicio de un mecenas, de un noble o de un poder, y que está supeditado a sus gustos y deseos a la hora de crear su obra.

Con la aparición de esta tercera vía, la de la profesionalización de la escritura, encontramos que la capacidad de componer una obra se convierte en un producto que puede ser comprado, que los escritores pueden «alquilarse» a terceros para conseguir unos beneficios: estos terceros pueden ser desde ayuntamientos o instituciones que necesitan textos para las conmemoraciones públicas, o para escribir luego las *relaciones* que dejen constancia de todo lo que se han gastado, hasta particulares en un amplio abanico de posibilidades; desde los poetas enamorados de la gitanilla Preciosa que le regala sus versos (y ducados de oro) para que triunfe en la Corte, hasta aquellos otros que escriben para los gitanos, ciegos, que hacen de la difusión oral su forma de vida. Cervantes, como no podía ser de otro modo, deja constancia de todo, como escribano de su tiempo, en su novela ejemplar *La gitanilla* (1613):

> Salió Preciosa rica de villancicos, de coplas, seguidillas y zarabandas, y de otros versos, especialmente de romances, que los cantaba con especial donaire. Porque su taimada abuela echó de ver que tales juguetes y gracias, en los pocos años y en la mucha hermosura de su nieta, habían de ser felicísimos atractivos e incentivos para acrecentar su caudal; y así, se los procuró y buscó por todas las vías que pudo, y no faltó poeta que se los diese: que también hay poetas que se acomodan con gitanos, y les venden sus obras, como los hay para ciegos, que les fingen milagros y van a la parte de la ganancia. De todo hay en el mundo, y esto de la hambre tal vez hace arrojar los ingenios a cosas que no están en el mapa.

Años después, Lope de Vega, en la voz de Sebastián de Medrano en el prólogo de la *Décimaoctava parte* de sus comedias publicada en 1623, se queja de cómo algunos textos anónimos aparecen con su nombre en boca de «ciegos, gitanos y mulatos»; falta de respeto que se debe tanto a la envidia como al deseo que ellos tienen de comer gracias a sus obras:

> fue la causa haber visto tantos librillos de romances y otros versos con su nombre, así divinos como humanos, que no le ha pasado en el pensamiento escribirlos, fuera de lo que algunos ciegos, gitanos y mulatos van pregonando por las calles, levantándole mil testimonios a sus ojos, que en otras ciudades es cosa de lástima el poco respeto con que algunos hombres dan a un sacerdote docto y bien nacido por autor de sus desatinos, ya por acreditarlos, ya por ganar de comer con ellos.

En este contexto, no extraña que sea el aristócrata Francisco de Quevedo uno de los escritores que critique con más violencia la escritura profesional, es decir, la que consigue una ganancia económica de su propio ejercicio, poetas a los que define en su *Vida de corte y capitulaciones matrimoniales*, como los que «escriben a bulto y manchan el papel a tiento». Las citas podrían multiplicarse, pero quedémonos con su *Premática del desengaño de los poetas güeros*, que se difundirá tanto de manera manuscrita como en el interior de su novela picaresca *El Buscón*. Serán diez las ordenanzas que dicta el Desengaño, que se queja porque «la mayor parte del mundo, olvidada de nuestras verdades, ha dado en seguir la falsa secta de los poetas chirles y hebenes», y entre todas ellas, recordemos tan solo tres:

> Por lo cual, atendiendo a que este género de sabandijas que llaman poetas son nuestros prójimos y cristianos, aunque malos, viendo que todo el año idolatran mujeres y hacen otros pecados más enormes, mandamos que la Semana Santa recojan a los poetas públicos y cantoneros, como a malas mujeres y que los prediquen para convertirlos; y para esto señalamos casas de arrepentidos, que según es su dureza, no las estrenarán.

> Item. Advertimos que la mitad de lo que dicen lo deben a la pila del agua bendita por mentiroso y que solo dicen verdad en decir mal unos de otros.

> Item. Pero advirtiendo con ojos de piedad que hay tres géneros de gentes en esta república tan sumamente miserables, que no pueden vivir sin los tales poetas, como son ciegos, farsantes y sacristanes, permitimos que haya algunos oficiales de esta Corte conocidos, los cuales tengan carta de examen del cacique que fuere en aquellas partes; limitando a los de las comedias a que no acaben en casamientos, ni hagan las trazas con papeles y bandos, y a los de ciegos que no sucedan los casos en Tetuán y que para decir la presente obra no digan zozobrar y a los de villancicos

que jueguen del vocablo ni metan más en ellos a Gil, ni a Pascual, porque se quejan, ni hagan pensamientos de tornillo que, mudando el nombre se vuelvan a todas las fiestas. Y últimamente a todos los poetas en común les mandamos descartar de Apolo, Júpiter, Saturno y otros dioses, so pena que los tendrán por abogados a la hora de su muerte.

En el lado opuesto, por supuesto, los poetas profesionales, los que reivindicarán su profesión por la pobreza en la que viven, por la posibilidad que les ofrece de sobrevivir y ganarse la vida. Como cualquier otro. Andrés de Claramonte es un claro ejemplo de poeta profesional del siglo XVI (muy cercano en muchos aspectos a William Shakespeare), muy vinculado a los corrales de comedias, que conoció tanto en su etapa de actor, en las compañías de Baltasar de Pinedo, Antonio Granados y en la de Alonso de Olmedo, como escritor de comedias. En la *Estrella de Sevilla* el criado Clarindo, como el propio Claramonte, se queja amargamente de su profesión, de ser «poeta de terceros», y bien que le gustaría no serlo y poder escribir como los poetas cultos después de una buena comida, pero la vida no le ha dado esta oportunidad:

> No quiero escribir a nadie,
> ni ser tercero de necios;
> que los versos son cansados
> cuando no tienen provecho.
> Tomen la pluma los cultos,
> después de cuarenta huevos
> sorbidos, y versos pollos
> saquen a luz de otros dueños;
> que yo por comer escribo,
> si escriben comidos ellos.
> Y si qué comer tuviera,
> excediera en el silencio
> a Anajágoras, y burla
> de los latinos y griegos
> ingenios hiciera. (vv. 2156-2186).

En este contexto de cambios y transformaciones en el ámbito de las letras, de las relaciones de los escritores con el dinero, y de la consolidación de un mercado consumidor, cada vez más amplio (el tan denostado y buscado *vulgo*) hemos de situar la primera escritura de Miguel de Cervantes a la vuelta del cautiverio en Argel. Esta particular corte literaria, como se ha indicado, se va a construir como un espejo de la Corte política de la Monarquía Hispánica, en la búsqueda de una legitimación, produciéndose un curioso caso de simbiosis entre ambos ámbitos:

por un lado, los nuevos modelos de difusión, que aspiran a un consumo lo más amplio posible, necesitan de las élites para aumentar su consideración social y su aceptación; y por otro lado, los poderes necesitan de estos medios cada vez más populares para poder difundir sus ideas, su particular ideología entre el público en general.

De este modo, no extraña que tanto las obras de entretenimiento que se difunden por medio de la imprenta, y que llegan a miles y miles de lectores, así como las obras de los corrales de comedias, del gusto del «vulgo», no sean los géneros en que el poeta vaya a buscar fama ni prestigio, pues no lo tienen. Será en la poesía, en esa poesía que se mantiene en su difusión manuscrita, una perla en medio del lodazal consumista, que busca otros ámbitos de recepción más allá de los mercados de consumo masivo, la que otorgue el prestigio a su autor. Los autores que se dedican a la imprenta, a los éxitos en los corrales bien se pueden definir, como hace Lope de sí mismo, como «poetas de *pane lucrando*». Pero nada más. Por eso, a pesar del primer éxito del *Quijote* en 1605, no hemos de pensar que Miguel de Cervantes fuera considerado como un escritor de prestigio. Todo lo contrario. Y así puede también decirse de las primeras comedias que estrena en el Corral de la Cruz en 1585, así como las otras veinte (o treinta) que pasaron por los corrales sin que el vulgo la maltratara con ningún tipo de objeto arrojadizo. Dinero y prestigio no van de la mano. Nunca lo fueron en los Siglos de Oro, como tampoco lo van en la actualidad.

Solo con la poesía, con sus propias reglas y vestidos, adornos que solo la élite más culta puede disfrutar (recuérdese el triunfo de Góngora y de su modo culturalista de escritura), el escritor puede conseguir la palma del prestigio. Este es uno de los caminos también explorados por Cervantes, en los que tuvo una cierta presencia y un particular reconocimiento. La reivindicación del Cervantes poeta, ese particular escritor prestigioso, más allá del que se vende al dinero, del escritor *de pane lucrando* (con el *Quijote* a la cabeza) es uno de los grandes desafíos que tenemos para los próximos años.

Aquí se imprimen libros: el libro entre el autor y la imprenta

«La imprenta es un ejército de soldados de plomo con que se puede conquistar el mundo» es una feliz frase que se le suele atribuir a Gutenberg, el inventor de la imprenta. Atribución verdadera o no, lo cierto es que no deja de ser una certera imagen de cómo los tipos de imprenta vinieron a ofrecer una nueva tecnología a la hora de difundir los textos, y, con ellos —y así lo pensaron en sus tiempos— el conocimiento y la sabiduría. Una idea que defendieron muchos de los impresores del momento, como Jacobo Cromberger, el iniciador de una de las dinastías editoriales más influyentes de la península, que triunfó en Sevilla en la primera mitad del siglo XVI:

> Entre las artes e invenciones sutiles que por los hombres han sido inventadas se debe tener por muy señalada invención la arte de imprimir libros por dos principales razones: la primera porque concurren en ella muchos medios para pervenir a su fin, que es sacar impreso un pliego de escritura o cien mil pliegos, y cada uno de aquellos medios es de muy sutil invención y casi admirable; la segunda razón es por la grande utilidad que de ella se sigue. Notorio es que antes de su invención eran muy raros los que alcanzaban los secretos así de la Sagrada Escritura como de las otras artes o ciencias, porque todos no tenían posibilidad de comprar los libros por el mucho precio que valían, y pocos bastaban a sortir librerías. Empero después de la invención de esta divina arte, a causa de la mucha copia de libros, manifiesta es la multiplicación y gran fertilidad que hay en toda la cristiandad de grandes hombres en todas las ciencias y cuán en la cumbre están hoy todas las artes y ciencias ([Jacobo Cromberger] en Alfonso de la Torre, *Visión delectable de la filosofía*, Sevilla, 1526).

Una revolución antes tecnológica y sociológica que textual, pues los primeros libros impresos, los conocidos como incunables (impresos desde 1453 hasta el 31 de diciembre de 1500) imitaban a los códices manuscritos hasta en sus mínimos detalles. Con el siglo XVI, con la difusión europea de la tecnología de los tipos móviles, la consolidación de los grandes centros editoriales (con Alemania, Italia y Francia a la cabeza) y de las ferias internacionales (Frankfurt y Medina del Campo, por solo citar dos de las más tempranas), el *arte* de la imprenta se transformará en una *industria*, que conllevará toda una serie de cambios en la forma externa del libro impreso teniendo en cuenta dos principios como fuerzas motores: por un lado, al pasar de la unidad de la copia manuscrita a la pluralidad de la copia impresa, el lector se convertirá en un comprador, con lo que el libro impreso va a desarrollar toda una serie de estrategias comerciales y sociológicas para conseguir ser un producto comercial apetecible, comenzando por la creación de la portada, que se convertirá en el espacio privilegiado para la publicidad, y pasando por la caracterización sociológica de los libros según su formato, uso de las letrerías y de las tintas, aparición o no de grabados, etc. Y por otro lado, la tecnología de la imprenta, al ser el mecanismo de difusión de la información y del conocimiento más idóneo para la censura previa, muy pronto propició que los poderes, tanto civiles como religiosos, emitieran leyes y pragmáticas para controlar todo aquello que se imprimía, llegando, en el caso de la Monarquía Hispánica, a la sofisticación de la *Pragmática de 1558*, que obligará a incluir el nombre del autor, los datos bibliográficos de la impresión (lugar, taller de impresión y año) en la portada, así como una serie de documentos legales en el primer pliego del libro: licencia de impresión y, en su caso, privilegio, aprobación, fe de erratas y tasa. Y todo esto para los textos que no han de pasar por la censura eclesiástica (todos los escritos por clérigos y frailes, y todos aquellos que traten de temas religiosos, que, a medida que se agote el siglo XVI, con el Concilio de Trento como telón de fondo, se irá complicando), o por las licencias de la inquisición, requisito indispensable en territorio portugués.

La tecnología de la imprenta permite la multiplicación de los libros... pero otra cosa bien distinta será la variedad y libertad de sus contenidos, que desde su primera difusión siempre estuvo controlado por el poder, por el particular poder de cada uno de los territorios donde estuvieran situadas las imprentas. Por este motivo, no extraña que durante el siglo XVI, el belicoso y reformista siglo XVI, se fortalezcan las leyes para impedir la libre circulación de los libros impresos en Europa, e incluso se llegue a controlar los contenidos de los libros ya impresos y conservados en bibliotecas, con visitas sistemáticas de miembros de la Inquisición.

Y junto a esta censura ideológica y religiosa, la naturaleza de la tecnología de la imprenta, que necesita de grandes inversiones para comprar la maquinaria y los utensilios necesarios para ponerla en marcha (tipos móviles, chibaletes o las prensas), y estar cerca de molinos papeleros para no encarecer el precio final de la impresión por el precio del papel, va a hacer inevitable que se consolide también una censura económica. Desde principios del siglo XVI se crearán en Europa grandes centros editoriales que van a dominar el mercado editorial europeo, sobre todo porque se hacen con el monopolio del gran negocio del momento: el libro internacional, es decir, el libro de gran formato, en latín, sobre teología, medicina o derecho, demandados desde todos los centros universitarios y las grandes bibliotecas a lo largo y ancho de la geografía europea. ¿Cuál será la estrategia de las industrias editoriales periféricas, como la castellana, la catalana, la portuguesa o la inglesa, por ejemplo, para sobrevivir frente a esta situación de marginalidad económica? La de aumentar el porcentaje de impresiones en lenguas vernáculas, que no tienen competencia en otros países, y la de volcarse en géneros editoriales que tienen garantizado el éxito entre un público comprador, que, en el caso de la Monarquía Hispánica, se amplía hasta América a partir del puerto de Sevilla. Desde este punto de vista hemos de entender el éxito y el mantenimiento de las reediciones de ediciones de libros de caballerías (en folio) y de las historias caballerescas breves (en cuarto) desde finales del siglo XV hasta bien entrado el XVII, años después de la difusión y del éxito de las dos partes del *Quijote*. Entre 1617 y 1623 se imprime el Zaragoza la tercera y cuarta parte del *Espejo de príncipes y caballeros*; y al menos en dos copias manuscritas (BNE y Biblioteca del Senado en Madrid) se ha conservado su continuación (*Quinta parte*), que hemos de datar después de 1623.

Si la imprenta a principios del siglo XVI cosechó todo tipo de elogios, en la época de Cervantes ya eran también habituales las críticas, como la que escribe Lope de Vega en su *Fuentevejuna*, que sufrió en sus propias carnes algunas de las situaciones que recuerda Leonelo:

BARRILDO: ¿Cómo os fue en Salamanca?
LEONELO: Es larga historia.
BARRILDO: Un Bártulo seréis.
LEONELO: Ni aun un barbero.
Es, como digo, cosa muy notoria,
en esta facultad lo que os refiero.
BARRILDO: Sin duda que venís buen estudiante.
LEONELO: Saber he procurado lo importante
BARRILDO: Después que vemos tanto libro impreso,
no hay nadie que de sabio no presuma.
LEONELO: Antes que ignoran más siento por eso
por no se reducir a breve suma;
porque la confusión, con el exceso,
los intentos resuelve en vana espuma;
y aquel que de leer tiene más uso,
de ver letreros solo está confuso.
    No niego yo que de imprimir el arte
mil ingenios sacó de entre la jerga,
y que parece que en sagrada parte
sus obras guarda y contra el tiempo alberga [...].
    Mas muchos que opinión tuvieron grave,
por imprimir sus obras la perdieron;
tras esto, con el nombre del que sabe,
muchos sus ignorancias imprimieron.
Otros, en quien la baja envidia cabe,
sus locos desatinos escribieron,
y con nombre de aquel que aborrecían,
impresos por el mundo los envían.
BARRILDO: No soy de esa opinión.
LEONELO: El ignorante
es justo que se vengue del letrado.

Gracias a los grabados de época, pero también a numerosos testimonios de los mismos escritores de los Siglos de Oro podemos hacernos una idea muy real de cómo era una imprenta por dentro.

> Sucedió, pues, que yendo por una calle alzó los ojos don Quijote y vio escrito sobre una puerta, con letras muy grandes: «Aquí se imprimen libros», de lo que se contentó mucho, porque hasta entonces no había visto emprenta alguna y deseaba saber cómo fuese. Entró dentro, con todo su acompañamiento, y vio tirar en una parte, corregir en otra, componer en esta, enmendar en aquella, y, finalmente, toda aquella máquina que en las emprentas grandes se muestra. Llegábase don Quijote a un cajón y preguntaba qué era aquello que allí se hacía; dábanle cuenta los oficiales; admirábase y pasaba adelante (II, cap. 62).

Grabado del flamenco Jan Van der Straet llamado Stradanus en el que se representa una imprenta del siglo XVI en plena faena. Regente del taller, cajista, correctores, tirador, entintador, resmillería,...

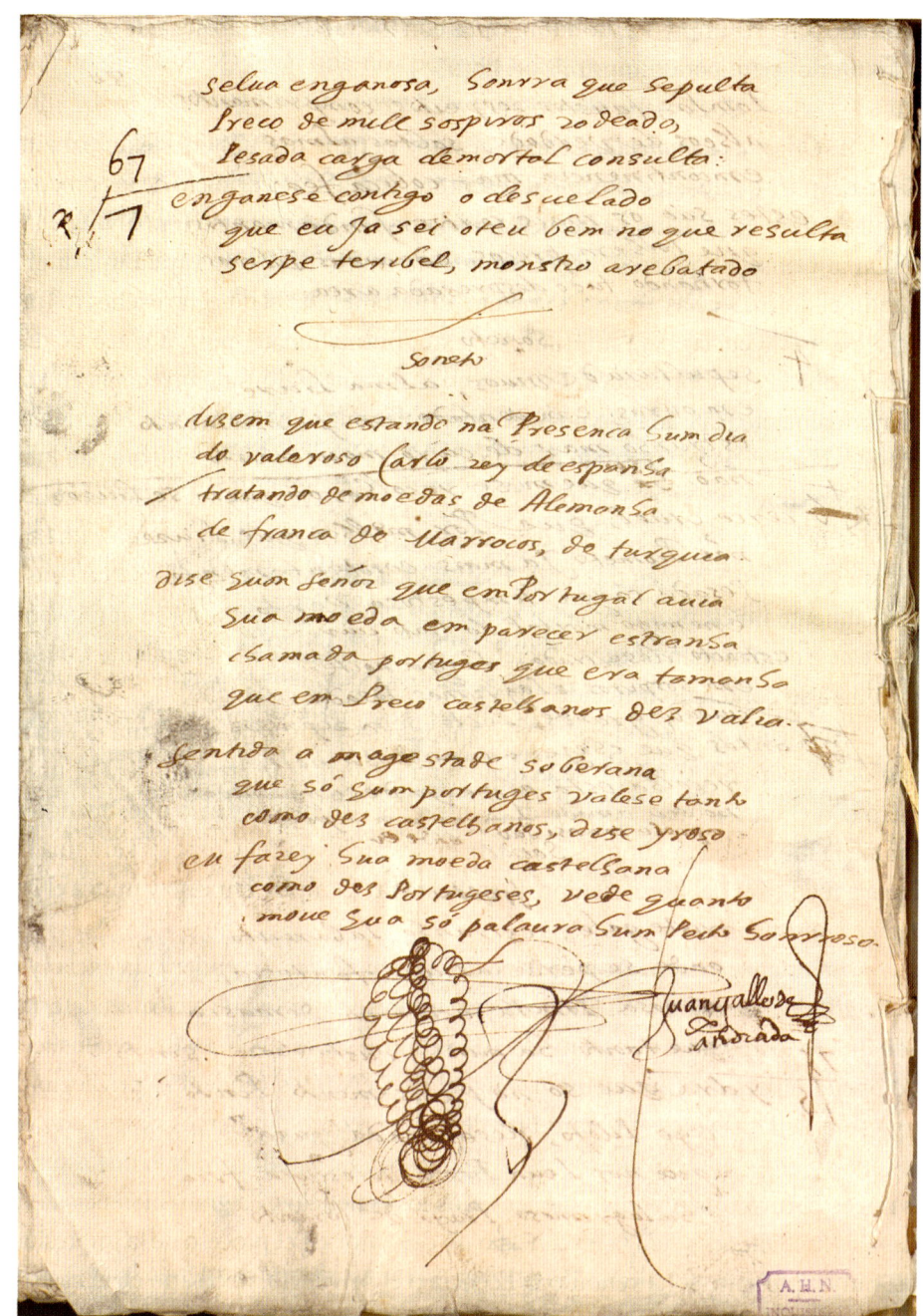

Original de imprenta presentado por Duarte Díaz en 1592. En la última página aparece el nombre del escribano que ha realizado esta tarea: Juan Gallo de Andrada, el mismo que firmará la tasa del primer *Quijote* en 1605. Archivo Histórico Nacional (Inquisición, 4514, Exp. 3).

veces (cuarto), tres veces (octavo)... Dado que primero se imprime una cara (imposición) y luego la otra (retiración), se hace necesario dividir el texto del *original de imprenta* en partes similares, como piezas de un puzzle, para así componer con tipos móviles cada una de las páginas siguiendo el orden de la impresión (el pliego) que no coincide con la secuenciación textual (la página). Por ejemplo, un pliego para su impresión en folio, es decir cuatro páginas, seguiría la fórmula: 2 + 3 (imposición) // 1 + 4 (retiración). En el caso de un libro en formato cuarto (ocho páginas), estaríamos ante la fórmula: 7 + 6 + 2 + 3 // 5 + 4 + 1 + 8. Esta es sin duda la parte técnica más compleja, particular de la tecnología de la imprenta manual, y la que puede ser causa de algunos cambios textuales para ajustar algunos errores en la cuenta, siempre que no se ajuste perfectamente el final de la página con el final del fragmento textual asignado en la cuenta. En el *original de imprenta*, la cuenta se aprecia en una serie de marcas en el lateral, donde una línea indica el final del fragmento y unos números (67/7 del original reproducido), que identifica la página y el pliego que le corresponderá en la secuencia final del libro.

3. *La composición*. Ahora es el momento en que el componedor (o cajista, según la terminología moderna), de pie delante del chibalete, el armario donde colocará la caja tipográfica en la que están organizados los tipos de un determinado modelo y tamaño de letra, va cogiendo con su mano derecha tipo a tipo y los va colocando en el

Dos formas básicas de imposición de páginas según el tamaño/formato del libro.
A la izquierda formando pliegos de cuartilla (cuatro páginas); a la derecha, pliego de ocho páginas.

LA IMPRENTA EN LOS SIGLOS DE ORO

Oficial ante el chivalete con su caja alta y baja abiertas para componer

Johannes Gutenberg, a mediados del siglo XV, dio con la clave para multiplicar de manera mecánica la copia de libros: la aleación que permitiera fabricar los tipos móviles, que podrían ser utilizados en varias ocasiones para la impresión de centenares de ejemplares. La «Biblia de 42 líneas» es una de las primeras obras realizadas con esta nueva tecnología, y sorprende por su alarde técnico y artístico.

A finales del siglo XVIII y principios del XIX se impone la industrialización de la imprenta manual, dejando obsoletos los modos de trabajo que eran los habituales desde el siglo XVI, cuando el arte de la imprenta se convirtió en una industria.

1. Somero
2. Husillo
3. Cárcel
4. Nabo
5. Tintero con balas de entintar
6. Platilla
7. Cofre
8. Pierna
9. Barra
10. Forma
11. Piedra
12. Escalera
13. Frasqueta
14. Tímpano y timpanillo
15. Caballete del tímpano

componedor, que sujeta con la mano izquierda. Los tipos, obviamente, se colocan invertidos verticalmente. Para trabajar, el componedor se basa en el *original de imprenta* que ha contado, y en el que el impresor (o el librero) ha podido introducir algunos cambios textuales: un mayor o menor número de capítulos, nueva división en partes, redacción de epígrafes, etc...; así como ha dejado claros los aspectos básicos de la presentación material del futuro libro. Cuando haya compuesto las páginas necesarias para la imposición (o la retiración) de un pliego, se ajustan en la prensa, creando de este modo una «forma tipográfica», imagen especular de cómo va a quedar impreso el pliego después de la siguiente fase. En ediciones muy cuidadas, se pueden sacar unas pruebas previas (las *galeradas*) para corregir al máximo el texto impreso. Pero el tiempo en la imprenta es realmente de oro, uno de sus bienes más preciados, por lo que en la mayoría de las impresiones de obras de entretenimiento para un público cada vez más masificado, no se van a tener en cuenta estas precauciones, que conllevan un retraso en el proceso de impresión.

4. *La impresión*. La prensa será manejada, como se ha indicado, por dos operarios: el tirador y el batidor. Al tirador le compete la impresión de los pliegos, en un proceso mecánico donde no se deja nada al azar, y en el que se ha de prestar especial cuidado a dos circunstancias: la primera, que el pliego no se manche en sus márgenes, para lo que utilizará la frasqueta, es decir, un bastidor superior cubierto de pergamino o papel al que se le han abierto tantas ventanas como páginas tiene la forma tipográfica, dado que su número variará dependiendo del formato que tendrá finalmente el libro; y en segundo lugar que ambas caras de un pliego coincidan, para lo que utilizará dos puntas de hierro (llamadas punturas) que se colocan en los laterales, y que permitirá identificar cómo se ha colocado cada pliego en la imposición (impresión de una cara —haz— del pliego) en el momento de realizar la retiración (impresión de la segunda cara —envés— del pliego).

Cuando el tirador ha impreso un pliego, para lo que son necesarios dos golpes, porque la presión de la prensa manual solo permite que la tinta se reparta de manera homogénea en medio pliego en cada golpe, entonces lo coloca junto a otros que componen una edición hasta que llegue el momento de la retiración de la segunda cara y se dispone a colocar el siguiente que previamente ha sido humedecido. Es el momento en que el batidor, ayudado de dos balas de tinta, que no son más que un casquete de piel, relleno de lana, con un mango de madera, entinte de nuevo la forma tipográfica, para así volver a repetir el proceso.

La *jornada*, es decir la tirada diaria, suele estar compuesta de la impresión de unos 1.500 pliegos a dos caras, para lo que el tirador es necesario que haya dado seis mil golpes de prensa. Cuando se comienza la impresión de una forma tipográfica, se suelen imprimir varios pliegos iniciales para que los operarios (del corrector al componedor) puedan comprobar que está correcto tanto el texto como las marcas paratextuales editoriales (numeración, encabezado...). En todo caso, las erratas (e incluso los errores) son inevitables... y en ellos se escuda Sancho Panza (que en realidad poco debería saber de cómo funciona una imprenta) en los primeros capítulos de la segunda parte del *Quijote*, cuando se le pregunta por el asunto de la desaparición y aparición misteriosa del rucio en Sierra Morena:

> —No está en eso el yerro —replicó Sansón-, sino en que antes de haber parecido el jumento dice el autor que iba a caballo Sancho en el mesmo rucio.
> —A eso —dijo Sancho— no sé qué responder, sino que el historiador se engañó, o ya sería descuido del impresor (II, cap. 4).

5. *Fe de erratas y tasa*. Impresos el número total de pliegos que conforman la tirada de una edición, todavía hay que superar un último trámite administrativo antes de poder poner a la venta los ejemplares. En la citada *Pragmática de 1558* dieron respuesta a una actuación picaresca que habían descubierto para eludir la censura, y era que el original presentado al Consejo era alterado en el momento de la impresión, con lo que lo impreso no se correspondía realmente con lo aprobado. Por este motivo, como hemos visto, cada uno de los folios del *original de autor* será firmado por el escribano de Cámara del Consejo. ¿Cómo se ha de actuar a partir de este momento? En la licencia y privilegio para imprimir *La Galatea*, firmado por Antonio de Eraso el 24 de febrero de 1584, se explica con todo detalle el último proceso editorial que ha de superar el libro antes de ponerse a la venta:

> Y por la presente damos licencia y facultad a cualquier impresor de ellos que vos nombráredes para que por esta vez le pueda imprimir por el original que en el nuestro Consejo se vio, que van rubricadas las planas y firmado al fin de él de Miguel de Ondarza Zavala, nuestro escribano de Cámara de los que en el nuestro Consejo residen; y con que, antes que se venda, le traigáis al nuestro Consejo, juntamente con el original, para que se vea si la dicha impresión está conforme a él, o trayáis fe en pública forma en cómo por el corrector nombrado por nuestro mandado vio y corrigió la dicha impresión con el original, y se imprimió conforme a él, y quedan asimismo impresas las erratas por él apuntadas para cada un libro de los que así fueren impresos; y tase el precio que por cada volumen hubiéredes de haber, so pena de caer e incurrir en las penas contenidas en la dicha pregmática y leyes de nuestros reinos.

Gracias a este sistema, el texto del *original de autor* ha quedado fijado, se ha vuelto inalterable. Incluso en el caso de que hubiera enmiendas y cambios a última hora en sus márgenes antes de presentarlo al Consejo, el escribano de Cámara tenía obligación de rodearlas con una línea, y luego consignar su existencia en una tabla al final del *original de imprenta*. Nada se deja al azar.

Este último requisito administrativo producirá dos nuevos documentos legales, que tienen que recogerse e imprimirse en el primer pliego del libro: una «fe de erratas» donde se indican los errores que se han cometido durante la impresión y no han sido detectados ni subsanados en el proceso, al tiempo que se certifica que el libro impreso es similar al *original de imprenta* que fue aprobado: «le hallé bien impreso conforme a su original», escribirá el licenciado Várez de Castro, corrector de *La Galatea* cervantina. Y por último, la *tasa*, es decir, el precio con el que tiene que ser vendido el libro, que para la obra cervantina impresa en 1585 se establecerá en tres maravedís el pliego:

> Yo, Miguel de Ondarza Zavala, escribano de Cámara de Su Majestad, de los que residen en el su Consejo, doy fe que, habiéndose visto por los dichos señores del Consejo un libro que con privilegio real imprimió Miguel de Cervantes, intitulado *Los seis libros de Galatea*, tasaron a tres maravedís el pliego escrito en molde, para que sin pena alguna se pueda vender. Y mandaron que esta tasa se ponga al principio de cada volumen de los que ansí fueren impresos, para que no se exceda de ello.

No tenemos que olvidar que, hasta el siglo XVIII, con la llegada de los borbones, el precio del libro antiguo español estaba condicionado, exclusivamente, al número de pliegos utilizado en su impresión. No hay libertad de precios teniendo en cuenta el autor, el tema o el destinatario. Dado que los libros más pequeños utilizan un menor número de pliegos, ya que será doblado en más ocasiones, serán estos los formatos más económicos y populares. Por esta razón, no extraña que el formato cuarto sea el más corriente para las obras de entretenimiento, siendo los libros de pastores o los picarescos impresos en octavo… todos ellos más económicos que los libros de caballerías, que van a preferir como marca de su género editorial el formato folio. De ahí, que con solo el tamaño un buen lector pueda identificar el contenido de los libros de una biblioteca, como así lo demuestran el cura y el barbero al visitar (con no muy buenas intenciones) la del buen Alonso Quijano, en el capítulo 6 de la primera parte del *Quijote*:

> —Pero, ¿qué haremos de estos pequeños libros que quedan?
> —Estos —dijo el cura— no deben de ser de caballerías, sino de poesía.
> Y abriendo uno, vio que era *La Diana*, de Jorge de Montemayor, y dijo, creyendo que todos los demás eran del mesmo género:

—Estos no merecen ser quemados, como los demás, porque no hacen ni harán el daño que los de caballerías han hecho; que son libros de entendimiento, sin perjuicio de tercero.

En una de las primeras representaciones de una imprenta, precisamente en una *Danza de la muerte* impresa en Lyon en 1499, se aprecia en el lateral derecho que junto al taller de impresión, en que están trabajando un componedor, un tirador y un batidor, se encuentra la tienda de los libros, con su correspondiente taller de encuadernación.

Los ejemplares impresos se solían vender en rama, es decir sin encuadernar; en el caso de las ediciones de obras de entretenimiento (todas a las que se acercó Cervantes y la mayoría de los *escritores profesionales* de los Siglos de Oro), se solían vender encuadernadas en un pobre pergamino de no muy buena calidad que, en el caso de tener la suerte de entrar a formar parte de los fondos de una biblioteca nobiliaria, podía ser reencuadernada siguiendo los gustos o el criterio estético de su poseedor. La encuadernación de los ejemplares que se venden es uno de los grandes negocios de los libreros durante los Siglos de Oro, así como los libros en blanco, pues, paradójicamente, en el momento del mayor desarrollo de la imprenta como tecnología para la difusión de la información y del conocimiento, se consolidará el triunfo de los letrados, que harán del manuscrito la fuente de su trabajo; triunfo político en las figuras de los secretarios Antonio Pérez y Mateo Vázquez; y triunfo también en la costumbre de dejar testimonio de casi todo por escrito: libros de cuentas, libros de registros, anotaciones y memoriales, y para todo se necesita un libro en blanco, perfectamente encuadernado.

Este es el mundo editorial que conocerá y en el que se moverá Miguel de Cervantes, como el resto de los escritores de los Siglos de Oro. Un proceso editorial que llevará su tiempo: el tiempo de la ejecución técnica, que no dura menos de un par de meses, pero también el tiempo de los trámites legales. Desde que se entrega el *original de autor* al Consejo hasta que se pueden poner a la venta los ejemplares impresos, con su correspondiente tasa, pueden pasar meses… o incluso años. Por este motivo, en muchas ocasiones en los textos de los Siglos de Oro hay una gran diferencia entre la fecha de la composición del libro, en que se da por cerrado el texto y es inalterable (*original de imprenta*) y la fecha de la impresión y de la puesta real a la venta. En algunos casos, durante este período se difunde el texto por medio de copias manuscritas en un círculo reducido de lectores, de ahí que contemos con alusiones a textos ya escritos pero todavía no impresos.

El autor, como hemos visto, no es parte esencial de la producción de los libros. Todo lo contrario. En muchos casos, después de haber vendido su privilegio de impresión se queda a las puertas de ese local que tiene sobre su puerta el cartel de *Aquí se imprimen libros*. No olvidemos que los textos, ya sea para su difusión mediante la imprenta o ya sea en los corrales de comedias, son meros productos comerciales, y que como tales se pueden vender o empeñar (recuérdese a Ginés de Pasamonte o las dos obras manuscritas que aparecen en el testamento de Pedro Laínez). El escritor durante los Siglos de Oro está muy lejos de decidir algunos aspectos esenciales del texto final impreso que llega a los lectores, sobre todo cuando ha vendido su *original de imprenta* a un librero o impresor: ortografía, título de la obra, división en partes o en capítulos, etc. Sin olvidar que su beneficio económico se limita a los reales recibidos por la venta del citado privilegio o licencia, al margen del éxito o no de ventas de su libro.

Este es el ámbito en que hemos de situar la edición de *La Galatea*, que termina de imprimirse en Alcalá de Henares en 1585, a costa del librero madrileño Blas de Robles, la primera obra impresa por Miguel de Cervantes.

Miguel de Cervantes vende el privilegio de impresión de *La Galatea*

En el primer autógrafo conservado de Miguel de Cervantes, el que le envía a Antonio de Eraso, secretario del Consejo de Indias, desde Madrid el 17 de agosto de 1582, daba noticia de que había comenzado a escribir *La Galatea* y que esperaba poder enviarle pronto la versión final («estando algo crecida»), pues su intención inicial era dedicársela: «irá a besar a vuestra merced las manos y a recibir la corrección y enmienda que yo no le habré sabido dar». Desconocemos cuántas versiones hizo de la obra ni a quiénes enviaría una copia de su trabajo —ya terminado o en proceso— para su lectura antes de la versión definitiva. Según costumbre de la época, hasta tres versiones podían escribirse de una obra antes de darla por terminada.

Manuel de Faria e Sousa, en los preliminares de su *El gran justicia de Aragón*, publicado en Madrid en 1650, hace un repaso a sus sesenta años de escritura y describe un muestrario de los materiales de su particular (y prolífico) taller de escritura, de los textos a los que ha ido dedicando su vida. Muestrario que, al margen de todos los lugares comunes que se transitan en estos espacios editoriales, permite comprender mejor la compleja relación de los autores con sus textos y las dificultades, tanto externas como internas, a la hora de convertir estos *textos* en *libros*:

> Casi a los sesenta años de mi edad, hallo que he escrito más de sesenta volúmenes, de estatura cada uno que bien se puede llamar volumen, sin otros varios opúsculos que, a juntarse, también abultaran. De ellos he condenado hasta diez, y

no dudo que fuera más mi acierto cuando los condenara todos, pues en lo mucho siempre hay presunción de malo, y malo es dos veces lo que es mucho sin ser bueno. Pero el natural amor de lo propio es invencible y no he podido ser tan valiente.

De los cincuenta, he estampado creo que diez y siete. Los otros tienen diferentes estados: unos puestos en limpio, otros en los primeros borradores, y en los segundos otros; porque nunca fui tan feliz que pudiese excusar a los menos tres originales de cada uno; algunos me cuestan cuatro, cinco y aún seis, con que se cumple en mí aquello que cierto censor, viendo en un gobierno público mucha frecuencia de consejos y juntas, dijo: *¡Oh, válgame Dios, con cuanto trabajo yerran!*

En esta (aparente) confesión encontramos, al menos, hasta tres estados textuales diferentes: por un lado, [1] se habla de textos que, aunque escritos, nunca se han de publicar, ya que se «han condenado» al silencio; por otro, [2] estamos ante «borradores», que pueden encontrarse en varias fases; nuestro particular autor habla de algunos textos en los «primeros borradores», otros en los «segundos», confesando que, frente a los tres borradores que normalmente todo autor realiza antes de dar por «definitivo» su texto, a él este trabajo se le puede multiplicar hasta los seis; y por último, [3] los textos «puestos en limpio», es decir, aquellos que ya han dejado su carácter provisional para comenzar a ser considerados dignos de ser difundidos, de ser convertidos en libros, como aquellos otros diecisiete que ha estampado.

Hacia finales de 1583 o principios del año siguiente, debió considerar Cervantes que había llegado el momento de poner punto y final a la escritura de la obra y comenzar el periplo administrativo para su posterior publicación. En estas fechas presentó al Consejo de Castilla su *original de autor* y, a partir de este momento, no será posible modificar su texto. La primera respuesta llegaría el 1 de febrero: este día, Lucas Gracián de Antisco firma la aprobación, en la que el hijo del humanista Diego Gracián de Alderete, y autor del *Galateo español*, adaptación de *Il Galateo* di Giovanni della Casa y hermano del poeta Tomás, que Cervantes cita en el *Canto de Calíope* (vv. 297-304), no solo recomienda que se le conceda la licencia y privilegio solicitados, sino que hace un despliegue de elogios sobre la obra que vale la pena recordar:

Por mandado de los señores del Real Consejo, he visto este libro, intitulado *Los seis libros de Galatea*, y lo que me parece es que se puede y debe imprimir, atento a ser tratado apacible y de mucho ingenio, sin perjuicio de nadie, así la prosa como el verso; antes, por ser libro provechoso, de muy casto estilo, buen romance y galana invención, sin tener cosa malsonante, deshonesta ni contraria a buenas costumbres, se le puede dar al autor, en premio de su trabajo, el privilegio y licencia que pide.

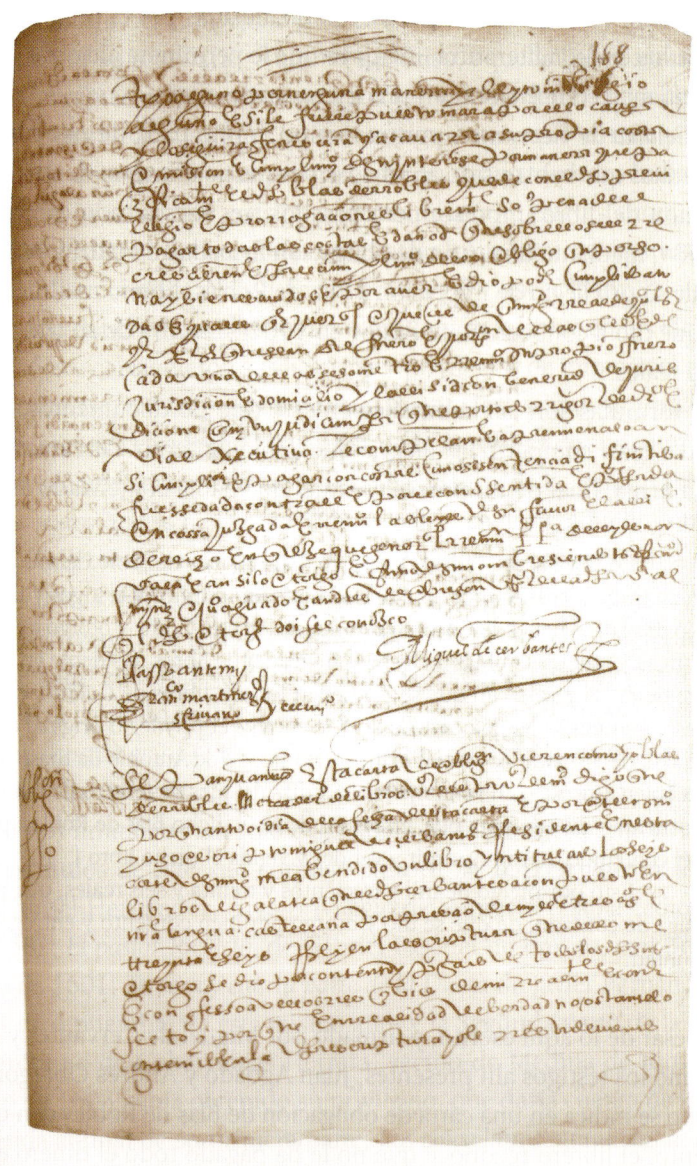

Miguel de Cervantes vende el privilegio de impresión de *La Galatea* al librero Blas de Robles (Madrid, 14 de junio de 1584): Archivo Histórico de Protocolos de Madrid (Protocolo 417, fols. 188r-188v).

Galatea cuesta 138 maravedís sin encuadernar (consta la impresión de 46 pliegos, que han sido tasados a tres maravedís), con lo que Robles ha de vender más de 300 ejemplares para poder recuperar la inversión de la compra del privilegio, es posible

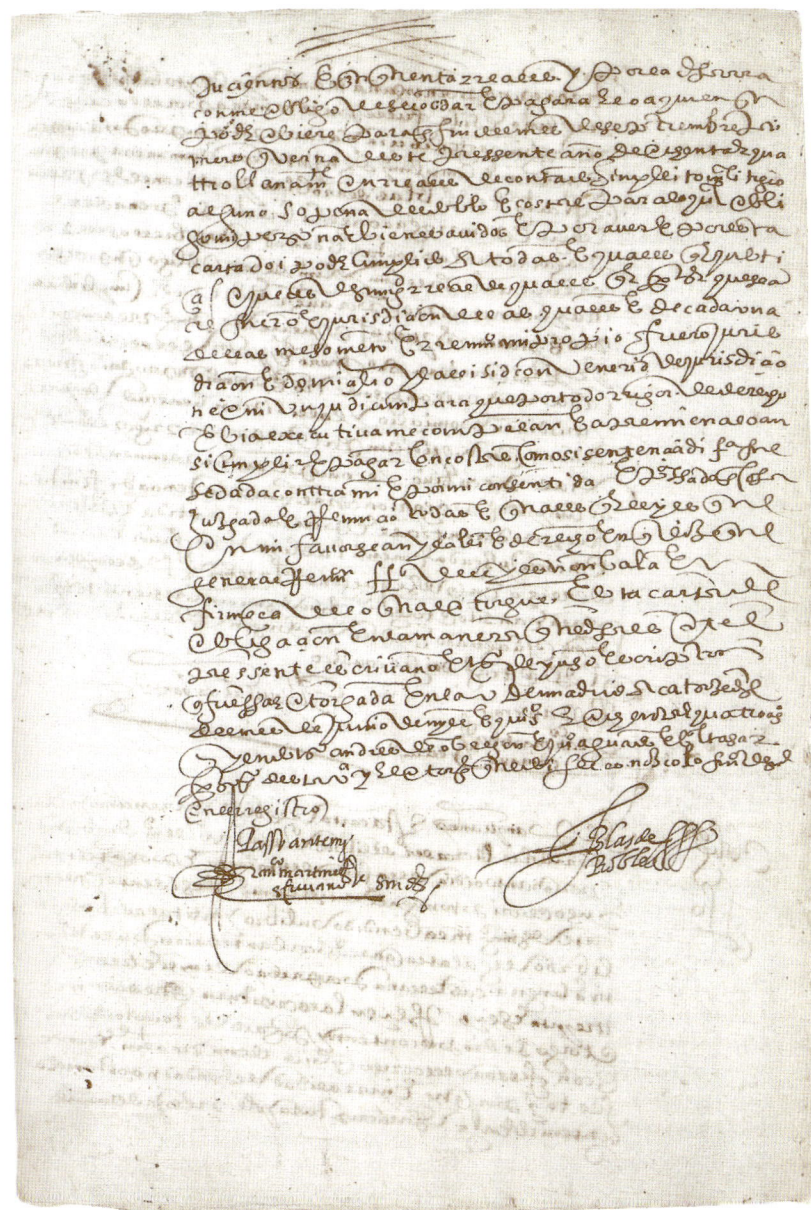

deducir que no fue una mala venta la que hizo Cervantes en este momento por su *original de imprenta*.

No olvidemos que a partir del momento en que cobra sus 1336 reales (algunos al contado y el resto en una carta de obligación pagadera al cabo de cuatro meses), Miguel de Cervantes no tiene por qué participar en los procesos editoriales

Tasa y fe de erratas de *La Galatea*, impresa a costa de Blas de Robles, Alcalá de Henares, 1585.
Ejemplar de la Biblioteca Nacional de España, CERV/1255.

Portada de *La Galatea*, impresa a costa de Blas de Robles, Alcalá de Henares, 1585.
Ejemplar de la Biblioteca Nacional de España, CERV/1255.

que convertirán su texto en los cientos de ejemplares de la edición de *La Galatea*: en manos de Blas de Robles ha quedado tanto el privilegio y licencia de impresión como el *original de imprenta* de la obra, con todas su hojas firmadas por Ondarza Zavala. *La Galatea*, en manos de Blas de Robles, ha dejado de ser una obra literaria, un libro de pastores, el primer libro de prosa y verso escrito por Miguel de Cervantes, para convertirse en un producto, en un objeto que pondrá en funcionamiento la maquinaria de una imprenta, con todo el proceso de edición que hemos visto en páginas anteriores, para obtener un número de ejemplares, alrededor de ochocientos, que con su venta podrá sacar rendimiento a la inversión que acaba de realizar.

Blas de Robles, a la hora de financiar la edición de textos, utilizaba, sobre todo, imprentas situadas en Madrid (las de Francisco Sánchez, Pedro Madrigal, Querino Gerardo…), pero también, en algunas ocasiones, recordando sus orígenes y relaciones complutenses, mandaba trabajo a las prensas de Juan Gracián y de Juan Íñiguez de Lequerica en Alcalá de Henares. Precisamente será en el taller de Juan Gracián, radicado en Alcalá desde 1568, donde se imprimirá la obra a principios de 1585. Los últimos documentos legales necesarios antes de poner en circulación los ejemplares impresos, permiten conocer en qué momento se acabó de imprimir el libro: el licenciado Várez de Castro «corrector por Su Majestad en esta Universidad de Alcalá» firma la fe de erratas el 28 de febrero de 1585, y el 13 de marzo es la fecha en que Miguel de Ondarza, escribano de Cámara, firma la tasa. A partir de este momento, después de haber impreso estos dos documentos en el primer pliego del libro, *La Galatea* puede comenzar a distribuirse en las librerías que Blas de Robles cuenta tanto en Madrid como en Alcalá de Henares. Como es un libro de pastores, se ha impreso en un formato octavo, y la portada se presenta como un verdadero programa de intenciones. Además de los datos le-

Portada del libro de pastor *El pastor de Fílida* de Luis Gálvez de Montalvo (Madrid, 1600)

gales obligatorios después de la *Pragmática de 1558* (nombres del impresor y del librero, y fecha de publicación), la portada recuerda el programa textual de una posible continuación («Primera parte»), y, sobre todo, se destaca doblemente el destinatario de la obra: con texto («Dirigida al Ilustrísimo Señor Ascanio Colona, Abad de Santa Sofía), y, sobre todo, con imagen: el escudo xilográfico de Ascanio Colona. Más que una portada original y única, parece que sigue el modelo de la portada del libro de pastores *El pastor de Fílida* de su buen amigo Luis Gálvez de Montalvo, que se imprimió en Madrid en 1582. El único ejemplar conservado de la primera edición, conservado en la Real Academia Española, no tiene portada, pero sí la de la reedición madrileña de 1590 y de 1600, que, al ser realizada en el mismo taller, seguramente tendría una portada similar. En la misma, en un lugar destacado el escudo xilográfico de Don Enrique de Mendoza y Aragón, a quien va dedicada la obra.

Pero estas decisiones editoriales, así como otras dentro del taller de imprenta, son propias del librero antes que del autor o del impresor. A la imprenta de Juan Gracián le tocó en el reparto de encargos editoriales de Blas de Robles la suerte de imprimir *La Galatea*, pero bien podría haber sido otra la imprenta elegida (tanto en Madrid como en Alcalá de Henares), con las que el librero trabajaba por estos años. Las claves para comprender el contexto en que se fraguó la edición de la primera obra impresa de Miguel de Cervantes las tendremos que buscar antes en el entorno de Blas de Robles, del librero y editor Blas de Robles, que en la de Juan Gracián, el impresor contratado para llevar a cabo este trabajo, y cuya vinculación con el libro acabó en el momento en que entregó los ejemplares contratados.

Reivindicación de Blas de Robles, «mercader de libros»

¿Había sido una elección casual la de Blas de Robles a la hora de comprar el privilegio de *La Galatea*? ¿Por qué se interesó por la publicación del libro de pastores de Miguel de Cervantes? ¿Le movió solo la calidad de la obra cervantina, o frecuentaba también los círculos cortesanos en los que era habitual nuestro autor? ¿Qué vínculo unió a Cervantes con Blas de Robles, que terminaría con los años trabajando para su hijo, Francisco de Robles, escribiendo para él un libro de caballerías, otro de esos «productos editoriales», que antes que en la búsqueda del prestigio y de la fama, su razón de ser se explica por ese mercado consumidor que se está consolidando y expandiendo por estos años, a finales del siglo XVI y principios del XVII? ¿Se conocían Blas de Robles y Miguel de Cervantes antes de comenzar los trámites para la compra del privilegio?

La vida de Blas de Robles y su exitosa carrera profesional como librero en Madrid permiten adentrarnos y poner en evidencia otro de los fundamentos de la profesionalización de la labor del escritor por estos años. Sin la figura del *autor de comedias*, como veremos, es imposible entender cómo el teatro se convirtió en una verdadera industria cultural, fuente de ingresos para tantos escritores; de la misma manera, sin los libreros tampoco podremos comprender cómo la industria editorial hispánica consiguió sobrevivir, frente a la gran presión y competencia de las grandes empresas editoriales y de distribución europeas. Y Blas de Robles, ni más que menos, el editor de La Galatea cervantina, es uno de los más destacados miembros de esta élite económica y empresarial alrededor de la impresión y venta de libros impresos. La obligatoriedad en los territorios de la Monarquía Hispánica de indicar el nombre del impresor en todo libro publicado, lo que no sucede con los libreros —al revés de lo que sucederá en Francia o en Italia— ha hecho que en muchos casos el librero quede relegado a un segundo plano y solo se recuerde al impresor de una determinada edición, cuando su papel ha sido nada más que técnico, la firma de un contrato y la entrega de un producto en un tiempo convenido. El impresor complutense Juan Gracián (*La Galatea*) es solo un «artesano» que realiza su trabajo a cambio de una tarifa previamente acordada, lo mismo que sucederá años después con Juan de la Cuesta, que es tan solo el regente del taller elegido por Francisco de Robles para imprimir el *Quijote*. Los que realmente están detrás de estas ediciones, como de tantas otras, los que han invertido su capital monetario en la producción del libro, y los que aprovecharán su capital social para su posterior venta y difusión, son los libreros, verdaderos motores económicos de la industria editorial de los siglos XVI y XVII.

Blas de Robles permite, además, ejemplificar dos características esenciales que todo librero ha de tener si quiere triunfar en su oficio (y en la Corte, podríamos añadir): por un lado, formar parte de una red familiar estrechamente vinculada al libro y a sus múltiples negocios; y por otra, ser capaz de crear una tupida red clientelar con miembros destacados de la Corte, por lo que se aprovechará de contratos en exclusiva y de magníficos beneficios, que sabrá repartir, a su vez, entre sus contactos, a modo de agradecimiento.

Blas de Robles, que nació en Alcalá de Henares en 1542, es hijo del «mercader de libros» Bartolomé de Robles, que trabajó siempre en la ciudad complutense, muy vinculado con la Universidad y sus profesores; se casó en 1563 con María de Ávila, cuyo padrastro, Francisco López, fue también librero, en este caso en Madrid, y hermano de otro de los famosos libreros madrileños del momento, Juan de Escobedo; su suegra era Francisca de Ávila, hija de Juan de Medina, librero y encuadernador, el primero que se instaló en Madrid. Uno de los hijos de Blas de Robles, Francisco, seguirá la saga familiar hasta llegar a convertirse en uno de los libreros más famosos de la Corte durante el siglo XVII, muy vinculado a Cervantes y al *Quijote*.

Los primeros años de su vida los pasó Blas de Robles en Alcalá de Henares, pero en 1572 ya se le cita en la documentación como «estante al presente en Madrid», ciudad en la que se instaló aprovechándose de los contactos y la influencia de su suegro, Francisco López, que siempre le trató con mucho cariño, como se aprecia en las palabras que le dedica en su testamento de 1579, documento lleno de fórmulas legales y administrativas, pero que también dejan la puerta abierta a los sentimientos. En una de las entradas se recuerda la deuda de 4000 maravedís que tiene contraída con él Bartolomé Robles, su consuegro, pero se afirma que no se le cobre nada «por el mucho amor y amistad que siempre he tenido a Blas de Robles». A su llegada a Madrid, gracias a la influencia de su suegro, consiguió ser nombrado «librero andante en Corte», lo que le permitió gozar de varios privilegios: contar con una mesa de venta en el propio alcázar (el corazón del poder y de los contactos), conocer con antelación los textos oficiales (pragmáticas y leyes) que tenían que ser impresos, así como representar ante los correspondientes Consejos intereses de la profesión.

Además del puesto abierto en el alcázar, Blas de Robles, después de la muerte de su suegro en 1579, consiguió una de las tiendas que tenía en la Plaza de Guadalajara, que era uno de los centros comerciales más estratégicos y mejor situados de todo Madrid. Esta será una de las tiendas que heredará Francisco cuando su padre muera en 1592: allí se pudieron comprar los ejemplares de la *Galatea*, pero también de los *Quijotes* o de las *Novelas ejemplares*, además de cientos de libros que los Robles traían de toda Europa y de las imprentas más importantes de España. Mantenía abierta desde 1577 otra tienda muy cercana: en la parroquia de San Miguel (hoy calle de los Milaneses) que iba de la Puerta de Guadalajara a la calle de Santiago.

Por este motivo, no extraña que desde los primeros años en Madrid, Blas de Robles estuviera relacionado con diferentes personas vinculadas con la Casa del Rey, como Fernando de Briviesca, guardajoyas de su Majestad, y de su ayudante, Antonio Voto; o del Consejo de Indias, siendo estrecha su relación con Antonio de Cartagena, receptor general de Consejo de Indias, gracias al que consiguió buenos contratos para vender breviarios y misales que debían de ser enviados a las Indias y a Filipinas, y al que también había vendido gran parte de los 350 volúmenes que formaban su biblioteca.

Estos contactos le permitieron contratos muy importantes con diferentes estamentos de la Corte, al tiempo que le posibilitó conocer y mantener contactos con algunos de los consejeros más influyentes por aquellos años, que no lo olvidemos, son los que verán el final de las facciones albistas y ebolistas y los que aplaudirán a los papistas, y posteriormente a los castellanistas, en cuyo ámbito de influencia consiguió Blas de Robles la mayor parte de sus contratos oficiales.

Pero, ¿cuáles eran los negocios que realizaba un «mercader de libros»? ¿Cuáles eran los negocios más beneficiosos en los que se embarcó Blas de Robles? Quedémonos con los tres más importantes, en el orden en que consiguió más beneficios: encuadernación, venta y edición de libros.

Uno de los grandes negocios que dominó Blas de Robles es la encuadernación de libros litúrgicos. A finales de 1574, le hace un gran pedido de material a Cristóbal Plantino, uno de sus proveedores más famosos y, sin duda, el librero e impresor más influyente de Europa en estos momentos; pero no será de libros, sino que le solicita «manizuelas que sean de todas suertes para libros en folio, y en 4º y 8º y 16º, y sean muy buenas, y lo que costan montaren». Algunas de estas «manecillas» (broches de cierre) llegarán a América gracias a los contratos firmados con el Consejo de Indias: el 27 de enero de 1576 presenta una cuenta de 80.543 maravedís (unos 215 ducados) por la encuadernación de 359 breviarios, compra de otros y de un misal así como las cajas de embalaje para su envío a Indias; y el 28 de mayo de 1583, por poner otro ejemplo, serán 48 los reales que cobrará al Consejo de Indias por 12 calendarios encuadernados que se han de enviar a Indias. Aunque el gran negocio para Blas de Robles, fue el del «nuevo rezado», tanto la encuadernación de los nuevos libros litúrgicos emanados del Concilio de Trento, y que, en un primer momento, se imprimieron en las prensas flamencas de Plantino, como los que, pasados los años, terminará el propio Blas de Robles imprimiendo en Madrid al ser nombrado «comisario de su Majestad en Madrid» con esta finalidad.

En segundo lugar, gracias a que su amigo Fernando de Briviesca fue nombrado el encargado de la biblioteca de El Escorial, Blas de Robles gozó de una relación muy estrecha desde su fundación, que, siguiendo los consejos de Hurtado de Mendoza a Felipe II, debía convertirse en la más «suntuosa librería del mundo, la cual puede hacer lo uno juntando librerías y otro buscando libros». Para los dos trabajos se contó con Robles: Blas fue uno de los tasadores de la biblioteca de Pedro Fajardo y Córdoba, marqués de los Vélez, comprada a su muerte en 1579; y serán continuas sus ventas de ejemplares tanto para la biblioteca como para las celdas de los monjes. Por otro lado, muchos de los barcos que salen rumbo a América o a Filipinas por estos años del puerto de Sevilla lo harán con libros comprados a Robles por el Consejo de Indias: el 11 de mayo de 1579 se ordena el pago de 1100 reales por algunos breviarios misales y libros de canto que ha entregado al obispo de Filipinas.

de Blas de Robles. A partir de ahora, su nombre estará ligado a la dinastía de los Robles, lo que no será un dato menor en su biografía, que habrá que seguir indagando para poder precisar un poco más la génesis de la primera parte del *Quijote*, así como su silencio editorial desde 1605 y hasta 1613, el momento en que Francisco de Robles edite las *Novelas ejemplares*. Blas de Robles no es cualquier editor y sus estrechas relaciones con la Casa del Rey y los Consejos de la Monarquía Hispánica vuelven a devolvernos la imagen de un Cervantes escritor en estrecho diálogo y conexión con el Cervantes cortesano, la imposibilidad de deslindar estos dos aspectos de su vida, cara y cruz de una misma moneda.

Muchos de los disfrazados pastores de ella lo eran solo en el hábito: La Galatea de Miguel de Cervantes

A mediados del siglo XVI, la narrativa en lengua española va a experimentar una serie de cambios y de transformaciones, que va a romper el monopolio editorial de los grandes volúmenes caballerescos y de las historias caballerescas breves, que, desde finales del siglo XV, se habían convertido en una de las columnas vertebrales de la industria editorial hispánica, tan necesitada de títulos en lengua castellana y de éxitos propios de venta que no tuviera que importar desde el extranjero. En 1551 Feliciano de Silva, el gran experimentador del género caballeresco dentro de su ciclo más exitoso y paradigmático, el de *Amadís de Gaula*, imprimirá en Salamanca, la tercera y cuarta parte del *Florisel de Niquea*, la última de las continuaciones castellanas de la saga. Pero son tiempos de cambios. De cambios en los intereses y las expectativas de la sociedad cortesana hispánica; de cambios y de crisis en la industria editorial, que ha de buscar nuevas fórmulas para mantener el negocio. Cambios de propuestas literarias que van a gozar de un gran éxito editorial en sus primeros momentos de difusión.

Serán estos los años de la aparición de la novela picaresca, con un pequeño volumen en 8º protagonizado por Lázaro de Tormes, en la que Lázaro, con la apariencia de una carta mensajera, justifica «el buen puerto» al que ha llegado su vida al ser nombrado pregonero (sus «fortunas»), dando cuenta de las «adversidades» que ha vivido desde su nacimiento. Hasta cuatro ediciones distintas se conocen de *La vida de Lazarillo de Tormes, y de sus fortunas y adversidades* en el año 1554 (impresas en Burgos, Amberes, Alcalá de Henares y Medina del Campo), lo que hace pensar que la primera edición, hoy no conservada, debió publicarse en 1552 o 1553. Tampoco tiene nada de extraño. De la edición del *Lazarillo de Tormes* impresa en Medina del Campo en 1554 tan solo se ha conservado un ejemplar, que fue descubierto en

1992 en Barcarrota (Badajoz), junto a otros textos impresos y manuscritos, en su mayoría incluidos en el *Índice de libros prohibidos* (1559) del inquisidor general Fernando de Valdés y Salas. ¿Está esperando la primera edición del *Lazarillo* un descubrimiento tan sorprendente y casual, pues los libros de Barcarrota fueron encontrados cuando se realizaban obras de reforma en una casa de la época, y se habían conservado al permanecer ocultos en una pared hueca construida en el siglo XVI? Sobre la base de este novedoso modelo narrativo picaresco —con todas las transformaciones pertinentes después del Concilio de Trento y los aires barrocos que comienzan a triunfar en la Corte—, Mateo Alemán alzará el edificio literario del gran *best-seller* de la literatura castellana de los siglos XVI y XVII: el *Guzmán de Alfarache* (1599).

Junto a la novela picaresca, los libros de caballerías van a gozar de una nueva línea de revitalización del género —literario y editorial— con la publicación en 1555 de la primera parte del *Espejo de príncipes y caballeros*, de Diego Ortúñez de Calahorra, que es impresa en una de las ciudades más caballerescas de toda la Monarquía Hispánica: Zaragoza. Obra que inaugura una nueva forma de entender el género caballeresco, que he bautizado como «libros de caballerías de entretenimiento», en que, junto a diversas enseñanzas, cada vez más vinculadas a los intereses cortesanos, se expone toda una serie de aventuras caballerescas y amorosas con tres grandes elementos que los caracterizan: la exageración y la hipérbole a la hora de relatar las distintas aventuras caballerescas —que cada vez, se hacen más individuales—, el protagonismo mayor de la magia y la fantasía (así como de magos y encantadores, con lo que los caballeros y damas terminarán siendo piezas de una gran partida de poder entre las fuerzas del bien y del mal), y, por último, la mayor presencia del humor y el protagonismo de personajes que motivan con su conducta toda una serie de situaciones cómicas y burlescas: caballeros cobardes, ancianos enamorados, princesas feas, enamorados deformes... La obra se reeditará en varias ocasiones, y dará paso a la última saga caballeresca conocida: en 1580, Blas de Robles publica la *Segunda parte de Espejo de príncipes y caballeros*, escrita por el aragonés Pedro de la Sierra; siete años después, se imprimirá también en Alcalá de Henares la *Tercera parte del Espejo de príncipes y caballeros*, de Marcos Martínez; y a partir de 1623 se data la última de las continuaciones, que permanece manuscrita e inédita: *Quinta parte de Espejo de príncipes y caballeros* (en 1623 se reedita en Zaragoza la tercera parte, ahora transformada en tercera y cuarta partes). Este modelo caballeresco, con su antecedente del *Belianís de Grecia*, es el que se sigue comprando (en menor medida) y leyendo (en casi todos los saraos cortesanos) a finales del siglo XVI y principios del XVII, es decir en el momento de la redacción definitiva de la primera parte del *Quijote*, como ya veremos con detalles en el próximo volumen.

Y por último, el año 1559 será el que vea aparecer un tercer modelo narrativo, el de los libros de pastores, el más cortesano de todos ellos. El texto inaugural de este género, que tiene sus orígenes tanto en la *Arcadia* de Sannazaro como en los relatos pastoriles que Feliciano de Silva supo imbricar y mezclar con las aventuras caballerescas desde el *Amadís de Grecia* (1530) y los primeros *Floriseles* (1532 y 1535), entre otros referentes marcados por la crítica, son *Los siete libros de la Diana* del poeta y cortesano Jorge de Montemayor, que fueron impresos en Valencia en 1559. El éxito de sus reediciones —hasta un total de 24 hasta 1585— es una buena muestra de lo acertado de su apuesta narrativa, de su capacidad de adentrarse en una época de cambios como lo serán los primeros decenios del reinado de Felipe II. A este éxito editorial hay que sumar sus continuaciones (como también le sucederá al *Lazarillo*, y más adelante al *Guzmán de Alfarache*, y, con alguna variación, al *Quijote*): la del salmantino Alonso Pérez, publicada en Valencia en 1563 y *La Diana enamorada* de Gaspar Gil Polo, publicada también en Valencia en 1564, de las que se conocen nueve reediciones hasta el año de 1585; unos años después, Antonio de Lofrasso publicaría en Barcelona, en 1573 para ser más exactos, su *Los diez libros de la Fortuna de Amor*. En 1582, contamos con el primero de los libros de pastores que nace en el seno de la Corona de Castilla: *El pastor de Fílida* de Luis Gálvez de Montalvo, gran amigo de Cervantes y miembro de un mismo ámbito cortesano, que puede explicar tanto la génesis de esta obra como la cervantina como un programa literario-cortesano más allá de las ambiciones particulares de cada autor.

Los libros de pastores, con su formato en octavo (es decir, a un precio muy asequible, al utilizar un número reducido de pliegos), no suponían una inversión económica tan abultada como los infolios caballerescos, por lo que se ofrecen como un modelo editorial muy propicio para ser asumido por la industria editorial hispánica, que está sufriendo en estos momentos una crisis muy similar a las que arrastra la propia economía de la Monarquía Hispánica (la famosa bancarrota de 1575-1576). Así lo fue antes de *La Galatea* en 1585, y así lo será también hasta las primeras décadas del siglo XVII, con diferentes obras pastoriles escritas por Bartolomé López de Enciso (*Desengaño de celos*, Madrid, 1586), Bernardo González de Bobadilla (*Ninfas y pastores de Henares*, Alcalá, 1587), Bernardo de la Vega (*El pastor de Iberia*, Sevilla, 1591), Jerónimo de Covarrubias Herrera (*Los cinco libros intitulados de la enamorada Elisea*, Valladolid, 1594)... así hasta un total de 21 obras diferentes. Incluso Lope de Vega cuando se acerca por primera vez a la prosa, lo hará con un libro de pastores: *La Arcadia*, publicada en Madrid en 1598, y escrita en su destierro de la Corte, cuando vive en Alba de Tormes.

¿Se acercó Cervantes a este género por ser uno de los que seguían gozando de un espacio en la industria editorial del momento, que le permite ganar un dinero concreto dentro de este proceso de profesionalización de la figura del escritor? Todo lo contrario. Los libros de pastores, por su propio formato en 8º, podían imprimirse a un bajo coste al utilizar un número limitado de pliegos, pero también escaso era el beneficio para los editores. En cambio, un libro de pastores le da prestigio, tanto a quien lo escribe, como a quien lo edita. No hemos de olvidar que los libros de pastores, siguiendo el modelo fundacional de *Los siete libros de la Diana* de Montemayor, están dirigidos al público cortesano, que encontró en las diversas historias amorosas protagonizadas por pastores y pastoras idílicos, narradas en prosa y en verso, tanto un manual amoroso como de elegancia cortesana, unos modos de comportarse en diversas situaciones, sin olvidarnos de ciertos detalles eróticos, tan del gusto de sus lectores y tan criticados por los moralistas. Estamos ante un género de raíces clásicas, con la *Arcadia* de Sannazaro como modelo más cercano como ya se ha indicado (fue traducida por primera vez al español en 1547), que mantiene cierto prestigio en ambientes humanistas. Un género literario que sería muy del gusto de Ascanio Colonna y del círculo de poetas de los que se rodea y apoya. No olvidemos tampoco que las églogas bucólicas, con sus referentes garcilasianos, serán uno de los géneros más frecuentados por estos poetas y que será habitual encontrarlos en sus cancioneros. De este modo, no será el dinero, maravedís contantes y sonantes, lo que busque Cervantes cuando decide escribir un libro de pastores, ese texto que ya le anuncia en 1582 a Antonio de Eraso que ha comenzado y lo lleva ya bastante adelantado, sino más bien prestigio y una presencia —real y literaria— en los círculos cortesanos, en esos lectores que serán, en última instancia, los que están tomando las grandes decisiones en los distintos Consejos que se encuentran en el alcázar madrileño. Grandes decisiones sobre el desarrollo y futuro de la Monarquía Hispánica. Grandes decisiones sobre peticiones de merced que son estudiadas en cada una de sus sesiones. No olvidemos el caso de Juan Rufo, que aporta la escritura de *La Austriada* como uno de los méritos para ocupar uno de los puestos vacantes a los que aspira.

Pero además de los «casos de amor», los libros de pastores gozaron de éxito en los ambientes cortesanos pues los casos amorosos que narran también permiten una lectura en clave: los lectores que tuvieran la información pertinente, podrían identificar a las personas reales que se esconden detrás de cada personaje, y leer sus relaciones, lamentos, alegrías, celos, miedos, e incluso relatos eróticos, como una guía para saber la situación amorosa de la Corte o de un determinado grupo de nobles. Y así lo parece indicar el propio Montemayor en el «Argumento», que sigue de cerca tradiciones anteriores:

> Y de aquí comienza el primero libro, y en los demás hallarán muy diversas historias, de casos que verdaderamente han sucedido, aunque van disfrazados debajo de nombres y estilo pastoril.

Esta lectura a dos niveles (el plano literario y el plano cortesano) se ha convertido en una propuesta autobiográfica en el caso de *El pastor de Fílida* de Luis Gálvez de Montalvo, cuyo autor contaría sus desdichados amores con doña Magdalena Girón, hermana del I duque de Osuna, e hija del IV conde de Ureña, bajo el disfraz del pastor Siralvo, protagonista de la obra. Con estos versos comienza «El autor al libro»:

> Pastor de mis pensamientos,
> guardador de mis cuidados,
> si quieres trocar los prados
> por soberbios aposentos,
> serate fuerza volar
> sin alas con que subir,
> y habreme de lastimar,
> de mí por verte partir,
> de ti por verme quedar.

Si Cervantes le confiesa a Antonio de Eraso en 1582, en el primer autógrafo conservado, que se *entretiene* en «criar a *Galatea*» mientras espera que le llegue la noticia de que ha conseguido la merced solicitada, Luis Gálvez de Montalvo le indica a Don Enrique de Mendoza y Aragón en la carta dedicatoria, el modo y las circunstancia en las que ha escrito su libro de pastores:

> y ansí, a ratos *entretenido* en mi antiguo ejercicio de la divina alteza de la poesía (donde son tantos llamados y tan pocos los escogidos), he compuesto *El pastor de Fílida*.

De este modo, bajo la apariencia de pastores, pero con claves textuales explícitas (o escondidas según la intención), es posible identificar a cortesanos bajo el comportamiento de los personajes de *El pastor de Fílida*, algunos de ellos corregidos por Cristina Castillo recientemente: los músicos Matute y Sasio aparecerán bajo los nombre de Matunto y Sasio y, como ellos, serán virtuosos de la música; el pastor Coelio retratista de doncellas en el libro, es el pintor Sánchez Coello; Arciolo será el escritor Ercilla; y bajo el nombre de Tirsi aparecerá escondido el poeta Francisco de Figueroa. En cuanto a los nobles, aparecerán desde Felipe II (Bandalión), hasta el príncipe Carlos, su hijo (Livio), o el Conde de Ureña (Uranio) o el Duque de Osuna (Vandalio). Y, como no podía ser de otro modo, en las primeras páginas presentará a su gran protector, don Enrique de Mendoza (el pastor Mendino), del que comienza indicando su origen («cuya ausencia sintió de suerte Henares, su nativo río»), al tiempo que recuerda su dolor por dejar en Guadalajara a su hermano (don Íñigo

López de Mendoza), que se transforma en alegría al encontrar en Toledo a su primo, el «gentil Castalio» (seguramente don Luis Hurtado de Mendoza). Y en la descripción literaria de su día a día hay una trasposición de esa corte literaria que disfruta Gálvez con otros tantos poetas-pastores en la Corte:

> ...con otros muchos valerosos pastores y rabadanes, deudos y amigos de los suyos, con quien pasaba dulce y agradable vida Mendino, en quien todos hallaban tan cumplida satisfacción, que, como olvidados de sus propias cabañas, sitios y albergues los de Mendino estaban siempre acompañados de la mayor nobleza de la pastoría.

Estas identidades textuales permiten también al autor presentarse con unas determinadas características, explicitadas por los propios personajes. En la parte III, hace su aparición Siralvo, que no es otro que el propio Luis Gálvez de Montalvo. «¿Quién es ese Siralvo?», preguntará Alfeo, y será Finea quien nos lo describa de esta manera:

> Es un noble pastor de tu misma edad, honesto y de llanísimo trato, amado generalmente de los pastores y pastoras de más y menos suerte, aunque hasta ahora no se sabe de la suya de lo que muestran sus respetos, que son buenos, y sus ejercicios, de mucha utilidad.

Este es el contexto, esta es la clave de lectura con la que se leyó *La Galatea* en el siglo XVI; una escritura en clave que le permite a Cervantes, una vez más, asentarse en sus círculos literarios. Claves que han de convertirse en texto para ser identificados por los lectores, como el modo que tiene Teolinda de presentar a los pastores Tirsi y Damón, que no son otros que Francisco de Figueroa y Pedro Laínez, naturales de Alcalá de Henares y de León:

> Si los oídos no me engañan, hermosas pastoras, yo creo que tenéis hoy en vuestras riberas a los dos más nombrados y famosos poetas Tirsi y Damón, naturales de mi patria; a lo menos Tirsi, que en la famosa Compluto, villa fundada en las riberas de nuestro Henares, fue nacido; y Damón, su íntimo y perfecto amigo, si no estoy mal informado, de las montañas de León trae su origen y en la nombrada Mantua Carpetanea fue criado (libro II).

El pastor Siralvo (Luis Gálvez de Montalvo) también aparecerá en las páginas de *La Galatea*, en unos trasvases textuales que retomará genialmente Cervantes cuando convierta a Don Álvaro Tarfe, el protagonista del *Quijote* apócrifo, en uno de los personajes de la segunda parte del *Quijote* en 1615. Y solo desde estas lecturas en clave (hilos de cohesión dentro del mismo grupo poético y muestras externas de su existencia y relación), pueden comprenderse párrafos como los siguientes: el encuentro de Damón (Pedro Laínez) con su buen amigo el pastor Lauso (Miguel de Cervantes), que se ponen al día después de que se habían separado, justo en el momento en que el «valeroso y nombrado pastor Australiano (don Juan de Austria) preparaba la Batalla de Lepanto (recuérdese que Cervantes abandona Madrid, y así también a su amigo, en 1569):

> y así, todos le siguieron, y pasaron tan cerca de donde el enamorado Lauso estaba, que no pudo dejar de sentirlo y de salirles al encuentro, como lo hizo, con cuya compañía todos se holgaron, especialmente Damón, su verdadero amigo, con el cual se acompañó todo el camino que desde allí a la ermita había, razonando en diversos y varios acaecimientos que a los dos habían sucedido después que dejaron de verse, que fue desde el tiempo que el valeroso y nombrado pastor Astraliano había dejado los cisalpinos pastos por ir a reducir aquellos que del famoso hermano y de la verdadera religión se habían rebelado (libro V).

Y si había alguna duda sobre este particular, hemos conservado un curioso testimonio escrito. El manuscrito 2.856 de la Biblioteca Nacional de España ha transmitido un cancionero copiado a finales del siglo XVI o principios del XVII, que ha conservado el único testimonio de las dos canciones que Cervantes le dedicó a la Armada Invencible en 1588, y que tendremos ocasión de analizar más adelante. Pero, al margen de las 127 composiciones que ha transmitido, interesa la última

Último folio del manuscrito 2.856 de la Biblioteca Nacional de España que ofrece una lista de los nombres en clave de algunos de los escritores de la época página, ese folio 144v, en que un lector de la época, junto a una serie de dibujos, pruebas y firmas, ha comenzado una lista de los posibles nombres en clave tras el que se esconden algunos escritores cuyas obras se han difundido en el *Cancionero*: Pedro Liñán de Riaza (Riselo), Lope de Vega (Belardo), Francisco de Figueroa (Tirsi) o Miguel de Cervantes (Lauso)… Lauso también será el protagonista del *Romance de los celos*, que escribirá Cervantes también por estos años, y que tendremos ocasión de ver más adelante.

En todo caso, lo cierto es que *La Galatea* le acompañará a lo largo de su vida, en alusiones y alabanzas en otras obras, en sus promesas (no cumplidas) de una continuación, y también en los ejemplares que seguirá vendiendo Francisco de Robles en su librería madrileña.

En el registro de mercancías que Francisco Bellero declara en Sevilla el 3 de marzo de 1621 destaca una caja de libros para entregar en Cartagena de Indias o Portobelo a José de Alauca y Villarreal, tesorero de la catedral de Santa Fe. Entre ellos, unos ejemplares de *La Galatea* de Cervantes, además de comedias y la *Jerusalén* de Lope de Vega o el *Lazarillo de Manzanares*. Si damos por verdadero el testimonio de Cesar Oudin, el verdadero difusor de *La Galatea* por Francia y el resto de Europa, sabemos que hacia 1610 no había ejemplares de la edición financiada por Blas de Robles disponibles en las librerías, o al menos él no los encontró, así que estos que se envían a América serían de los últimos que se conservarían. Miguel de Cervantes, como sabemos, no ganó por su obra más de aquellos 1.336 reales que le dio Blas de Robles en 1584. Una obra que, a pesar el éxito que tuvo en Francia

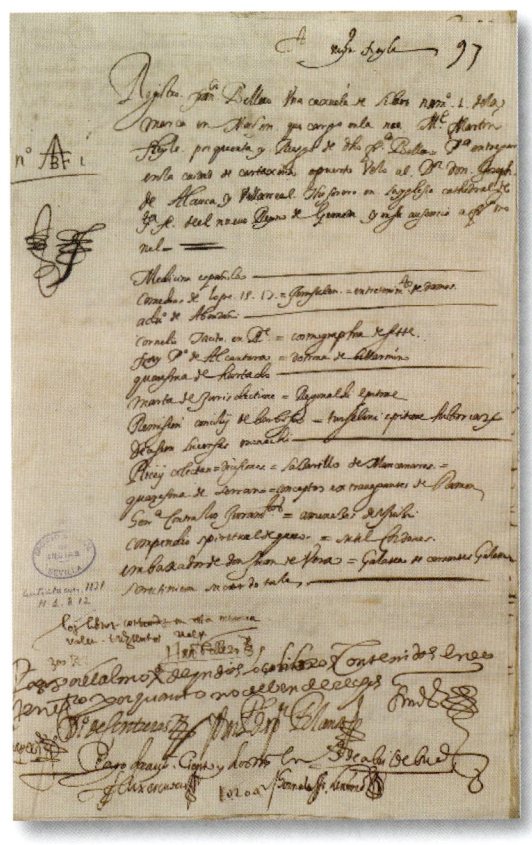

Registro de mercancías que Francisco Bellero declara en Sevilla el 3 de marzo de 1621, donde aparece *La Galatea* con otros libros: Archivo General de Indias: CONTRATACION,1171,N.1,R.12, fol. 97.

a partir de la traducción de 1608, no gozó de éxito editorial en su tiempo, pues no se conocen reediciones y más de treinta años después todavía hay ejemplares disponibles en las librerías. Un prestigio relativo, por tanto, es el que consiguió Miguel de Cervantes gracias a *La Galatea*, de la que siempre, hasta en la dedicatoria del *Persiles*, va a anunciar una continuación.

El *Canto de Calíope*: el mundo cortesano se hace literatura

El último de los libros en que Miguel de Cervantes dividió su libro de pastores *La Galatea* comienza con el entierro del pastor Meliso (tras el que se esconde el poeta Diego Hurtado de Mendoza), y la aparición de la ninfa Calíope, que en 888 versos en octavas va a «dar noticia agora de algunos señalados varones que en esta vuestra España viven, y algunos en las apartadas Indias a ella sujetos». A este largo poema el propio autor le puso el título de *Canto de Calíope*, y no es más que un «elogio a los contemporáneos», un género ya conocido y transitado en Grecia, Roma, la Edad Media y que gozará de un resurgimiento en el Renacimiento. ¿Nada más que un «elogio a los contemporáneos»? Todo lo contrario, pues el *Canto de Calíope* puede ser entendido como el último engranaje textual dentro de *La Galatea* de autoafirmación de Cervantes, del Cervantes escritor y del Cervantes cortesano, si ambas caras o facetas puedan separarse, de este Cervantes personaje que él mismo había empezado a construir en sus obras. Después de la dedicatoria al noble Ascanio Colonna, que en 1586 será nombrado cardenal, a pesar de su juventud (o quizás por ser uno de los jóvenes más brillantes de una de las familias más poderosas en la Corte), tras los poemas que le dedican al inicio de la obra Luis Gálvez de Montalvo, Luis de Vargas Manrique y López de Maldonado, después de la aparición de varios poetas amigos como personajes de la obra tras el disfraz de pastores, como Francisco de Figueroa (Tirsi), Pedro Laínez (Damón) o el propio Gálvez de Montalvo (Siralvo), ahora toca el momento de crear una «academia de papel», una academia ficticia donde Cervantes se convierta en su mentor y presidente, una academia que sea capaz de dar cabida, de una manera enciclopédica a cien autores que aún están vivos y que todos ellos tienen una característica en común: escriben en español, lengua que no deja de alabarse y de defenderse en un verdadero programa ideológico que hace suyo Cervantes. Una defensa del español y de los poetas que escriben en español, frente a la opinión de otras naciones y de otros escritores, que recuerda Cervantes en el prólogo de la obra y que hace repetir al anciano Telesio después de la lista poética de la ninfa Calíope. Una arenga que se pronuncia para los pastores allí reunidos, que no dejan de admirarse por las palabras de la musa, pero también para los lectores que no han dejado de asombrarse de la riqueza y variedad de los cien poetas recordados por ella:

> Dígoos esto, amigos míos, porque de aquí adelante con más fervor y diligencia acudáis a poner en efecto tan santa y famosa obra, pues ya veis de cuán raros y altos espíritus nos ha dado noticia la bella Calíope, que todos son dignos, no solo de las vuestras, pero de todas las posibles alabanzas. Y no penséis que es pequeño el gusto que he recibido en saber por tan verdadera relación cuán grande es el número de los divinos ingenios que en nuestra España hoy viven, porque siempre ha estado y está en opinión de todas las naciones extranjeras que no son muchos, sino pocos, los espíritus que en la ciencia de la poesía en ella muestran que le tienen levantado, siendo tan al revés como se parece, pues cada uno de los que la ninfa ha nombrado al más agudo extranjero se aventaja, y darían claras muestras de ello, si en esta nuestra España se estimase en tanto la poesía como en otras provincias se estima.

De este modo, Cervantes, también poeta en español, es uno de los primeros beneficiados de esta defensa de la poesía y de la lengua en que se expresa.

Como hemos visto, el *Canto de Calíope* tiene como principio el entierro de Diego Hurtado de Mendoza (el pastor Meliso), y en él a cada poeta, a cada ingenio, le va a dedicar Cervantes una estrofa, donde destacará algún aspecto de su vida o de su obra, en muchos casos, lecturas personales del propio Cervantes. Por ejemplo, de los autores que escribirán versos laudatorios a su obra dice lo siguiente, por quedarnos con unos pocos casos. De Luis Gálvez de Montalvo, como no podía ser de otro modo, se destaca ser autor de otro libro de pastores, el citado *El pastor de Fílida*, que le dará «gloria y honor», los mismos que desea alcanzar Cervantes con su propia obra:

> ¿Quién pudiera loaros, mis pastores,
> un pastor vuestro amado y conocido,
> pastor mejor de cuantos son mejores,
> que de Fílida tiene el apellido?
> La habilidad, la ciencia, los primores,
> el raro ingenio y el valor subido
> de Luis de Montalvo, le aseguran
> gloria y honor mientras los cielos duran. (vv. 217-224)

Por su parte, de Don Luis de Vargas Manrique, hijo del secretario de Carlos V, Diego de Vargas, que fue soldado y uno de los poetas del *Romancero nuevo*, va a destacar su juventud (nació en 1566) que se une a los éxitos ya cosechados:

> Tú, don LUIS DE VARGAS, en quien veo
> maduro ingenio en verdes pocos días,
> procura de alcanzar aquel trofeo
> que te prometen las hermanas mías;
> mas tan cerca estás de él, que, a lo que creo,
> ya triunfas, pues procuras por mil vías
> virtuosas y sabias que tu fama
> resplandezca con viva y clara llama. (vv. 72-80)

Y por último, de Gabriel López de Maldonado destacará su fama en el momento de componerse la obra, una fama que aumentará cuando al año siguiente publique su *Cancionero*, en cuyos preliminares aparecerá un poema de Cervantes. Como muchos de los poetas recogidos en esta «academia de papel», Maldonado participará en varias de las academias reales que se han abierto en la geografía española. Durante su estancia valenciana, se integró en la Academia de los Nocturnos, y empleó el apodo de *Sincero*:

> ¿Quién pensáis que es aquel que en voz sonora
> sus ansias canta regaladamente,
> aquél en cuyo pecho Febo mora,
> el docto Orfeo y Aríon prudente?
> Aquel que de los reinos del aurora
> hasta los apartados de occidente
> es conocido, amado y estimado
> por el famoso LÓPEZ MALDONADO. (vv. 209-216)

El elogio a los contemporáneos tiene en el Renacimiento un punto de inflexión que serán las 16 estrofas que Ariosto dedicará a poetas e ingenios de su época en el *Orlando Furioso*. Cuando Jerónimo de Urrea, uno de los más famosos poeta-soldados de la época de Carlos V, traduzca el libro en 1549, incorporará nuevas estrofas para así poder hablar de algunos poetas españoles vivos, y lo mismo hará Nicolás Espinosa en la *Segunda parte de Orlando* (1555), que incorpora un canto del río Turia para así elogiar «a escritores y personajes ilustres nacidos en su ribera». Un canto también en voz del río Turia es el que aparecerá en la *Diana enamorada* (1564) de Gil Polo, la primera vez que un elogio semejante lo encontramos en un libro de pastores. Esta es la tradición en la que se inserta Cervantes, en la que busca autoridad y prestigio a la vista de los lectores cortesanos de su obra.

Pero frente a estas propuestas anteriores, Miguel de Cervantes va a dar un paso adelante en su propio elogio a escritores de su momento; un paso adelante en la cantidad y organización enciclopédica de los cien poetas ahora convocados; y también, un paso adelante en que se dibujan sus propios intereses personales, los que le mueven en sus intenciones y sueños cortesanos. No es casual que sean los «poetas-soldados» lo que encabecen esta particular academia (y que hasta en un total de treinta haya poetas en otras secciones que, en algún momento de su vida, hayan vivido alguna experiencia militar), grupo en el que él se sentiría muy cómodo; tampoco lo es que aparezcan citados, justo en la mitad del encomio, varios poetas procedentes de América; tierra a la que dedica una estrofa introductoria donde se hace eco de sus riquezas, tanto en metales como en ingenios, que allí es posible hallar:

> De la región antártica podría
> eternizar ingenios soberanos,
> que si riquezas hoy sustenta y cría,
> también entendimientos sobrehumanos.
> Mostrarlo puedo en muchos este día,
> y en dos os quiero dar llenas las manos:
> uno, de Nueva España y nuevo Apolo;
> del Perú, el otro, un sol único y solo. (vv. 521-528)

El resto de los poetas se van a organizar dependiendo de su región de origen y del río que la baña: Tajo, Betis, Duero, Tormes, Pisuerga, Ebro y Turia. Los autores convocados, además de canciones, sonetos o romances han escrito todo tipo de textos, de ahí su carácter enciclopédico: obras épicas, devotas, morales, místicas, historiográficas, de cirugía, arte militar, legislación, esgrima, e incluso, arqueología, sin olvidar algunos tratados sobre la lengua o sobre el amor epistolar. Por eso, no extraña que sean las de secretarios, miembros de la administración de la Monarquía Hispánica o clérigos, las profesiones más habituales entre ellos.

No deja de ser curioso que, junto a escritores o ingenios ya consagrados, y que le dan autoridad a la propia lista, aparezcan otros jóvenes, que comienzan en este momento a escucharse sus nombres en la Corte, con lo que el propio *Canto de Calíope* se constituye en una apuesta de futuro, en un medio para consolidar su posición en su particular sueño literario, donde Cervantes ejerce como escritor consolidado, como figura aceptada como autoridad por los más jóvenes, algunos de ellos ya consagrados escritores a pesar de sus pocos años. Ya tendremos ocasión de ver la alabanza a Lope de Vega (nacido en 1562); pero también Cervantes es uno de los primeros en alabar a Luis de Góngora, que nació en 1561, y que por estos años está dando a conocer sus primeros versos, como los que escribe como preliminares de la traducción castellana de *Os Lusíadas* de Camões en 1580:

> En don LUIS DE GÓNGORA os ofrezco
> un vivo raro ingenio sin segundo;

con sus obras me alegro y enriquezco
no solo yo, mas todo el ancho mundo.
Y si, por lo que os quiero, algo merezco,
haced que su saber alto y profundo
en vuestras alabanzas siempre viva
contra el ligero tiempo y muerte esquiva. (vv. 481-488)

Curiosamente, algunos de los poetas o los ingenios citados no han dejado obra conocida, o que haya merecido ser conservada. ¿Cuál ha sido el criterio de selección de Calíope/Cervantes para completar el número simbólico de cien poetas o ingenios vivos dignos de ser recordados? Junto a los méritos literarios o su pertenencia a un determinado círculo o academia, no cabe duda que otros nombres aparecen por el deseo que tenía Cervantes de establecer puentes de relación con sus deseos cortesanos. Así se aprecia claramente en varios de los escritores que integran la sección dedicada a Nuevo Mundo, de los que poco o nada sabemos al margen de lo que escribe el propio Cervantes, como por ejemplo sucede con:

1. Francisco de Terrazas (h. 1525-1600): algunas composiciones suyas se recogen en un cancionero manuscrito *Flores de varia poesía*, que se compiló en México en 1577. Dejó inédita *El nuevo mundo y su conquista*, una obra épica que debió escribir hacia 1580.
2. Diego Martínez de Ribera: fue alcalde de Arequipa (Perú).
3. Alonso Picado: seguramente fuera hijo de Antonio Picado, secretario de Francisco Pizarro. Residió en Arequipa donde amasó una buena fortuna.
4. Alonso de Estrada: nació en Sevilla, pero se había radicado en Moquegua (Perú).
5. Juan de Ávalos (1553-1622): hijo del conquistador Nicolás Ribera el Viejo, nació en Lima. De hacer caso a lo que dice Cervantes, viajó a España, pero en 1599 ya estaba de vuelta en su ciudad.
6. Sancho de Ribera (h. 1545-1591): hijo del conquistador Nicolás Ribera el Mozo; no se conoce ninguna obra suya, tan solo su dedicación a las armas y un carácter más bien difícil y pendenciero.
7. Pedro de Montesdoca (¿-1609): nacido en Moguer (Huelva), pero pasó al Perú en 1576. Amigo de Cervantes, participó como testigo en la ceremonia de velaciones de Cervantes con Catalina de Salazar en enero de 1586.
8. Don Diego de Aguilar y Córdoba (h. 1550-d. 1613): fue soldado y escribió *El Marañón*.
9. Gonzalo Fernández de Sotomayor: soldado; escribe un poema preliminar para *El Marañón*, de Diego de Aguilar... etc. etc.

¿De dónde procede la información que parece tener Cervantes de estos poetas e ingenios? ¿Acaso podrían ser de ayuda para sus pretensiones en su deseo de conseguir un puesto vacante en América? ¿Quizás la información se la ofreciera Juan de Mestanza, al que le dedicará su correspondiente estrofa (vv. 614-620), que pasó a las Indias en 1555 y era fiscal de la Audiencia de Guatemala en 1582, o hemos de pensar en Montesdoca, con el que se relacionó en Madrid o tantos y tantos amigos de los que no tenemos ninguna base documental?

La tupida red de relaciones en la Corte se realiza con los hilos de los escritores que desean acercarse al poder para mejorar en su vida cotidiana, y que saben que las relaciones sociales bien pueden mejorarse gracias a las literarias en una sociedad jerarquizada, inmovilista; pero también con los hilos de muchos cortesanos que desean ser aceptados dentro de una academia literaria, por más que esta no lo sea más que de papel, hacer realidad sus sueños de escritor, de ver publicadas o representadas algunas de sus obras, esas que escriben desde el ocio y no desde la necesidad. Las academias, las reales y las de papel, como lugar de encuentro entre los escritores profesionales (o los que pretenden serlo) y los aristócratas, son uno de los espacios privilegiados de encuentro entre los sueños y las realidades cortesanas, entre los aspirantes a mercedes y los que llevan a sus espaldas algunos de los apellidos más influyentes y reconocidos de la Corte.

De este modo, hemos de leer el *Canto de Calíope*, dentro de *La Galatea*, como una pieza fundamental en la construcción del personaje Cervantes como escritor de prestigio, que le permite consolidar su posición en la República de las Letras, al tiempo que obtiene autoridad y la notoriedad necesaria para mejorar su situación en la Corte, en sus aspiraciones y pretensiones dentro de la Corte.

La Galatea, la primera obra que publica Miguel de Cervantes, es la más cortesana de sus obras, la más vinculada a sus pretensiones y sueños del mundo real, por más que trate de pastores que parece que viven al margen de los estrictos códigos de conducta de una Corte cada vez más estratificada. Una obra con la que Cervantes aspira a conquistar un prestigio, un espacio de autoridad dentro de la república literaria que está dibujando (con sus dedicatorias, con sus personajes en clave, con su *Canto de Calíope*), que le abra las puertas de los Consejos en el alcázar, la voluntad de algunos de los consejeros que deben apoyar sus peticiones. Para el dinero, para conseguir un dinero fácil, y estable, a partir de su escritura, había otros medios, como los corrales de comedias. Y ahí también Cervantes va a dedicar muchos de sus esfuerzos por estos años, como no podía ser de otro modo.

Es arte y no oficio mecánico: escritores y *autores* en los corrales de comedias

El teatro, el espectáculo teatral que se representa en los corrales de comedias, cada vez más popular y exitoso, será uno de los baluartes del proceso de profesionalización de la figura del escritor, una de las fuentes económicas relacionadas con la literatura más productivas durante los Siglos de Oro. El teatro durante el siglo XVI va a abandonar los escenarios improvisados y las compañías itinerantes para convertirse en una verdadera industria cultural, cada vez más compleja, con sus propios espacios y reglas. En esta transformación va a jugar un papel esencial el conocido en la época como *autor de comedias*, es decir, el director y responsable de las compañías teatrales, que comprará o pagará para que se escriban obras que luego se encargará de representar, de obtener el mayor beneficio económico de su puesta en escena en todas las ciudades donde tenga tal oportunidad. Si al hablar de la imprenta, veíamos necesario hacer un elogio, una reivindicación del papel del librero, ahora es el momento de poner el foco sobre la figura del *autor de comedias*, pues es pieza esencial en el engranaje comercial y económico de los corrales de comedias, el interlocutor directo con los escritores, como el propio Cervantes, y el más interesado en que esta nueva fórmula cultural, literaria y económica tuviera éxito y fuera reconocida.

Pero antes de conocer un poco mejor el interior de la industria teatral de este momento y cómo eran vistos por la sociedad los escritores y actores de comedias, es necesario que nos detengamos para conocer, aunque sea por medio de unas pinceladas, cómo eran los espacios de representación y el modelo de espectáculo que triunfa en las últimas décadas del siglo XVI, justo en ese momento en que Miguel de Cervantes forma parte de la nómina de cientos de dramaturgos que buscan un beneficio económico rápido (y estable) gracias a la escritura de nuevas obras. De prestigio, como tendremos ocasión de ver más adelante, no hablemos, pues en el teatro nadie lo va a obtener: ni autores, ni directores, ni escritores... esas *musas rameras*.

Frente a lo que va a suceder en el resto de Europa, donde también se están poniendo las bases de un teatro profesionalizado (en 1576, se inaugura *The Theater* en Londres, y también a finales del siglo, en 1599, con las maderas de este teatro, se abre *The Globe* al otro lado del Támesis), en los territorios de la Monarquía Hispánica, los espacios propios de representación teatral, los conocidos como corrales de comedias, pertenecen, en su mayoría, a cofradías religiosas, a las que los Consejos de cada territorio les concederá este particular privilegio, para así poder sustentar sus obras pías, en especial hospitales. A ello hace alusión Chafalla en el entremés cervantino del *Retablo de las maravillas* (1613):

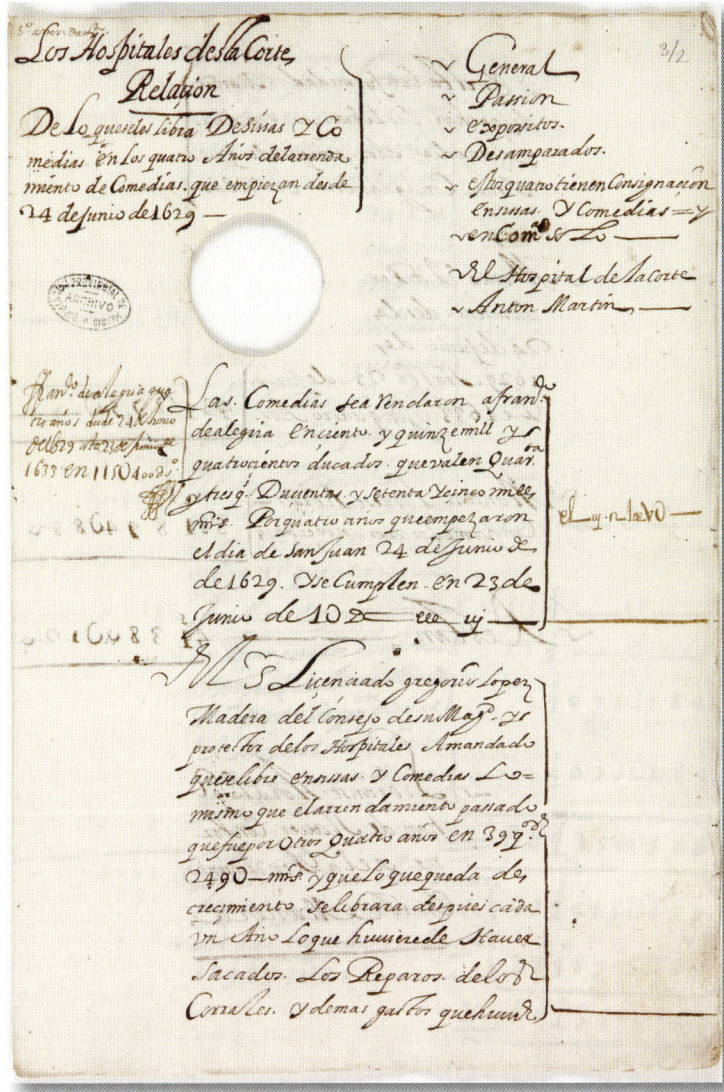

Cuentas de las cofradías que gestionan los corrales de comedias de Madrid para poder sufragar los gastos de los hospitales (Madrid, 1629)

Yo, señores míos, soy Montiel, el que trae el *Retablo de las maravillas*. Hanme enviado a llamar de la Corte los señores cofrades de los hospitales, porque no hay autor de comedias en ella, y perecen los hospitales, y con mi ida se remediará todo.

El teatro que da la vida y devuelve la salud a los más necesitados.

En Madrid, las dos cofradías que tendrán a su cargo la gestión de los corrales de comedias serán la de la Sagrada Pasión (creada en 1565) y la de Nuestra Señora de la Soledad (creada en 1567), que, después de muchos años de litigios, llegarán a un acuerdo en el reparto de las ganancias: dos tercios para la cofradía de la Pasión y el tercio restante para la de la Soledad. Además las dos cofradías mantendrán el privilegio de vender durante las representaciones agua, fruta, aloja y dulces, que solían alquilar a terceros por unas rentas anuales. A finales del siglo XVI, cuando el negocio teatral había crecido, otras cofradías solicitarán (y conseguirán) parte de las ganancias para sufragar los gastos de sus hospitales. Y las ganancias no dejarán de aumentar a lo largo de estos años en que Cervantes comienza a escribir comedias, en que empieza a consolidarse esta incipiente industria cultural. Gracias a las estrictas cuentas que llevaban las cofradías de las recaudaciones de cada una de las funciones que se realizan, podemos saber lo que han recaudado para los hospitales las principales compañías que estrenan en los corrales de comedias de Madrid desde 1579 a 1586, como se aprecia en la siguiente tabla:

COMPAÑÍA	TOTAL REALES	TOTAL DUCADOS
Velázquez	47 425,5	4300
Ganassa	24 477,5	2220
Cisneros	21 253,5	1927
Alonso Rodríguez	10 559	958
Porres	9760	885
Saldaña	9760	885

Fuente: Carmen Sanz Ayán y Bernardo J. García García, 2000, p. 48.

No es mal negocio. De todas las compañías, la de Jerónimo Velázquez es la que va a gozar de un mayor éxito en los corrales de comedias en la Corte: en 1582 llegó a recaudar 11.750 reales, y en 1586, 10.771,5 reales, siendo la única compañía en actuar en Madrid. Cifras que debemos de multiplicar con las ganancias del resto de los corrales de comedias por distintas ciudades de toda la Península, que muestran claramente el enorme volumen de negocio que no dejará de aumentar a partir de estos momentos. Si el auge y el éxito de un determinado modelo textual y literario va a triunfar gracias a Lope de Vega y sus obras; podremos decir lo mismo del modelo de negocio empresarial siguiendo el éxito de la compañía de Jerónimo Velázquez. Los dos unidos en un primer momento de sus vidas (los amores de Lope y Elena Osorio, su hija); los dos conformando un complejo mundo económico y cultural, que triunfará en los primeros decenios del siglo XVII, que dejará fuera a los primeros dramaturgos, a los que ahora triunfan, por lo que son conocidos como la «generación perdida», entre los que se encuentra Miguel de Cervantes.

Corral de comedias de Almagro en un día de representación.

Los primeros corrales de comedias de Madrid, muy sencillos y con poco equipamiento, fueron el Corral del Sol, el de Burguillos y el de Isabel de Pacheco o la Pacheca; este último es el único que pervivió un tiempo después de que fuera reformado en 1574 por la compañía del cómico italiano Juan Alberto Nazerí de Ganassa. Pero los dos corrales más importantes de Madrid, los que vieron representar las obras de Miguel de Cervantes y fueron testigos del triunfo absoluto de Lope de Vega y su forma de entender la comedia, fueron los corrales de la Cruz (inaugurado el domingo 29 de noviembre de 1579) y el del Príncipe (abierto el 21 de septiembre de 1583). Dos corrales de comedias cuyas casas costaron a las cofradías 500 y 800 ducados respectivamente; inversión que recuperaron en poco tiempo si atendemos a la enorme cantidad de representaciones que se hacían cada año, y que no dejaban de aumentar: en el año 1589 se representaron 238 funciones en Madrid. Si tenemos en cuenta que durante el mes de marzo y parte de abril (la Cuaresma y Semana Santa) están prohibidas las representaciones y que estas bajan en número en el mes de junio con la celebración del Corpus, que realizan las mismas compañías de actores, estamos hablando de una media de 22 funciones por mes. De acuerdo al modelo establecido en la Corte, los corrales de comedias se convertirán en una geografía habitual a lo largo y ancho de las coronas de Castilla, Aragón y Portugal, siendo Sevilla la ciudad que tendrá un mayor número de corrales, entre los que destacarán el Corral de don Juan, el de las Atarazanas, el de San Pedro, el del Alcoba o el de Doña Elvira. Además de los madrileños y de los sevillanos —donde estrenarán y actuarán las mejores compañías— contamos con otros corrales en Toledo (Mesón de la Fruta), Valencia (Corral de la Olivera), Barcelona (Corral del Hospital de Santa Cruz), Granada (Mesón del Carbón), Córdoba (Corral de Pero Mato) sin olvidar Almagro, Alcalá de Henares, Burgos, Cádiz, Málaga, Salamanca o Zamora. El Corral de Almagro, ampliado en 1628 a partir del Mesón del Toro, y el Corral de Comedias de Alcalá (conocido en su época como *patio de comedias*) son de los pocos que hoy en día conservan, con diversos cambios, la forma primitiva del siglo XVII.

Esta incipiente red teatral por toda España permite que las compañías saquen el máximo rendimiento a las obras compradas y al montaje realizado, pues lo pueden repetir en varios corrales al tiempo que escritores y compañías, asentados en estas ciudades, también tendrían una posibilidad de ver representadas sus obras y, de tener éxito, ser compradas por una de las compañías más importantes, y terminar viendo sus textos sobre las tablas de Madrid o de Sevilla.

¿Cómo era un corral de comedias por dentro? La propia organización espacial del corral de comedias en su época de esplendor, es decir, en el momento en que estrenó y dejó de representar sus obras Cervantes (de los años ochenta del siglo XVI hasta los primeros decenios del XVII), es espejo de cómo estaba organizada jerárquicamente la sociedad. El espacio del corral de comedias, durante las tres horas de representación, se convierte en la ficción de una sociedad unida bajo una misma intención. Unida pero no revuelta, como la sociedad jerarquizada de aquellos años. ¿Cuál será el criterio para la colocación de las distintas personas en el corral de comedias? El dinero. Ese dinero que se está convirtiendo —una vez más— en el elemento esencial de vida, dentro y fuera del laberinto de las Letras. No olvidemos que el corral de comedias, que el teatro del corral de comedias es un complejo artefacto que, al tiempo que obtiene suculentos beneficios económicos, sirve también como medio de control ideológico de la sociedad, ya que difunde una serie de ideales que se convierten en colectivos gracias a las representaciones. Por eso, las puertas de los corrales de comedias están abiertas a todos los públicos, desde los más populares a los más exquisitos (lo que no sucederá, obviamente, en el teatro cortesano y palaciego), y así se explica lo económica que resulta la entrada común que, hacia 1606, era de 20 maravedís (16 de entrada y un cuarto para el Hospital General). Pero a partir de este momento, el dinero colocará a cada uno en su sitio. Y todos se reconocerán en el espacio que ocupan, que no es más que un reflejo de su posición en la vida real. Muchos serán los que soñarán con cambiar su posición en el teatro, que no será más que reflejo de cambios importantes en su vida. El gran teatro del mundo

Los Corrales de Comedias

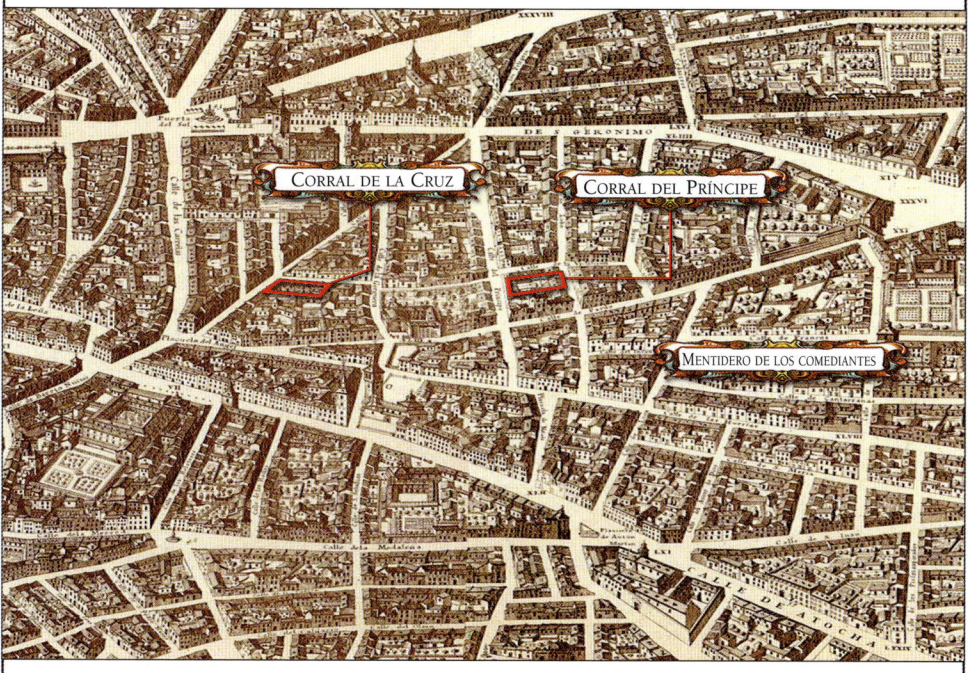

Frente a lo que sucederá en Francia o en Inglaterra, el desarrollo del teatro comercial en los Siglos de Oro en España estará condicionado por dos características propias: los corrales de comedias serán propiedad de cofradías religiosas y la gestión del espectáculo teatral estará en manos de «autor de comedias», del empresario responsable de una compañía.

Los primeros corrales de comedias se abrieron en Madrid en la década de los años setenta y ochenta del siglo XVI. Los más importantes, los más conocidos y exitosos serán el Corral de Comedias de la Cruz (inaugurado el domingo 29 de noviembre de 1579) y el del Príncipe (abierto el 21 de septiembre de 1583).

Miguel de Cervantes participará de manera muy activa en los primeros pasos del teatro comercial en España, ese que lo convertirá en uno de los espacios donde el escritor puede desarrollar un oficio: vivir de su escritura. Espacio que, a los pocos años, dominará Lope de Vega y sus seguidores, y del que quedará fuera Miguel de Cervantes y otros escritores, a los que se les conoce como la «generación perdida».

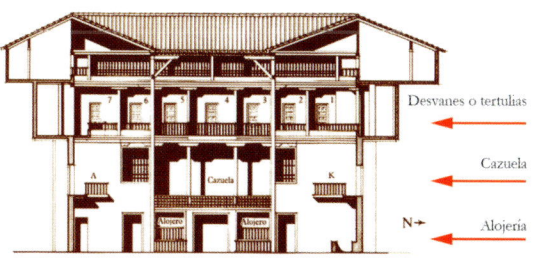

Reelaboración sobre los estudios de José M. Ruano y John J. Allen.

Vivienda

La vivienda es el edificio que cierra el corral de comedias y lo une a la plaza o calle de la ciudad. En la parte baja está la puerta, donde se cobra la primera entrada, y la alojería, una especie de bar donde se servía aloja (una mezcla de agua, miel y especias) y se vendían frutos secos.

Vestuario

El vestuario estaba detrás y debajo del escenario. Había dos vestuarios, uno para las mujeres (generalmente situado detrás de la escena) y otro para los varones (bajo del tablado).

LEYENDA

1. Puerta
2. Patio
3. Bancos
4. Tablado para la representación
5. Gradas
6. Toldo que defendía del sol «pero no de las aguas»
7. Aposentos
8. Corredores, galerías y barandillas
9. Desvanes o tertulias
10. Cazuela para las mujeres
11. Alojería
12. Casa contigua (esquina de Príncipe con Prado)

EL APOSENTO

LA CAZUELA

El apretador

y el escritor, uno de ellos, el que aspira a que su arte —que ya no trabajo mecánico— le permita codearse con una sociedad inalcanzable por linaje o por fortuna.

La entrada común permite a los hombres ver la obra de pie en el *patio*, y a las mujeres, pagando otros 4 maravedís, acceder a la *cazuela*, es decir, a ese espacio destinado a ellas en el primer piso, justo delante del escenario, al que acceden por una escalera particular, para así evitar el contacto entre hombres y mujeres, algo que no veían con buenos ojos los moralistas cuando se trata de las clases más populares (nada que ver con lo aposentos y espacios dedicados a la nobleza, claro está). Si los «mosqueteros» en el patio eran temidos por los cómicos, no menos lo era la *cazuela*, que será objeto de mofas y de versos, como los que escribiera el poeta Villamediana en su famoso *Romance satírico a la cazuela de la comedia*:

> En la cazuela del mundo
> todos somos pepitoria,
> mas en la de la comedia
> lo son las mujeres solas.
> Más sin gusto el cocinero
> le tiene las tardes todas:
> quien lo ha probado lo dice,
> quien no lo sabe, no lo oiga.
>
> Porque si aquí son enteras,
> son las cabezas las mozas,
> y las viejas las costillas,
> nada carne y todo costras;
> las flacas son los alones,
> mucho hueso en carne poca,
> y en su sudor derretidas
> son la manteca las gordas.
>
> Los pescuezos desvaídos
> son las muy largas y angostas;
> la pimienta las taimadas,
> y las mollejas las bobas;
> las feas que se aderezan
> son especias que sazonan:
> por sí solas desabridas
> y aderezadas, gustosas.
>
> La sangre cuajada son
> todas las necias hermosas,
> y en ser un manjar del limbo
> —ni bien pena, ni bien gloria—
> las afeitadas son salsa
> adonde cualquiera moja.
>
> Con perejiles las unas
> y con mostazas las todas,
> en el portero apretador,
> para dar fin a la historia,
> es el cucharón de palo
> porque las revuelve a todas.

Delante del escenario se colocan los *bancos*, hasta un total de 95, con tres personas por banco, hasta llegar a los 285 espectadores sentados. Estos bancos se alquilaban enteros a un real (34 maravedís) o por plazas. Este era el espacio para los comerciantes, artesanos, pequeños burócratas y, en ocasiones, los escritores. En los laterales del patio estaban las *gradas*, asientos cubiertos por estar debajo de los aposentos: cada plaza costaba cuarenta maravedís.

Frente al *patio*, que reúne a lo más popular de la sociedad madrileña —y en muchos casos, a la más ociosa—, habrá otros dos espacios muy diferenciados en los

Que las puertas de los teatros no se abran hasta dadas las doce del día, y las representaciones se empiecen los seis meses desde primero de octubre a las dos, y los otros seis a las cuatro de la tarde, de suerte que se acaben una hora antes de que anochezca, y los comisarios y alguaciles tengan particular cuidado de que esto se cumpla.

Por otro lado, dado el éxito de las representaciones, que se traducía en mayores ganancias económicas para todos, propició que se aumentaran de manera paulatina los días de representación: así se pasa de dos sesiones semanales (martes y jueves), a sesiones diarias. Los corrales de comedias permanecían cerrados durante la Cuaresma y Semana Santa, y también alrededor de las fiestas del Corpus en junio, pues, como se ha indicado, serán en muchos casos las mismas compañías que están representando en los corrales las que pongan en pie los autos sacramentales con los que el Ayuntamiento quiere honrar estas fiestas.

Además de estos cierres periódicos, que permiten a las compañías hacerse con nuevas obras y así comenzar la temporada con novedades, o para hacer reformas de acondicionamiento y mejora de los corrales de comedias, el luto en la Corte por la muerte de algún miembro de la Casa Real conllevaba automáticamente el cierre de los corrales de comedias: del 28 de octubre hasta el 21 de noviembre de 1581, por la muerte de la reina doña Ana; a partir del 2 de mayo de 1598, ante la enfermedad mortal de Felipe II; en 1611, por la muerte de la reina Margarita, etc. etc.

El corral de comedias se convertirá en el espacio propicio para difundir una serie de ideales que se espera que sean aceptados y asumidos por el mayor número de público, de espectadores. Y ahí radica la dificultad, el mérito del escritor de comedias, pues su obra, desde un principio, ha de insertarse en un conjunto mucho más amplio, donde los intermedios cómicos y de entretenimiento son los más habituales, con lo que su mensaje ha de prevalecer por encima de este entresijo dramático de evasión; y por otro lado, ha de escribir para un público amplio, excesivamente amplio, vasto en sus intereses y en sus conocimientos, todos ellos colocados en un espacio determinado, imagen de una vida cortesana que influye en todos los aspectos de la vida. De esta variedad de públicos, de esta diversidad de intereses, de esta complejidad de espacios, son conscientes los autores de comedias, como lo muestra la siguiente *loa* de Lorenzo Hurtado a principios del siglo XVII, que con sus adjetivos nos indica la actitud de cada uno de los públicos ante el espectáculo teatral, y la que tiene el autor con ellos para que no revienten finalmente la representación:

    LORENZO: Que lo que ella no agradare
                         lo suplirán los ingenios
                         que a propósito han escrito,

	de quien sin falta os ofrezco
	seis comedias nunca vistas,
	con siete sainetes nuevos,
	de los bailes que se usan,
	del autor que suele hacerlos.
	Piedad, ingeniosos *bancos*.
CINTOR:	Perdón, nobles *aposentos*.
LINARES:	Favor, belicosas *gradas*.
BERNARDO:	Quietud, *desvanes* tremendos.
PIÑERO:	Atención, mis *barandillas*.
PINELO:	Carísimos *mosqueteros*,
	granuja del auditorio,
	defensa, ayuda, silencio.
MARGARITA:	Hermosuras *cortesanas*,
INÉS DE HITA:	así el abril de los años,
	sea en vosotras eterno,
	sin que el tiempo que tenéis
	no se sepa en ningún tiempo,
	que piadosas y corteses
	pongáis perpetuo silencio
	a las llaves y a los pitos,
	silva de varios sucesos.

Este es el espacio, el modelo de espectáculo y el público que asiste en masa a los corrales de comedias. Y esta compleja estructura —que cada vez se va a complicar más a medida que los espectáculos se llenen de tramoyas y de trucos, y el éxito acompañe a esta fórmula literaria y económica— conseguirá consolidarse gracias a una figura esencial, como se ha indicado: el *autor de comedias*, el director y responsable de una compañía, que conseguirá los medios para su supervivencia, y el que tendrá siempre disponibles novedades para estrenar con lo que tiene que ganarse el favor de los autores más exitosos —en su momento, Lope de Vega y su abundante camarilla literaria—, así como de los actores y actrices más afamados y queridos por el público. Como sucede hoy en día, muchas de las sesiones de los corrales de comedias se llenaron no tanto por el texto, el escritor o el tema, como por la presencia de un actor o de una actriz famosa. Al *autor de comedias*, como último responsable del complejo y variado espectáculo teatral le compete también la dirección artística de la compañía (vestuario, escenografía y puesta en escena), y puede además introducir cambios en el texto que ha comprado, ya sea para adecuarlo a los actores que tenga en ese momento en su compañía, ya sea para agradar al público en temas o personajes que deban ser potenciados o, en su caso, suprimidos.

El *autor de comedias* es el director de una compañía, pero ¿quién puede formar parte de la misma? ¿Cuáles son sus funciones dentro de ella? ¿Cómo conformaban sus repertorios y quién escribía los textos de las loas, entremeses, sainetes, bailes o carteles, tan necesarios como el texto de las comedias?

El 13 de marzo de 1594 se firma en Valladolid la constitución de una nueva compañía de teatro al mando de Alonso de Cisneros, por lo que se la conocerá, tal y como se indica en el contrato, «La compañía de Cisneros». A pesar de las fechas algo posteriores, algunos de los detalles de este documento no deberían de ser muy diferentes al funcionamiento de las compañías en la época de Cervantes.

El primer aspecto que llama la atención es que todos los integrantes de la compañía, incluido el autor de comedias, tienen estipulado un sueldo según el reparto de funciones que lleven a cabo, y que todos ellos, al margen de sus funciones concretas, le dan poder a Alonso de Cisneros, y a Miguel Ramírez «para repartir los papeles que a cada uno corresponda, para aceptar cualquier representación en casas particulares o fiestas». Además de los trabajos para «aderezar los teatros», los preparativos para los viajes, que comparten muchos de ellos, en el contrato quedan muy delimitadas sus funciones dentro de la compañía: Alonso de Cisneros, el director cobrará 24 reales por «hacer y buscar todos los entremeses que fuere menester, haciendo en todas las comedias entremeses nuevos». Una vez más, la «novedad» de los repertorios será una de las claves del éxito de una compañía. Por su parte, Miguel Ramírez sería el encargado de «procurar comedidas a costa de la compañía y hacer que se saquen y estudien por la orden que se acostumbra», por lo que cobraría justo la mitad: 12 reales. ¿De dónde procederán el resto de textos necesarios para configurar el espectáculo teatral? Por un lado, uno de los actores, Alonso de Cisneros, además de los carteles de las comedias, «se obligó a componer cinco comedias dándole la compañía traza para dos de ellas, y componer dos autos para la fiesta del Corpus»; una escritura supeditada a los intereses del autor de comedias, que le entregaría la *traza*, es decir, el desarrollo en prosa de la obra, que él luego transformaría en versos. De la parte musical se encargaban otros dos actores: Francisco de Villalba, que «se obliga a hacer tonos y buscar letras y romances y tonos nuevos», y Jusepe de Esquivel. Por su parte, con el repertorio en la mano, Simón Arias, «se obliga a escribir los papeles de las comedias», es decir, los «papeles de actor» gracias a los que cada actor memorizaba su parte, por lo que cobraría 10 reales, y Diego Díaz y su mujer, Micaela de Luján, harán las funciones de «apuntador» durante las funciones, por lo que cobrarán 16 reales. Algunos de los actores serán contratados por sus dotes con las canciones y los bailes, como sucede con Pedro de Ocaña y su mujer, Agustina de Vega: «se obliga a cantar y su mujer a bailar en las comedias como se le ordenare».

Valga este testimonio, uno de tantos que se han conservado en la compleja madeja administrativa de la época, para comprender la complejidad organizativa de una compañía, así como las dificultades para poder sobrevivir en una situación de competencia salvaje. A las disputas de los escritores en la República de las Letras, que van a utilizar textos para desprestigiarse y atacarse entre sí, que se mezclan con las disputas políticas en la Monarquía Hispánica, hay que añadir también la enorme competencia que existía entre las distintas compañías, que hacía que los escritores fueran peones de sus propias estrategias, aspecto este que sabrá manejar Lope de Vega (con su camarilla) como nadie, después de haber sido capaz de sobrevivir a la ruptura traumática con Elena Osorio y al enfrentamiento (dentro y fuera de las tablas) con el autor de comedias Jerónimo Velázquez, el más influyente y poderoso de todo este período. Melchor de León escribe en 1603 una carta al corregidor de Valladolid, que por aquel entonces era la sede de la Corte, que no es otro que Don Diego Sarmiento de Acuña, el conde de Gondomar (Real Academia de la Historia: ms. 9/74, fol. 306). En la carta el autor de comedias, que se encuentra a pocas leguas, se presenta: hace poco tiempo ha creado una compañía, y ha conseguido ser una de las «de título», es decir, de las que tiene permiso para actuar en los diferentes corrales de comedias. El problema es que no encuentra donde actuar: los corrales de comedias de las ciudades de la zona ya están asignadas a otras compañías (Morales en Madrid, Villegas en Alcalá de Henares y Granados en Toledo). En Valladolid sabe que se van a realizar unas importantes fiestas, pero la compañía de Nicolás de los Ríos ya ha sido contratada, así que solo le queda la intercesión del nuevo corregidor, al que sabe amante del teatro, para que le haga algún encargo a su compañía para así poder sobrevivir.

El teatro, por tanto, se ofrece como espejo de la vida cortesana: el propio espacio de los corrales de comedias es un pequeño teatro del mundo real, un quienes-quien de la sociedad de la época, que tiene en el inmovilismo uno de sus principios de subsistencia. Un teatro, un modelo económico de los corrales de comedias que no dejará de crecer, de complicarse desde la década de los años ochenta, esos que reunió a un joven Lope de Vega que comenzaba a despuntar, con un maduro Miguel de Cervantes que no dejaba de estrenar (veinte o treinta comedias), sin que ninguna de ellas mereciera la crítica atroz de objetos arrojadizos. Pero, ¿es el teatro, este cada vez más masivo y multitudinario espectáculo teatral lugar propicio para el prestigio? Triunfar en el teatro, ver representadas tus obras en los tablados de los corrales, ser solicitado por lo autores de comedias para que le entregues nuevos tex-

Números 13 y 15 de la Calle Bayona de Sevilla, donde estuvo la posada de Tomás González. Fue demolida en los años cuarenta del siglo XX.

tos, ¿es sinónimo de prestigio? ¿Podría presentarse Miguel de Cervantes en Esquivias —o en Toledo, Sevilla o Alcalá de Henares— con la aureola de ser un escritor representado en Madrid? Dinero sí, sin duda; pero de poco prestigio goza quien se dedica al teatro por aquellos años. Un ejemplo real, vinculado muy directamente con Cervantes, permite adentrarnos en la opinión de la época, más allá de cualquier discurso o cualquier opinión actual.

Hacia 1593, Tomás González, que ha sido escritor de comedias y actor de algunas de las compañías que han representado por todos los corrales hispánicos, lleva unos años afincado en Sevilla. Además de haber escrito algunos autos sacramentales, ha abierto una posada en la calle Bayona, conocida por todos pues allí se hospedan algunas de las personas más importantes que llegan a la ciudad. En la Cuaresma de este año, escribe para solicitar su ingreso en la Cofradía y Hermandad del Santísimo Sacramento del Sagrario. El domingo 21 de marzo se reúnen trece cofrades y votan sobre esta petición: trece habas negras dan cuenta del rechazo unánime. Ante tal desaire, Tomás González vuelve a pedir que la cofradía reconsidere su decisión, y esta se vuelve a reunir el 14 de abril con idéntico resultado, ahora aumentado a veinticuatro habas negras, tantas como cofrades presentes. Todos son unánimes en su resolución:

dándola de por que el dicho Tomás Gutiérrez no puede ni debe ser recibido en esta [dicha] cofradía por hermano de ella, porque no tiene las calidades que se requiere para poder ser recibido, respeto de que, como es notorio y por tal lo alegó el susodicho, ha sido público representante con autores de comedias y él mismo ha sido autor de comedias, y de presente tiene casa de posada mesón y da camas.

La historia no ha hecho más que comenzar, pues Tomás Gutiérrez ante tales argumentos comienza una batalla legal con la cofradía que concluirá en enero de 1594, cuando los cofrades, con la amenaza de ser excomulgados, aceptaron a Tomás Gutiérrez como hermano. El proceso, dado a conocer por Adolfo Rodríguez Jurado en 1914, y que en el año 2016 ha sido de nuevo descubierto entre los fondos de la Universidad de Sevilla, es una magnífica radiografía de la concepción de cómo se consideraba a los cómicos, autores de comedias y escritores teatrales a finales del siglo XVI, y eso que estamos en Sevilla, la ciudad hispánica donde se han abierto más corrales de comedias. En su defensa, Tomás Gutiérrez va a convocar en el mes de junio a algunos de sus amigos, para que apoyen su argumentación, en una información que consta de cinco preguntas: las dos primeras tienen que ver con la identificación de Tomás como vecino de Córdoba y sus padres como cristianos viejos; la tercera, sobre su trabajo, que no es el de mesonero, sino poseedor de «casa principal donde doy posada a príncipes, marqueses y condes, y caballeros, personas principales»; y la última, la que más nos interesa, una defensa de las comedias y de las representaciones teatrales, donde se defiende su naturaleza como «arte» y su antigüedad:

> Ítem si saben que la representación en comedias y autos públicos no obstie [sic] en comedias, que a más de diez años que no lo uso yo, el dicho Tomás Gutiérrez. Es arte y no oficio mecánico, sino de mucha habilidad y discreción, y su origen es de patriarcas y reyes y profetas y cónsules romanos; y así no se le sigue ninguna infamia ni deshonra, digan etc.

Para su defensa, convoca a diferentes amigos todos ellos presentes en Sevilla: Bartolomé Sánchez Poblete, «familiar del Santo Oficio de la Inquisición», Martín Alonso, «clérigo de menores órdenes», Melchor Ortiz de Sandóval, «mercader […] de la ciudad de Córdoba», y, en último lugar, «Miguel de Cervantes de Saavedra, criado que dicho ser de su Magestad, y ser vecino de la villa de Madrid». Todos ellos, como es natural, van a defender el pasado teatral de Tomás Gutiérrez, así como van a dignificar el oficio de actor y de los corrales de comedias, teniendo en cuenta dos argumentos: por un lado, al ser un «arte» y no un «oficio mecánico», no hay deshonra en haber sido uno de ellos; y, por otro, los espectáculos teatrales son del gusto de personas principales, que no tienen tampoco en menos a quienes lo hacen posible;

aunque, para no dejar ningún cabo suelto, también se destaca cómo hace ya tiempo que Tomás González no se dedica a estos menesteres, más propios de la juventud:

> de la cuarta pregunta dijo este testigo que se acuerda que siendo el dicho Tomás Gutiérrez muchacho se preciaba de hacer algunas representaciones, pero a muchos años que no lo hace después que tuvo entendimiento de hombre; y también ha visto que han sido representantes otros muchos hombres que se preciaban mucho de ello, y por eso los tenían en menos ni por oficio mecánico ni de infamia, en especial que muchos señores caballeros y príncipes gustan de oírlos, y no por eso los tienen por menos (Bartolomé Sánchez Poblete)

Pero si alguno de los testigos va a hacer una defensa más entusiasta del teatro y de la labor como representante y como escritor de comedias de Tomás Gutiérrez, ese será Cervantes, que desde el principio se presenta como «persona estudiosa que ha compuesto autos y comedias muchas veces». Su defensa, mucho más elaborada que las anteriores, además de incidir en la idea de que hace años ya no ejerce el oficio de actor, se basa en dos principios: por un lado, distingue entre varios tipos de actores, para así incidir en la idea de que la actuación es «arte» y no «oficio mecánico»:

> que en tiempos antiguos no se tuvieron por infames los representantes sino los mimos y pantomimos que era un género de gente juglar que en las comedias servía de hacer gestos y actos risueños y graciosos, para hacer reír a la gente, y estos eran los que eran tenidos en poco; pero no los que representaban cosas graves y honestas, y que el dicho Tomás Gutiérrez, puesto que ha representado públicamente, ha sido siempre figuras graves y de ingenio, guardando todo honesto decoro, por lo cual no debe ser tenido en menos sino estimado en más.

Y en segundo lugar, recuerda algún ejemplo de antiguos actores y escritores que en aquel momento ocupaban puestos importantes en Valladolid:

> para aprobar esto dice este testigo que en la Chancillería de Valladolid está un fulano Vergara, el cual, después de haber sido muchos años representante, le admitió su Majestad para su relator en su Real Chancillería que es oficio muy calificado, y que le tienen personas muy honradas y de estos conoce muchos en España.

A pesar de estas informaciones, de estas opiniones, de todo lo que presenta Tomás Gutiérrez para justificar su honor para poder ser aceptado como cofrade, la actitud de la Cofradía del Santísimo Sacramento del Sagrario no se mueve ni un ápice en su desprecio al «arte» de los actores, sobre todo, porque lo han realizado por dinero:

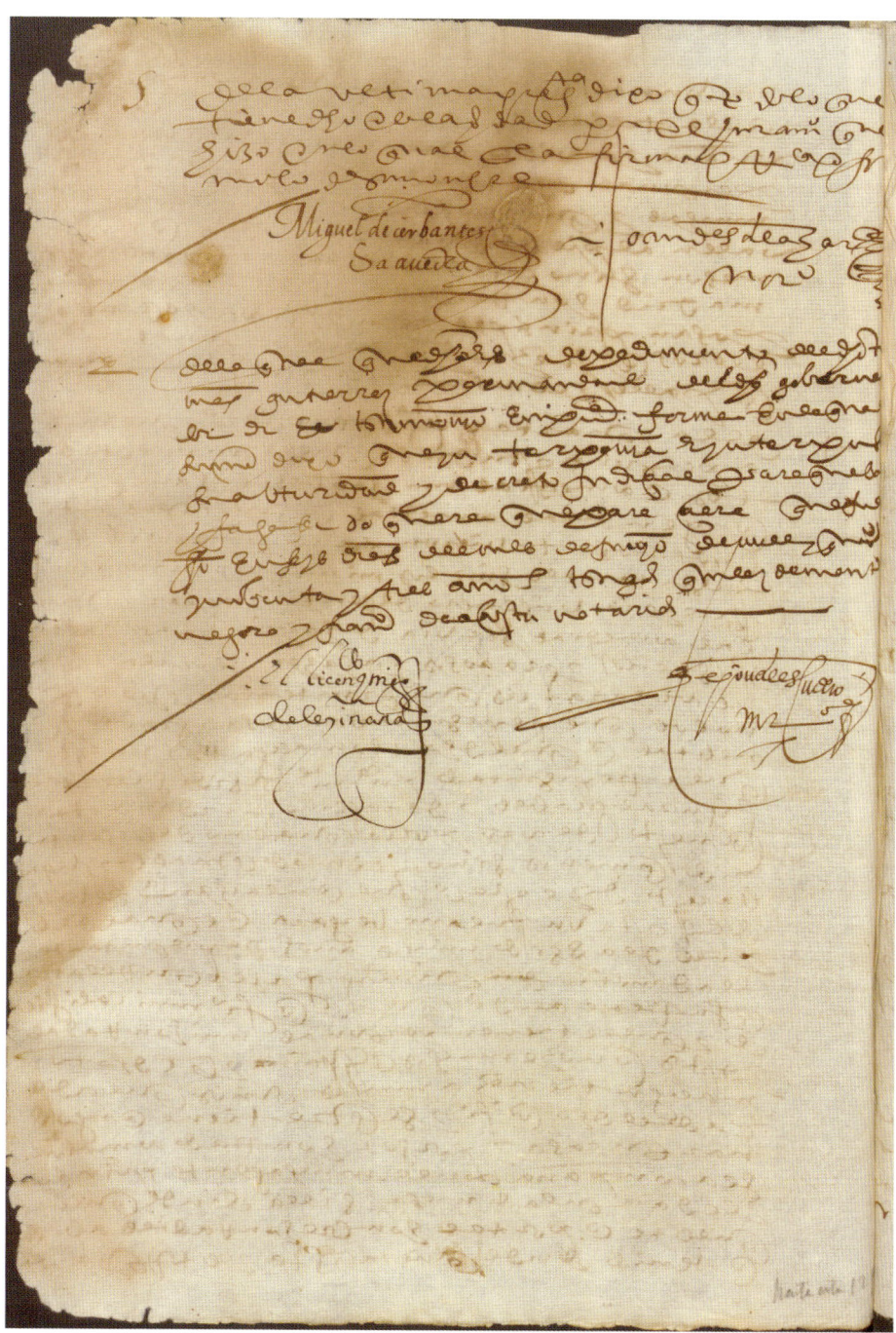

Información de Miguel de Cervantes defendiendo a su amigo Tomás Gutiérrez y al teatro: Sevilla 1594.
Universidad de Sevilla

Lo otro porque carece de fundamento todo lo demás que la parte contraria alega porque es cosa cierta y sin duda que el dicho Tomás Gutiérrez ha sido público representante de comedias y entremeses, ganando dineros por ellos con muchos autores, haciendo figuras ridículas, y no hace al caso decir que él ha compuesto obras de poesía, porque caso no concedido que así sea por el mismo caso que el poeta salga representar al tablado incurre en la infamia del derecho y el susodicho no es ni ha sido cómico ni orador, como dice en su petición, sino representante de comedias y entremeses y de los contenidos en la prohibición del derecho, y así no debe ser recibido en la dicha cofradía por tal hermano por el grande escándalo que se seguiría a los demás cofrades.

Después de tantas negativas, de tantos insultos, lo cierto es que a los pocos meses las relaciones entre la cofradía y Tomás Gutiérrez habían dejado atrás todo lo dicho y negado en las decenas de páginas de este interesante pleito: el nuevo cofrade será el encargado de sacar y organizar dos carros de la Cofradía para la festividad del Corpus de 1594.

El teatro, a pesar de todo lo que los testigos presentados por Tomás Gutiérrez, y su defensa de que se trata de un «arte» y no de un «oficio mecánico», lo cierto es que seguirá por muchos años sin prestigio, sin ser el espacio que otorgue autoridad a los cientos de actores, autores de comedias y escritores que viven, o desean vivir, de la industria cultural de los corrales de comedias.

Miguel de Cervantes, escritor de comedias para Gaspar de Porres (1585) y Rodrigo Osorio (1592)

Hasta 1913, solo sabíamos que Miguel de Cervantes había escrito varias obras de teatro después de volver del cautiverio, y conocíamos algunos de sus títulos (pues confiesa que escribió entre veinte y treinta obras) gracias a las propias alusiones en algunos de los textos que imprime al final de su vida. En el discurso entre el canónigo toledano y el cura del lugar manchego de Alonso Quijano el Bueno (capítulo 48 de la primera parte), el cura, después de alabar tres obras de teatro de Lupercio Leonardo de Argensola (*La Isabela*, *La Filis* y *La Alejandra*), no puede dejar de alabar otras tantas obras del primer Lope de Vega (*La ingratitud vengada*), de Gaspar de Aguilar (*Mercader amante*), de Francisco de Tárrega (*La enemiga favorable*) y del propio Cervantes (*La Numancia*), aprovechando la ocasión para criticar el «nuevo teatro lopesco» que triunfa en los corrales de comedias a principios del siglo XVII:

mirad si guardaban bien los preceptos del arte, y si por guardarlos dejaron de parecer lo que eran y de agradar a todo el mundo. Así que no está la falta en el vulgo, que pide disparates, sino en aquellos que no saben representar otra cosa.

A la que se añade *La confusa* en el capítulo 4 del *Viaje del Parnaso* (1614), que se amplía a otros tantos títulos en la *Adjunta al Parnaso* (1614):

—Sí —dije yo—, muchas; y, a no ser mías, me parecieran dignas de alabanza, como lo fueron *Los tratos de Argel, La Numancia, La gran turquesca, La batalla naval, La Jerusalem, La Amaranta o la del mayo, El bosque amoroso, La única* y *La bizarra Arsinda*, y otras muchas de que no me acuerdo. Mas la que yo más estimo y de la que más me precio fue y es de una llamada *La confusa*, la cual, con paz sea dicho de cuantas comedias de capa y espada hasta hoy se han representado, bien puede tener lugar señalado por buena entre las mejores.

Y, sobre todo, lo expresado en el particular prólogo al lector de sus *Ocho comedias y entremeses nuevos, nunca representados* (1615), donde en la historia del teatro español se sitúa detrás de Lope de Rueda y de Naharro, y antes de Lope de Vega, por supuesto:

Y esto es verdad que no se me puede contradicir, y aquí entra el salir yo de los límites de mi llaneza: que se vieron en los teatros de Madrid representar *Los tratos de Argel*, que yo compuse; *La destruición de Numancia* y *La batalla naval*, [...] compuse en este tiempo hasta veinte comedias o treinta, que todas ellas se recitaron sin que se les ofreciese ofrenda de pepinos ni de otra cosa arrojadiza; corrieron su carrera sin silbos, gritas ni barahúndas.

Tan solo tres de todas las citadas, *Los tratos de Argel, La Numancia* y *La conquista de Jerusalén*, como veremos más adelante, han llegado a nuestros días gracias a copias manuscritas. El resto se ha perdido o, según algunos críticos, se han transformado en algunas de las impresas en 1615, como *El laberinto de amor* (*La Confusa*), *La casa de los celos* (*El bosque amoroso*) o *La Gran Sultana* (*La Gran Turquesca*), aunque en este punto no hay unanimidad entre los estudiosos.

¿Qué hay de verdad, qué de invención, de construcción de una determinada imagen de sí mismo en estos últimos momentos de su vida, los momentos de plenitud, de vida que se proyecta antes en el papel del futuro que en la veracidad de los recuerdos del pasado? Todo eran especulaciones, como decíamos, hasta el 8 de mayo de 1913. En el número XXVI de *La Ilustración Española y americana*, Francisco Rodríguez Marín publica un artículo «Una escritura inédita de Cervantes», que da cuenta de un descubrimiento bibliográfico que Pérez Pastor le había confiado al ilustre cervantista en el lecho de muerte: la carta de obligación (es decir, el contrato) entre Miguel de Cervantes y uno de los *autores de comedias* más famosos del momento: Gaspar de Porres, firmado en Madrid el 5 de marzo de 1585.

Gracias a este contrato, conservado hoy en día en el Archivo Histórico de Protocolos de Madrid, podemos, por fin, situar en el tiempo y en el espacio la escritura de dos obras (perdidas) de Cervantes:

> Sepan cuantos la presente escritura de obligación y concierto vieren cómo yo, Miguel de Cervantes, residente en esta Corte, de la una parte; y de la otra Gaspar de Porres, autor de comedias, estante al presente en esta Corte, de la otra, y decimos que es ansí que yo, el dicho Miguel de Cervantes, estoy convenido y concertado con el dicho Gaspar de Porres en que le tengo de dar dos comedias, la una llamada La Confusa y la otra El trato de Constantinopla y muerte de Celín.

Como suele ser habitual en este tipo de contratos, se especifica el plazo para la entrega de las obras: *La confusa*, quince días a la fecha de este contrato, y la se-

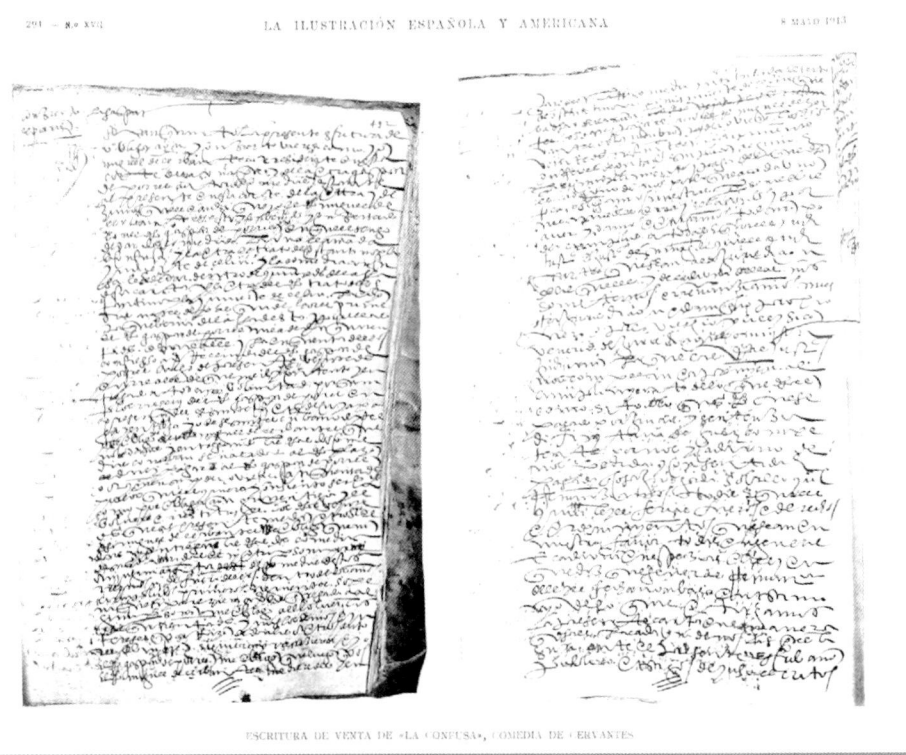

Primera reproducción del contrato entre Miguel de Cervantes y el autor de comedias Gaspar de Porres, publicada por Francisco Rodríguez Marín, «Una escritura inédita de Cervantes» en la *La Ilustración Española y americana*, XXVI, 8 de mayo de 1913.

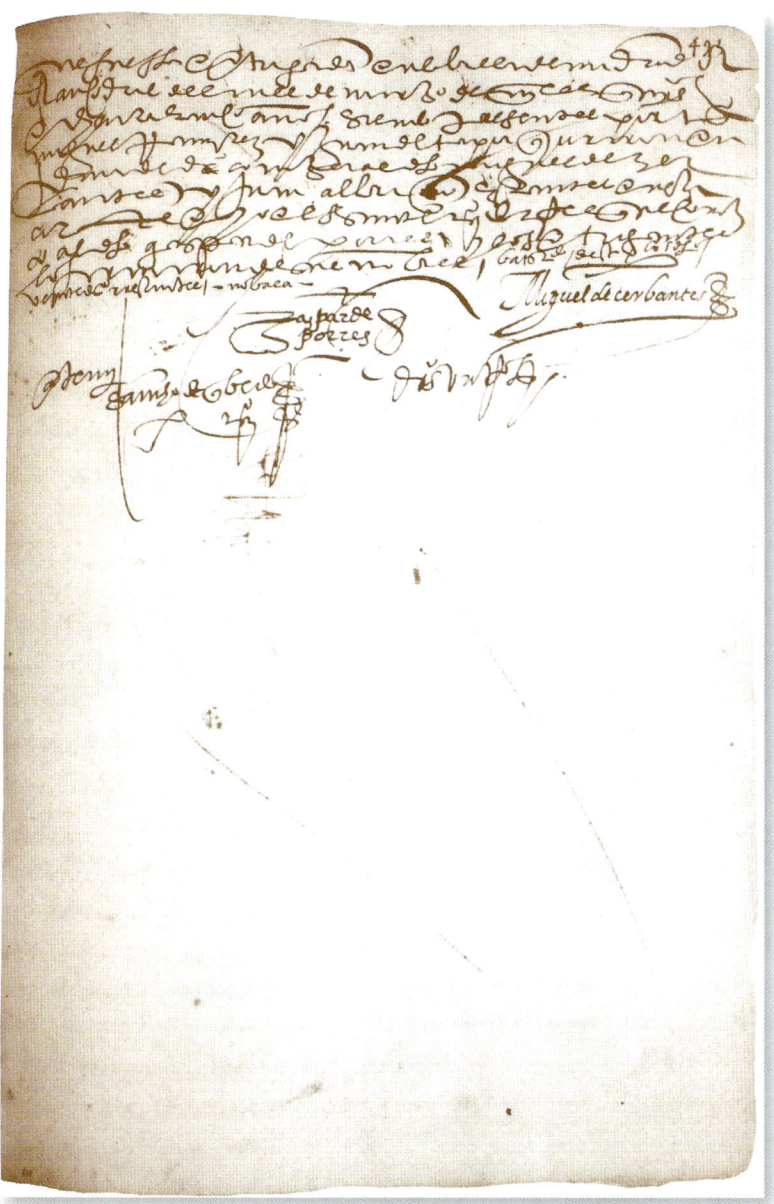

Último folio de la carta de obligación entre Miguel de Cervantes y Gaspar de Porres, por la que se compromete a entregarle dos comedias. Madrid, 5 de marzo de 1585.
Archivo Histórico de Protocolos de Madrid: Protocolo 1055, fol. 493r.

gunda, «para ocho días antes de Pascua de Flores primera que verná de la fecha de esta»; así como el pago por su escritura: «cuarenta ducados en reales», de los que veinte se los entrega en este momento, y los restantes cuando reciba las obras. En caso contrario, «me obligo yo, el dicho Miguel de Cervantes, que no le dando y entregando las dichas dos comedias como van señaladas al dicho plazo, le daré y pagaré al dicho Gaspar de Porres o a quien su poder hubiere cincuenta ducados, por los cuales quiero y consiento ser ejecutado como por obligación guarentigia, y le volveré y restituiré los veinte ducados que al presente me da». Y no quedan ahí las obligaciones que acepta Cervantes, pues se compromete a no entregar las comedias «a ningún autor de comedias de estos reinos ni fuera de ellos dentro de dos años cumplidos primeros siguientes, so pena que si pareciere haberlas entregado a alguna persona, me obligo a le devolver los dichos cuarenta ducados y más los daños e intereses que por razón de darlas a otros autores le vinieren, siguieren y recrecieren». Como testigos aparecen tres actores que acaban de ingresar en la compañía de Gaspar de Porres: Miguel Ramírez, Juan de Tapia y Juan Albricio. Los dos primeros juran «en forma de derecho conocer al dicho Miguel de Cervantes».

Veinte ducados, más o menos, unos 250 reales, es el precio que seguirán pagando los *autores* por una comedia nueva a principios del siglo XVII, siempre que ese autor no sea Lope de Vega, que puede llegar a cobrar el doble.

Por otro lado, las fechas del contrato y los plazos de entrega no son casuales: todo está medido en el negocio de los corrales de comedias, que necesita de textos nuevos cuando comienza la temporada. La compañía de Gaspar de Porres había estado representando en el Corral de la Cruz desde el 14 de febrero hasta el 5 de marzo, que es martes de Carnaval, es decir, el último día para representar hasta que comience la siguiente temporada después de la Semana Santa: 22 de abril. De este modo, el tiempo obligatorio de descanso en los corrales para las compañías se convierte en el tiempo de escritura para Cervantes, que ha de entregar las obras el 20 de marzo y el 13 de abril (un día antes del Domingo de Pascua), con tiempo suficiente para que las obras se pudieran representar en el Corral de la Cruz a partir de abril. En todo caso, Gaspar de Porres no se ha quedado con los brazos cruzados: el 23 de marzo firma un contrato para representar tres autos sacramentales «con la compañía y personajes con que ha representado en esta corte», por los que cobrará 400 ducados del Ayuntamiento, además de garantizarse la exclusividad de las representaciones en Madrid, sin competencia de otra «compañía de título», desde la Pascua de Resurrección hasta el día del Corpus. Porres se quedará en Madrid hasta el 28 de julio, y en estos meses las dos obras cervantinas se verían «sin ofrenda de pepinos ni de cosas arrojadizas» en el citado corral de comedias. Y seguramente también estas dos comedias nuevas también se vieran al año siguiente en Valencia, donde estuvo la compañía de Porres representando comedias del 24 de mayo al 1 de noviembre. ¿Hasta cuándo la compañía de Porres mantuvo vivas las obras cervantinas en su repertorio? ¿Pudieron verse representadas en el corral de comedias de Alcalá de Henares cuando allí hagan veinte representaciones del 17 de marzo al 6 de abril en 1606? Y ¿qué otras compañías, de las treinta que por estos años, representaron comedias en los corrales del Príncipe y de la Cruz, estrenaron el resto de las comedias de las que se vanagloria que había compuesto y representado Cervantes, pues, no lo olvidemos, nuestro autor se empeña en insistir que todas ellas se «recitaron»? Miguel de Cervantes, como agente de negocios, seguramente tuvo tratos y relaciones muy directas con la mayoría de los autores de comedias que pasaron por Madrid, todos ellos necesitados de préstamos y de aplazar pagos de deudas, como así le sucediera con Jerónimo Velázquez y su mujer, Inés Osorio, en 1585.

Gracias a estas comedias estrenadas, de hacer caso a la cifra tan poco concreta de veinte o treinta obras, pues los títulos de todas ellas «no los recuerda», Cervantes podría haber ganado desde 1583 a 1587 la nada despreciable cantidad de 400 o 600 ducados, dinero más que necesario para hacer frente a las deudas contraídas con los trinitarios o con su propia familia. El teatro, como a tantos otros escritores durante los Siglos de Oro, se presenta como una de las primeras fuentes de ingresos por su escritura, en esa construcción de profesionalización que se está fraguando precisamente en estos años.

De este modo, Miguel de Cervantes formó parte de ese primer grupo de dramaturgos que comienzan a despuntar en los años ochenta, pero cuya presencia cada vez será menor a medida que triunfe un modelo de teatro más comercial, que será el espacio que imponen escritores como Lope de Vega y *autores de comedias* como Jerónimo Velázquez. Es la denominada por Jean Canavaggio como «generación perdida», a la que también pertenecen Argensola, Francisco de la Cueva, Cristóbal de Virués, Rey de Artieda o Juan de la Cueva. En esta generación, la comedia, con sus cuatro actos, se erige como centro del espectáculo teatral, que tiene, en muchos casos, una función didáctica, siguiendo preceptos a partir del modelo clásico de Séneca. Por este motivo los temas históricos y el tono épico sobresalen entre los títulos conservados —o solo citados— de muchos de estos autores. Solo hay que recordar el índice de la *Primera parte de las comedias y tragedias de Juan de la Cueva*, impresa en 1588, para hacernos una idea de cómo se viviría una representación teatral en esta primera época en los corrales de comedias: *La muerte del rey don Sancho, y reto de Zamora; El saco de Roma y muerte de Borbón, y coronación de nuestro invicto Emperador Carlos Quinto; Los siete Infantes de Lara; La libertad de España, por Bernardo del Carpio…*

En este contexto teatral que triunfaba en los corrales de comedias, junto a las obras de compañías italianas como la de Ganassa, se comprende mejor la escritura de *La Numancia*, así como la destreza de Cervantes para ofrecer obras distintas a las que todos podían en ese momento presentar, que se vinculan con su biografía, con su capacidad de escribir de «vividas» y no solo de «leídas» o de «oídas»: la Batalla de Lepanto y el cautiverio de Argel. Este es el contexto en que debemos situar la escritura de las primeras obras de teatro de Miguel de Cervantes, que gana sus buenos maravedís con la escritura de unas veinte o treinta obras por estos años. En ellas no es posible encontrar un reflejo de sus traumas ni tampoco un medio de difusión de sus preocupaciones personales. Miguel de Cervantes, como el contrato con el autor de comedias Gaspar de Porres ha puesto de manifiesto, es un «escritor profesional», que debe poner su pluma al servicio de una «industria» como lo es el teatro de los corrales de comedias. Una industria que no da prestigio, pero sí dinero rápido y, de ser capaz de convertirse en proveedor textual de una compañía, también un beneficio estable.

Pero algo ya está cambiando en las reglas del juego de los corrales de comedias, que conllevará la desaparición de esta primera generación de dramaturgos y el triunfo de la masificación de los corrales de comedia, del «vulgo» convertido en juez del éxito o del fracaso de las representaciones, de la capacidad o no de generar beneficios económicos en esta industria cada vez más compleja. Estos nuevos aires nada tienen que ver con la legislación, nada con el autor de comedias y la imparable profesionalización de sus funciones, nada sobre la forma de actuar. Es un cambio más sutil, un cambio impredecible, que solo Lope de Vega supo ver y del que se provechó… ¿o fue él quien lo propició y, gracias a él, triunfó?

Así lo confiesa y lo entiende años después Cervantes, cuando escribe el citado prólogo al lector de sus *Comedias y entremeses* (1615):

> Tuve otras cosas en que ocuparme; dejé la pluma y las comedias, y entró luego el monstruo de naturaleza, el gran Lope de Vega, y alzose con la monarquía cómica; avasalló y puso debajo de su jurisdicción a todos los farsantes.

El gran negocio económico en que se llegará a convertir el teatro, desde las representaciones en los corrales de comedias a la organización de las fiestas del Corpus, desde las obras que se estrenan en palacio a los pases privados que solicitan cada vez más nobles dentro y fuera de la Corte, necesita un orden, un determinado orden, que solo un nuevo «rey» puede ofrecer; y ese no será otro que Lope de Vega, «monstruo de naturaleza», cuyas obras se disputan las «compañías de título» más importantes de Castilla y Aragón, lo que permite que en cada ciudad, que en cada corral de comedias, al margen de la geografía y del tiempo, siempre haya una obra suya representada. En 1604, son más de sesenta las comedias de Lope que tienen en su repertorio compañías de título como las de Nicolás de los Ríos, Baltasar de Pinedo, Gaspar de Porres, Antonio de Granada o Luis de Vergara. Bien puede vanagloriarse Lope, en la cúspide de su poder, de que en sus comedias no se quita el sol, ya que no hay corral donde no se represente una obra suya, día sí y otro también.

Los corrales de comedias se han convertido, se han reducido solo a ser una máquina, cada vez más engrasada, de hacer dinero. Un dinero rápido y estable. Las compañías viven en la competencia, sobreviven en una competencia cada vez más agresiva (son cada vez más numerosos los pleitos porque los actores se van de una compañía a otra, o porque los textos de los escritores se difunden al margen de su monopolio), pero no así los corrales de comedias, no así el entramado de la infraestructura que permite las representaciones teatrales, amparadas por las cofradías que encuentran en ellos, como hemos visto, una de sus mejores fuentes de ingresos. La estructura de la industria teatral, por tanto, se configura a partir de tres sistemas: el de la *representación*, que es el más estable al no depender de la competencia, dado que no pueden abrirse de manera libre más corrales de comedias; el de la *producción*, basada en compañías teatrales, cuyo *autor de comedias* es quien organiza los contenidos y los modos de representación, cuya competencia está limitada ya que solo las que han sido nombradas «compañías de título» por los distintos Consejos territoriales tienen acceso a actuar en los corrales de comedias; y, por último, el de la *creación*, conformada por escritores tanto fuera como dentro de las compañías teatrales, que, en principio, no están organizados bajo ninguna estructura, y que son, a un tiempo, la parte más débil, y por otro, la más necesaria, para poder llenar de contenidos la estructura tanto de espacios como de producciones de esta particular industria cultural. De este modo, teniendo en cuenta los principios de la competitividad y de la necesidad de ofrecer nuevos textos a las compañías en un tiempo cada vez menor, no extraña que se vayan formando «talleres» alrededor de las grandes figuras, que el nombre de un escritor de fama —como Lope de Vega, el más famoso y paradigmático— en realidad englobe a toda una serie de escritores que le ayudan a terminar, a dar la forma definitiva a unas obras, en la que él ha dispuesto y pensado los personajes, las tramas, los engaños, el desenlace, pero cuya escritura es conjunta. Nada nuevo debajo de lo que está sucediendo en el ámbito de la pintura, cuando la demanda por parte de coleccionistas o instituciones de obras originales supera la capacidad física de un pintor único (taller de Rafael, por ejemplo); o de lo que sucede en gran parte del teatro europeo, donde las obras se escriben a varias manos (y de nuevo, el ejemplo de la compañía de King's Men de Shakespeare en el Londres de *The Globe* es paradigmático), o lo que sucederá pasados los siglos con una situación similar de demanda imparable de nuevos originales, como será la literatura de folletín del siglo XIX, y así serán famosos (conocidos y aceptados por todos) los talleres de Alejandro Dumas en Francia o el de Manuel Fernández González en España.

Algo sobre este cambio de paradigma debió de comprender Miguel de Cervantes cuando se encuentra en Sevilla como comisario real de abastos. Allí, gracias a su amigo Tomás Gutiérrez, entró en contacto con las diferentes «compañías de título» que llegaban a estrenar o a representar en los diferentes corrales de la ciudad. Y todos ellos, llevaban en sus repertorios obras de Lope de Vega, como así sucedió en 1588 con la compañía de Gaspar de Porres, que actúa en el Corral de las Higueras y el Corral de San Vicente, o la de Mateo Salcedo, en el Corral de San Juan, o la de Nicolás de los Ríos, al frente de la compañía de los Españoles, a las que habría que sumar las de Luis de Vergara o de Francisco de Osorio. Será en este nuevo contexto, muy alejado de sus primeros estrenos en Madrid en 1585, a pesar de que no hayan pasado tantos años, cuando hemos de situar el segundo de los contratos que hemos conservado de Cervantes con un autor de comedias, el que dio a conocer José María Asensio y Toledo a mediados del siglo XIX: el firmado en Sevilla entre Cervantes y Rodrigo Osorio el 5 de septiembre de 1592.

La carta, que tendrá como testigos a dos escribanos sevillanos, Jerónimo de Herrera y Bernardo Luis, está llena de interrogantes. En primer lugar, frente a las cláusulas tan concretas del contrato entre Cervantes y Porres de hace siete años, donde se indican los títulos de las obras (lo que conlleva un acuerdo en su contenido y trama, además de la adaptación de los personajes a los actores con los que contara la compañía en ese momento), así como unos plazos de entrega muy marcados, ahora todo queda indefinido, como un deseo antes que una realidad: seis comedias «de los casos y nombres que a mi me pareciere», que, además, se entregarán «en los tiempos que pudiere», eso sí, «escritas y con la claridad que convenga, una a una, como las fuere componiendo». Y a pesar de esta falta de concreción, tanto del contenido como de los plazos de entrega, Rodrigo Osorio se compromete a «representarlas en público» en un plazo de veinte días. ¿Cuánto cobrará por cada una de ellas? La cantidad de cincuenta ducados, ya se estrenen o no: una cantidad desorbitada para los precios de entonces, que solo conseguirá Lope de Vega en el momento de mayor esplendor de su reinado en la «monarquía cómica». Pero si hasta aquí las diferentes cláusulas de la «carta» entre Cervantes y Osorio sorprenden porque no entran dentro de lo habitual en este tipo de transacciones económicas muy habituales en los Siglos de Oro, más inaudita es la última condición que se autoimpone Cervantes para cobrar por sus nuevas obras:

> Y si habiendo representado cada comedia pareciere que no es una de las mejores que se han representado en España, no seáis obligado de me pagar por la tal comedia cosa alguna, porque así soy con vos de acuerdo y concierto.

Contrato de Miguel de Cervantes con Rodrigo Osorio para la escritura de seis comedias. Sevilla, 5 de septiembre de 1592. Archivo Histórico de Protocolos de Sevilla: Signatura 16748, fols. 31r-32r.

¿Condición real de escritura y de cobro de las comedias o tal vez un «contrato con sabor a apuesta», como defendiera en su momento Astrana Marín, que sitúa su redacción en las charlas en la posada sevillana de Tomás Gutiérrez, y en el éxito creciente de Lope y su «arte nuevo de hacer comedias», que no gustaría mucho a los antiguos escritores de la «generación perdida», como el propio Cervantes?

> En ella o en el citado corral entrevistáronse Miguel y Rodrigo Osorio. Hablarían del estado de las comedias. Quizás Osorio reprochó al creador de *La Confusa* y tantas piezas aplaudidas, el abandono del arte. O surgieron nombres (tal vez el de Lope de Vega, favorito ya de las palmas cómicas), y discutieron y porfiaron. O quizás sabe si se entremetió con alguna impertinencia Andrés de Angulo. Resultado de ello fue comprometerse Cervantes a escribir seis comedias para la compañía de Osorio (V, p. 29).

Estuviera o no en la mente de Cervantes escribir esas seis comedias (y cobrar por ellas ese dineral), lo cierto es que al poco tiempo, su vida dará un giro y le llevará a Castro del Río, comenzado ahí su periplo por las cárceles sevillanas, de las que tendremos ocasión de detenernos en próximos capítulos.

Lope y Cervantes. Cervantes y Lope en una relación, en un cruce de caminos que les llevará a unirse y separarse en varias ocasiones en su vida. Lo cierto es que casi nada sabemos de esta primera etapa teatral de Cervantes, aunque sí que nos los sitúa en un lugar central dentro de la República de las Letras; un espacio del que no volverá a gozar en toda su vida, ni incluso cuando en 1605 publique su segunda novela, con una gran éxito de ventas en los primeros meses de su difusión: la primera parte del *Ingenioso Hidalgo don Quijote de la Mancha*. Un libro de entretenimiento del que solo conseguirá un puñado de maravedís que le pagó el librero Francisco de Robles por su privilegio de impresión. Y poco más.

Los textos dentro del corral de comedias: cinco papeles de actor de *El trato de Argel* y de *La conquista de Jerusalén*

La imprenta que va a conocer Cervantes es una industria en decadencia en suelo hispánico. Atrás quedaron los momentos de esplendor de la primera mitad del siglo XVI, cuando algunos impresores españoles (sobre todo desde Sevilla, Alcalá de Henares, Valladolid o Valencia) marcaban modelos editoriales al resto de Europa, especialmente a Italia. La imprenta de la época de Cervantes, como una industria que vive al mismo ritmo que la situación económica de la Monarquía Hispánica, sufrirá también las consecuencias de las bancarrotas de Felipe II, y se convertirá en una industria obsoleta, con talleres con maquinaria antigua y tipos viejos, gastados, y con un red comercial cada vez más debilitada por la competencia europea; al tiempo que los controles que se vuelven más férreos con el paso de los años sobre las impresiones y su comercio, tanto a Europa como a América, serán causas que acrecientan su situación ruinosa, que haga imposible remedios para su revitalización. Cuando en los años setenta Felipe II busca en España una imprenta que pudiera hacerse cargo del gran empeño editorial de ofrecer miles de ejemplares de los nuevos libros litúrgicos emanados del Concilio de Trento (los conocidos como *Nuevo Rezado*), tuvo que desistir de su primera idea y encargar su impresión al taller de Cristóbal Plantino en Amberes. Tan solo a finales del siglo XVI y principios del XVII, de la mano de avispados libreros que sabían moverse por el laberinto cortesano como nadie, entre los que destaca Francisco de Robles, comenzó a vislumbrarse una recuperación industrial, aunque nada que ver con el esplendor de épocas pasadas.

Justo lo contrario va a suceder con los corrales de comedias y con la industria cultural que van a generar alrededor de las compañías y del *autor de comedias* como figura central. Desde que en Madrid se abrieron los primeros corrales en los años setenta del siglo XVI hasta los años treinta del XVII (Lope de Vega murió en 1635), la industria teatral no dejó de crecer y de consolidarse, de hacerse cada vez más compleja y, por este mismo motivo, necesitada de unas reglas y normas textuales, que bien supo sintetizar Lope con sus obras, su *Arte nuevo de hacer comedias* (1609) y el modo que tuvo de relacionarse con los *autores de comedias* y, posteriormente, con los libreros. Miguel de Cervantes vivió en primera persona este proceso, desde sus inicios —en los que fue uno de los escritores que vio como varias de sus obras se subían a los tablados de los corrales—, hasta su época de consolidación, en la que tuvo que conformarse con ser un mero espectador, un crítico espectador de la nueva realidad teatral que ha triunfado. Y esta diferencia, que comparte con muchos de sus compañeros de la conocida como «generación perdida», tendrá también sus consecuencias a la hora de conservar o no sus textos: si de la mayoría de los escritores que triunfaron en los corrales de comedias en el siglo XVII conservamos materiales textuales utilizados dentro de los corrales de comedias (trazas, originales autógrafos, copias de actor y papel de actor), así como múltiples copias manuscritas que permitieron su difusión más allá de las representaciones teatrales, nada parecido podemos decir de Miguel de Cervantes ni de los autores con los que compartió tardes de éxito en las últimas décadas del siglo XVI. La mayoría de estos testimonios manuscritos únicos han llegado a nuestras manos debido a que el éxito de los corrales de comedias animó a algunos de los bibliófilos y coleccionistas del momento a querer incorporarlos en sus bibliotecas y colecciones, para hacerlas, gracias a ellos, también únicas. ¡Y qué mejor que poder contar con originales o con copias de los autores más famosos y reconocidos! De Lope de Vega, el más prolífico pero también el más influyente autor de su tiempo, se han conservado casi cincuenta autógrafos de comedias y de autos sacramentales; número que puede seguir aumentando como han puesto de manifiesto descubrimientos de los últimos años: en 2014, Alejandro García Reidy dio a conocer un nuevo autógrafo de una nueva obra de Lope, *Mujeres y criados*, conservado en la Biblioteca Nacional de España; y al año siguiente Daniele Crivellari (re)descubre en la Fundación Bodmer de Suiza un original autógrafo que se creía perdido: *Barlaán y Josaphat*.

Como se ha indicado, la industria cultural de los corrales de comedias, el desarrollo de esta fuente esencial de ingresos para los escritores, uno de los fundamentos de su profesionalización, no se explica sin la consolidación de las compañías, que giran en torno a la figura del *autor de comedias*. El éxito y la importancia de una compañía radica en su capacidad de ofrecer continuos estrenos en sus representaciones, y, si pueden ser de los autores más afamados, mucho mejor. De este modo, el repertorio de una compañía es uno de sus mayores activos, lo que le permite so-

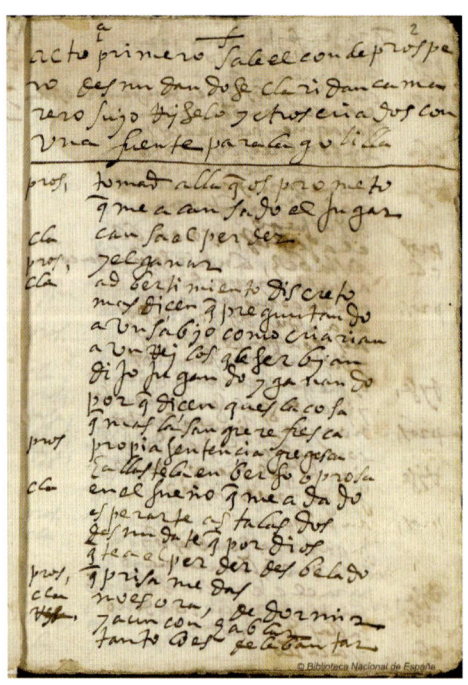
Original autógrafo de *Mujeres y criados* de Lope de Vega. Biblioteca Nacional de España: mss/16915.

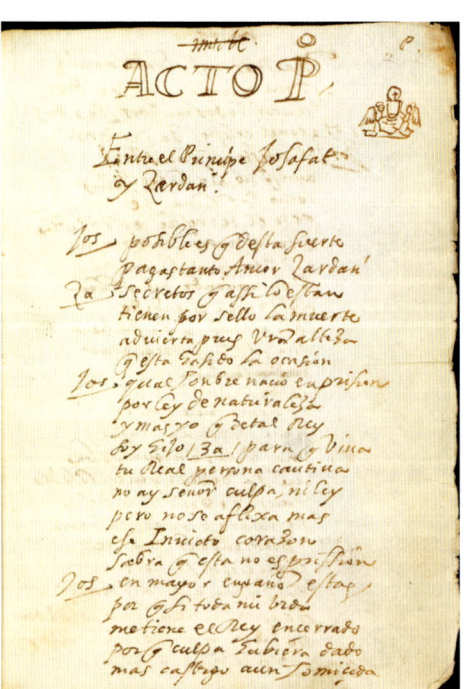
Original autógrafo de *Barlaán y Josaphat* de Lope de Vega. Fundación Bodmer de Suiza.

brevivir en una competencia cada vez más encarnizada. Además de la compra de comedias y entremeses a diversos escritores (ya sean obras que ya tenían escritas o ya sean obras por encargo), los propios actores de la compañía podían escribir los diferentes textos necesarios para completar el espectáculo teatral. Al margen de la calidad, de la genialidad de cada uno de ellos, lo cierto es que la escritura teatral en los Siglos de Oro, a medida que los corrales de comedias se consolidan como una exitosa industria cultural, se hace cada vez más «industrial», una escritura supeditada a tiempos de entrega muy estrictos (recuérdese el plazo que Gaspar de Porres le impone a Cervantes en 1585), que tienen que ver tanto con la fecha de estreno como por el tiempo necesario para los ensayos. El escritor dramático —como sucede con todo escritor profesional— no goza de total libertad a la hora de llevar a cabo su escritura: ni en los tiempos de entrega pero tampoco en los temas elegidos ni en la intención a la hora de escribirlos.

Un escritor, antes de comenzar a escribir una comedia, debe tener claro el esqueleto del enredo, de los temas que han de tratarse en la obra, dividido por actos. Este esquema, que puede ser un «borrador en prosa» se conoce con el nombre de *traza*. Se han conservado muy pocas, por razones obvias de su naturaleza efímera, pero el inicio de la del *Entremés del paño* (BNE: mss/14162/9) dado a conocer por Debora Vaccari en 2003, nos permite adentrarnos en el taller del escritor, que tiene claro de qué tiene que escribir, con qué personajes y en que orden:

> Entran dos criados, el uno con un chapín que se han hallado en la saca, que fingen que [ha] habido un convite, y pregúntanse el uno al otro qué han guardado de la mesa y que partan. Y estando en este paso, entra el bobo con un paño, que le va a llevar a una prima del amo, y los criados le engañan diciendo que no conoce el dedo pulgar; y en esto, el otro le saca el paño y le mete el chapín y se van. Y el bobo lleva el paño a la prima, y le descubren, y hallan el chapín, y le riñen al bobo, y se vuelve. [...]

Ahora solo falta convertir esta *traza* en voces, en diálogos en verso o en prosa, para que sea representado. Esta *traza* puede ser obra del propio escritor, pero también puede ser escrita por el *autor de comedias*, con lo que el dramaturgo se convierte en una pieza más del engranaje industrial que se coordina desde la compañía. Y si recordamos este primer momento en la escritura teatral, es porque nos permite preguntarnos si de las veinte o treinta comedias que confiesa Miguel de Cervantes ha escrito y representado por estos años, ¿realmente tuvo libertad a la hora de la elección de los temas, o le fueron marcadas mediante *trazas* por los *autores de comedias*, o quizás por los temas que estaban triunfando por aquellos años, como eran las obras históricas o las de cautiverio, muy relacionadas con los cambios políticos que están imponiendo los castellanistas, que han girado el centro de los intereses de la Monarquía Hispánica del Mediterráneo al Atlántico? Los tablados de los corrales de comedias no estaban para convertirse en escaparate de las visiones personales de los dramaturgos del momento, sino para conseguir el máximo beneficio económico que permitiera la subsistencia de una compañía, del engranaje —cada vez más complejo— de esta particular industria cultural.

Esta *traza* es también material indispensable para una modalidad de escritura más habitual de lo que podemos pensar: la escritura colectiva de una obra, en que varios escritores se repartían el trabajo por escenas. La escritura colectiva irá creciendo a medida que la competencia de las compañías se hace más agresiva y las novedades han de entregarse en plazos cada vez más cortos. Algo muy habitual en la «escritura profesional» en el resto de Europa, como pone en evidencia William Shakespeare y la compañía de King's Men. Muchas de las obras atribuidas al actor y dramaturgo inglés en el *First Folio* de 1623, en realidad son obras escritas en colaboración con otros actores y dramaturgos, sobre todo con su discípulo John Fletcher. En el caso español, es conocida la anécdota que narra Pérez de Montalbán sobre una comedia que escribió a medias con su maestro Lope de Vega, que da cuenta de la presión de los repertorios dentro las compañías:

> Hallose en Madrid Roque de Figueroa, *autor de comedias*, tan falto de ellas, que estaba el Corral de la Cruz cerrado siendo por Carnestolendas; y fue tanta su diligencia, que Lope y yo nos juntamos para escribirle a toda prisa una, que fue *La Tercera Orden de San Francisco*, en que Arias representó la figura del Santo con la mayor verdad que jamás se ha visto.
>
> Cupo a Lope la primera jornada, y a mí la segunda, que escribimos en dos días, y repartiose la tercera a ocho hojas cada uno; y por hacer mal tiempo me quedé aquella noche en su casa. Viendo, pues, yo que no podía igualarle en el acierto, quise intentarlo en la diligencia, y para conseguirlo me levanté a las dos de la mañana, y a las once acabé mi parte; salí a buscarle y hallele en el jardín muy divertido con un naranjo que se le helaba, y preguntando cómo le había ido de versos, me respondió:
>
> —A las cinco empecé a escribir, pero ya habrá una hora que acabé la jornada: almorcé un torrezno, escribí una carta de cincuenta tercetos, y regué todo este jardín, que no me ha cansado poco.
>
> Y sacando los papeles, me leyó las ocho hojas y los tercetos, cosa que me admira si no conociera su abundantísimo natural y el imperio que tenía en los consonantes.

¿Qué sucede con un texto cuando entra a formar parte del repertorio de una compañía? ¿Con qué tipología textual es necesario contar para poder representar una obra en el corral de comedias?

En el momento de la transacción económica entre el escritor y el *autor de comedias*, el *original autógrafo*, este objeto físico (el escritor no suele quedarse con copia de su trabajo) le pertenece en exclusividad a la compañía. Hasta aquí llega el escritor. Hasta aquí su participación en el espectáculo teatral, su control del texto.

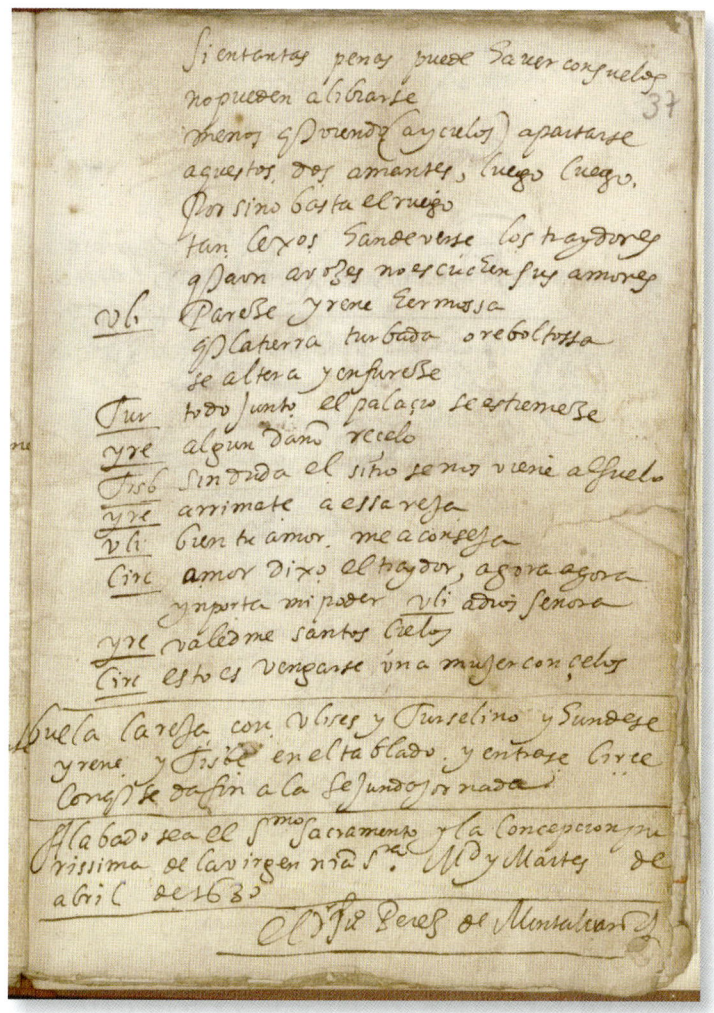

Polifemo y Circe, escrita por Pérez de Montalbán, Mira de Amezcua y Calderón de la Barca. Al final de cada acto escrito por Pérez de Montalbán y Calderón aparece su firma autógrafa. (BNE: Res/83).

A partir de este momento, como sucedía con la imprenta, este *original* se convierte en un producto, en un objeto que solo puede difundir y comercializar quien lo ha comprado (o costeado). El escritor pierde todo control tanto de su posesión como de su contenido, pues el texto podrá ser modificado para ser adaptado a las necesidades técnicas del espacio, a las posibilidades de la compañía e, incluso, a los gustos del público. El *autor de comedias* podrá cambiar el título para así «modernizar» la obra, presentar su representación como una novedad (*El alcalde de Zalamea* o *El garrote más bien dado; El burlador de Sevilla* o *El convidado de piedra; Las lágrimas de David* o *El rey más arrepentido*…), lo que le llevará a Lope a escribir: «siendo ya las comedias como las damas cortesanas, que en cada calle mudan el nombre para ser nuevas»; e incluso, con el paso del tiempo, podía desprenderse de él y venderlo a otras compañías o a impresores para que pudiera tener una nueva «vida» en la transmisión impresa. En todos estos procesos, en la transmisión y difusión de su obra el escritor ha quedado en los márgenes, fuera del local donde puede leerse «Aquí se dan comedias» en el momento en que ha recibido un pago por su escritura.

A partir del momento en que el *original autógrafo* entra en la compañía, dos serán los caminos de su utilización: por un lado, el «uso institucional», al que denominaremos *original de compañía*, que es el que se guardará celosamente en el archivo de la compañía, formando parte de su «repertorio». En él se insertarán datos sobre su historia (la fecha de su compra, la venta a otra compañía, etc.), así como al final se dará cuenta de las licencias para la representación, así como de la censura de las distintas poblaciones donde se ha representado la obra. Nada queda fuera del control de la compleja maquinaria de censura de la Monarquía Hispánica.

Y por otro lado, contamos con los materiales del «uso profesional»: a partir de este *original de compañía*, con los cambios textuales que hubiera considerado oportuno incluir el *autor de comedias*, se realizarán *copias* para que los actores puedan ensayar la obra, que pueden ser completas o parciales. En los márgenes de algunas *copias de actor* completas se han escrito curiosas acotaciones sobre la escenografía o el montaje de las mismas.

Las copias parciales que transcriben tan solo los parlamentos de un determinado personaje a lo largo de la obra, precedidos del último verso del parlamento anterior, y el primero del siguiente, se conocen con el nombre de *papeles de actor*. Estas copias, además de ahorrar dinero y tiempo, disminuían el número de copias completas de una obra, y que terminaran siendo vendidas a copistas profesionales que vivían de un mercado paralelo de difusión de los textos teatrales por medio de copias manuscritas, como veremos más adelante.

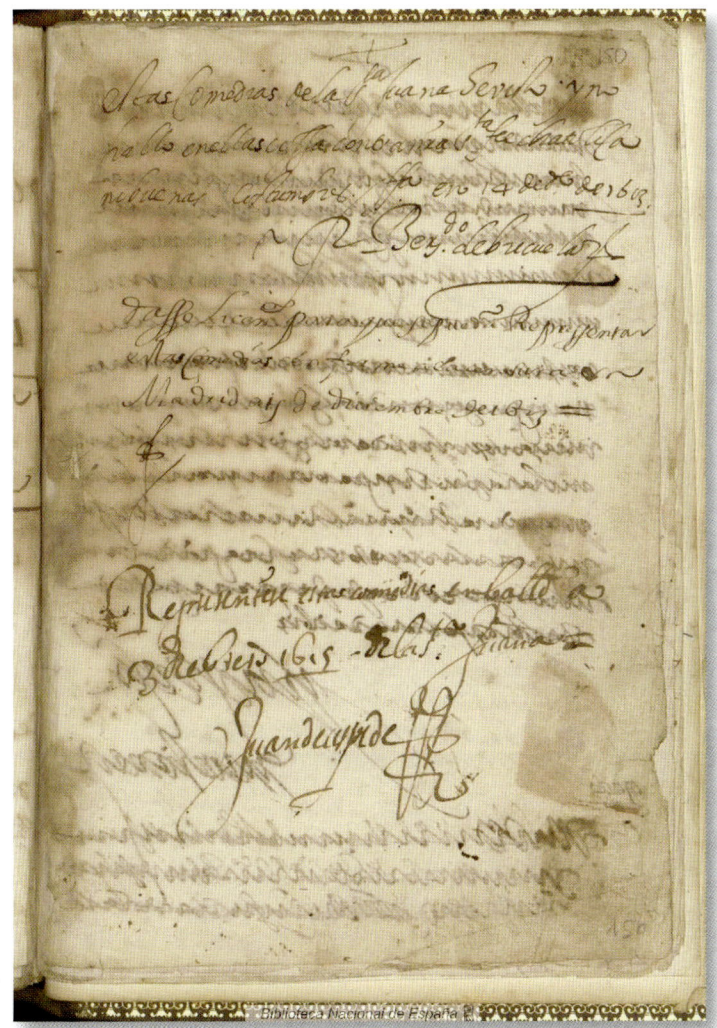

Original de compañía del comedia *Santa Juana* de Tirso de Molina (BNE: Res/249): en los últimos folios las licencias de sus representaciones en el estreno en Madrid en 1613, y sus representaciones posteriores en Valladolid (1615), para pasar al año siguiente a Córdoba, Granada, Málaga y Jaén, siendo su última representación en Cádiz en 1617.

En la *Adjunta al Parnaso* de 1614, como hemos visto, Cervantes cita entre las obras escritas en este primer período, la *Jerusalén*, que, desde los estudios de Stefano Arata de los años noventa del siglo XX, se ha identificado con *La conquista de Jerusalén*, conservado en una copia de transmisión en la Real Biblioteca de Madrid. Pero además, de esta obra, de manera excepcional, hemos conservado cuatro papeles de actor de esta obra en un códice de la Biblioteca Nacional de España

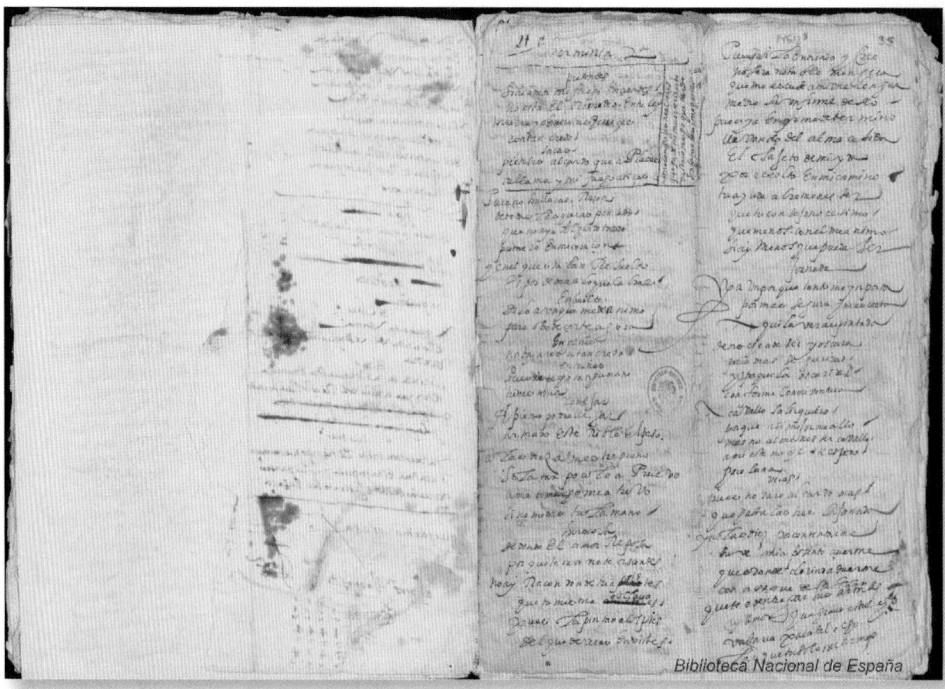

Papel de actor de Erminia, de *La conquista de Jerusalén* (BNE: mss/14612/8 nº 21).
Papel de actor de Godofredo de Bullón, de *La conquista de Jerusalén* (BNE: mss/14612/8 nº 20).

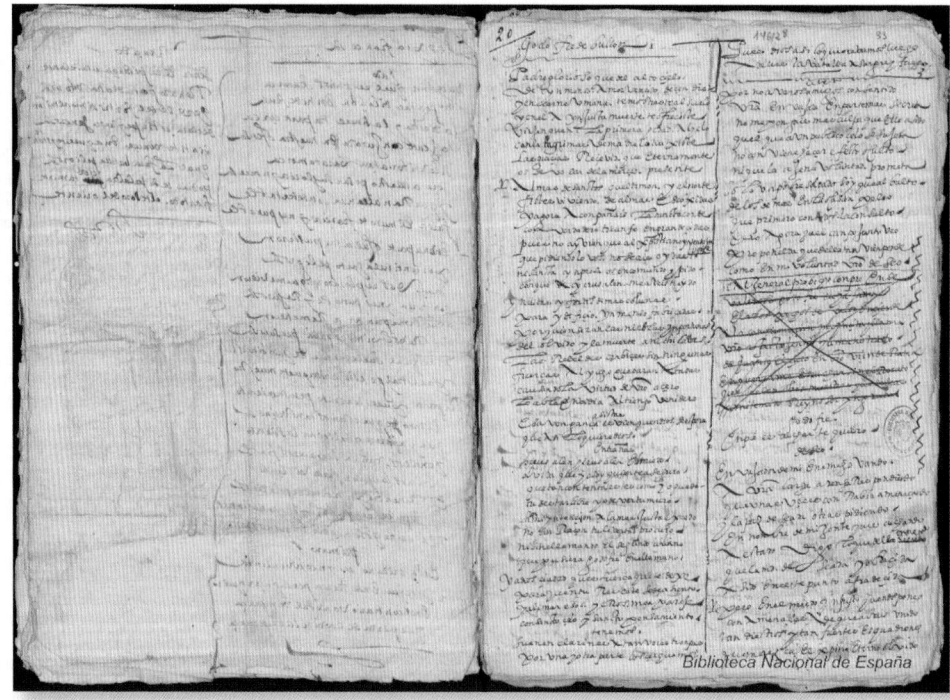

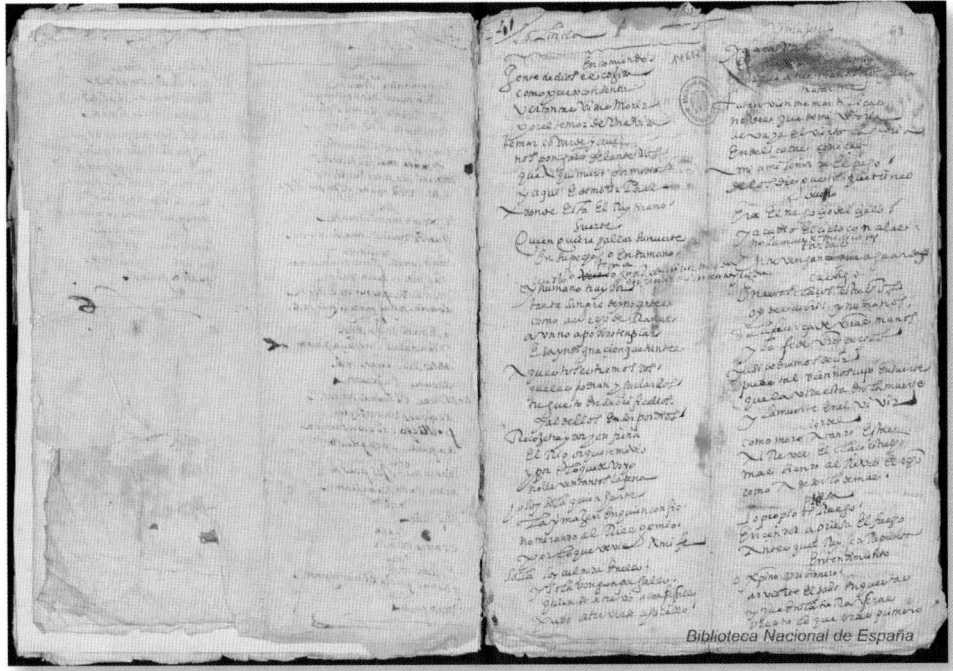

Papel de actor de Solinda, de *La conquista de Jerusalén* (BNE: mss/14612/8 nº 41)
Papel de actor de Teodoro, de *La conquista de Jerusalén* (BNE: mss/14612/8 nº 42)

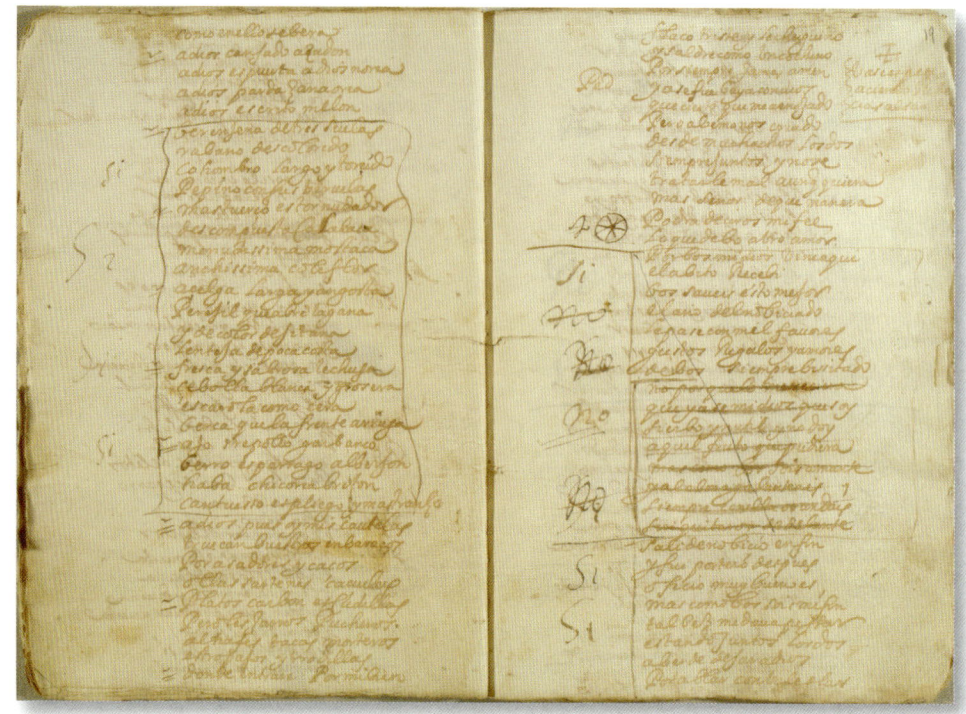

Copia de actor de la comedia *El hijo de Serafín* de Pérez de Montalbán estrenada antes de 1666 (Biblioteca Histórica de Madrid), con acotaciones escénicas.

(mss/14612/8), que se corresponden a los de Godofredo de Bullón (nº 20), Erminia (nº 21), Solinda (nº 41) y Teodoro (nº 42). Gracias a que estas copias parciales están divididas en cuatro partes, se ha podido defender que la versión original seguía la estructura de las comedias propias de la «generación perdida» y que la copia en tres actos solo tiene la finalidad de adecuarse a los gustos impuestos por Lope. Una anotación en el papel de Erminia permite datar su composición en verano de 1586, así como comprobar las difíciles condiciones de trabajo de los actores:

> Este papel se empezó a ensayar sábado de la Trinidad del año de mil y quinientos y ochenta y seis, sin saberse muy bien, y se hará el día del corpus primer venidero.

A los cuatro papeles de actor de personajes de *La conquista de Jerusalén*, hay que sumar el de la Ocasión, de *El trato de Argel*, conservado en el mismo códice de la Biblioteca Nacional de España (mss/14612/8 nº 27).

Es curioso cómo estas copias de *papeles de actor* ofrecen, en muchos casos, versiones textuales muy diferentes a las copias conservadas, lo que permite imaginar una «movilidad textual» a la hora de la representación de las comedias mayor de lo que los textos fijados —ya sea de manera manuscrita, ya sea por medio de la imprenta— nos permite suponer.

Papel de actor de Ocasión, de *El trato de Argel* (BNE: mss/14612/8 n° 27)

Gracias que desde finales del siglo XVI ya hubo personas interesadas en comprar copias manuscritas de comedias estrenadas desde los años ochenta, muchas de ellas realizadas a partir de las *copias de actor* y no de los *originales de compañía*, pues se trata de una industria pirata al margen de los *autores de comedias*, hemos podido conservar el texto de algunas obras de los primeros dramaturgos de los años ochenta, como el propio Cervantes. ¿Hasta qué punto las copias realizadas de manera fraudulenta, fuera del control de las compañías y de los escritores, han transmitido el texto original del dramaturgo? Nunca lo sabremos. Pero como han puesto de manifiesto los *papeles de actor* en relación a estas copias manuscritas, el texto dramático vive en sus variantes, en sus representaciones, en la libertad de la voz por encima de la prisión de la palabra escrita.

Los textos fuera de los corrales de comedias: las copias manuscritas de *El trato de Argel*, *La Numancia* y *La conquista de Jerusalén*

El éxito de los espectáculos teatrales en los corrales de comedias propició que, desde los últimos decenios del siglo XVI, se impulsara un nuevo negocio: la difusión manuscrita de textos teatrales. Un negocio que, casi en su totalidad, era pirata: se hacían copias sin el control del poeta ni del *autor de comedias*, a partir de textos que podían proceder de las *copias de actor* o de los famosos memoriones, que eran capaces de recordar una obra después de haberla escuchado en repetidas ocasiones, de los que tan amargamente se quejaba Lope de Vega en la *Dozena parte de sus comedias*, impresas en 1619:

> No me espanto de que haya hombres que se vengan a mi teatro, y oigan una comedia setenta veces, y aprendiendo veinte versos de cada acto se vayan a su casa, y por los mismos pasos la escriban de los suyos, y la vendan con el título y nombre de su autor, siendo todas disparates e ignorancias, quedando con el que tienen de felicísimas memorias y los dineros que les vale este embeleco tan digno de reprehensión y castigo público.

Incluso se podía llegar al engaño total de vender obras manuscritas atribuyéndoselas a un escritor de moda, obras que nunca imaginó, que nunca llegaron a salir de su pluma. Este negocio, cada vez más exitoso, llegará a la imprenta en 1604, con la publicación pirata de la primera de las partes de las comedias de Lope de Vega, en las que el escritor —ni los *autores de comedias* poseedores de sus originales autógrafos— tuvieran ninguna participación. Un proceso imparable que obligará a los escritores a tomar cartas en el asunto y dedicar su tiempo a la impresión autorizada de sus comedias, como un medio para recuperar el prestigio y el beneficio que perdían con una transmisión impresa no controlada. La piratería siempre ha jugado malas pasadas comerciales y de calidad a lo largo del tiempo.

La mayoría de las copias manuscritas de textos dramáticos estrenados en los corrales de comedias que se conservan hoy en día en bibliotecas y archivos no forma parte del circuito oficial de su transmisión oral (*originales de compañía*, *copias de actor* o *papel de actor*), sino que proceden de esta transmisión manuscrita paralela, en muchos casos fraudulenta, que no ofrecen ninguna autoridad en los textos que transmiten. Una transmisión manuscrita que, en un primer momento, va a cubrir una demanda cada vez más amplia de amantes del teatro, o de coleccionistas y bibliófilos, que desean contar con copias de estas obras —creadas para ser difundidas oralmente en un corral de comedias— en sus bibliotecas y colecciones. A medida que los textos teatrales sean difundidos por medio de la imprenta —y sobre todo, a partir de que sean los poetas quienes lo hagan bajo su control— esta incipiente industria de copias manuscritas de textos dramáticos entrará en crisis. A partir de este momento, los coleccionistas se preocuparán de adquirir las ediciones impresas de los textos, o esos objetos únicos que son los que conforman el archivo de una compañía (desde el *original de compañía*, a las *copias* o los *papeles de actor*), interesándoles menos las copias manuscritas fraudulentas. La industria pirata de copias manuscritas de obras teatrales está todavía por estudiar en su conjunto, pero lo que está claro es que sin ella hoy en día no conoceríamos buena parte de los textos dramáticos estrenados en los corrales de comedias, sobre todo en los primeros años, en los años del éxito de la «generación perdida».

De las veinte o treinta comedias que dice Miguel de Cervantes escribió en la década de los ochenta, solo hemos conservado copias manuscritas de tres de ellas: *El trato de Argel* y *La Numancia*, dadas a conocer en 1784 como apéndice de la edición del *Viaje del Parnaso* que editó Gabriel de Sancha en Madrid, a partir de los códices que hoy se conservan en la Hispanic Society of America en Nueva York, a los que hay añadir otros dos de la Biblioteca Nacional de España; y *La conquista de Jerusalén*, conservada en una copia manuscrita de la Real Biblioteca de Madrid, descubierta, como se ha indicado, en los años noventa del siglo XX por Stefano Arata.

En 1964, Antonio Rodríguez Moñino recuperó para el cervantismo el códice de la Hispanic Society of Nueva York (ms. B2341) que conserva tanto *El trato de Argel* como *La Numancia*. Además de las obras teatrales de Cervantes, ha transmitido también veinticuatro poesías de diversos autores, tres cartas en prosa y una *Comedia de los amores y locuras del conde loco*, que se atribuye a Morales. Un ejemplo más de cómo la transmisión manuscrita se mantiene como el medio habitual de difusión de obras poéticas durante los Siglos de Oro. Son copias muy cuidadas, destinadas a lectura, y que ofrecen, según los últimos editores de la obra, una versión más cercana al autógrafo original cervantino, irremediablemente perdido.

Por su parte, la copia manuscrita de *El trato de Argel* conservada en la Biblioteca Nacional de España (mss/14630), en un tamaño algo mayor, presenta el texto dividido en dos columnas, con una cuidada caligrafía.

Mucho más interesantes para comprender cómo se difundían los textos dramáticos en copias manuscritas en esta época resultan los otros dos testimonios manuscritos conservados: *La Numancia* conservada en la Biblioteca Nacional de España (mss/15000) y *La conquista de Jerusalén*, de la Real Biblioteca de Madrid (II-460, fols. 246-268).

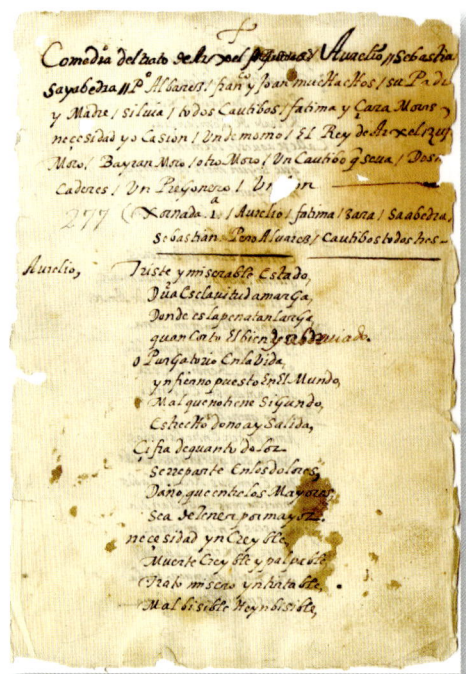
Copia manuscrita de *El trato de Argel* de Miguel de Cervantes: Hispanic Society of New York: ms. B2341.

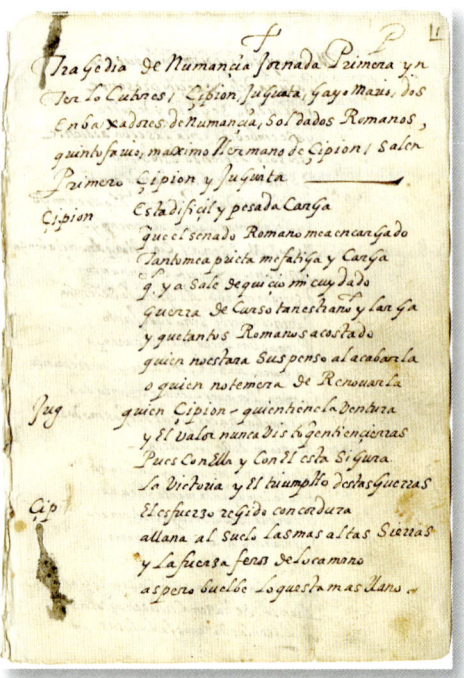
Copia manuscrita de *La Numancia* de Miguel de Cervantes: Hispanic Society of New York: ms. B2341.

Las dos copias comparten una serie de características externas: son manuscritos destinados a la lectura, con su texto a dos columnas y la portada sigue una misma pauta de presentación, tanto del título como del reparto de los personajes; al final de cada una de las copias aparece la palabra «finis» con un dibujo. Esta uniformidad en la copia se debe a que ambas copias salieron de un mismo taller, o que estamos ante la codificación de un «modelo industrial» de copia manuscrita de comedias, reconocido por los lectores (y compradores) y así asumido por los diferentes talleres de escritura. Si en la industria de la imprenta, la elección del formato, calidad del papel y de los tipos, uso de determinadas imágenes en la portada o en el interior del libro, estaba supeditada a un reparto sociológico de las impresiones, dependiendo del público al que estuviera destinado, lo mismo va a suceder en la industria de las copias manuscritas, mucho menos conocida.

Esta última hipótesis viene a ser confirmada por el descubrimiento de Stefano Arata de una serie de códices entre los fondos de la Biblioteca Nacional de Es-

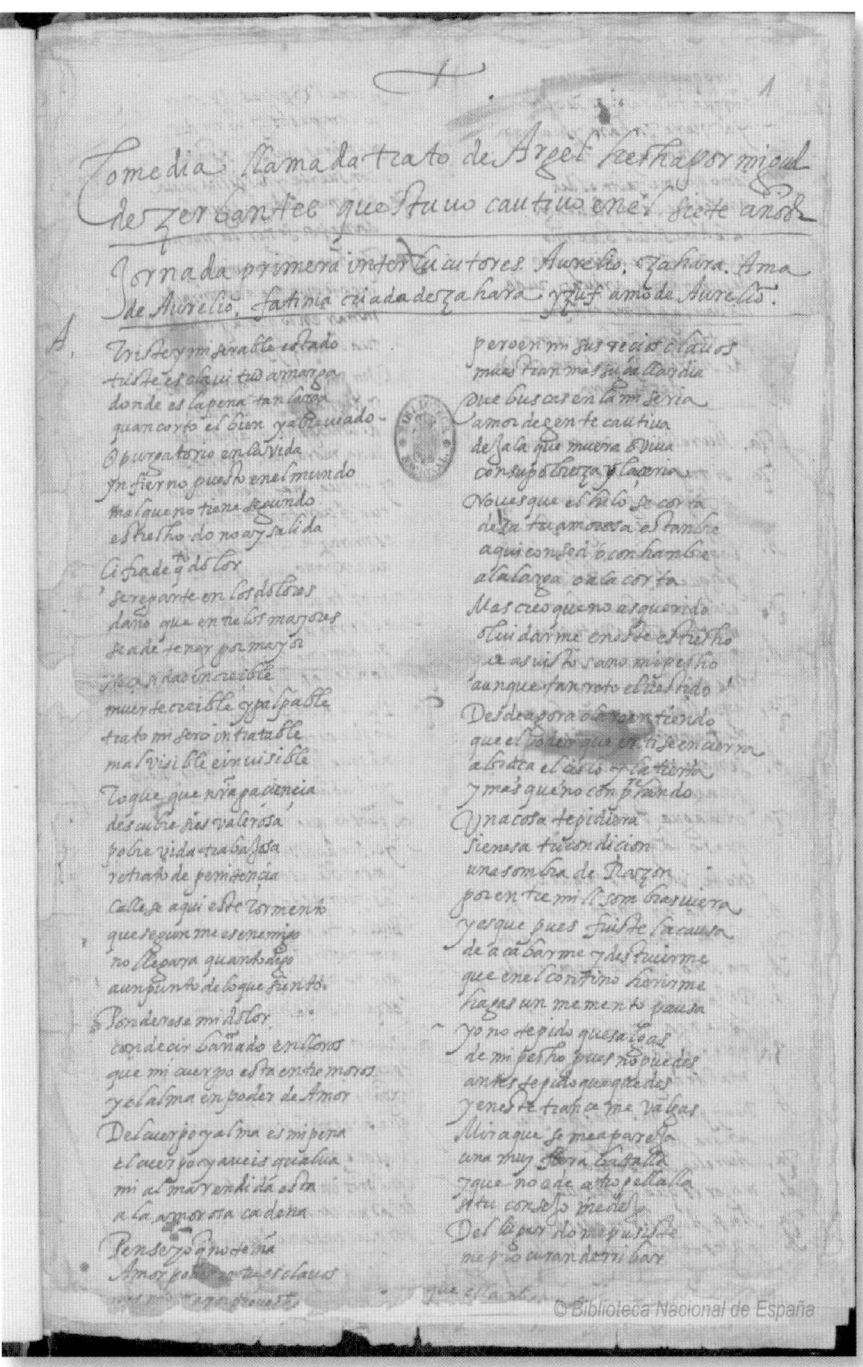

Copia manuscrita de *El trato de Argel*. Biblioteca Nacional de España: mss/14630.

 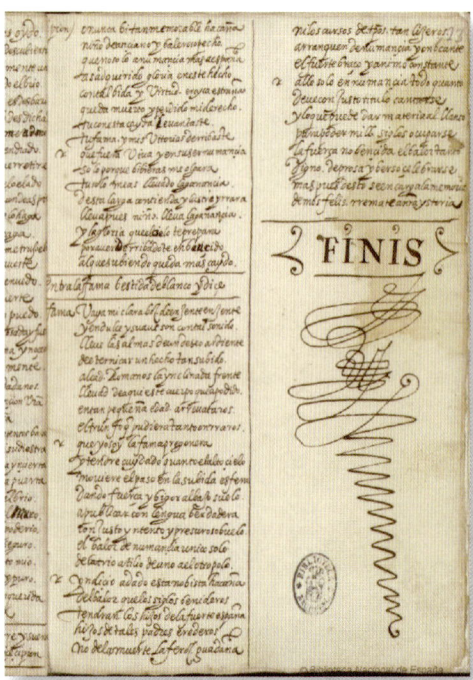

Inicio y fin de la copia manuscrita de *La Numancia*. Biblioteca Nacional de España (mss/15000)

paña y de la Real Biblioteca de Madrid, que, agrupados de manera temática, conservaban decenas de comedias copiadas con idénticas características externas: el mss/14767 de la BNE conservaría comedias de santos, mientras que los códices II-460 y II-463 de la Real Biblioteca estarían dedicados a comedias palatinas y de argumento histórico; entre las que se copia se encontraría *La conquista de Jerusalén*, que aparece sin indicación de autor. Al final de algunas de estas copias, aparecen escritos el nombre de varios copistas: Zárate, Antonio García, o «Pedro Sáenz de Viteri, criado de V. M. en Madrid, 6 de agosto de 1595».

Este conjunto de códices muestra la labor continuada de una producción de copias manuscritas de comedias que pertenecen a los primeros decenios de la consolidación de la industria de los corrales de comedias; copias organizadas bajo un mismo patrón empresarial, basadas, en su mayor parte, en las *copias de actor*, lo que hace pensar en una estrecha relación personal entre los variados talleres de escritura con miembros de las distintas compañías que pasaban por Madrid. Copias destinados a amantes de las comedias y del teatro de la época, como un tal «Baltasar de Penagos», que aparece citado en el códice de la Biblioteca Nacional de España con una fecha: 27 de noviembre de 1590, que permite datar algunas de estas copias.

Gracias a esta incipiente industria de copias manuscritas paralela a la difusión oral de las obras en los corrales de comedias, se han podido conocer algo más que los títulos de las obras que a partir de los años ochenta se estrenaron en Madrid: algunas obras del primer Lope de Vega y las de otros dramaturgos de la conocida como «generación perdida», como el propio Miguel de Cervantes. Como ya se ha indicado, pero no está de más volver a recordarlo, sin estas copias, sin esta temprana industria de copias manuscritas de obras teatrales, estas obras hubieran quedado en el olvido —como tantas otras de las que solo hemos conservado un título—, pues ya no eran del gusto del público cuando las comedias comienzan a difundirse por medio de la imprenta a principios del siglo XVII.

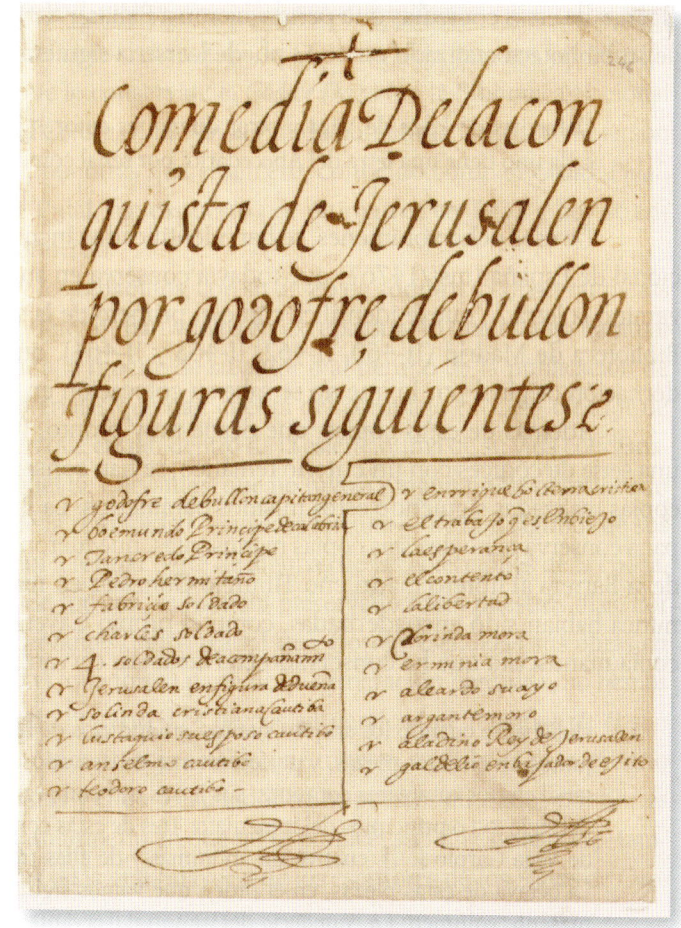

Copia manuscrita de *La conquista de Jerusalén*.
Real Biblioteca de Madrid: II-460, fols. 246r..

Pero estas copias han llegado a nosotros porque existieron también coleccionistas que muy pronto las incluyeron en sus bibliotecas. Este es el caso de Don Diego Sarmiento de Acuña, el conde de Gondomar, gran amante del teatro, que conoció de primera mano tanto en sus cargos en Valladolid, cuando allí estaba la Corte, como en Londres, cuando fue nombrado embajador. El Conde de Gondomar llegó a reunir en su palacio en Valladolid, la conocida como Casa del Sol, la más espléndida biblioteca privada de su momento, y entre las obras que reunió se encontraban pléndidas miniaturas y el uso de pergaminos o papeles de excelente calidad; por otro lado, aquellas obras que no pasarían la estricta censura de los Consejos o de la Inquisición, como son los libelos, obras heterodoxas en materia religiosa, los textos eróticos, etc., o, como hemos visto en el caso del teatro, aquellas que se difunden al margen de la aprobación de su autor o del *autor de comedias*; y, por último, las copias únicas, personales, casi podríamos decir, de «difusión bajo demanda», que es el medio habitual para la difusión y conservación de la poesía, que mantiene, de este modo, un carácter diferenciador, aristocrático, único, legitimado y cargado de prestigio. Se imprimieron colecciones de romances y cancioneros a lo largo del siglo XVI (solo hay que recordar el de Padilla para el que el propio Cervantes escribirá un poema laudatorio), pero lo cierto es que los cancioneros manuscritos seguirán siendo el modo habitual para preservar la poesía más allá de su difusión oral durante los Siglos de Oro, y a ellos tendremos que volver para encontrar testimonios de la mayoría de los poemas compuestos por nuestro autor.

Miguel de Cervantes fue poeta. Un poeta que no dejó de escribir durante toda su vida, pues la poesía era el medio más prestigioso de expresión de escritor por aquel entonces. La poesía no ocupaba un espacio propio, delimitado, elitista y solo demandado por un número ridículo de lectores; todo lo contrario, pues la poesía está presente en el día a día durante los Siglos de Oro, casi imperceptible como el sonido de la lluvia: los grandes acontecimientos y la vida cotidiana, las entradas triunfales y los catafalcos mortuorios, la arquitectura efímera y los epitafios eternos, las academias y los libelos, las fiestas cortesanas y los bailes populares... en verso se escribirán las comedias, las loas y las canciones en el teatro áureo; el verso hará acto de presencia en la mayoría de los géneros narrativos más exitosos, como son los libros de caballerías o los libros de pastores, que, precisamente, se definen en las solicitudes de licencia y en las aprobaciones como libros «de versos y prosas».

Miguel de Cervantes fue un buen poeta en el momento en que la poesía era la reina de los géneros, aquellos siglos XVI y XVII que los conocemos como Siglos de Oro precisamente por la reunión de tantos poetas —entre otros artistas— que se dieron cita en un mismo momento histórico. Una poesía que Cervantes nunca dejó de alabar, de colocar en el centro de su pensamiento literario; una poesía que él supo situar en el centro de las alabanzas como la que puso en boca de don Quijote en uno de los diálogos que mantuvo con el Caballero del Verde Gabán:

> La poesía, señor hidalgo, a mi parecer, es como una doncella tierna y de poca edad, y en todo extremo hermosa, a quien tienen cuidado de enriquecer, pulir y adornar otras muchas doncellas, que son todas las otras ciencias, y ella se ha de servir de todas, y todas se han de autorizar con ella. Pero esta tal doncella no quiere ser ma-

noseada, ni traída por las calles, ni publicada por las esquinas de las plazas ni por los rincones de los palacios. Ella es hecha de una alquimia de tal virtud, que quien la sabe tratar la volverá en oro purísimo de inestimable precio; hala de tener, el que la tuviere, a raya, no dejándola correr en torpes sátiras ni en desalmados sonetos; no ha de ser vendible en ninguna manera, si ya no fuere en poemas heroicos, en lamentables tragedias, o en comedias alegres y artificiosas; no se ha de dejar tratar de los truhanes, ni del ignorante vulgo, incapaz de conocer ni estimar los tesoros que en ella se encierran. Y no penséis, señor, que yo llamo aquí vulgo solamente a la gente plebeya y humilde; que todo aquel que no sabe, aunque sea señor y príncipe, puede y debe entrar en número de vulgo. Y así, el que con los requisitos que he dicho tratare y tuviere a la poesía, será famoso y estimado su nombre en todas las naciones políticas del mundo (II, cap. 16).

Un modelo de poesía muy particular, esencia de la literatura, muy alejada de la compraventa habitual de los escritores que venden su pluma al mejor postor, de las impresiones, de las «torpes sátiras» o de la opinión del «ignorante vulgo», que, no lo olvidemos, es el que llena los corrales de comedias, el que Lope de Vega había colocado en el centro de su poética en el *Arte nuevo de hacer comedias*, ese tratado nacido de una Academia literaria y que imprime en 1609. Pero esa será ya otra historia.

¿Cuántas poesías hemos conservado de Miguel de Cervantes, al margen de las conocidas en su juventud, las enviadas durante su cautiverio argelino, o las que se han impreso, por miles, en sus textos narrativos y dramáticos? La cifra es muy difícil de precisar, pues, como confiesa el propio Cervantes en el prólogo de las *Novelas ejemplares* (1613) existen obras «que andan por ahí descarriadas y quizás sin el nombre de su dueño». Pedro de Padilla en el prólogo de su *Tesoro de varias poesías* en 1580 indica que se ha animado a publicar sus poemas porque existen muchos que aparecen difundidos sin su nombre:

> lástima de ver algunos hijos de mi pobre entendimiento tratados menos bien que merecen de muchos que, no siendo sus padres, los han hecho hijos adoptivos para solo destruirlos. Y temeroso de que, faltando yo, se hiciese lo mismo con los que me quedaban, quise más sujetarlos a la piadosa censura de los buenos entendimientos que dejarlos a lección de quien sabrá mejor acabarlos de hacer imperfectos.

Y este silenciar su nombre y alabar su obra, algo habitual en la época según los amargos testimonios de muchos autores del momento, no solo sucederá en vida de Cervantes. Si Pedro de Espinosa no le incluyó en sus *Flores de poetas ilustres* (Valladolid, 1602), seguramente por su edad, por entrar dentro de los «soldados del tercio viejo», esos mismos con los que Calíope comenzaba su canto en *La Ga-*

latea, unos años después José Alfay sí que incluirá su soneto «Voto a Dios, que me espanta esta grandeza» en sus *Poesías varias de grandes ingenios españoles* (Zaragoza, 1654), pero sin nombrar a su autor, y eso que ya Cervantes había comenzado a ser conocido en toda Europa a lomos de su *Don Quijote*. Pero este será un éxito comercial, nada que ver con el prestigio que demanda la poesía, ese prestigio, esa fama que buscó Miguel de Cervantes en los últimos años de su vida, en su «vida en papel».

En todo caso, también Cervantes va a sufrir el proceso contrario cuando se convierta en un «escritor famoso», cuando se le recupere como «genio creador» a partir del siglo XVIII: muchos poemas anónimos o atribuidos a otros autores se le atribuirán a él. Hasta 29 atribuciones poéticas han reunido José Montero Reguera y Fernando Romo Feito en la espléndida edición de la poesía cervantina que han publicado en el año 2016. ¡Casi una treintena de nuevos poemas cervantinos que, casi con toda seguridad, nunca lo fueron!

Miguel de Cervantes, por otro lado, va a ser un poeta innovador, experimental, buscando los límites de las formas métricas de su tiempo, como también lo hará en los géneros narrativos, ya sea dentro de los libros de pastores (*La Galatea*), de caballerías (*El Quijote*) o de la *novella* italiana (*Las novelas ejemplares*). Desde este punto de vista, no extraña que esté al día de algunas innovaciones métricas, a las que va a dar entrada en sus obras, como son el artificioso *verso de cabo roto*, que es conocido en la época también como *pie cortado, quebrado o truncado*; en este tipo de composiciones se suprime parte de la última palabra del verso, normalmente la que sigue a la vocal tónica, y sobre esta vocal (la penúltima de la palabra) se basa la rima de la composición. Es un modelo métrico cuya invención se suele atribuir al poeta sevillano Alonso Álvarez de Soria, a principios del siglo XVII, por lo que Cervantes pudo conocerlo de primera mano. En 1605 va a aparecer de manera simultánea tanto en los preliminares del primer *Quijote* como en la novela picaresca *Pícara Justina* de Francisco López de Úbeda, sin olvidar el soneto contra Lope de Vega que circuló por Sevilla, y que el propio Lope pudo atribuir a Cervantes, aunque la crítica defiende que es de Luis de Góngora. Por su parte, en la comedia cervantina de *La entretenida* también aparecerá un soneto, que complica su artificio porque se cortan las palabras tanto al final como en medio del verso. Al ser un texto menos conocido que los quijotescos, merece la pena recordarlo, para así apreciar la destreza de la técnica poética de Cervantes:

> Que de un lacá- la fuerza poderó-,
> hecha a machamartí- con el trabá-,
> de una fregó- le rinda el estropá-,
> es de los cie- no vista maldició-.

> Amor el ar- en sus pulgares to-,
> sacó una fle- de su pulí- carcá-,
> encaró al co-, y diome una flechá,
> que el alma to- y el corazón me do-.
> Así rendí-, forzado estoy a cre-
> cualquier mentí- de aquesta helada pu-,
> que blandamen- me satisface y hie-.
> ¡Oh de Cupí- la antigua fuerza y du-,
> cuánto en el ros- de una fregona pue-,
> y más si la sopil se muestra cru-!

Filipo Nunes publica en Lisboa en 1615 un tratado poético con el título de *Arte poética e da pintura*, en el que se hace eco de la novedad de los versos de cabo roto, que él llama *versos troncados*, y atribuye a nuestro autor ser uno de los primeros en utilizarlos: «não são usados, e sómente neste tempo os tras Miguel de Cervantes no seu *Quixote*».

La destreza poética la había ya demostrado Cervantes en *La Galatea* donde había incluido una sextina, una composición que procede de la poesía provenzal del siglo XII, inventada por el trovador Arnaut Daniel. Esta composición está formada por seis estrofas de seis versos en que la rima consonántica al final del verso (repetición de vocales y consonantes después de la última vocal tónica) se sustituye por palabras—rimas, que se repiten en un orden prefijado en cada una de ellas. Cervantes utilizará la sextina en boca del pastor Artidoro, y las seis palabras—rimas son *noche, día, llanto, risa, muerte, vida*, como se aprecia en las dos primeras estrofas:

> En áspera, cerrada, escura *noche*,
> sin ver jamás el esperado *día*,
> y en contino, crecido, amargo *llanto*,
> ajeno de placer, contento y *risa*,
> merece estar, y en una viva *muerte*,
> aquel que sin amor pasa la *vida*.
>
> ¿Qué puede ser la más alegre *vida*,
> sino una sombra de una breve *noche*,
> o natural retrato de la *muerte*,
> si en todas cuantas horas tiene el *día*,
> puesto silencio al congojoso *llanto*,
> no admite del amor la dulce *risa*?

La sextina se concluye con un broche final de tres versos, donde se recogen de nuevo las seis palabras-rimas. Todo un ejercicio de destreza poética, no apto para cualquiera poeta:

> Vuelto ha mi escura *noche* en claro *día*
> amor, y en *risa* mi crecido *llanto*,
> y mi cercana *muerte* en larga *vida*.

Dentro del uso de formas métricas artificiosas, que ofrecen la imagen de un Cervantes poeta innovador dentro de las innovaciones poéticas de su tiempo, puede también recordarse el «soneto con estrambote», es decir a la estrofa culta por excelencia se le añaden varios versos (lo normal es que sean entre dos o tres) como apéndice. Se suelen utilizar en composiciones cómico—burlescas. Una forma métrica conocida desde la Edad Media, pero que se pone de nuevo de moda a finales del siglo XVI, siendo Cervantes uno de los primeros en utilizarlo; y lo hará hasta en cuatro ocasiones: uno en el *Quijote* (*En el soberbio trono diamantino*, I, 52), dos en la comedia La entretenida (*Pluguiera a Dios que nunca aquí viniera*, vv. 1168-1196 y *Por ti, virgen hermosa, esparce ufano* (vv. 1269-1285), y el último, que se difundió de manera manuscrita, que es sin duda el más famoso, el que se ha convertido en paradigma, en ejemplo de este tipo de forma métrica: *Voto a Dios que me espanta esta grandeza*. Este último, escrito en 1598 dedicado al túmulo que se levantó en Sevilla para llorar la muerte de Felipe II, es tenido por Cervantes como «honra principal de mis escritos» (*Viaje del Parnaso*, IV). Y no es para menos, pues, como veremos, son 18 las copias manuscritas e impresas que se han conservado de él.

Pero si Miguel de Cervantes demuestra estar al día de novedades métricas, que va a incluir en sus obras en un alarde de dominio poético, también él será creador de una nueva estrofa, el *ovillejo*, que emplea tanto en el *Quijote* (I. cap. 27) como en su novela ejemplar La ilustre fregona. El ovillejo consta de diez versos: siete serán de ocho sílabas (los más comunes en el español, los más populares, aquellos que constituyen la base del romancero), y tan solo tres que contendrán tres sílabas (extraños en la tradición métrica hispánica), que constituyen la respuesta a las tres primeras preguntas; respuestas con las que se construye el último de los versos de la estrofa. Puro artificio, muy del gusto del manierismo que terminará triunfando a principios del XVII. Pura maestría. Pero más que una explicación, valga el ejemplo de los tres ovillejos quijotescos en boca de Cardenio:

> ¿Quién menoscaba mis bienes?
> *Desdenes.*
> Y ¿quién aumenta mis duelos?
> *Los celos.*
> Y ¿quién prueba mi paciencia?
> *Ausencia.*
> De ese modo, en mi dolencia
> ningún remedio se alcanza,

pues me matan la esperanza
desdenes, celos y ausencia.

¿Quién me causa este dolor?
    Amor.
Y ¿quién mi gloria repugna?
    Fortuna.
¿Y quién consiente en mi duelo?
    El cielo.
De este modo, yo recelo
morir de este mal extraño,
pues se aumentan en mi daño,
amor, fortuna y el cielo.

¿Quién mejorará mi suerte?
    La muerte.
Y el bien de amor, ¿quién le alcanza?
    Mudanza.
Y sus males, ¿quién los cura?
    Locura.
De este modo, no es cordura
querer curar la pasión
cuando los remedios son
muerte, mudanza y locura.

Miguel de Cervantes fue poeta. Y un poeta reconocido en su época, sobre todo como escritor de romances. Como ya se ha indicado, Cervantes formó parte del grupo de poetas que se engloban bajo la etiqueta genérica de *Romancero nuevo*, muchos de ellos, vinculados y animados por Ascanio de Colonna, de los que ha aportado nuevos y valiosos datos Patricia Marín Cepeda (2015). Alrededor de Madrid, Salamanca y Toledo, Pedro Laínez, Luis Gálvez de Montalvo, Pedro de Padilla, Liñán de Riaza, Juan Rufo, Pedro Medina Medianilla, Luis de Vargas Manrique, Alonso de Ledesma, o los jóvenes Lope de Vega y Luis de Góngora, sin olvidar a Cervantes, van a componer romances, siguiendo el modelo de este género de tradición medieval y que se mantiene durante el siglo XVI, ampliando sus temas, pero imitando en parte su particular métrica: versos octosílabos en rima asonante, a las que se les añade la estrofa (normalmente de cuatro versos) como elemento estructurador.

Gracias al juicio al que es sometido Lope de Vega en 1588 por unos libelos difamatorios que habían circulado por la Corte el año anterior contra la que había sido hasta entonces su amante, Elena Osorio, y contra su padre, Jerónimo Velázquez,

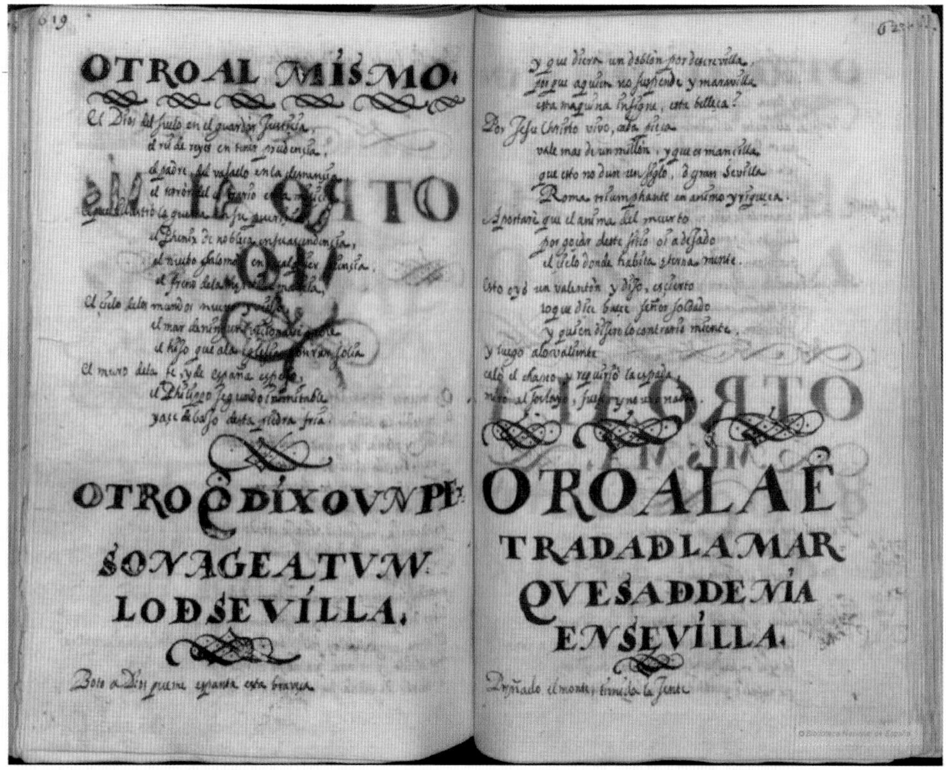

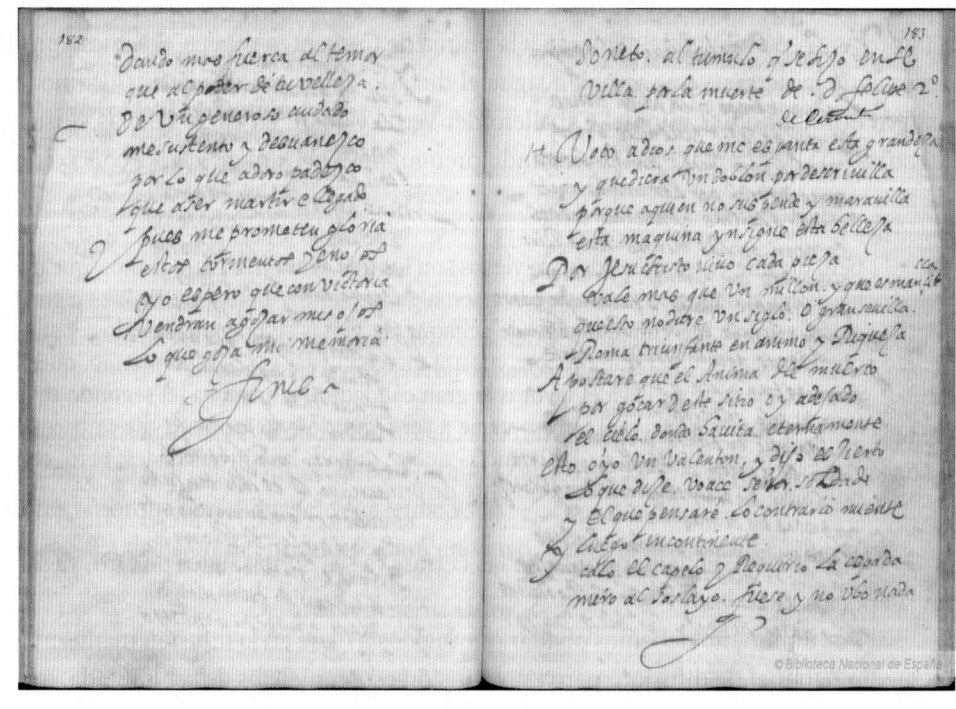

Copia del soneto «Voto a Dios que me espanta esta grandeza» de Cervantes.
Biblioteca Nacional de España: mss/861, pp. 619-620.

Copia del soneto «Voto a Dios que me espanta esta grandeza» de Cervantes.
Biblioteca Nacional de España: mss/4127, pp. 183

los poemas fueran conocidos por un número mínimo de lectores. Todo lo contrario. La difusión oral y la manuscrita vienen a mostrar cómo el Miguel de Cervantes poeta era conocido (y reconocido) en su tiempo. Por ejemplo, del citado soneto con estrambote *Voto a Dios que me espanta esta grandeza* (1598), se conocen 18 copias manuscritos repartidas en 16 códices:

BNE: mss/861, pp. 619-620, y p. 633 (*Canciones místicas*)

BNE: mss/3985, fol. 95v (*Colección de poesías*)

BNE: mss/4127, p. 183 (*Libro de romances nuevos y otras poesías*)

BNE: mss/8252, fol. 69v (*Papeles literarios y políticos*)

BNE: mss/19387, fol. 113v (*Colección de poesías*)

RAE: RM 6212, pp. 84-85 (*Versos varios*)

RAE: RM 6215, p. 49 (*Cancionero*)

RAE: RM 6723, p. 13 (*Tesoro poético*)

Real Biblioteca: II-996, fols. 216v-217r (*Romances manuscritos*)

Real Biblioteca: II-2459, fol. 97r

Biblioteca Central del CSIC: RM 3857, fols. 89v-90r

Hispanic Society: B/2495, fol. 326r (*Cartapacio de varios sonetos a lo divino*)

Hispanic Society: B/2558, fol. 35v (*Cancionero hispano portugués*)

Biblioteca Nazionale di Napoli: I-E-49, fol. 58r (*Cancionero del Duque de Estrada*)

Biblioteca Nazionale di Firenze: Magl. VII-353, fol. 1v y fol. 277v

Biblioteca Pública de Évora: CXIV/1-3, fol. 676.

A estas copias manuscritas hay que sumar la difusión impresa en las primeras páginas de las *Poesías varias de grandes ingenios españoles* (Zaragoza, 1654) compiladas por José Alfay.

Difusión de la obra que no tanto del autor, pues, como suele ser habitual en los Siglos de Oro, los poemas se copian sin indicación de su autoría, o atribuyéndoselo a escritores con más fama y reconocimiento en su época, como sucede con el manuscrito 8252 de la Biblioteca Nacional de España, con atribución al conde de Villamediana.

Valgan estas páginas, que dan cuenta solo de lo poco que hemos conservado sobre la poesía de Cervantes hasta principios del siglo XVII, para dibujar el contexto

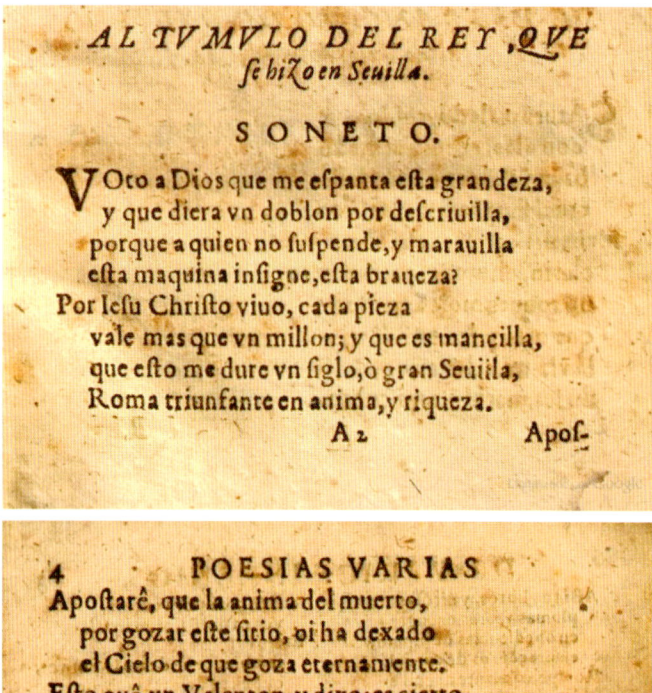

El soneto «Voto a Dios que me espanta esta grandeza» de Cervantes en *Poesías varias de grandes ingenios españoles* compiladas por José Alfay (Zaragoza, 1654).

en que hemos de situar al Miguel de Cervantes poeta; el mismo Cervantes que parece, y solo parece, no tener una buena opinión de sí mismo como poeta, teniendo en cuenta el repetido pasaje al inicio del *Viaje del Parnaso*:

> Yo, que siempre trabajo y me desvelo
> por parecer que tengo de poeta
> la gracia que no quiso darme el cielo (I, vv. 25-27).

Una afirmación que, en absoluto, quiere describir su inferioridad como poeta frente a su superioridad como novelista, que parece ser la lectura que ha prevalecido desde el siglo XVIII cuando se le rescata como autor precisamente por el triunfo editorial y literario del *Quijote*, sino que pone de nuevo en el tablero de las opiniones literarias

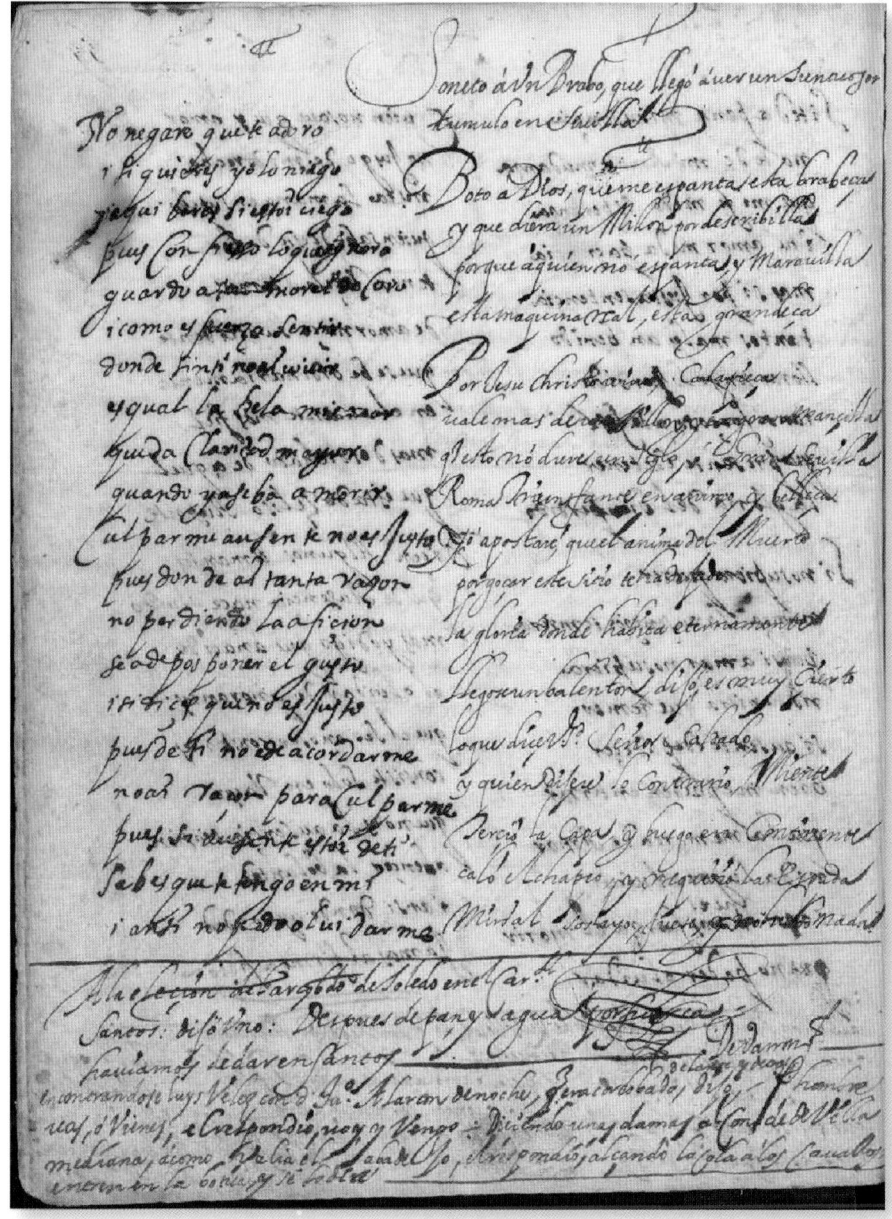

Copia del soneto «Voto a Dios que me espanta tanta grandeza» de Cervantes atribuido al conde de Villamediana. Biblioteca Nacional de España: mss/8252, fol. 69v.

la oposición entre el «trabajo» (arte) y la «gracia» (inspiración). Ese «trabajo» que era tan del gusto de los tacitistas, de los letrados y secretarios que dominan la vida política y de mercedes en la Corte de la Monarquía Hispánica por aquel entonces.

Gracias a las excelentes ediciones que se han publicado en el año 2016 de la poesía de Cervantes, la de Adrián Sáez (Madrid, Cátedra) y las de José Montero Reguera y de Fernando Romo Feito (Madrid, RAE), ahora es posible volver a escuchar la voz poética de Miguel de Cervantes con la limpieza, el ingenio y el enorme esfuerzo que le dedicó toda su vida. La poesía como una joya preciosísima, que debemos comenzar a valorar en su justa medida, dentro de los cánones de su época, dentro de la voluntad por establecer un diálogo con sus esperanzas de prosperar en la Corte, por ser testigo privilegiado —como tantos otros poetas— de la realidad de su tiempo. Un Miguel de Cervantes poeta que se expresa con estas hermosas palabras de *La gitanilla*:

> No es malo —dijo el paje—, pero el ser poeta a solas no lo tengo por muy bueno. Hase de usar de la poesía como de una joya preciosísima, cuyo dueño no la trae cada día, ni la muestra a todas gentes, ni a cada paso, sino cuando convenga y sea razón que la muestre. La poesía es una bellísima doncella, casta, honesta, discreta, aguda, retirada, y que se contiene en los límites de la discreción más alta. Es amiga de la soledad, las fuentes la entretienen, los prados la consuelan, los árboles la desenojan, las flores la alegran, y, finalmente, deleita y enseña a cuantos con ella comunican.

Miguel de Cervantes y Lope de Vega: historia de un enfrentamiento anunciado

A su vuelta del cautiverio, en ese nuevo Madrid que iba descubriendo día a día, Miguel de Cervantes debió de encontrarse en más de una ocasión con un joven Lope de Vega, de tan solo 18 años, pero ya reconocido en muchos de los círculos literarios y cortesanos que frecuentaría nuestro autor. Un Lope de Vega que había comenzado sus amores con Elena Osorio, la hija del prestigioso *autor de comedias* Jerónimo Velázquez, al que Cervantes tendrá en más de una ocasión que asistir como agente de negocios; un Cervantes que, al tiempo que seguía esforzándose en conseguir una merced en la Corte Hispánica, se adentraba cada vez más en los círculos literarios de sus antiguos conocidos y nuevos amigos, en especial Pedro Laínez, Pedro de Padilla o Luis Gálvez de Montalvo.

Estos primeros años son los del reconocimiento mutuo al formar parte de los mismos grupos, de encontrarse en el mismo ámbito cortesano, donde ambos querían triunfar. Por eso no extraña que, a pesar de los quince años que los separan, se citen continuamente en sus obras, en compañía de otros de los miembros de su particular red clientelar literaria. En el ya analizado *Canto de Calíope* de *La*

Galatea, Cervantes destaca en Lope que, a pesar de su juventud, muestra un ingenio maduro:

> Muestra en un ingenio la experiencia
> que en años verdes y en edad temprana
> hace su habitación ansí la sciencia,
> como en la edad madura, antigua y cana.
> No entraré con alguno en competencia
> que contradiga una verdad tan llana,
> y más si acaso a sus oídos llega
> que lo digo por vos, LOPE DE VEGA. (vv. 321-328)

Curiosa es ese «acaso a sus oídos llega», que le permite mostrar casi un diálogo con Lope, como si lo tuviera delante: «que lo digo por vos», clara muestra de su amistad, de su relación cotidiana.

Por su parte, Cervantes será citado en el elenco de escritores que incluye Lope de Vega en el libro IV de la *Arcadia* (1598), todos ellos, como ya hemos visto, vinculado a ese círculo de poetas alrededor de Ascanio Colonna y del *Romancero nuevo*, con algún que otro nombre sorprendente, como el de Luis de Góngora que, con el tiempo, se convertirá en su mayor rival y enemigo literario:

> Buscó a Anfriso que, con otros tan grandes, levantada la cortina por otra parte, miraba a los hermanos Lupercios, gloria de Aragón, a don Luis de Góngora, a Pedro Liñán de Riaza, al doctor Salinas, a Miguel de Cervantes, Pedro de Padilla, Juan Rufo de Córdoba, Vicente Espinel, Gálvez de Montalvo, al licenciado Arias, a don Bernabé de la Serna [...]

Además, Lope citará de manera elogiosa hasta en dos ocasiones *La Galatea* en algunas de sus comedias estrenadas a principios del siglo XVII, como *La viuda valenciana* o *La dama boba*. En ambos casos se habla de libros y de lecturas, y en ambas citas el libro de pastores de Cervantes se recuerda en el conjunto de otras obras. En *La viuda valenciana*, al final del primer acto, Otón aparece con una cesta llena de libros, y Leonarda pregunta por su contenido, siendo el primero que saca *El pastor de Fílida* y el segundo, lo que no es casual, *La Galatea*; aprovecha Lope para hablar de sus autores con una pincelada biográfica, que se aprovecha para dar a conocer su propia pasión:

> Y Gálvez de Montalvo fue,
> con grave ingenio, su autor.
> Con hábito de San Juan
> murió en la mar, y yo muero

> en más profundo y fiero.
> Aqueste es *La Galatea*,
> que si buen libro desea,
> no tiene más que pedir.
> Fue su autor Miguel Cervantes,
> que allá en la Naval perdió
> una mano, y pierdo yo...

En *La dama boba* la referencia aparecerá en la escena tercera del Acto III, y de nuevo, se trata de un catálogo de los autores y obras que conforman el círculo inicial de poetas con los que se relacionó Lope de Vega, todos ellos vinculados al *Romancero Nuevo*, entre los que Lope no tiene ningún empacho en citarse hasta en tres ocasiones, como poeta (*Rimas*), dramaturgo (*Los pastores de Belén*) y novelista (*Peregrino en su patria*):

> Ayer sus librillos vi,
> papeles y escritos varios;
> pensé que devocionarios,
> y de esta suerte leí:
> *Historia de dos amantes*,
> sacada de lengua griega;
> *Rimas*, de Lope de Vega;
> *Galatea*, de Cervantes;
> el Camoes de Lisboa,
> *Los pastores de Belén*,
> comedias de don Guillén
> de Castro, liras de Ochoa;
> canción que Luis Vélez dijo
> en la academia del duque
> de Pastrana; obras de Luque;
> cartas de don Juan de Arguijo;
> cien sonetos de Liñán,
> obras de Herrera el divino,
> el libro del *Peregrino*,
> y *El pícaro*, de Alemán.

Sin olvidar los espacios paratextuales en que Cervantes y Lope coincidieron, a veces muy poco poéticos, como el citado *Tratado de todas las enfermedades de los riñones, vejiga y carnosidades de la verga y urina* del cirujano Francisco Díaz (Madrid, 1588), Miguel de Cervantes escribirá un soneto laudatorio para la segunda edición de la *Dragontea* de Lope de Vega, publicada en Madrid en 1602 junto a las *Rimas* y a *La hermosura de Angélica*:

> Yace en la parte que es mejor de España
> una apacible y siempre verde Vega
> a quien Apolo su favor no niega,
> pues con las aguas de Helicón la baña.
>   Júpiter, labrador por grande hazaña,
> su ciencia toda en cultivarla entrega;
> Cilenio, alegre, en ella se sosiega,
> Minerva eternamente la acompaña;
>   las Musas su Parnaso en ella han hecho;
> Venus, honesta, en ella aumenta y cría
> la santa multitud de los amores.
>   Y así, con gusto y general provecho,
> nuevos frutos ofrece cada día
> de ángeles, de armas, santos y pastores.

Elogio al escritor pero también publicidad a las últimas obras publicadas por Lope, justo en estos momentos en que el cierre de los corrales de comedias le obliga a volcarse en el otro pilar económico para el escritor profesional: la imprenta. Y así esos «de ángeles, de armas, santos y pastores» hacen alusión, respectivamente, a *La Arcadia* (1598), *La Dragontea* (1598), *Isidro* (1599) y *La hermosura de Angélica* (1602). Desde esta costumbre de la autocita y autopromoción —necesaria para llegar al mercado consumidor literario que ahora está en expansión— no extraña que Cervantes aproveche todas las ocasiones posibles para hablar de sus obras, ya sea en el escrutinio de la biblioteca de Alonso Quijano, ya sea en el cajón de libros que se han dejado olvidados en la venta de Palomeque el Zurdo en el *Quijote*.

En todo caso, el poema laudatorio que escribe Cervantes para Lope de Vega ha sido considerado por uno de los mayores especialistas en la poesía cervantina, José Montero Reguera, como el punto y final de su amistad literaria, en este reconocerse dentro de un mismo grupo, de un mismo círculo de escritores.

¿Qué sucedió a partir de este año entre nuestros autores para pasar de este reconocerse mutuamente a aprovechar cualquier ocasión para atacarse? Son los años en que Lope de Vega no dejaba de triunfar en la Corte, tanto dentro como fuera de los corrales de comedias, donde llegaría convertir en norma cotidiana su *Arte nuevo de hacer comedias*, el Lope que defendía su cetro poético de los ataques de tantos candidatos, en especial, los de Luis de Góngora; los años a los que Miguel de Cervantes, ya alejado de su primer círculo literario, que se había disgregado por la muerte de casi todos sus miembros, le perdemos la pista desde 1602 y la posterior publicación del *Quijote*, que lo sitúan en Valladolid hacia 1604, en la Valladolid que acaba de estrenarse como sede de la Corte.

Pasados los años, en la *Adjunta al Parnaso* de 1614, Miguel de Cervantes escribe la siguiente anécdota, que presenta con la apariencia de una confesión biográfica:

> Estando yo en Valladolid llevaron una carta a mi casa para mí, con un real de porte; recibiola y pagó el porte una sobrina mía, que nunca ella le pagara; pero diome por disculpa que muchas veces me había oído decir que en tres cosas era bien gastado el dinero: en dar limosna, en pagar al buen médico y en el porte de las cartas, ora sean de amigos o de enemigos; que las de los amigos avisan; y de las de los enemigos se puede tomar algún indicio de sus pensamientos. Diéronmela, y venía en ella un soneto malo, desmayado, sin garbo ni agudeza alguna, diciendo mal de Don Quijote, y de lo que me pesó fue del real, y propuse desde entonces de no tomar carta con porte.

El relato, que muestra una cotidianidad que nos sorprende pues no estamos acostumbrados a ella al hablar de Miguel de Cervantes, da cuenta de algo que ya sabíamos: las críticas que el *Quijote* suscitó incluso antes de haber sido publicado (asunto que abordaremos en el tercer tomo de nuestra biografía). Si del Cervantes hombre, del Cervantes cotidiano, el del día a día, no conocemos (casi) nada, de Lope de Vega podemos decir todo lo contrario, en especial por las cartas que le enviaba a su señor, el Duque de Sessa, que hablaban de casi todo menos de su trabajo de secretario. En el epistolario conservado, la primera carta de Lope que podemos leer, en este caso, destinada a un personaje desconocido, está fechada el 4 de agosto de 1604 en Toledo, ciudad en la que vive después de una estancia en Sevilla, donde ha vuelto perseguido por censuras y críticas que Lope, en parte, achaca al mismo Cervantes, ese mismo que años atrás formaba parte de su círculo poético. Lope, con ese estilo suyo inconfundible da cuenta de las novedades que ha vivido en los últimos días: «Toledo está caro, pero famoso, y camina con propios y extraños al paso que suele: las mujeres hablan, los hombres tratan, la justicia busca dineros, no la respetan como la entienden, representa Morales, silba la gente, unos caballeros están presos porque eran la causa de ello»… Se regodea en algunos detalles, sobre todo con los que tienen que ver con los corrales de comedias: al pregonarse que no se silben las obras que se representan, los toledanos han encontrado un remedio: para mostrar su desacuerdo, se tiran pedos. Y por último, después de lanzar una última pulla a Morales, por querer hacer las paces con él regalándole un pavo, que no quiso aceptar porque las puertas de su casa «están hechas a la medida de carneros, vacas y conejos», le toca el momento a la crítica a Cervantes y al *Quijote*:

> De poetas, no digo: buen siglo es este. Muchos en cierne para el año que viene, pero ninguno hay tan malo como Cervantes ni tan necio que alabe a don Quijote.

Desde Toledo, un Toledo que sueña con que los rumores de que será la próxima sede de la Corte se hagan realidad, Lope de Vega termina su primera carta conservada precisamente con un menosprecio de la Corte, esa misma Corte que es testigo de sus éxitos y triunfos, esa misma Corte que le adora… o al menos, no deja de comprar sus libros, asistir a sus estrenos e, incluso, adquirir retratos suyos para así tenerlo siempre presente en sus casas. Así, si la Corte termina instalándose en Toledo, Lope dice que se irá entonces a vivir a Valladolid:

> porque, si Dios me guarda el seso, no más Corte, coches, caballos, alguaciles, músicas, rameras, hombres, hidalguías, poder absoluto, y sin P… disoluto, sin otras sabandijas que cría ese océano de perdidos, lotos de pretendientes y escuela de desvanecidos. V. m. viva y cure y medre y ande al uso: no cumpla cosa que diga, ni pague si no es forzado, ni favorezca sin interés, ni guarde el rostro de la amistad.

Una Corte en la que triunfa Lope con sus escritos, a los que se dedica no por fama sino por dinero, y es bueno recordarlo para así acabar con las murmuraciones y las críticas: «Si allá murmuren de ellos algunos que piensen que los escribo por opinión, desengáñeles V. m. y dígales que por dinero».

Pero, volvamos a la «confesión» cervantina de 1614. ¿Cuál sería el contenido de ese poema difamatorio contra el *Quijote* que recibió en su casa vallisoletana? Cervantes, como es habitual en él, calla, pero la crítica desde el siglo XVIII, ha considerado que pudiera ser este soneto, atribuido precisamente a Lope de Vega:

> Pues nunca de la Biblia digo le-,
> no sé si eres, Cervantes, co- ni cu-,
> sólo digo que es Lope Apolo, y tú
> frisón de su carroza, y puerco en pie.
> Para que no escribieses, orden fue
> del cielo, que mancases en Corfú.
> Hablaste buey; pero dijiste mu.
> ¡O mala quixotada te dé!
> ¡Honra a Lope, potrilla, o guay de ti!
> Que es sol, y, si se enoja, lloverá;
> y ese tu *Don Quixote* valadí,
> de culo en culo por el mundo va
> vendiendo especias y azafrán romí
> y al fin en muladares parará.

Un poema atribuido a Lope o, más bien, a su círculo literario, que sería contestación a otro poema que circuló hacia 1604, pues este es el año de la publicación del *Peregrino en su patria*; poema que se le atribuyó a Cervantes, aunque la crítica se decanta hoy en día por Góngora, el gran enemigo literario de Lope:

> Hermano Lope, bórrame el soné–
> de versos de Ariosto y Garcilá–,
> y la Biblia no tomes en la má–,
> pues nunca de la Biblia dices lé–.
> También me borrarás la *Dragonté*–,
> y un librito que llaman el *Arcá*–
> con todo el *comediaje* y *epitá*–
> y por ser mora quemarás a *Angé*–.
> Sabe Dios mi intención con *San Isí*-;
> mas puesto se me va por lo devó–,
> bórrame en su lugar el *Peregrí*–:
> Y en quatro lenguas no me escribas co–,
> que supuesto que escribes boberí–,
> lo vendrán a entender cuatro nació–.
> Ni acabes de escribir la *Jerusá*–,
> bástale a la cuitada su trabá–.

Disputa literaria que sigue viva en 1614, pues Alonso Fernández de Avellaneda en su *Quijote* apócrifo sigue avivando el fuego con nuevos versos:

> Sus flechas saca Cupido
> de las venas del Pirú,
> a los hombres dando el *cu*,
> y a las damas dando el *pido*.

Hacia 1602 Miguel y Lope coincidirían en Sevilla. Y quizás sea en este momento cuando Lope de Vega y Cervantes comiencen a distanciarse. A Cervantes, como a tantos, no le gustaba nada el modelo teatral que había impuesto Lope de Vega en los corrales de comedias, ese supeditar la literatura al dinero, al gusto del «vulgo», que se convertirá en dogma poética en su posterior *Arte nuevo de hacer comedias* (1609): «Y escribo por el arte que inventaron / los que el vulgar aplauso pretendieron, / porque, como las paga el vulgo, es justo / hablarle en necio para darle gusto». Y a Lope de Vega le debió doler cómo fue recibido en Sevilla por los miembros de la Academia poética fundada en 1598 por Juan Ochoa Ibáñez, autor dramático, que, si hemos de creer los versos que le dedica en el *Viaje del Parnaso* (II, vv. 8-9), era buen amigo de Cervantes. Por esta razón, es lógico pensar que nuestro autor en sus estancias sevillanas participó activamente en las sesiones de esta Academia. Hasta cuatro sonetos se han conservado que ridiculizan a Lope (y sus ansias

Soneto burlesco contra Lope de Vega. Biblioteca Nacional de España: mss/9636.

de notoriedad y éxito) durante esta visita. El más conocido es el siguiente, que ha sido atribuido al propio Cervantes por una parte de la crítica. Vale la pena reproducirlo completo para ver cómo se gastaban las disputas poéticas por estos años, diálogos poéticos en verso, donde no se da puntada sin hilo:

— Lope dicen que vino. —No es posible.
¡Vive Dios, que pasó por donde asisto!
—No lo puedo creer. –¡Por Jesucristo!
Que no os miento. —Callad, que es imposible.
¡Por el hijo de Dios, que sois terrible!
Digo que es chanza. —Andad, que ¡voto a Cristo!
Que entró por Macarena. –¿Quién lo ha visto?
—Yo le vide. —No hay tal, que es invisible.
—¿Invisible, Martín? Eso es engaño,
porque Lope de Vega es hombre, y hombre
como yo, como vos y como Diego Días.
—¿Es grande? — Sí, será de mi tamaño.
—Si no es tan grande, pues, como es su nombre,
cágome en vos, en él y en sus poesías.

Versos y poemas de escarnio que son reflejo literario de pugnas y enfrentamientos en la vida real para hacerse o mantener el cetro de la Monarquía literaria. La Corte de las letras, que se va construyendo a imagen y semejanza de los entresijos, laberintos y redes clientelares, familiares y económicas de la Corte política, se diferencia de aquella en que no tiene al frente un poder inamovible: el rey. Todo el engranaje literario oficial, el apoyado por el poder, se mueve para defender la supremacía de la Monarquía Hispánica. Y en este engranaje, Lope de Vega y Miguel de Cervantes participaron de manera bien diferente: el uno, desde el centro, y el otro desde los márgenes; el uno con la necesidad de mantener su posición, el otro, con el deseo de cambiarla, de volverse centro.

Miguel de Cervantes y Lope de Vega terminaron enfrentándose en el interior del *Quijote*, de los tres *Quijotes*, desde 1605 hasta 1615. Esa es historia que veremos más adelante. Pero lo cierto, es que, al final de sus vidas literarias, los dos escritores no pudieron dejar de escribir versos en donde mostraron una admiración mutua.

Miguel de Cervantes en el *Viaje del Parnaso* (1614):

> Llovió otra nube al gran Lope de Vega,
> poeta insigne, a cuyo verso o prosa
> ninguna le aventaja, ni aun le llega. (II, vv. 288-390).

Y Lope de Vega en *El laurel de Apolo* (1630), en una de las más hermosas alusiones a Cervantes, a la herida que Cervantes sufrió en la Batalla de Lepanto, justo esa misma herida que era objeto de mofa tanto en el soneto satírico lopesco de 1604 como en el prólogo del *Quijote* apócrifo diez años después:

> En la batalla donde el rayo austrino
> hijo inmortal del águila famosa
> ganó las hojas del laurel divino
> al rey de Asia en la campaña undosa
> la fortuna insidiosa
> hirió la mano de Miguel de Cervantes;
> pero su ingenio en versos de diamantes
> los del plomo volvió con tanta gloria
> que por dulces, sonoros y elegantes
> dieron eternidad a su memoria
> porque se diga que una mano herida
> pudo dar a su dueño eterna vida.

La relación y el enfrentamiento entre Miguel de Cervantes y Lope de Vega es mucho más complejo de lo que pudiéramos pensar en un primer momento, en esa imagen romántica que ha situado a cada uno en un extremo en relación al éxito: el triunfo de Lope, el reconocimiento de su tiempo, frente al fracaso de Cervantes, al silencio de sus contemporáneos. Interpretación que tenía un segundo capítulo en el intercambio de los roles con el paso del tiempo: ante el triunfo de Cervantes como mito del genio creador no hay escritor de cualquier tiempo que pueda plantarle cara.

Pero el recorrido que se puede hacer leyendo los textos que se dedicaron en varias épocas de su vida, nos devuelven una imagen totalmente distinta, donde los límites del fracaso y del éxito se diluyen, donde la relaciones se van adaptando a los tiempos y las geografías donde pudieran coincidir.

Pero, sobre todo, la compleja relación entre Miguel de Cervantes y Lope de Vega, donde hay que resaltar tanto los elogios como las críticas, muestran a un Miguel de Cervantes que estuvo toda su vida vinculado, de una manera o de otra, a los círculos literarios tanto en Madrid como en Sevilla, incluso cuando acepta las comisiones de comisario real de abastos y, posteriormente, la de recaudador de impuestos atrasados, que le obligan a viajar durante meses por pueblos de Andalucía y Extremadura. El hecho de que en una reedición de la *Dragontea* lopesca en 1602, cuando Lope domina las tablas madrileñas y es famoso por toda España, aparezca un poema laudatorio de Cervantes, o que esté vinculado a los círculos poéticos, dramáticos y académicos sevillanos por estos años son una muestra más que evidente de que Cervantes sigue escribiendo, y haciendo de la escritura ese hilo necesario para seguir manteniendo sus redes de relaciones y de influencias. Corte y letras, dos caras de una misma vida… que en estos años se abre a una nueva experiencia: de las cuentas personales al laberinto de las cuentas reales.

3. Miguel de Cervantes en el laberinto de las cuentas reales

Miguel de Cervantes consigue su *merced*:
«comisario sobre la saca y embargo del pan de Andalucía»

Aún resonaban los gritos de triunfo de la Batalla de las Islas Terceras en 1582, en las que Felipe II consolidó su trono en Portugal, cuando don Álvaro de Bazán, el marqués de Santa Cruz, jefe de la Armada Real, terminó un plan para la conquista de Inglaterra. Esta victoria estaba llamada a ser el triunfo definitivo de las tesis del partido castellanista, que consolidaría el eje atlántico de su política exterior, y que permitiría, ahora sí, el control absoluto del comercio con América, tanto la Oriental como la Occidental, ampliándose al norte, donde ingleses y franceses estaban luchando por imponer su hegemonía. Pero no estaba la Monarquía Hispánica para nuevas guerras ni para nuevos gastos, ni tampoco las tierras castellanas ni andaluzas para soportar nuevas sacas de trigo, cebada, aceite y demás productos necesarios en las galeras. Así que el proyecto de la *Empresa de Inglaterra* tuvo que esperar unos años en el cajón de los deseos del marqués, que no pudo reprimir una sonrisa de satisfacción al recibir el 24 de enero de 1586 una carta del secretario del rey, Juan de Idiáquez, en que el monarca le daba luz verde para que le presentara un plan detallado de la invasión que tantas veces le había comentado; plan que debería llevarse con el máximo de los secretos: «envíe un papel del modo con que le parece que aquello se podría ejecutar, dando lugar a ello las cosas, pero advierta que se pide que se haga allá con su sumo secreto y venga acá con el mismo».

  La respuesta fue calculada y formulada por don Álvaro de Bazán hasta en sus mínimos detalles: el 22 de marzo, con todo el sigilo y secreto posible, le envía su plan al rey Felipe II, con información de los gastos previstos, que ascenderían a más de tres millones de ducados, de los que 2.589.519 con 140 maravedís le correspondería a la Corona de Castilla. Una cifra que aún hoy marea. Pero no fue el único plan que estudió Felipe II en su despacho en El Escorial: en junio, el Gobernador de los Países Bajos, su sobrino Alejandro Farnesio, III Duque de Parma, le envía otro proyecto, en que sitúa el peso de la conquista en las tropas de los tercios de Flandes, hasta 30.000 hombres y 500 caballeros, que serían transportados en barcazas planudas a la costa de Kent, para así asaltar Londres; en este caso, la finalidad de la Armada Real dirigida por el marqués de Santa Cruz se limitaría a una función de apoyo y de protección. Y hasta un tercer plan tendrá entre sus manos, el que le hace llegar Bernardino de Escalante, que le había acompañado a Inglaterra cuando viajó en 1554 para casarse con María Tudor. El plan de Bernardino, que había sido soldado en Flandes desde 1555 a 1558 antes de convertirse en sacerdote y autor de varias obras sobre el arte militar y la navegación, no dejaba de tener su interés, pues planteaba una invasión en dos tiempos: en un primer momento, se realizaría un ataque de distracción contra Waterford, en el sur de Irlanda, en que participarían 32.000 hombres; de este modo, al defender esta plaza, alejaría las tropas inglesas del Canal de La Mancha; circunstancia que se aprovecharía para que las tropas españolas procedentes de Flandes desembarcaran en Kent, y de allí, se dirigirían a Londres, que podrían conquistar de manera rápida, aprovechando que no tenía más defensa que la Torre de Londres: «a este le llaman *E greet Tuura*», como se aprecia en el dibujo que añadió a su particular escrito.

A la vista de estas y otras propuestas, el 26 de julio de 1586 Felipe II envía cartas al duque de Parma (Flandes) y al marqués de Santa Cruz (Lisboa), donde les da cuenta del plan final de la *Empresa de Inglaterra*. En el verano de 1587, una armada secundaria saldría de Lisboa con destino al sur de Irlanda para atraer a las tropas inglesas y alejarlas del verdadero

Dibujo de la Torre de Londres realizado por Bernardino de Escalante, en el informe que le envía al rey Felipe II campo de batalla. A los dos meses, la Armada Real entraría en el Canal de la Mancha, y protegería a una flota de pequeños barcos que permitirían el paso de los 30.000 soldados del Duque de Parma, que sería el encargado de llegar a Londres, y allí, sin más oposición, apresaría a la reina. El Marqués de Santa Cruz no debió de leer con la misma satisfacción los planes finales de la conquista de Inglaterra, que le dejaban en un segundo plano, por más que el rey se empeñó en alabar sus virtudes como soldado: «No he querido poner negocio de tanto peso en otras manos que las vuestras por la confianza que siempre hice de vuestra persona y la experiencia y pruebas que tengo de vuestro valor». En todo caso, nunca se pondría al frente de la Armada Real, pues morirá en Lisboa el 9 de febrero de 1588. Será sustituido por don Alonso Pérez de Guzmán, duque de Medina Sidonia, famoso en su época por su capacidad organizativa y por sus dolencias de reuma, que le llevaban a querer alejarse de los ambientes húmedos lo más posible. Lo que no consiguió, evidentemente.

Y comienzan entonces los preparativos para reunir y equipar las naves que participarán en la nueva guerra. Una actividad frenética llena de órdenes y que necesita que se cumplan en el menor tiempo posible, pues toda dilación conlleva un gasto adicional: de alquiler de los alojamientos de las tropas, de su avituallamiento y soldada, y de los bastimentos que los barcos necesitan para lanzarse a la mar. El rey le anuncia al marqués el envío de 60 000 ducados para cubrir los primeros gastos.

Estas serán las circunstancias, los tiempos y las prisas en los que comenzará a trabajar Miguel de Cervantes en septiembre de 1587 como comisario real de abastos, cuando el proyecto de la *Felicísima Armada* lleve acumulado un retraso de un año frente al plan inicial pergeñado por Felipe II. Este es el momento en que se pone en marcha la engrasada maquinaria del abastecimiento de la flota que, año a año, salía de Sevilla para las Indias, y que ahora debe duplicar sus esfuerzos para conseguir armas y abastecer nuevas naves. Se hace necesario reforzar el número de comisarios para hacer frente a las nuevas comisiones de sacas de trigo, cebada y aceite.

Nada se dejaba al azar para abastecer las galeras. Para ello, el Consejo de Hacienda contaba con una estructura engrasada y jerarquizada, en cuya cúspide se encontraban los *Proveedores generales de la Armada*, aquellos que debían hacer lo posible para abastecer a la flota hispánica, ya fuera la destinada en el Mediterráneo (Francisco de Arriola), en el Mar Océano (Antonio de Guevara, que pertenecía al Consejo de Hacienda), o en las galeras de España (Andrés de Alba). Para realizar su trabajo, estos tres proveedores generales se valían de toda una serie de cargos, que tenían cada uno su función: *tenedor de bastimentos*, el encargado de los víveres ya recogidos para su distribución; el *veedor*, que es el encargado de coordinar la compra de los bastimentos (además del *veedor general*, puede haber uno por embarcación);

el *contador*, que lleva las cuentas de todo lo comprado, vendido y distribuido, así como las deudas contraídas en todo el proceso; el *pagador*, que es el encargado de satisfacer las deudas contraídas en la compra de los materiales necesarios para el bastimento; y, por último, el *comisario*, que es la persona que, con toda la facultad y el poder que le confiere llevar la vara alta del rey, es decir, ser su representante en todo momento, es el que requisa y compra directamente los víveres de pueblo en pueblo de acuerdo a las cantidades asignadas en las distintas comisiones firmadas por los Proveedores Generales.

Francisco Duarte, factor de la Casa de Contratación en Sevilla, fue nombrado en 1579 comisario general del Ejército y Armada en Andalucía. Para realizar su tarea contaba con un secretario personal, ocho comisarios, veinte correos, dos registradores y un trompetero, a los que se añadía, claro está, el pagador, contador y tenedor de bastimentos que recibían las mercancías en los almacenes reales en Sevilla. Hasta cinco comisarios tenía Pedro de Isunza, el Proveedor General de las galeras, entre ellos, Miguel de Cervantes. El comisario que requisaba trigo en el obispado de Córdoba contaba con ocho alguaciles nombrados por él mismo. Un verdadero ejército de oficiales, con una larga experiencia en su estructura y forma de trabajo, al que ahora se incorporaba Cervantes.

El trabajo al que tendrá que enfrentarse nuestro autor no iba a ser fácil. Nunca lo había sido y ahora no iba a ser una excepción. Dos serán los problemas a los que tendrá que enfrentarse Antonio de Guevara, el Proveedor General de Andalucía, para cumplir las órdenes del rey para abastecer las galeras de la Armada Invencible: por un lado, la premura con la que se desea llevar a cabo el abastecimiento, sin dejar de preparar las flota de galeones que deberá surcar el Atlántico; y por otro, el estado ruinoso en que vivía el campo andaluz debido a las malas cosechas de los últimos años. Este será el día a día, muchas veces silenciado, del trabajo de las docenas de comisarios, como el propio Miguel de Cervantes, que tendrán que oír las quejas de regidores y de agricultores cada vez que llegan a un pueblo en busca de trigo, cebada, vino o aceite.

El 19 de mayo de 1586, Antonio de Guevara envía una carta al Consejo de Indias dando cuenta de las dificultades que está teniendo para cumplir las comisiones encomendadas por el rey para abastecer la «armada del marqués de Santa Cruz», sin tocar lo ya preparado para la flota de Indias.

Antonio de Guevara, después de viajar a Cádiz para ver la situación de la armada, ve imposible hacer frente a la orden de conseguir 250 000 arrobas de vino, 6500 de aceite y «la [misma] cantidad de bizcocho y le vaya fabricando y poniendo a punto» para el nuevo abastecimiento. En primer lugar, por una cuestión de tiempo:

Consulta de Antonio de Guevara, Proveedor General de la Armada, al Consejo de Indias sobre las dificultades de provisión de bastimentos para la armada del Marqués de Santa Cruz (19 de mayo de 1586): AGI: INDIFERENTE,741,N.67.

no sé cómo tan gran provisión se puede hacer estando el año tan adelante, porque no se hallará hasta la cosecha tanto vino ni madera. Para 9091 pipas que serán menester y mucho tiempo para hacerlas aunque se ocupen todos los oficiales de esta comarca. Tampoco hay arcos de fierro, y son menester 4500 quintales que se habrán de traer de Vizcaya.

Y, por otro lado, es también una cuestión de presupuesto, pues las cuentas que ofrece son claras, como alguien habituado a su trabajo en el Consejo de Hacienda: las 250 000 arrobas de vino necesitan de 9091 pipas de madera, lo que sube a 180 820 ducados; por su parte, las 6500 arrobas de aceite, con sus botijas correspondientes, ascienden a 5320 ducados, a los que hay que añadir las costas del transporte de todo este material para ser embarcado en las naves que deben salir rumbo a Lisboa, que suman 14 000 ducados, lo que dan un total de 201 140 ducados, a los que habría que añadir el bizcocho, ese pan duro que se obtiene de la doble cocción de la harina de trigo, para lo que sería necesario utilizar el cereal ya comprado con 20 000 ducados que el rey había enviado para la flota de Indias, con los que se «podrán labrar veinte mil quintales de bizcocho con 12 000 ducados, que se provean para conducir el trigo a harina y la manifactura del bizcocho y otras costas». Frente a estos gastos previstos, la «gran provisión» mandada hacer por el marqués de Santa Cruz cuenta con un presupuesto de unos 54 000 ducados. Pero además, como indica el desesperado Antonio de Guevara, si se quiere llevar a cabo este trabajo en poco tiempo, ha de realizarse con dinero al contado, y no con los pagarés habituales, que se cobran tarde y mal:

> y según el tiempo y la falta que hay de todo no se podrá proveer sino es con dinero de contado y se advierte que no se hallará vino sino se toma de Jerez de lo que tienen los mercaderes para cargar a Indias y que los arcos de fierro y pipas también han de hacer mucha falta e impedir o dilate el despacho de las flotas de Nueva España y Tierra Firme y que para comprarlo y embarcar el vino y labrar el bizcocho y ponerlo todo a la lengua del agua es menester mucho tiempo, y que si se ha de conducir a Lisboa no hay navíos y son menester muchos y hay mucha dificultad en estos meses por los nortes que de ordinario corren.

¿Qué hacer en estas circunstancias tan desfavorables? ¿Hasta qué punto la «gran provisión» del marqués de Santa Cruz ha de mermar las provisiones de la flota que en poco tiempo tiene que zarpar para América?

El 24 de mayo por la mañana llega la carta al Consejo de Indias en Madrid, y allí, se reenvía al rey no sin cierto enfado por no tener conocimiento de las órdenes dadas por el marqués de Santa Cruz, y las posibles consecuencias que podría tener para las provisiones habituales de la flota americana. En el vuelto la contestación del rey: «Ordenarse ha lo de aquellas provisiones de manera que lo uno no estorbe a lo otro». Dos provisiones (la ordinaria de los galeones de Indias y la extraordinaria de la Armada Invencible), dos encargos, y un mismo proveedor general, Antonio de Guevara, que tendrá que nombrar nuevos comisarios para poder hacer frente a estos nuevos trabajos, un verdadero desafío para la administración de la Monarquía Hispánica.

Y junto a la premura de tiempo para realizar las provisiones, no olvidemos el otro factor que afectará directamente a Miguel de Cervantes en sus primeras comisiones como comisario de abastos: las malas cosechas que había sufrido Andalucía en los últimos años. El 27 de agosto de 1587, el Consejo de Guerra dirigía una consulta al rey en la que hacía suyas las peticiones de la ciudad de Cádiz, en las que se quejaba amargamente de la falta de pan a causa de la mala cosecha del año anterior y «por la mucha falta que el pasado hubo para provisiones», por lo que se solicitaban dos medidas, una de ellas que difícilmente se iba a poder cumplir:

> suspender las licencias de sacas que Vuestra Majestad tiene dadas, especialmente para aquel lugar, y que el trigo y cebada que tuvieren el obispo, deán y cabildo de él y de sus rentas fuera de la ciudad, metan en ella como lo han hecho otros años por ser esto de gran socorro para los vecinos de ella.

Al año siguiente, la situación no debía de ser mejor, pues en una nueva consulta del Consejo de Guerra a Felipe II a comienzos del mes de agosto, se dibuja un mapa muy certero de la situación cotidiana de los problemas que el sistema de abastecimiento de los galeones —tanto de la flota de la Carrera, las naves mercantiles, como de la armada, los galeones militares— estaba ocasionando a la economía de las poblaciones cercanas de Sevilla y Cádiz. Por un lado, la necesidad de un reparto más ecuánime de las cantidades de los productos necesarios «según las posibilidades de cada uno, [concretando] que esta cantidad se embargase y tomase, y lo demás se dejase a sus dueños sin dar lugar a que los comisarios embargasen ni tomasen un grano más de lo que a cada uno diese por escrito firmado de su nombre». Y para mostrar la veracidad de lo que dicen, ponen de ejemplo la saca de trigo en Écija el año anterior, justo la realizada por Miguel de Cervantes, según la comisión firmada por Antonio de Guevara:

> que a las justicias se diese aviso de ello, pues si todas las comisiones que Antonio de Guevara son como una que se ha visto en el Consejo, en que manda a un comisario que envió a la ciudad de Écija, que tome todo el trigo y cebada que hallare, sin declarar la cantidad ni dejar que dejen a los dueños el que hubieren menester, crea Vuestra Majestad que se le deja una puerta abierta para los robos, cohechos y vejaciones que se entiende ha habido por lo pasado.

Por otro lado, se esfuerzan en habilitar un sistema de cobro lo más rápido posible, pues pasan los años sin que los agricultores recuperen lo entregado al rey en años anteriores:

> Y como quiera que el pagar lo que se tomare es cosa justísima lo será también en esto lo que pudiere mandando proveer el dinero para ello; y si no hubiere lugar todo, sea parte; y no permitiendo las necesidades presentes lo uno ni lo otro, que a

lo menos se dé a los que le hubieren de haber recaudo cierto y seguro para que adelante se les pague; y que en esto haya buen expediente, porque se quejan que para cobrar estos recaudos los hacen ir a Sevilla, y allí los entretienen muchos días gastando de sus haciendas, y al cabo no se los dan.

Las «necesidades presentes» que no son otras que la *Empresa de Inglaterra*. Y por último, se hace eco de los «clamores» contra los fraudes de los comisarios, por lo que ven apropiado mandar una persona de confianza para «averiguar lo que en esto ha pasado para castigarlos»:

> se entiende que no se sienten tanto los vasallos de Vuestra Merced que se les tomen sus haciendas para su real servicio como el mal término con que lo hacen, de que se han seguido desesperaciones y otros notables inconvenientes, y se sigue estar los ánimos desdeñados y mal contentos, y siendo lo que en esto se ha hecho y hacen tan en contra la santa intención de Vuestra Merced será obra muy digna de su real clemencia mandar proveer remedio de ello.

Las críticas a los abusos de los comisarios se convertirá en un lugar común de muchas de las peticiones de informes y de cartas de quejas que llegan a Felipe II. Seguramente tienen mucho de verdad, de reflejo de una situación verdadera, pero también hemos de leerlos como la estrategia de una oligarquía, que quiere defender sus privilegios y desatender sus obligaciones, que pone todos los obstáculos posibles para que los comisarios llevaran a cabo su cometido, que no era nada más que hacer efectiva la comisión que le había encomendado el Proveedor General. En 1591, el comisario Martín Gómez de Butrón, a las órdenes de Juan de Alarcón, proveedor de las Reales Galeras, llega a Ronda. La ciudad se quejará a Felipe II de su actuación y pedirá un informe, que se realizará el 16 de abril. Gracias a él podemos adentrarnos un poco a las dificultades que, día a día, un comisario de abastos tenía que enfrentarse para poder realizar su trabajo.

Martín Gómez llegó a Ronda con su vara alta de mando y su comisión. Los regidores, junto con la justicia, para «evitar molestias y vejaciones» acordaron que al cabo de un mes le proporcionarían 500 fanegas de trigo y 100 de cebada para las galeras. Cumplido el plazo y después de solicitar en vano la entrega, por la autoridad que tenía al ser el representante del rey, comenzó el comisario a requisar el trigo y cebada en las casas en que sabía que se almacenaban. Unos días después, los regidores le solicitan que no continuase, que ellos se encargarían de todo, y así el comisario deja constancia de una de las injusticias más habituales entre los labradores ricos, origen de muchas de las falsas acusaciones contra el trabajo de los comisarios:

hicieron cabildo para repartir el dicho trigo y cebada que estaban obligados a entregar, el cual hicieron entre la gente más pobre de ella, por donde no se pudo recoger; y en el dicho repartimiento no entraron ninguno de los regidores, jurados, parientes y amigos de ellos, que más son labradores ricos, y que tienen en sus cortijos mucha cantidad de trigo y cebada y lo guardan de un año a otro para vender cuando vale caro [...]. Y porque los dichos regidores y jurados, parientes y amigos suyos, son personas a quien, como dicho tengo, se les podía sacar mucha cantidad de trigo para el servicio de Vuestra Merced, y porque no se les saque ninguno habrán informado quejas de mí (AGS, Guerra Antigua, LEG, 320, fol. 189).

Algo similar debió de pensar y algo parecido vivió Cervantes en Carmona un año antes. El 12 de abril de 1591 escribe al cabildo para que sean ellos los que decidan el repartimiento más justo de las 4000 arrobas de aceite que tiene que sacar, según comisión que había llegado al lugar unos días antes. En esta carta autógrafa cervantina, la única de las conservadas que dan cuenta de los trámites que Cervantes, como el resto de los comisarios reales de abastos, tenían que realizar a la llegada de una población, destaca el deseo de que no se cometan injusticias a la hora de elegir quiénes debían de participar en la saca, que no es tanto una muestra más del carácter amante de la justicia del mito Cervantes, como el deseo de evitar las quejas de los labradores pobres, frente a sus paisanos más ricos, que quedan siempre al margen de los repartos; costumbre y realidad esta que, en ocasiones, no permite al comisario completar su comisión.

> Miguel de Cervantes Saavedra, comisario del Rey Nuestro Señor, digo: que yo he venido a esta villa a sacar cuatro mil arrobas de aceite para servicio de su Majestad, como consta por los recados y comisión que tiene presentados; y porque para podellas juntar con la brevedad que su Majestad las pide, no lo puedo hacer por no tener noticia de quien las tiene, y por evitar las quejas que se suele recrecer de sacar más cantidad al pobre que al rico, pide y suplica que vuestras mercedes sean servidos de hacer un repartimiento de la cantidad que se le puede dar, el cual se cumpla luego, que él dejará aquí un alguacil suyo para que lo envíe a Sevilla, y pasará adelante a cumplir en otros lugares la cantidad que faltare, y con esto se excusarán los agravios que, como dicho tiene, se suelen recrecer.

Sean verdaderas o no todas las críticas contra la actuación de los comisarios, o de lo trapicheos que se fraguan en el interior de los cabildos de los pueblos y ciudades, lo cierto es que el sistema de abastecimiento no deja de crecer, después de la multiplicación de la demanda de provisiones por las continuas guerras y por el aumento de la flota en el Mar Océana, crecimiento que no tiene su reflejo ni en cosechas ni en los sistemas de almacenaje. El Consejo de Guerra, por poner un ejemplo, pasa de reunir entre 150 000 y 180 000 fanegas de grano a finales de 1570, a demandar la compra

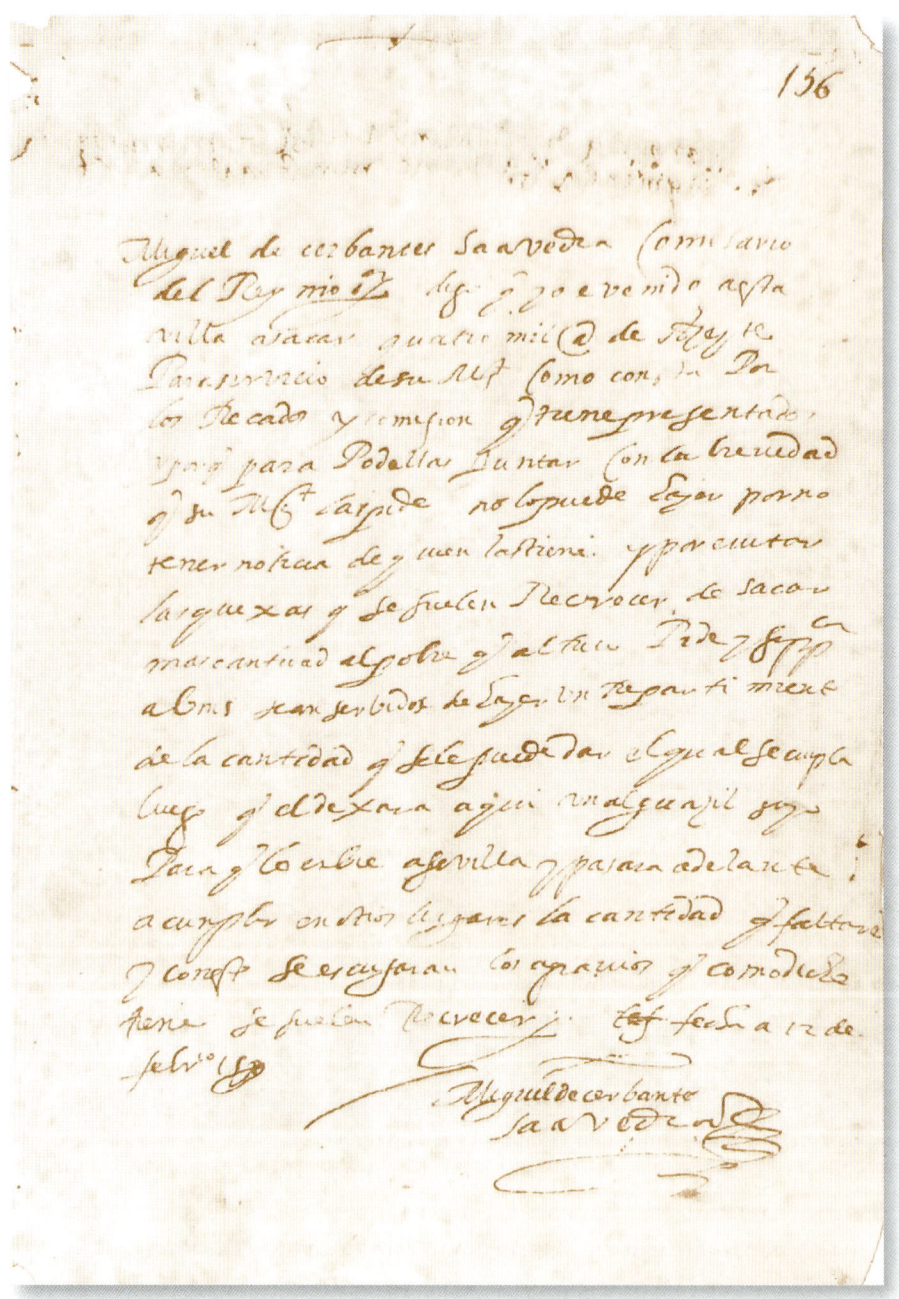

Carta autógrafa de Miguel de Cervantes al concejo de Carmona solicitando el reparto de la saca de 4.000 arrobas de aceite. Carmona, 12 de febrero de 1590. Fue descubierta en 1887 por Jorge Bonsor. En la actualidad se conserva en el Archivo Municipal de Carmona: legajo 105, Gobierno, Actas Capitulares.

de 400 000 en 1587, que los expertos han cifrado en el 1 por ciento de la producción total de trigo en España.

Se hace necesario mejorar el sistema de abastecimiento, y se hará mediante dos medidas complementarias: una mayor fiscalización del trabajo de los que trabajan en la provisión de las galeras, desde el Proveedor General a los humildes comisarios (y de ahí las continuas denuncias y pasos por la cárcel). Pedro de Isunza, Proveedor General de las galeras desde 1591, mandará al año siguiente varias cartas al rey para que conozca las causas por las que no ha podido cubrir los mínimos de abastecimiento de las galeras: por un lado, por las cédulas reales «para que no se saque ningún trigo sin pagarlo primero», que impide a los comisarios poder llevarse las miles de fanegas de trigo embargadas; y otro lado, al enviar a los corregidores que hagan visitas continuas a los comisarios, los diferentes cabildos les «ha perdido el respeto», por lo que hace semanas que no llega harina ni trigo a Sevilla. Ante esta situación, el Proveedor General propone, a su vez, dos medidas «con la humildad que me es posible»: la primera, que se le envíen a él a los culpables, pues «me toca como a su juez, porque con esto quedarán castigados y este oficio autorizado para que se obedezcan en esta tierras las órdenes y mandatos de Vuestra Majestad»; y la segunda, la más interesante:

> mande también se haga otra semejante contra el Corregidor de Córdoba, y verá Vuestra Majestad cuán diferentes excesos han sido los suyos que los de los comisarios de esta proveeduría.

Por su parte, la segunda medida que se tomará para mejorar la recaudación de productos será la descentralización de las comisiones: de este modo, las ciudades se comprometerían a entregar anualmente durante la cosecha una cantidad al rey; esta cantidad estaría almacenada en sus cillas, sus almacenes municipales, y estaría disponible en cualquier momento para ser utilizada por el rey, según las necesidades de la flota y armada. Y lo más importante, el pago se haría en metálico o mediante letras sobre las rentas reales locales, es decir, el impuesto de la alcabala, por lo que el labrador tendría su pago justo en el momento de entregar su producto, cuyo precio se fijaría según el vigente el 15 de agosto. Juan Chacón de Narváez, residente en Antequera, había sido el promotor del proyecto, y será él quien tenga la obligación de ponerlo en marcha a partir de enero de 1583, al que solo le va a ver ventajas: calculó que al año se ahorrarían 70.000 ducados comprando a los precios de julio y agosto, cuando el trigo está todavía en la era, y se recortarían de manera sustancial los sueldos de comisarios y alguaciles. Por otro lado, al garantizarse el pago al contado, permitiría que la mayoría de los productos podrían conseguirse de los ricos pueblos andaluces cercanos a las puertos, con lo que también habría un descenso en el coste del transporte. Y además, este sistema permitiría contar en el plazo de unos cinco o seis con un excedente de unas 200.000 fanegas, que debidamente almacenadas, podrían dar respuesta a necesidades extraordinarias (como el abastecimiento de la armada para la guerra o falta de trigo por malas cosechas continuadas).

Aún teniendo en cuenta las bondades del sistema, de que los propios consejos locales serían los primeros beneficiados, y del apoyo del Consejo de Guerra, harto de las continuas quejas por la fraudulenta actuación de los comisarios, lo cierto es que su implantación fue mucho más lenta de lo que sus promotores hubieran deseado: en 1586, Chacón tan solo había contratado un tercio del trigo necesario para abastecer los galeones de las armadas. ¿Cuál fue el problema? No estaba asegurado el pago inmediato del abastecimiento ofrecido por cada ciudad... Por este motivo, muchas de las ciudades renunciaban a ser ellas las que organizaran la entrega de productos, a la espera de ser tratadas con benevolencia por las distintas comisiones que el Proveedor General enviaba con su pequeño ejército de comisarios cada año.

En junio de 1595 llega a Sevilla don Pedro Rodríguez de Herrera, el nuevo Proveedor General de las galeras, que tiene claro cuál debe ser la principal de sus preocupaciones:

> El principal fin que Vuestra Majestad tuvo para mandarme proveer estas galeras fue ver si se podría proveer sin comisarios, que, como es notorio, tienen arruinado esta Andalucía con tantas molestias, vejaciones y agravios como se hacían a los vasallos de Vuestra Majestad y fraudes a la Real Hacienda.

A pesar de todos los problemas que ocasionó el nuevo sistema, sobre todo porque los regidores y los vecinos ricos, que terminaban por seguir controlando el reparto en cada localidad, se aprovechaban de él, vendiendo sus productos cuando el precio era alto, y exigiendo a los agricultores más pobres que vendieran el suyo cuando el precio era bajo, lo cierto es que este sistema se fue extendiendo, haciendo innecesaria la figura de los comisarios, que terminarían por acceder a otros puestos dentro de la Hacienda pública, como el de recaudador de impuestos, ahora dependientes directamente del Consejo de Hacienda.

Este es el contexto en que trabajó Miguel de Cervantes como comisario real de abastos, en el momento en que su oficio era mal visto, considerado la causa de muchos de los males de la mal gestión de la provisión de las armadas, y en que las acusaciones de corrupción y de abuso de autoridad eran una constante, ya estuviera o no apoyada por su actuación real. Un puesto de trabajo que le permitió a Cervantes ganar sus buenos maravedís, pero que en absoluto le daba ningún prestigio. Todo lo contrario.

El *bastimento* de las galeras: «verdaderamente cosa encantada»

Como ya se ha indicado, el 22 de marzo de 1586, el marqués de Santa Cruz le hace llegar al rey Felipe II su proyecto para la *Empresa de Inglaterra*. Proyecto que realiza con el contador Bernarbé de Pedroso. Son doce páginas llenas de detalles y entradas contables donde nada se ha dejado al azar, como la «relación de la gente y navíos, bastimentos y pertrechos que parecieron necesarios, y de dónde se podrán haber, y lo que costarán».

Para un total de 84.358 «personas de mar y guerra, y de servicio de artillería y de aventureros», a los que se suman 9.800 remeros, hasta un total de 94.158 personas, que son los que deben participar en la campaña, que ha de durar ocho meses, hay que darles «ración ordinaria cada día»; y para todo ello, es necesario contar con los productos oportunos, que se calculan para un total de 244 días. ¿Cuáles son los productos habituales y necesarios en una *nave manca, es decir, sin remos*? ¿Cuáles serán los productos que tendrán que comprar los comisarios en sus comisiones? Hasta un total de once se concreta en el citado plan, con las siguientes cantidades:

bizcocho:	379 337 quintales
vino:	46 000 pipas
tocino:	22 800 quintales
queso:	21 500 quintales
atún:	22 200 barriles
vaca salada:	16 040 quintales
aceite:	24 000 arrobas
vinagre:	3 200 pipas
habas y garbanzos:	26 000 fanegas
arroz:	7 000 quintales
ajos:	50 000 ristras

Los bastimentos reales que realmente tuvo la Armada Invencible, que fueron calculados para seis meses y un número menor de soldados, y que recoge Pedro de Paz Salas en su *La felicísima Armada* de 1588, da cuenta de los mismos productos, aunque en cantidades más moderadas:

bizcocho:	110 000 quintales
vino:	14 170 pipas
tocino:	6 000 quintales
queso:	3 433 quintales
pescado de todo género:	8 000 quintales
arroz:	3 000 quintales

habas y garbanzo:	6 230 fanegas
aceite:	11 398 arrobas
vinagre:	23 870 pipas
pipas de agua:	11 870 pipas

Portada de la obra de Pedro de Paz Salas, terminada de imprimir en Lisboa el 9 de mayo de 1588, donde da cuenta de todos los detalles sobre la Armada Invencible, desde sus participantes, las naos, hasta cada uno de sus bastimentos.

Lo interesante de la propuesta del marqués de Santa Cruz en 1586 es que, además de calcular las cantidades, ofrece también al rey un listado de los lugares donde podrían proveerse, dibujando así un mapa del reparto que por el territorio de la Monarquía Hispánica se hacía de los productos necesarios para el abastecimiento continuo de la flota de galeras. Así, los 379.000 quintales de bizcocho, pueden proceder de las siguientes geografías:

De la Andalucía, 120 quintales. Se han de labrar en Sevilla y El Puerto, y las otras 60.000 en Lisboa	120 000
De Málaga, Antequera y su comarca	50 000
Y de Cartagena, del Reino de Murcia y La Mancha	50 000
Y de Vizcaya y la provincia y las cuatro villas del trigo de la tierra de Burgos	56 000
De Sicilia, 36.000 quintales del peso que hace del de Castilla	63 000
De Nápoles 20.000 quintales, de aquel peso que hace de Castilla	40 000

¿Cuánto cuestan estos 379.000 quintales de bizcocho? Teniendo en cuenta que por 1586 se compra entre 16 y 18 reales el quintal, y que podría subir para el año siguiente, se hace una estimación de 20 reales por quintal, con lo que tendríamos un total de 257.949.160 maravedís, que vienen a ser 687 865 ducados.

Por su parte, el aceite procederá de «Andalucía, donde hay cantidad de ello».

Y Andalucía será el mayor proveedor del tercer producto esencial para el abastecimiento de las galeras, que no es otro que la cebada, necesaria para caballos y mulas:

Cebada:	91 500 fanegas
Las partes donde se han de proveer:	
En Málaga, Antequera y Murcia:	30 000
En Cartagena, Lorca, y Reino de Murcia:	16 500
En Sevilla y Andalucía:	45 000

Para ver la envergadura del trabajo a los que deberían enfrentarse los proveedores generales (y los comisarios en lo más bajo del escalafón), solo hay que tener en cuenta las estimaciones de gasto que para el «bastimiento» de la Armada Invencible había diseñado el marqués de Santa Cruz en 1586: 650 936 760 maravedís, que son algo menos de 1 800 000 de ducados... ¡Y pensar que por Miguel de Cervantes se había pedido un rescate de 500 ducados de oro!

¿Cómo se repartían los víveres durante la travesía de las naves? Si era fundamental ser estricto en el modo de conseguirlos —así como en las medidas, en la calidad de los mismos, etc., para luego no llevarse desagradables y malolientes sorpresas en medio del mar o del océano, o en medio de una batalla como sucedió con la *Empresa de Inglaterra*—, y en las cantidades que deberían ser embarcados dependiendo del número y calidad de los pasajeros y marineros, lo cierto es que estricto

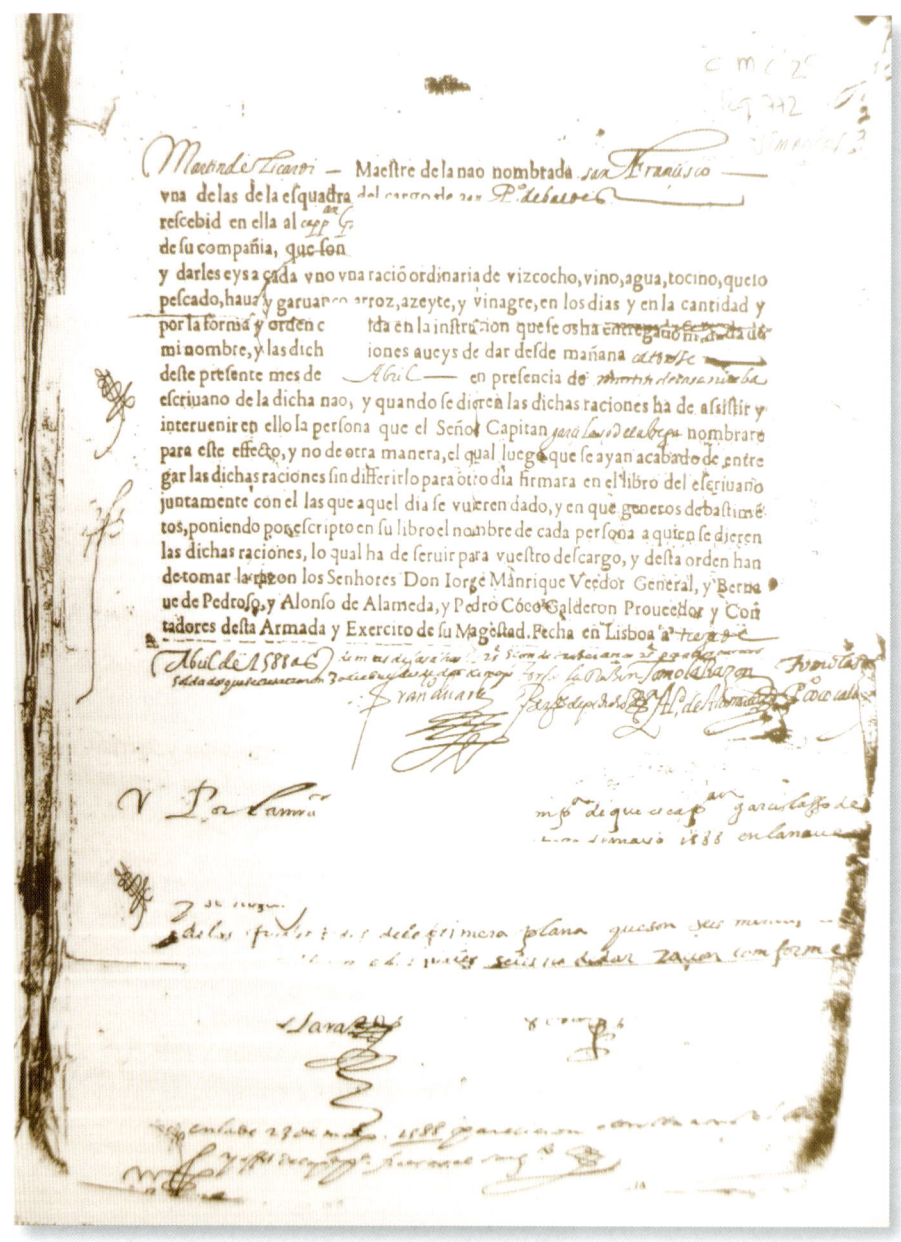

Martín de Licardi, maestre de la San Francisco, acepta las instrucciones para el reparto de alimentos durante la travesía. Lisboa a 13 de abril de 1588: AGS: 2ª época, LEG.772

será también el modo de reparto de los mismos, concretándose en la conocida como «ración ordinaria», que el escribano de la embarcación debe apuntar todos los días, para que nadie pudiera ni quedarse sin su ración ni tampoco comerciar con ella. La nave cuando está por partir recibe las instrucciones para el reparto de la «ración» según un documento parcialmente impreso, en que se han dejado los huecos para complementar los datos propios de cada nave. El 13 de abril de 1588 parte de Lisboa la nao *San Francisco*, de la escuadra a cargo de Don Pedro de Valdés. Antes de partir, Martín de Licardi, maestre de la misma, tiene que dejar constancia de cuántos serán los soldados que suben a la misma (120 soldados y oficiales), y se compromete, como está establecido en el documento impreso a

> darles-eis a cada uno una ración ordinaria de bizcocho, vino, agua, tocino, queso, pescado, haba y garbanzo, arroz, aceite y vinagre en los días y en la cantidad y por la forma y orden contenida en la instrucción que se os ha entregado.

Por estos mismos años, publica Diego García de Palacio en México su *Instrucción náutica, para el buen uso y regimiento de las naos*; el capítulo 25 del cuarto libro lo dedica a la comida, concretando algunos detalles del uso de los bastimentos de las *naves mancas*, en este caso, de las que van camino de las Indias:

> se ha de almorzar con un poco de bizcocho, algunos dientes de ajo, sendas sardinas o queso, sendas veces de vino en pie, a toda la gente, y solo los domingos y jueves les da carne, y los demás días de la semana pescado y legumbres. Puesta pues una mesa en el combes del navío desde popa a proa, donde toda la gente quepa, se han a sentar por las bandas, como se dijo en el capítulo del contramaestre, y de cuatro en cuatro se ha de poner su montón de bizcocho y cuatro libras de carne, y siendo en la mar se dan garbanzos o habas, y si en tierra dan berzas y caldo; y a cenar la mitad, y sus tres veces de vino a cada comida y el día de pescado, si se da sardinas, se dan a cada uno cuatro: por manera que entre cuatro que comen en un servicio se ponen 16 sardinas con su aceite y vinagre, y si se da bacalao, lizas o pargos con su olla de habas y garbanzos. Y a cenar se les da el servicio de solo el pescado, bizcocho, aceite y vinagre, y su bebida.

Como hemos ido viendo, el bizcocho será la base de la comida de las galeras. De este modo no sorprende que en Sevilla se vaya creando una industria paralela al bastimento de las galeras, que tiene en la elaboración del bizcocho su razón de ser: traslado del trigo a los molinos para hacer la harina y de esta harina a los hornos donde se realizaría el bizcocho, hornos que estaban situados en Sevilla.

En el año 2014, el archivero de la Puebla de Cazalla, José Cabello Núñez, daba a conocer un interesante documento sobre Miguel de Cervantes conservado en el Archivo Histórico Provincial de Sevilla, fechado en Sevilla el 8 de julio de 1593. Además de ser un nuevo testimonio del retraso del cobro de su trabajo como comisario (hace alusión a una comisión de febrero de este año), el documento es una carta de poder a favor de la bizcochera sevillana Magdalena Enríquez para que, en su ausencia, pueda ella cobrar el salario que le adeuda Cristóbal de Barros a Miguel de Cervantes. Interesa el documento porque es el primer indicio de las estrechas relaciones que Cervantes tuvo que mantener con diferentes industriales sevillanos, muy vinculados tanto a su nuevo trabajo de comisario real de abastos, como al antiguo de agente de negocios, trabajo que nunca abandonó, ese «trata negocios» de los que se hace eco su hermana Andrea en el Valladolid de 1605. Las distintas comisiones que Cervantes llevó a cabo por tierras andaluzas desde 1587 hasta 1591, a las que se suma posteriormente su puesto de recaudador de impuestos atrasados, esa «merced» que buscó por «acá» Cervantes cuando el Consejo de Indias da carpetazo a sus sueños americanos en 1590, no suponen una ruptura ni del uso instrumental de sus dotes literarias (desde los poemas preliminares a la participación en justas poéticas, los contratos con autores de comedias o las poesías que dan cuenta de los grandes acontecimientos históricos que vive la Monarquía Hispánica por estos años), ni tampoco de la red de contactos y los negocios con los que se ha ido ganando la vida durante buena parte de estos años. Como tampoco, sus largas estancias en Sevilla —o en los diferentes pueblos en los que debe realizar sus embargos y recaudación de impuestos— le alejaron de Madrid, de Toledo o de Esquivias, a los que vuelve en períodos que es muy difícil precisar pues han dejado muy poca documentación (testigos en partidas de bautismo o documentos legales relacionados con asuntos bien variados). No hay paréntesis, no hay rupturas. Tan solo una nueva posibilidad de medrar en la Corte —que sigue siendo la misma estando en Madrid, Toledo o Sevilla—, que se suma a la vida que había construido Cervantes en su juventud, en los años después de la vuelta de cautiverio. Para comprender al Cervantes comisario y recaudador, al que va aprendiendo un oficio y enriqueciéndose con todo tipo de relaciones, es necesario abandonar la visión romántica triunfante desde el siglo XIX, a la que solo le interesaba el Cervantes escritor, el que ha de renunciar a parte de su tiempo de creación para recorrer decenas de pueblos de Andalucía, como si su vida dentro de la administración de la Monarquía Hispánica sea solo un paréntesis en su vida literaria, una alejamiento de su familia y de esa Corte en Madrid donde esperaba ver cumplidos todos sus sueños de éxito literario y profesional. Nada más lejos de la realidad de los Siglos de Oro. La Corte está más allá de un espacio geográfico concreto. Ahora, más que nunca, Miguel de Cervantes es Corte, sobre todo cuando entra en cualquier población con la vara alta de mando, aquella que le muestra a la vista de todos como el representante del rey. Ahora más que nunca.

Los primeros encargos del comisario real de abastos Miguel de Cervantes: la saca de trigo y aceite en Écija (1587-1589)

Los preparativos para la Armada Invencible se iban demorando, y ya se había abandonado la idea inicial de atacar en el verano de 1587. Los gastos crecían al mismo ritmo que se reducía el efecto sorpresa. Don Álvaro de Bazán seguía quejándose del mal estado de las provisiones, con lo que se hizo necesario un esfuerzo final: conseguir el máximo de requisas en el menor tiempo posible, para así tener preparada la Armada para su salida antes de que comenzara el mal tiempo. Esta era la orden que recibió el proveedor general Antonio de Guevara, acompañada de una ayuda inesperada y de una recomendación que, en palabras del rey, se convertía en ley. Para realizar estas sacas extraordinarias se contaría con las Justicias locales, en que se podría delegar este trabajo. Es lo que hará Guevara con Diego de Valdivia, alcalde del Crimen en la Real Audiencia de Sevilla, que tenía, a su vez, la potestad de encargar estos trabajos a nuevos comisarios reales de abastos. Pero por otro lado, estas comisiones extraordinarias para la gran provisión de la Armada Real, debían realizarse sin tocar los productos ya conseguidos en las comisiones ordinarias para las armadas de la Carrera de Indias. Lo último que quería el rey era un enfrentamiento, uno más, entre el Consejo de Indias y el de Guerra. Y en medio, el Consejo de Hacienda, al que pertenecía Antonio de Guevara, que tenía que contentar a todos sin conseguirlo.

En este contexto de comisiones extraordinarias para conseguir los productos básicos para las provisiones de la Armada Invencible, dentro de la compleja y bien jerarquizada estructura del abastecimiento de las naves reales, hemos de situar el primer encargo de Miguel de Cervantes como comisario real de abastos, asignado por Diego de Valdivia, al que quizás conozca por haber coincidido en la posada sevillana de su amigo el actor y *autor de comedias* Tomás Gutiérrez en la calle Bayona, o por los trabajos como agente de negocios que Miguel de Cervantes ha desarrollado en Sevilla, y de los que la documentación solo ha dejado una mínima muestra, con la posible relación con Pedro de Isunza, que años después será nombrado Proveedor General de las galeras. ¿Es tal su agradecimiento por este primer trabajo que Cervantes lo convirtió en el capitán Diego de Valdivia en la novela ejemplar *El licenciado Vidriera*, descrito como «un gentilhombre a caballo, vestido bizarramente de camino», que convence a Tomás Rodaja, su protagonista, para abandonar el mundo de las letras (sus estudios universitarios) para abrazar el de las armas (los tercios de Flandes)?

Écija en 1572 (*Civitates Orbis Terrarum* de Anton van den Wyngaerde)

Sea como fuere, lo único cierto es que el 17 de septiembre de 1587 comienza el comisario Miguel de Cervantes su primera comisión en Écija, que le llevará hasta el 28 de diciembre de este año a pasar largas temporadas en esta ciudad así como en otras poblaciones de Córdoba (La Rambla, Castro del Río y Espejo). De acuerdo al guion marcado por esta primera encomienda en Écija, ahora de nuevo estudiada por Marina Martín Ojeda (2015), podremos hacernos una idea cabal de las dificultades, del día a día, de un comisario real de abastos, de la vida que, con algunos paréntesis, es la que le tocará vivir a Cervantes, con mayor o menor fortuna, desde 1587 hasta 1594.

La situación que vivió Cervantes a su llegada a Écija será la que se repetirá en tantos otros pueblos, en tantos momentos de su vida. Pero ahora será la primera vez. Un Cervantes inexperto, pero protegido por el documento donde están escritos los términos y finalidad de la comisión que es ley allí donde llega, y por la vara alta de mando, que lo convierte en representante del rey, con unas atribuciones que lleva añorando años y años. A su llegada, entregará al cabildo la comisión de saca de trigo, una comisión en la que, en este caso, no se especifica ninguna cantidad concreta, pues la intención es la de conseguir la mayor cantidad de grano almacenado, dadas las enormes necesidades de la Armada y los escasos tiempos de ejecución. Pero si normalmente estas noticias no eran recibidas con mucho entusiasmo, aunque las estuvieran esperando, pues formaban parte de su propia economía y se repetían año tras año, en este caso, el cabildo de Écija tendrá motivos acrecentados para su rechazo y oposición: la

constatación de la mala cosecha de aquel año, y el hecho de que el comisario Bernardino Aríndez de Oñate en el mes de mayo se había presentado con una comisión ordinaria firmada por Antonio de Guevara, por la que se les solicitaba 7500 fanegas de trigo, 500 de cebada y 10 000 arrobas de aceite de la cosecha de 1586, cantidad que todavía no habían sido capaz de reunir. ¿Quién le había informado al Proveedor General que era posible recaudar allí más trigo? Ante esta situación, el cabildo hará todo lo que está en su mano, que no es mucho, para impedir que se ejecute la comisión: por un lado, cartas al rey solicitando que se les eximiera este año de la saca «dando noticia de la necesidad de pan que en esta ciudad está y cómo ha venido un juez a sacar lo que hay, que será ocasión, si no se remedia, de que las tierras no se empanen y alguna gente perezca»; y por otro se insta al alférez Antonio González de Aguilar para que viaje a Sevilla y así negociar directamente con Antonio de Guevara. Mientras esperaban el resultado de estas gestiones —en las que tampoco pondrían muchas esperanzas—, el regidor Rodrigo Dávila y el jurado Diego de Ayllón comenzaron a negociar con el comisario Miguel de Cervantes el precio al que se le pagaría el trigo, así como la posibilidad de que se limitara las cantidades compradas, ya que en esta comisión se le pedía al comisario que embargara todo el trigo que tuvieran los vecinos dejándoles tan solo lo que necesitaran «para comer y sembrar». Como se indica en la resolución del cabildo del 22 de septiembre, «si esto se ejecutase así, sería total destrucción de la ciudad y toda ella perecería, por que los que tienen trigo son muy pocos y la mayor parte de la gente está sin él, por haber sido como fue tan falta esta cosecha de este año».

Pero las órdenes estaban dadas y nada (ni nadie) las iba a cambiar: Antonio de Guevara les contestaba que el último responsable de la saca era Diego de Valdivia, y les instaba, por su parte, a que pusieran todo de su parte para que llevara a cabo lo antes posible; el Alcalde del Crimen recibió en Andújar una carta del cabildo ecijano, pero no admitió ninguno de sus argumentos, y mantuvo la comisión tal y como se había planteado en un principio, pues no veía otro modo de hacer cumplir la encomienda recibida de Antonio de Guevara, que tenía su origen en las órdenes que procedían cada vez con más premura desde la Corte. El día 26 de septiembre, ante esta situación, el cabildo acepta negociar con el comisario Cervantes las cantidades concretas de trigo que tendrían que aportar, intentado «que haga la menos saca que se pueda, por razón de la grande falta de trigo que hay en la ciudad».

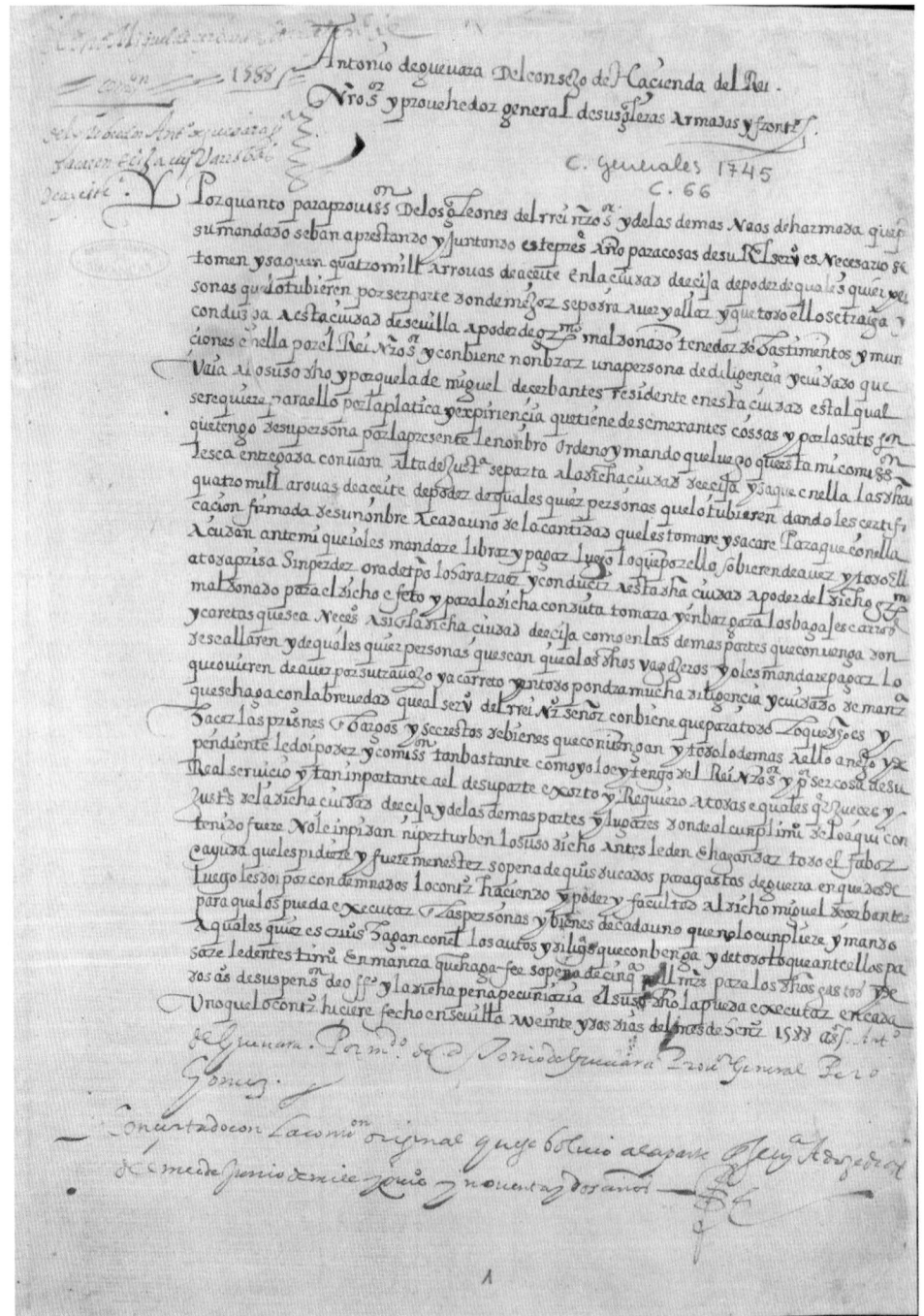

Segunda comisión de Antonio de Guevara a Miguel de Cervantes para sacar de Écija 4000 arrobas de aceite (Sevilla, 22 de enero de 1588) (CCG LEG 1745 C. 66).

En las comisiones ordinarias, lo normal era que se especificara la cantidad del producto que se necesita conseguir, y así también se suele hacer en las extraordinarias, para evitar desmanes por parte del comisario y de sus superiores. Por ejemplo, en la segunda comisión que le asignarán a Cervantes, que le lleva a volver a Écija en enero del año siguiente, Antonio de Guevara especifica que esta vez tiene que conseguir 4.000 arrobas de aceite:

> Por cuanto para provisión de los galeones del Rey Nuestro Señor y de las más naos de armada que por su mandado se van aprestando y juntando este presente año para cosas de su real servicio, es necesario se tomen y saquen cuatro mil arrobas de aceite en la ciudad de Écija de poder de cualesquier personas que lo tuvieren por ser parte donde mejor se podrá haber y hallar.

Al margen de las reticencias, de las quejas que llenan folios y folios de los acuerdos de los cabildos por estos años, llega por fin el momento de comenzar con la saca del trigo, que sigue siempre un mismo protocolo: acompañado de un escribano (y en ocasiones, por un ayudante), el comisario pesará el trigo entregado por cada persona y mandará que se envíe a un almacén o a la cilla, el almacén donde se recogía el grano comunal, normalmente procedente del pago del diezmo; el pago se efectúa mediante su correspondiente certificado de cobro, en que se deja constancia del trigo conseguido y del precio al que ha sido vendido, que, este caso, será de 10 reales y medio la fanega. Una de las quejas más recurrentes, de los problemas que deberá afrontar el Consejo de Hacienda es la falta de liquidez del Proveedor General, por lo que lo normal es que los labradores tengan que esperar un año o más para cobrar estos certificados. Por ejemplo, a Gutierre de Laso, «vecino de la ciudad de Écija», se le adeudaron 34 450 maravedís por «el valor de noventa y seis fanegas y media de trigo [...], que el año de mil quinientos y ochenta y siete recibió Miguel de Cervantes, comisario, por mano de Miguel de Moya». El pago se hará efectivo el 17 de junio de 1588, y el dinero lo recibirá «Juan de Urbina por sustitución de Joaquín de Valera, vecino de Sevilla, que tuvo el poder del dicho Don Gutierre», lo que es muestra, una vez más, de la necesidad de los agentes de negocios para poder concluir tantos pagos, tantos asuntos en la compleja maquinaria de las cuentas de la Monarquía Hispánica. El retraso en el pago, antes que los precios negociados siempre por debajo del precio de mercado, es una de las razones que convierte a los comisarios en algunos de los más odiados y temidos representantes del Rey. Todo son buenas palabras, promesas y papeles que, durante meses, son solo eso: maravedís de papel que no dan de comer. Ante las continuas quejas de los cabildos y particulares, el Proveedor General siempre se guarda un as bajo la manga: renegociar el pago aumentando el precio por fanega o por arroba requisada. En el caso del trigo de Écija, aún siendo de muy baja calidad, se llegará a pagar a 12 reales.

Al cabo de más de un mes de trabajo en Écija, el inexperto comisario Miguel de Cervantes solo había conseguido recaudar 2.024 fanegas, además de una excomunión por haberse atrevido con bienes de la catedral de Sevilla, asunto al que volveremos más adelante. La escasez de los resultados y la dificultad para solucionarlos, obligó al propio Valdivia a desplazarse a Écija a primeros de noviembre para resolver de una vez por todas este asunto. Y quedó resuelto de la manera que el cabildo había pedido desde un principio: con una cantidad concreta y no el embargo de todo el trigo almacenado en la ciudad, al margen del necesario para la comida y la siembra. Esta cifra, después de muchas negociaciones, se concretó en 5.400 fanegas, y en resolución del 23 de noviembre de este año, el cabildo concretó el nombre de los cinco vecinos que tendrían que completar el repartimiento hasta llegar a la cantidad negociada. Y como era de esperar, algunos de los miembros del cabildo, como el regidor Rodrigo Dávila, se quejaron de que la mayoría de los embargos cayeran en pocas personas, por lo que se presentó en el cabildo un nuevo reparto que se envió a Diego de Valdivia el 1 de diciembre para su aprobación. La respuesta del Alcalde del Crimen refleja la continua tensión entre el cabildo, instancia que asume el reparto que, en la mayoría de las ocasiones, favorece a los más privilegiados, y los proveedores generales y los comisarios, que preferirían un reparto más equitativo, sobre todo para evitar los retrasos en su trabajo y el tener que responder a las continuas quejas de los que se sienten desfavorecidos; tensión que se llena de ironía en la contestación de Diego de Valdivia, que seguramente querría dar carpetazo cuanto antes al tema:

> La de vuestras mercedes recibí con el repartimiento que la ciudad hizo del trigo que se da para el servicio del Rey, Nuestro Señor, y me parece bien, pues ustedes lo hicieron y que mirarían lo que convenía, y ansí lo podrán vuestras mercedes ejecutar. Yo recibiré merced sea con toda brevedad y su Majestad recibirá servicio.

De este modo, en una situación normal, el comisario es quien organiza la saca de las cantidades fijadas en la comisión: con los representantes del cabildo se negocia el precio que se ha de pagar y el reparto entre los distintos propietarios; y luego se establece un tiempo de ejecución, que no es necesario que realice directamente el comisario, pues puede ser labor realizada por sus ayudantes, o incluso por otros comisarios, mientras él se dirige a otras poblaciones donde comenzará un proceso similar. En el caso de Écija, después de ser aprobado el reparto del trigo, y dado que Valdivia y Cervantes habían abandonado la ciudad camino de La Rambla en

Córdoba, el cabildo nombrará a tres alguaciles para comenzar a sacar y almacenar las fanegas que faltaban en la cilla, labor que completará el comisario Juan de Obregón Herrera, que llega a Écija el 4 de diciembre. La labor nunca era rápida y siempre estaba llena de complicaciones y de lamentos, y de las peticiones reiteradas del cabildo de ver reducida su cantidad. En enero de 1588 todavía no se habían conseguido recaudar las 5.400 fanegas acordadas, y el cabildo solicita a Antonio de Guevara que se redujeran a la mitad. Ante la negativa del Proveedor General, el 15 de enero se decidió entregar las 2.000 fanegas de trigo que faltaban del pósito a los vecinos. No era fácil el trabajo de comisario. Ni fácil ni rápido. Después de varios meses, desde la llegada de Miguel de Cervantes a Écija el 17 de septiembre de 1587, ahora parece que, por fin, se ha terminado la saca del trigo.

Pero este era solo el final de la primera fase de la labor que tenía que hacer un comisario, pues, además de recaudar, almacenar y cuidar que no fuera robada la mercancía ni que se echara a perder, de pagar mediante certificados de pago los productos embargados y de llevar un registro minucioso de todo el proceso, así como de los gastos menudos a los que debía hacer frente, tenía que poner los medios para su transporte a Sevilla, a donde el tenedor de bastimentos la recibiría para su posterior distribución. En la segunda comisión que Cervantes llevará a cabo en Écija, la de las 4000 arrobas de aceite que le encomienda Antonio de Guevara el 22 de enero de 1588, se especifica la necesidad de realizar todo el proceso en el menor tiempo posible. No olvidemos que Cervantes comienza a trabajar como comisario real de abastos por la saca extraordinaria para las naves que conformarán la Armada Invencible:

> y todo ello a toda prisa sin perder hora de tiempo lo hará traer y conducir a esta dicha ciudad a poder del dicho Jerónimo Maldonado para el dicho efecto, y para la dicha conducta tomará y embargará los bagajes, carros y carretas que sea necesario, así en la dicha ciudad de Écija como en las demás partes que convenga donde se hallaren y de cualesquier personas que sean, que a los dichos bagajeros son les mandaré pagar lo que hubieren de haber por su trabajo y acarreto, y que en todo pondrá mucha diligencia y cuidado de manera que se haga con la brevedad que al servicio del Rey Nuestro Señor conviene.

La organización del traslado, la segunda fase del trabajo de los comisarios en relación con la mayoría de los productos (aceite, vino, cebada...), será también un tema esencial para la elección de las poblaciones de las que sacar los bastimentos necesarios para las galeras, y así, ciudades, como Écija, se quejarán continuamente de ser ciudad elegida para la saca por su cercanía a Sevilla, como lo hará el regidor

Rodrigo Dávila en una carta que envían al Rey en enero de 1588, cuando reciben la segunda comisión que lleva a Cervantes a volver a la ciudad:

> Y por estar tan cercana vecina esta ciudad a la de Sevilla, donde residen los proveedores de las Armadas de su Majestad, han acudido y acuden cada día a esta ciudad sus comisarios a sacar trigo y cebada y aceite. Y lo han sacado y llevado en mucha cantidad, sin la razón y cuenta que se debía y sin lo pagar, de cuya cauda los vecinos de esta ciudad están tan perdidos y necesitados o peor que los labradores, que no les queda sustancia para poder labrar y empanar las tierras, y muchas se quedan vacías [...] y será perecer de hambre.

En el caso del trigo, será necesario llevar a cabo una serie de trabajos adicionales para convertirlo en bizcocho, en ese pan cocido dos veces, que es la base de la alimentación en las galeras: la molienda del trigo, el traslado de la harina y la confección de los bizcochos.

El 15 de junio de 1588, Antonio de Guevara le entrega a Miguel de Cervantes su tercera comisión a Écija: la molienda de todo el trigo embargado en Écija a lo largo de 1587, que sigue almacenado en la cilla, y el traslado de la harina a Sevilla. Las prisas con que debe realizarse este trabajo tiene que ver con la necesidad de enviar bizcocho a Lisboa lo antes posible, pero también por el miedo de que el trigo almacenado «entrando las calores, se perderá». Como había sucedido con la segunda de las comisiones asignadas a Cervantes, en el texto se repite una serie de fórmulas para justificar su elección; palabras que han de leerse antes como partes necesarias de la estructura fosilizada de este tipo de documentos que como juicio personal del Proveedor General Antonio de Guevara de la labor realizada por Miguel de Cervantes en estos primeros meses como comisario:

> y conviene nombrar una persona de diligencia y cuidado que vaya a los susodicho, y porque la de Miguel de Cervantes, residente en esta ciudad, es tal que se requiere para ello por la práctica y experiencia que tiene en semejantes cosas, y por la satisfacción que tengo de su persona, por la presente le nombro... (22 de enero).

> y que se nombren personas que entiendan en ello con mucho cuidado y diligencia, y teniendo entendido que la de Miguel de Cervantes Saavedra es cual conviene por la entera satisfacción que tengo de su persona que lo hará con el cuidado y presteza que el negocio requiere, y por la práctica y experiencia de semejantes cosas, le he querido nombrar, como por la presente lo hago (15 de junio).

Y con idénticas palabras le nombra el Proveedor General Cristóbal de Barros en una comisión que firma en Sevilla el 21 de febrero de 1593, descubierta por José Cabello en el año 2015, para la saca de trigo y cebada:

y para ello es necesario que haya persona inteligente y de confianza que con todo cuidado haga lo susodicho, y teniendo satisfacción de la de Miguel de Cervantes Saavedra, vecino de esta ciudad, le doy comisión, ordeno y mando…

Por otro lado, durante el tiempo en que el comisario está realizando su comisión, son continuas las cartas que se cruzaría con el Proveedor General o sus delegados, para así poder conocer los límites de las negociaciones o las prisas a la hora de conseguir una determinada saca. El 20 de octubre de 1588 escribe desde Sevilla Antonio de Guevara a Miguel de Cervantes. En primer lugar, explica las razones por no haber contestado sus cartas anteriores («Todas las cartas de vuestra merced he recibido, y no he respondido a ellas antes por no haberse ofrecido con quién»), y luego le anuncia que le envía una nueva comisión de saca y le da instrucciones de cómo ha de manejarse en los distintos asuntos que tienen entre manos. Resulta esclarecedor del control total que el Proveedor General tiene sobre los trabajos menudos de sus comisarios, así como el sentido común de algunas de sus órdenes, seguramente nacidas de años y años de experiencia. Estas cartas muestran cómo la labor de comisario no es la de un solitario representante del rey sino la de un oficio insertado completamente dentro de un engranaje muy controlado y jerarquizado, donde pocas cosas se dejan al azar.

> Procuren cumplir el ofrecimiento de las dos mil quinientas fanegas de trigo y quinientas de cebada; vuestra merced procure juntar toda la cantidad que pudiere sin rigor y sin tratar de querer sacarlo de quien no tuviere trigo, porque esto no es justo, de manera que se haga sin ningún ruido ni queja, aunque no se junte toda la cantidad, y avisarme ha lo que en esto fuere haciendo.
> Pues el trigo de la cilla es bueno, no se zarande si no tuviere tierra echada a mano, que no tendrá, y dese vuestra merced prisa a molerlo y a enviar la harina que de él procediere; y sea muy buena, poniendo en esto particular cuidado.
> Saque luego vuestra merced en esa ciudad hasta mil y quinientas arrobas de aceite, que sea muy bueno, y váyalas enviando luego a esta ciudad a poder de Jerónimo Maldonado, y todo lo demás voy pagando a diez reales.
> Las arrobas del aceite de Valdivia vuelvo a enviar, tenga cuidado de que se pague este trigo.

Pero a pesar de todas las precauciones, lo cierto es que el trigo que tanto había costado reunir, terminó siendo de mala calidad, por lo que Miguel de Cervantes se ve en la obligación de pedir el 25 de febrero de 1589 que se haga una información con testigos de cómo la molienda ha sido escasa por la mala calidad del trigo utilizado. La descripción de su situación nos devuelve los múltiples trabajos (y preocupaciones) que el comisario Miguel de Cervantes realizó durante estos meses:

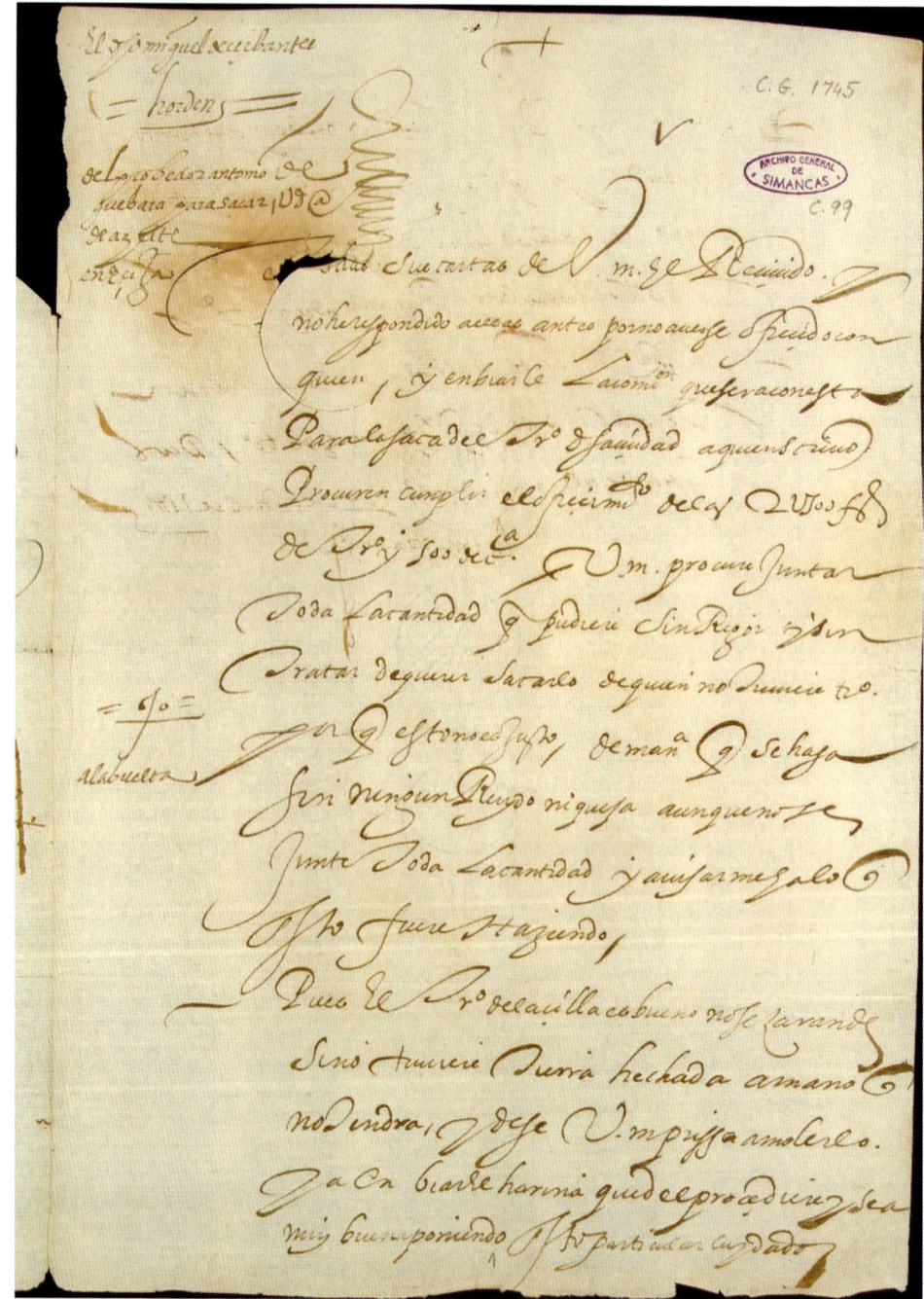

Carta de Antonio de Guevara a Miguel de Cervantes dándole órdenes sobre las sacas de trigo, aceite y cebada en Écija (Sevilla, 20 de octubre de 1588). En el vuelto, nota autógrafa de Cervantes con la fecha de recepción de la carta, el 20 de octubre: Simancas: CG, LEG 1745 C. 99.

Saque luego V.m. q[ue] cantidad mill y quinientas
arrobas de azeyte de lo q[ue] mas bueno y Nagalo Sabiendo
luego destacantidad a poder del q[ue] me dado
todo lo demas, Pagando a diez R[eale]s
La @ de azeyte baldria buelbo a cobrar
tenga cuydado de q[ue] se pague e q[ue]tr[os]. Dios
guarde a V.m. de ec[ij]a 20 de octubre 1588
Antonio de guevara

el dicho trigo fue muy ruin y apaulado y mal acondicionado, el cual se encerró en las piezas de las cillas de esta ciudad, y por ser tan ruin se comió mucha parte del gorgojo, y aunque con todo cuidado y diligencia del dicho mi parte lo hacía e hizo limpiar y moler en las aceñas y molinos de esta ciudad, la harina que del dicho trigo procedía y procedió el año pasado de quinientos y ochenta y ocho fue ruin y de poco peso, por ser el dicho trigo de la suerte dicha, por ser la cosecha del dicho año de ochenta y siete en esta ciudad muy mala y haberse apaulado y ser ansí público y notorio; y aunque mi parte procuró con todo cuidado y diligencia buscar y sacar otro trigo mejor, no lo puedo hallar en esta dicha ciudad.

Las visitas de Miguel de Cervantes a Écija se sucedieron a lo largo de 1588 y 1589, según las distintas comisiones que le encomendaba Antonio de Guevara, que hacía oídos sordos a las continuas quejas del cabildo, que se lamentaba una y otra vez de la imposibilidad de hacer frente a las sacas ordinarias por las malas cosechas y porque no habían cobrado ni las ordinarias ni las extraordinarias de los años anteriores. Las relaciones nunca fueron buenas, pero nunca hasta el extremo de encontrarse con una Real Cédula, emanada del Consejo de Guerra, del 17 de diciembre de 1588, que fue leída en el cabildo el 9 de enero de 1589, por la que se permitía que «no habiendo necesidad necesaria» la ciudad de Écija quedara excluida de las próximas sacas. Pero entre las razones que habían llevado al Rey a tomar esta decisión, está la mala gestión y las malas prácticas que había demostrado el comisario Miguel de Cervantes:

> y no obstante que agora estaba en la misma necesidad y pobreza, habéis enviado a ella vos, el dicho mi Proveedor General, a sacar pan a un ejecutor, el cual lo hace de tal manera que, habiendo de dejar a los vecinos que lo tienen lo que han menester para el sustento de sus casas y sementera, como lo tengo mandado, no lo hace ni paga lo que toma; y a los que no lo tienen les saca prendas y las vende, y de lo procedido de ellas dice que lo ha de comprar, en lo cual la dicha ciudad y vecinos reciben notable daño y perjuicio. (AME, Libro 27, fol. 6r).

La acusación era grave y Miguel de Cervantes no podía quedarse con los brazos cruzados, con lo que envía una solicitud al concejo para mostrar sus cuentas, y hacer pública averiguación de los vecinos a los que se le había hecho la saca, que estaba muy por debajo de las 2.500 fanegas de trigo y 500 de cebada estipuladas en la comisión:

> Y porque la dicha averiguación se va haciendo en menoscabo del crédito de mi persona y de la fidelidad con que he usado y uso mi oficio, y por ahorrar al dicho regidor de trabajo, hago presentación de la lista que va con esta, donde se verá la can-

tidad que he sacado, la cual no llega en trigo y cebada a las mil fanegas. Y para que se vea y averigüe si esto es verdad, pido y suplico a la ciudad mande que públicamente se pregone en la plaza y puertas públicas de esta ciudad que todos vengan a dar noticia del trigo y cebada que he sacado a los dichos vecinos, y que constando por la confesión de ellos, fecha ante escribano, que aún no llegan a mil fanegas las que he sacado y pagado, que he pagado algunas por dinos respectos, la ciudad sea servida de mandar repartir la cantidad que falta entre los que no he sacado, para que con menos escándalo se cumpla el servicio del Rey Nuestro Señor, y los vecinos no se quejen de los ministros que conmigo asisten a la dicha saca.

Por último, el comisario, además de los documentos originales de la comisión y de los continuos certificados de pago, podía disponer de algo de dinero para el pago diario de las actividades que tenía que realizar para poder cumplir con su oficio. La necesidad de justificar todo tipo de gastos, por muy pequeños que fueran, permiten adentrarnos en el día a día, en la cotidianidad de su oficio, y en algunos de los trabajos que tuvo que hacer para conseguir reunir y mantener en buen estado la mayor cantidad posible de trigo, así como su molienda posterior.

El 6 de febrero de 1589, Miguel de Cervantes presenta un documento autógrafo donde justifica los «gastos menudos de la molienda». Gracias a este documento, vemos cómo el comisario tenía que comprar todo el instrumental necesario para realizar su trabajo: palas, hondas y escobas, e incluso, el «aceite para los candiles que ardían en los almacenes», sin olvidar el papel y tinta, que aparece en varios asientos; así como alquilar otros tantos: «esteras para un almacén», «tres haldas que sirvieron en toda la molienda», una romana «que sirvió en toda la molienda» o «cuatro candados para los almacenes de la harina y del trigo».

Pero además, se descubren detalles de los imprevistos que le han sucedido en su trabajo, como aquel día que llovió:

> De encerrar quinientas fanegas de trigo que estaban en un patio descubierto, para hacer un ensaye, y llovió, y fue menester recogello con presteza y tomé gente que ayudase demás de la que servía en la molienda.

O la necesidad de mudar «dos mil fanegas de trigo a otro almacén, porque se comía el gorgojo, y cogí más gente de la ordinaria», lo que tuvo que hacer en una segunda ocasión.

Detalles de una vida cotidiana, de las semanas que el comisario tenía que pasar en una localidad para poder cumplir su comisión. Pero también detalles de su autoridad, de cómo tiene que utilizar su vara alta de justicia para poder descerrajar candados y así entrar en almacenes donde se acumulaba el trigo que sus pro-

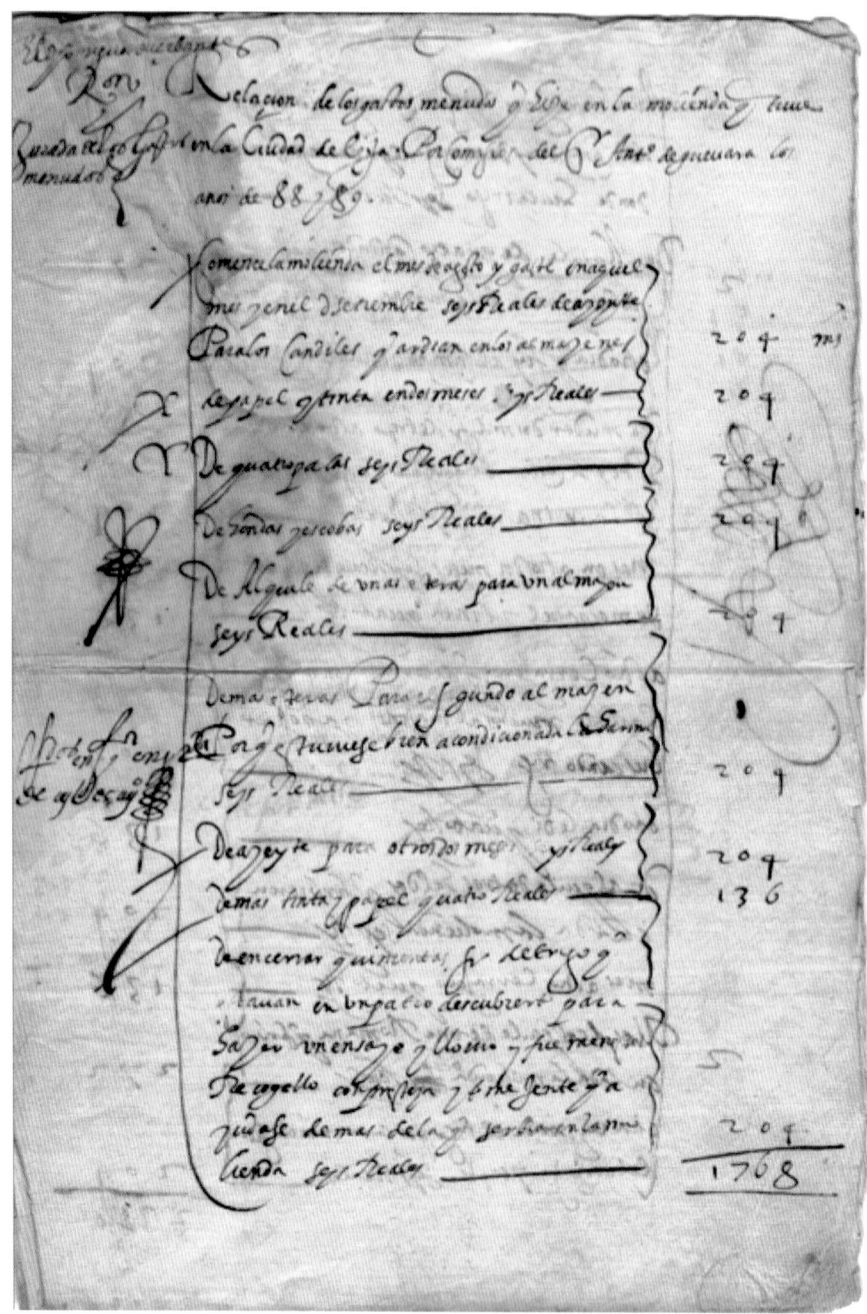

«Gastos menudos de la molienda», relación autógrafa en que Miguel de Cervantes deja constancia de los gastos realizados en Écija (6 de febrero de 1589). El documento fue robado del Archivo General de Simancas en el siglo XVIII y hoy se encuentra en la The Rosenbach Museum and Library (Philadelphia, Pennsylvania): mss. 2.

pietarios no querían entregar al Rey, y por eso no extrañan las entradas de pagos a cerrajeros:

> A un cerrajero que fue conmigo a los cortijos del campo y decerrajó
>   algunos aposentos donde había trigo, seis reales 204
> A otro cerrajero que decerrajó conmigo en la ciudad muchos
>   almacenes y aposentos buscando trigo, seis reales........................... 204
> Más otro cerrajero, cuatro reales.. 136

En la comisión que le entrega Cervantes al arriero Cristóbal Pizarro firmada en Jaén el 18 de marzo de 1592, ante la posibilidad de que el concejo de Begíjar no le entregue el trigo estipulado, tiene el poder —como si fuera el mismo comisario— de conseguir la cantidad acordada accediendo a los almacenes donde se sabe que está el producto:

> y sin con todo aquesto el dicho concejo fuere rebelde y tan en deservicio de Su Majestad, el dicho Cristóbal Pizarro, en virtud de la dicha comisión, por ante escribano que de ello de fe, romperá puertas y candados donde el dicho trigo y cebada esté recogido o de cualquier casa donde estuviere.

¿De dónde procedía el dinero que disponía el comisario? De las continuas libranzas que le entregaba Antonio de Guevara. El 26 de febrero de 1589 firmaba en Madrid una libranza para que Agustín de Cetina, «pagador por el Rey Nuestro Señor de las provisiones que hacen en el Andalucía para sus armadas, galeras, fronteras de África y otras partes» le pagara a Miguel de Cervantes «cien ducados en reales [...] señaladamente los que por comisión mía y poder de v.m. se cobra en la ciudad de Écija por Bartolomé de Llerena de las alcabalas de ella»

> para los gastos de la molienda de trigo que tiene a su cargo por mi orden en la dicha ciudad y para pagar los acarreos de la harina que de él procediere, que la ha de enviar a la ciudad de Sevilla a poder de Jerónimo Maldonado, tenedor de bastimentos por Su Majestad en ella, para labrar bizcocho para las dichas provisiones, de los cuales ha de dar cuenta juntamente con los demás maravedís que para este efecto hubiese recibido y recibiere (Simancas: CMC,2EP,993).

El 6 de marzo, el pagador Agustín de Cetina le emitía otro documento para que Bartolomé de la Llerena, le entregara efectivamente este dinero, lo que sucedió en Écija el 14 de marzo, donde se encontraba el recaudador de impuestos, «criado así mismo de Su Majestad». De este modo, parte del dinero recaudado por los impuestos de la alcabala, el que recibía la Monarquía Hispánica de manera directa,

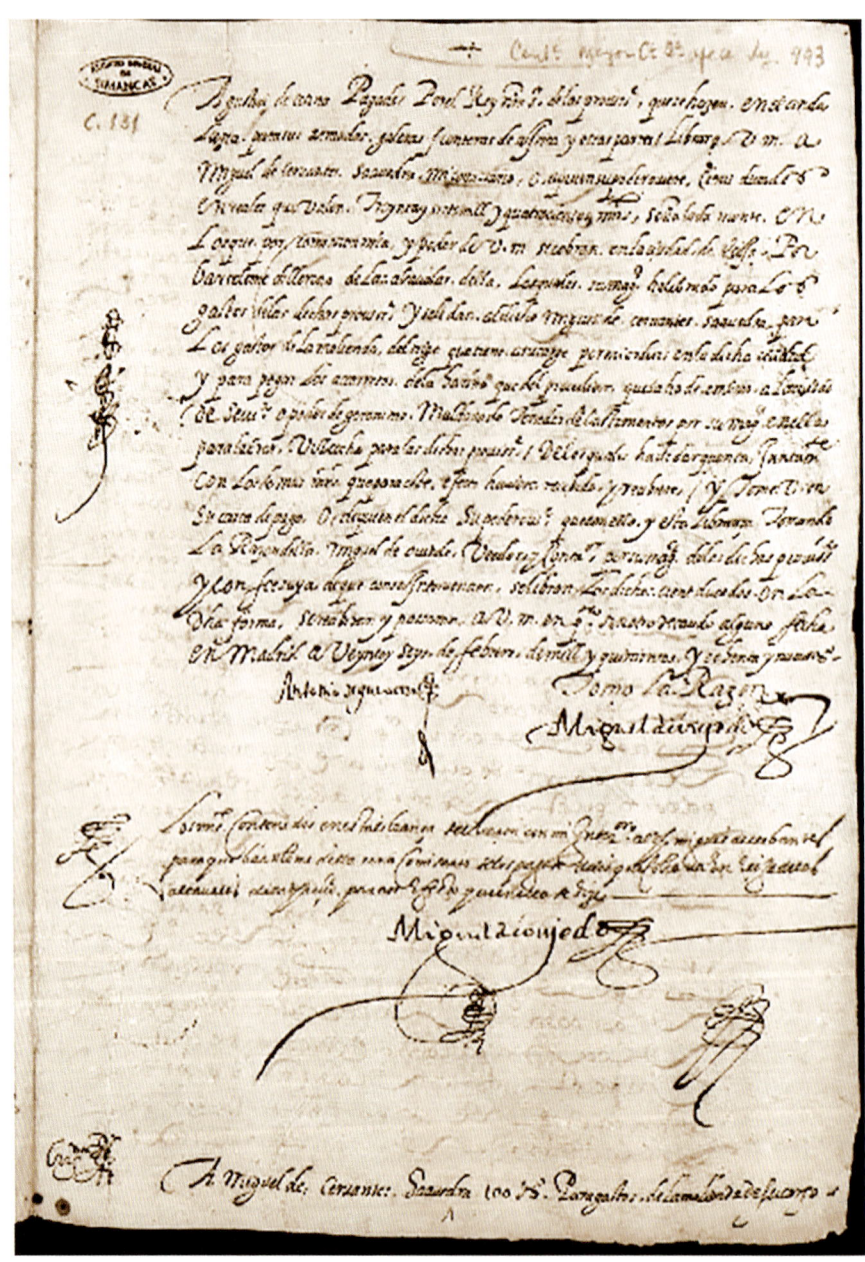

Libranza del Proveedor General Antonio de Guevara para que Agustín de Cetina, «pagador del Rey Nuestro Señor» le pague 100 ducados al comisario Miguel de Cervantes para cubrir los gastos de la molienda de trigo (Madrid, 26 de febrero de 1589): Archivo General de Simancas: CMC,2EP,993.

se quedaba en Écija para pagar los servicios que conllevaba la molienda del trigo para servicio también de su Majestad. Comisarios de abastos y recaudadores compartían, en más de una ocasión, quejas y súplicas en los mismos pueblos. De ahí, que no extrañen las quejas y las peticiones de los cabildos para librarse de alguna de las cargas, que tanto en forma de dinero o en forma de productos, les caían año tras año.

El trabajo de Miguel de Cervantes como agente de negocios, en los que había destacado a su vuelta del cautiverio de Argel, le ayudó sin duda en su nuevo oficio de comisario real de abastos. De todo había que dejar constancia y, a pesar de ello, no se librará Cervantes, como tantos otros comisarios, de las acusaciones de mala gestión, de cuentas que no cuadraban, de las excomuniones, o de la petición de rendir cuentas, que le llevará a conocer alguna cárcel por dentro, como la Cárcel Real de Sevilla. No era fácil el trabajo de comisario real de abastos y mucho menos en las primeras comisiones, las que no podrá olvidar Miguel de Cervantes durante años.

«Con la iglesia hemos dado»: Miguel de Cervantes excomulgado

El 24 de febrero de 1588, justo en el momento en que Miguel de Cervantes tiene encomendada la saca de 4.000 arrobas de aceite en Écija, firma en Sevilla un poder para que Fernando de Silva «por mí, y en mi nombre y como yo mesmo, pueda parecer y parezca ante el Provisor y Juez, vicario general de esta ciudad de Sevilla y su Arzobispado, y ante el vicario de la ciudad de Écija, y ante otros cualesquier jueces y justicias que con derecho deba»… ¿Y con qué intención? «Les pedir y suplicar me manden absolver remotamente o a reincidencia de la censura y excomunión que contra mí está puesta, por haber yo tomado y embargado el trigo de las fábricas de la dicha ciudad de Écija».

En efecto, en las primeras sacas de trigo que llevara a cabo el recién estrenado comisario real de abastos Miguel de Cervantes, en las efectuadas en septiembre de 1587, después de que Diego de Valdivia hiciera oídos sordos a las quejas del cabildo, se encuentran tanto vecinos como regidores de Écija, pero también bienes de la Iglesia: 30'5 fanegas a la fábrica parroquial de Santa María; 90 a la de Santa Cruz; 118 al Obispo de Guadix; 355,5 al deán y cabildo de la catedral de Sevilla; 106, al beneficiado Martín de la Puebla; 120 a Francisco Enríquez de Ribera, maestrescuela de la catedral de Sevilla… La respuesta del Arzobispado de Sevilla no se hizo esperar: el provisor ordena al vicario de Écija que pusiera el nombre de Miguel de Cervantes en las tablillas de los excomulgados, para que, como era habitual en la época, se diera lectura pública todos los domingos o fiestas del año en la misa mayor al tiempo del ofertorio.

Pero no será esta la única excomunión que sufrió Cervantes por darse de bruces con la iglesia durante sus trabajos como comisario real de abastos. Gracias a un nuevo poder que le entrega a su primo, Rodrigo de Cervantes «vecino de la villa de Cabra», firmado en Écija el 5 de abril de este mismo año, conocemos algunos detalles de la nueva excomunión, ahora procedente del obispado de Córdoba:

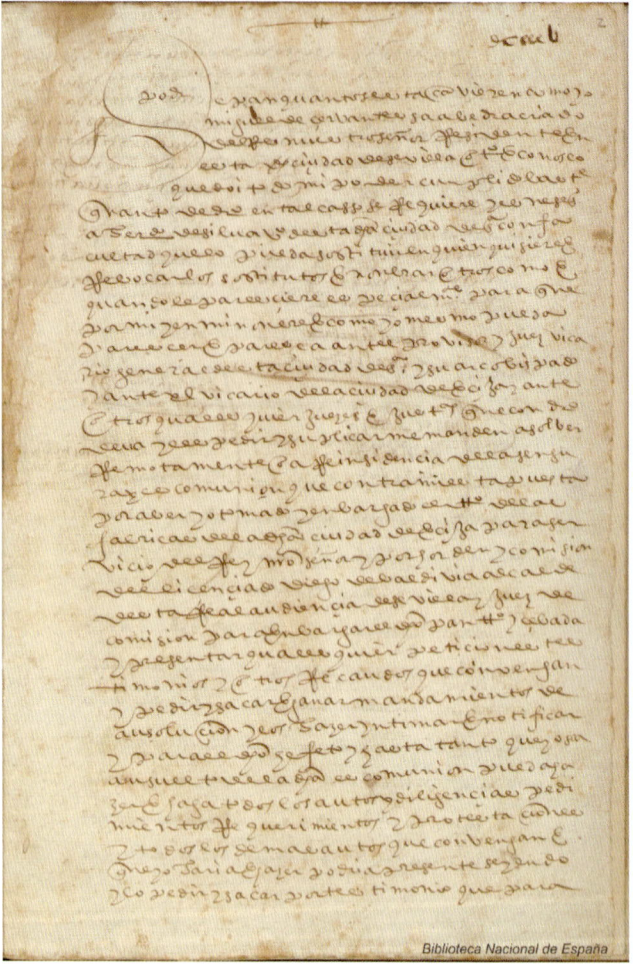

Biblioteca Nacional de España

> y otrosí le doy dicho poder especial para que en mi nombre pueda parecer ante las justicias eclesiásticas de la ciudad de Córdoba y otras que con derecho deba y responda a las cédulas que contra mí están dadas y discernidas en razón de haber preso a un hombre que dicen ser sacristán de la villa de Castro del Río, y a lo demás que en las dichas censuras se contienen y expresan.

Miguel de Cervantes es enviado por Diego de Valdivia a Castro del Río, después de haber pasado por La Rambla, para seguir embargando el trigo suficiente para conseguir a las cantidades requeridas por el Proveedor General Antonio de Guevara para las naves de la Armada Invencible. En Castro del Río, Cervantes embargó varios centenares de fanegas de trigo y entre ellas, algunas de las almacenadas por la Iglesia.

Ante la negativa del sacristán, Cervantes tuvo que hacer uso de su poder y autoridad, y le encarceló. ¿Consecuencia? Una nueva excomunión.

Jerónimo Castillo de Bobadilla, jurista y corregidor, publica en 1597 en Madrid un libro que se insertará en la médula del pensamiento del partido castellanista, con un título que deja claro tanto su contenido como los lectores a los que va dirigido: *Política para Corregidores y Señores de vasallos, en tiempo de paz y de guerra y para prelados en lo espiritual y temporal entre legos, jueces de comisión, regidores, abogados y otros oficiales públicos y de las jurisdicciones, preeminencias, residencias y salarios de ellos y de lo tocante a las de órdenes y caballeros de ellas*. En *La Política*, que será el título breve con que se conozca en la época, su autor dejará testimonio de su propia experiencia, y en capítulo III del libro III se hace eco de todos los medios que utilizaba la Iglesia para impedir la saca del trigo, entre los que la excomunión era uno de los más habituales:

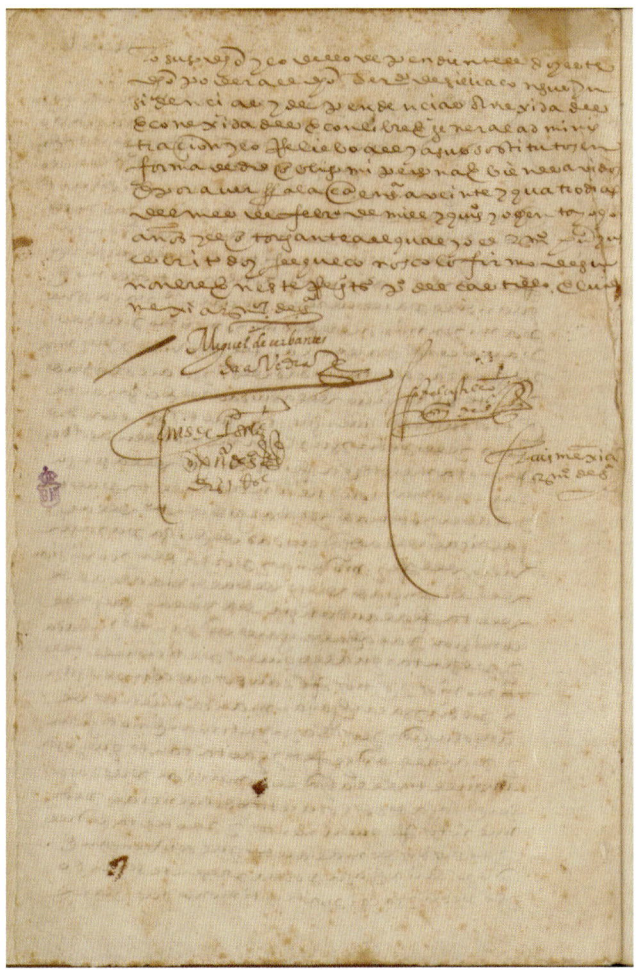

Poder de Miguel de Cervantes a Fernando de Silva para que le represente ante las autoridades eclesiásticas para que le quiten la excomunión que ha caído sobre él por embargas bienes de la Iglesia (Sevilla, 24 de febrero de 1588). El documento, descubierto por José María Asensio en 1864, pasó a formar parte de su biblioteca; comprado por Juan Sedó—Peris Mencheta, entró en la Biblioteca Nacional de España en 1968: CervSedó C/130 (nº 3/1).

> En estas ocasiones [*en las de extrema carestía*] muchas veces hice sacar el trigo sobrado, no solo de casas de seglares, pero de canónigos y clérigos ricos, y aun de las

Iglesias y de los Obispos, y de sus mayordomos, que lo grangean y venden a precios y por modos injustos [...]. Pero son luego ciertas las pesadumbres que dan los eclesiásticos con censuras, y así se pone el corregidor a mucho peligro, y debe ser favorecido de sus superiores. Y ya me sucedió caso, en el cual hubo al parecer de la ciudad toda justificación, y denegó el Consejo la provisión ordinaria de absolución por ochenta días, y se hubo de volver cierto trigo que se había tomado para la dicha necesidad pública, a un mayordomo de un arzobispo.

Pero más que la exposición pública, seguramente las prisas que tiene Cervantes para que le levanten las penas de excomunión, tanto en Sevilla como en Córdoba, tenga que ver con las multas que deberían pagar los excomulgados si se mantienen la pena más allá de treinta días, según recoge en las leyes de la época:

> Mandamos que cualesquier persona que estuviese descomulgada por denunciación de los perlados de Santa Iglesia por espacio de treinta días, que pague en pena seiscientos maravedís; y si estuviese endurecido en la dicha excomunión seis meses cumplidos, que pague en pena seis mil maravedís; y pasados los dichos seis meses, si persistiere en la dicha excomunión, que pague cien maravedís cada un día, y demás que le echen fuera de la villa o lugar donde viviere, porque su participación sea excusada; y si en el lugar entrare, que la mitad de sus bienes sean confiscados para la nuestra Cámara. Y las dichas penas sean partidas en tres partes, la tercia parte para la obra de la Iglesia Catedral, y la otra tercia parte para el merino o juez que la ejecutare, y la otra tercia para el perlado que la dicha excomunión pusiere.

Algo (y mucho) aprendió Miguel de Cervantes en sus primeras comisiones en Écija como comisario real de abastos, de cómo funcionaba el sistema. Nunca más encontraremos documentos semejantes que nos hablen de nuevas excomuniones por haberse acercado a los bienes de la Iglesia para completar las cantidades requeridas en las decenas de comisiones a las que hizo frente en los años siguientes. En todo caso, las primeras sacas de Écija le perseguirán durante buena parte de su vida, y bien que la recordará —y seguramente se lamentará— cuando recibe noticias nada agradables desde Castro del Río.

«Y plega a Dios que no demos con nuestra sepultura», es la lacónica respuesta que Sancho Panza le dice a don Quijote al a entrada de El Toboso, cuando, antes la alta torre de la iglesia, el caballero andante exclama: «¡Con la iglesia hemos dado, Sancho!».

Miguel de Cervantes, «criado de su Majestad»: comisario real de abastos (1587-1594)

Como no podía ser de otro modo, Miguel de Cervantes describe a un comisario real de abastos en su obra, experiencia propia, pero también compartida con miles de sus lectores; una particular imagen del comisario real de abastos que nunca debemos confundir con la del propio Cervantes; hay un abismo entre la vida de papel y la real, ayer y hoy:

> […] y procurar verme, como se ven otros hombrecitos aguditos y bulliciosos, con una vara en las manos, y sobre una mula de alquiler pequeña, seca y maliciosa, sin mozo de mulas que le acompañe, porque las tales mulas nunca se alquilan sino a faltas y cuando están de nones; sus alforjitas a las ancas: en la una un cuello y una camisa, y en la otra su medio queso y su pan y su bota; sin añadir a los vestidos que trae de rúa, para hacellos de camino, sino unas polainas y una sola espuela; y, con una comisión, y aun comezón en el seno, sale por esa Puente Toledana raspahilando, a pesar de las malas mañas de la harona, y, a cabo de pocos días, envía a su casa algún pernil de tocino y algunas varas de lienzo crudo; en fin, de aquellas cosas que valen baratas en los lugares del distrito de su comisión, y con esto sustenta su casa como el pecador mejor puede.

Quien así habla es un soldado, marido de doña Guiomar, que se ha presentado ante el *Juez de los divorcios*, uno de los entremeses que publica Cervantes en 1615, y que sueña con verse convertido en comisario. ¡Qué triste la situación del soldado, que no tiene «ni oficio ni beneficio», y que nadie quiere servirse de él «porque estoy casado»! Todo lo contrario le pasará a Miguel de Cervantes, que, después de casarse, consigue hacerse cargo de algunas comisiones como comisario real de abastos, que le permite sustentar «su casa como el pecador mejor puede». O, al menos, intentarlo.

Se ha instalado en la mayoría de las biografías cervantinas la visión romántica de que las comisiones que le fueron encomendadas como comisario real de abastos y, posteriormente, como recaudador de impuestos atrasados desde 1587 hasta 1595, el único oficio estable y continuo en el tiempo que tuvo nuestro autor —si no consideramos el ser agente de negocios un oficio—, en realidad es un paréntesis en su vida, una obligación impuesta por las necesidades económicas que lo alejaba de su familia, de sus sueños y realidades literarias y lo adentraba en los entresijos nunca confiables de Sevilla, la ciudad más bulliciosa y peligrosa de toda la Monarquía Hispánica. Pero al mismo tiempo, este paréntesis fue fundamental para su desarrollo literario, para ir imaginando y escribiendo la magnífica literatura que daría a conocer a los años siguientes, sobre todo a partir de 1613, cuando publica sus *Novelas ejemplares*. Una época pobre en reconocimientos y en dinero, pero rica en viajes por Andalucía y La Mancha, en experiencias personales, en apuntes al natural de tantas personas y anécdotas conocidas y vividas que, con el tiempo, se convertirían en la base para construir personajes geniales, líneas argumentales que todavía hoy en día siguen sorprendiendo a millones de lectores. Este reflujo romántico junto a la mitificación cervantina del siglo XIX que instaló en el imaginario colectivo una determinada visión de su vida, siguen siendo el motor que intenta buscar en la realidad vivida —o imaginada por los estudiosos— de Miguel de Cervantes las bases de algunas de sus creaciones, de los espacios o personajes que aparecerán en sus obras; obras que, a su vez, esconden claves de su vida cotidiana, de sus sentimientos, que no han dejado huella en la documentación conservada. Desde el esclarecimiento de cuál es «el lugar de la Mancha» a los posibles modelos reales de Alonso Quijano han llenado —y siguen llenando— miles y miles de páginas, que encuentran eco en los medios de comunicación, verdaderos valedores de muchas de las teorías absurdas que sobre la vida de Cervantes se han venido repitiendo en los últimos siglos y otras tantas, igual de absurdas, que se van creando en nuestros días. Interpretaciones biográficas escritas a golpe de titulares y de minutos de informativos.

Es difícil luchar contra el molino de viento de los imaginarios colectivos, de los tópicos cervantinos que constituyen los burdos brochazos de una biografía que debe ser —sí o sí— ejemplar y heroica. Y si no se encuentra esa ejemplaridad y ese heroísmo en la acciones de Cervantes, habrá que buscarlos en su capacidad de transcender sus experiencias vitales gracias a sus obras, a los personajes y situaciones de sus obras. No cabe ninguna duda de que el Miguel de Cervantes que comenzó a trabajar como comisario real de abastos en 1587 nada tiene que ver con el Miguel de Cervantes que terminó viviendo en Valladolid en 1604, en uno de los barrios más pobres y miserables de una ciudad que todavía sufre el nombramiento de ser la capital de la Corte. Muchos de los espacios que frecuentó durante estos años, muchas de las experiencias escuchadas o vividas, muchos de sus recuerdos gozarán de una versión literaria; experiencias personales que no cabe duda que enriquecerán sus descripciones, sus visiones... pero también es cierto que muchas de ellas procederán de sus lecturas, del mundo en papel que tan bien conocen Miguel de Cervantes y sus lectores, esa comunidad literaria con la que el autor establece en primer lugar su diálogo artístico. Miguel de Cervantes escribe para su época, para los lectores de su época, con los que comparte experiencias y lecturas, modelos y géneros, ilusiones y derrotas. Como le dirá Don Quijote a Sancho Panza en el capítulo 25 de la segunda parte: «El que lee mucho y anda mucho, ve mucho y sabe mucho». Andar para vivir, para enriquecerse con la vida, pero también leer para ver y saber. Literatura y vida que se dan la mano, no tanto en la obra y en la experiencia particular de Miguel de Cervantes, sino en la de todo lector de su época, lector que, después de leer y vivir mucho, puede convertirse en creador. Como el mismo Miguel de Cervantes.

Cuatro meses duró la almoneda de los bienes de Jerónimo de Herrera en el sevillano Hospital de la Sangre. El sacerdote había muerto el 7 de junio de 1590, y había donado todos sus bienes, su rica biblioteca y sus obras de arte al Hospital, que comenzó en poco tiempo la subasta pública, que reunió a la flor y nata de Sevilla, como se deja escrito en el voluminoso protocolo que da cuenta de los objetos que se ponen a la venta y de las personas que los compraron. Entre ellos, entre las docenas de aristócratas, caballeros, doctores y licenciados, canónigos, frailes, artistas y hombres de letras, aparecen los nombres de Agustín de Cetina, el pagador de las provisiones reales, y Miguel de Cervantes, que compró un día «cuatro libritos dorados, de letra francesa, en diez y ocho reales», y otro día, «la *Historia de Santo Domingo*, en treinta reales»; no estaría mal encuadernado este último volumen, seguramente la *Primera parte de la Historia general de Santo Domingo y de su Orden de Predicadores, escrita* por fray Hernando del Castillo (Madrid, Francisco Sánchez, 1584), dado el precio final con que fue vendido. Astrana Marín se deja llevar por la imaginación y sueña que los otros cuatro libros en francés adquiridos por Cervantes fueron las *Histoires tragiques,* es decir, una de las versiones extractadas por François de Belleforest de las novelas o cuentos breves del italiano Bandello, que gozaban de un enorme éxito por toda Europa. Al margen de las identificaciones concretas, lo cierto es que estos dos ejemplares, con sus dorados y su rica encuadernación, no parecen propios de un comisario real de abastos, que cobra tarde y mal, que anda en mil trapicheos y que tiene que hacer frente a otras tantas acusaciones, además de los viajes continuos y el vivir en casas de alquiler en Sevilla. ¿No serán, en realidad, una prueba más de su trabajo como agente de negocios, como intermediario en Sevilla para la compra de unos volúmenes destinada a una biblioteca mucho más completa y aristocrática que la suya?

En todo caso, ya sean para su propia biblioteca —¿aquellos mil cuerpos de libros bien encuadernados que tenía Alonso Quijano en su lugar de la Mancha?—, ya sean por encargo para otra biblioteca, lo cierto es que muchos de los personajes, tópicos, motivos, lugares, líneas argumentales, detalles anecdóticos que aparecerán en la obra de Cervantes son hijas también de sus lecturas, de su participación en academias, en las continuas conversaciones con otros escritores, con un mundo donde la literatura es mucho más cotidiana de lo que podríamos imaginar hoy. O dicho de otro modo, un mundo en que las fronteras entre la literatura y la vida, entre la oralidad y la escritura están difuminadas. Lejos quedó esa idea del siglo XIX que hizo de Miguel de Cervantes un «ingenio lego», es decir, una persona sin estudios, sin conocimientos, pero que fue capaz de escribir una obra genial gracias a una inspiración casi divina... ¿O no ha quedado tan lejos como imaginamos?

Es difícil salir victorioso en un combate contra los molinos de viento de los lugares comunes, de los tópicos, de esa visión romántica que sitúa a Cervantes como un ser único, aislado, ejemplar y heroico. Nada más lejos de la realidad. Es difícil pero vale la pena intentarlo, y situar a nuestro autor en su tiempo, en el tiempo real que le tocó vivir, y analizar desde esta perspectiva sus años andaluces, esos que vieron cómo su trabajo como comisario real de abastos estaba a punto de desaparecer a favor de otro sistema administrativo y recaudatorio más eficiente, tal y como hemos visto en las páginas anteriores.

La documentación sobre este periodo es la más abundante de la conservada de la vida de Cervantes (casi dos tercios), pero los nuevos descubrimientos documentales realizados en los últimos años (sobre todo, los llevados a cabo por José Cabello Núñez), y los que, no me cabe duda, se anunciarán en los próximos al analizar con más intención la documentación municipal conservada, permiten ofrecer una imagen más completa de los trabajos de Miguel de Cervantes tanto de comisario real de abastos como de recaudador de impuestos atrasados de la que se ha ofrecido hasta ahora.

En primer lugar, no hemos de olvidar que ser comisario real de abastos no constituye un oficio ni Cervantes, como ninguno de los comisarios, gozó de un «contrato» para realizar su cometido. La base de su trabajo es la comisión, ese *comezón* del que había hablado Cervantes; es decir, el documento legal firmado por el Proveedor General, por el que se le nombra para conseguir una cantidad, normalmente, precisa de productos en un determinado territorio, con una fecha de comienzo, pero que puede extenderse en el tiempo más allá del deseo del comisario, que sabe que no cobrará su salario hasta después de terminado su embargo, como veremos más adelante. Estas comisiones pueden estar relacionadas entre ellas, como sucede con las continuas visitas de Cervantes a Écija durante los años 1587 al 1589, las primeras comisiones que tuvo a su cargo nuestro inexperto comisario. Estas comisiones generan una serie de documentos que deberán ser estudiados como un corpus unitario si queremos comprender el trabajo en su conjunto —y en su desarrollo temporal—, más allá de analizarlos como actividades puntuales que Cervantes lleva a cabo en un momento determinado, día a día. Así, junto al texto de la comisión firmado por el Proveedor General, contaremos con las distintas resoluciones de los cabildos sobre el reparto de los productos y la labor realizada por el comisario (de ahí la importancia del estudio de los archivos municipales o de los provinciales cuando se han hecho cargo de esta documentación antigua), a los que se añaden los certificados de pago de los materiales embargados, las libranzas de dinero para su pago, las justificaciones de gastos, los pagos del transporte, y, posteriormente, el pago del salario al comisario, que resulta un documento muy interesante para poder conocer realmente el tiempo que ha durado una determinada comisión, ya que se le paga por días trabajados.

De este modo, teniendo en cuenta los tres proveedores generales con los que trabajará Cervantes, tanto de la flota de Indias como de las Armadas, Antonio de Guevara, Pedro de Isunza y Cristóbal de Barros, podemos situar sus pasos como comisario real de abastos por diferentes poblaciones de Andalucía desde septiembre de 1587 hasta febrero de 1594, con algunos huecos en blanco, de silencio, en que no sabemos qué hizo Cervantes durante meses, si permanecía en Sevilla a la espera de nuevas comisiones o se encontraba en Esquivias, en Toledo o en Madrid, donde se había trasladado su mujer para vivir junto a sus cuñadas. La mayoría de la documentación cervantina con la que se trabaja procede de las recopilaciones documentales de finales del siglo XIX y principios del XX, que parecían (y solo parecían) que habían agotado la búsqueda documental de este periodo tan esencial de la vida de Cervantes.

Desde mediados de septiembre de 1587 hasta el 4 de abril de 1589, podemos situar a Cervantes en Écija según varias comisiones firmadas por Antonio de Guevara y en un primer momento por el juez sevillano Diego de Valdivia; la saca extraordinaria de trigo para la Armada Invencible le llevará también en 1587 a viajar a las poblaciones cordobesas de La Rambla, Castro del Río y Espejo, así como en Paradas en la segunda de las comisiones. Además, del 10 de septiembre al 4 de noviembre de 1588, le será asignada la saca de aceite en Marchena, según comisión de Antonio de Guevara firmada el 5 de septiembre.

Por su parte, del 12 de febrero hasta el 15 de abril de 1590 estará en Carmona, y también en Écija y en Marchena, en busca de aceite, según comisiones de Antonio de Guevara.

Hasta más de un año después, no le volvemos a seguir la pista. Del 15 de octubre de 1591 hasta el 30 de septiembre de 1592 participará junto al comisario Diego de Ruy Sáez, y con, al menos tres ayudantes, en la comisión más importante de las que participó Cervantes: la que firma el nuevo Proveedor General Pedro de Isunza, por la que les pide 60.000 fanegas de trigo y la cantidad de garbanzos y habas que pudieran conseguir. Esta comisión les llevará a decenas de poblaciones de Sevilla, Málaga, Jaén o Córdoba: Estepa, Pedrera, Teba, Ardales, Úbeda, Baeza,

Montilla, Aguilar, Olivares, Porcuna, Villasdompardo, Cabra, Aguilar, Martos, Alcaudete, Arjona, Lopera, Arjonilla, Marmolejo, Linares, Begílar, Torres, Jaén, Iznatoraf, Villacarrillo, Las Navas del Tolosa, Álora, Castro del Río o Écija. Con la llegada de Pedro de Isunza, con el que Cervantes había trabajado en Madrid como agente de negocios, parece que se abre un periodo de esperanzas en la vida de Cervantes, pues está llamado a prosperar dentro de los oficios vinculados al abastecimiento de las galeras, y así, al cabo de un mes, del 11 de noviembre a finales del mes de diciembre de 1592, una nueva comisión de Pedro de Isunza le llevará a Écija, Marchena, Arahal y Utrera para tomar aceite. Pero la muerte prematura de Pedro de Isunza en 1593, tan solo dos años después de haber sido nombrado, convirtieron, de nuevo en cenizas sus esperanzas de una prosperidad anunciada.

Gaspar de Añastro Isunza, su sobrino, que ocupó el cargo de Proveedor General de las galeras, este 1593 hasta 1599, año de su muerte, no le encomendará ninguna comisión. Con esta última comisión de Pedro de Isunza de 1592 acaba su carrera como comisario real de abastos relacionado con las provisiones de las armadas, ya sea en las primeras comisiones extraordinarias para abastecer la Invencible, ya sea en las ordinarias para el abastecimiento general de los galeones que se dirigían a las Indias.

La nueva comisión que recibirá Cervantes en 1593 será para los galeones artillados que acompañan a las naves para protegerlas, que le llevará a Cervantes a territorios diferentes dentro y fuera de Andalucía. Nada se dejaba al azar en el complejo sistema recaudatorio y de abastecimiento de la Monarquía Hispánica. Y así, del 25 de julio de 1593 al 16 de febrero de 1594, gracias a una nueva comisión firmada por Miguel de Oviedo, proveedor y contador de provisiones por Andalucía, por mandado del Adelantado Mayor de Castilla, le llevará a varias poblaciones de Huelva (La Palma del Condado, Villalba del Alcor, Villarrasa, Rociana, Bollullos del Condado, Manzanilla, Paterna del Campo, Almonte, Niebla, Villamanrique, terminando en la sevillana Gerena), y de Badajoz (Llerena y Villagarcía, entre otros lugares).

Y en todos los casos, con más o menos documentación, con más o menos oposición, con más o menos problemas, se repetirá el modo de trabajo del comisario real de abastos que hemos visto con un cierto detalle al tratar sus primeras comisiones en Écija. ¿Con qué se ganó la vida, qué actividades realizó Cervantes durante los meses en que no tenemos constancia de estar trabajando en una nueva comisión, de abril de 1589 a octubre de 1590 o de enero a julio de 1593? Casi un año de la vida del comisario real de abastos del que no teníamos más noticias, como si se le hubiera tragado la tierra… hasta el año 2014.

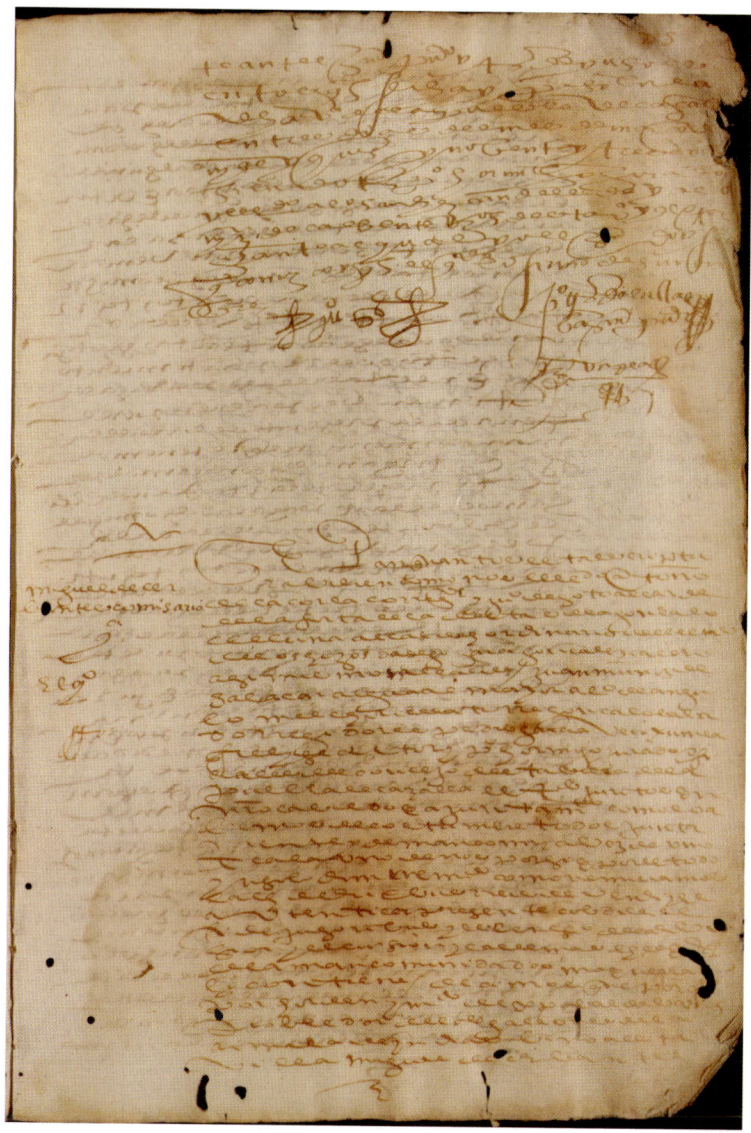

Carta de obligación del Cabildo de Puebla de Cazalla por la que comprometen a entregar al comisario Miguel de Cervantes trigo y cebada. 5 de marzo de 1593. Archivo de Protocolos Notariales de Morón de la Frontera, Sección Escribanías de La Puebla de Cazalla, libro nº 149, año 1593, folios 25r-26v, escribanía de Pedro González de Villalba.

En este año, José Cabello Núñez, archivero de la Puebla de Cazalla, al catalogar microfilm de los fondos antiguos de esta población sevillana, cuyos originales se encuentran en el Archivo de Protocolos Notariales de Morón de la Frontera, se encontró un acuerdo del cabildo firmado el 5 de marzo de 1593, por el que se comprometía a entregar 130 fanegas de trigo y 20 de cebada, según comisión de Cristóbal de Barros, Proveedor General de la escolta para las naves que viajaban a las Indias. Nada nuevo en esta población que, como tantas otras cercanas a Sevilla, constituían la fuente principal de abastecimientos de las armadas. Lo que sí que era nuevo era la comisión a la que hace alusión y al comisario nombrado para ella: Miguel de Cervantes Saavedra.

> decimos que por cuanto por orden y mandado de Cristóbal de Barros, proveedor de los galeones de la Armada de Indias, vino a esta villa Miguel de Cervantes Sayavedra, comisario a sacar trigo de los vecinos de esta villa para el proveimiento de los dichos galeones, para lo cual el dicho comisario ha hecho sacar trigo de algunas casas de esta villa y por evitar el daño que el susodicho puede hacer a los vecinos de esta villa en sacar el dicho trigo, somos convenidos y concertados con el dicho comisario que le demos ciento y treinta fanegas de trigo y veinte fanegas de cebada, con lo cual se contenta y satisface de todo el repartimiento que en esta villa se podía hacer.

También se establece el plazo en que el comisario puede volver para hacerse cargo de las fanegas asignadas (el sábado siguiente, que es 13 de marzo), y las penas en que incurrirían si no cumplieran con su compromiso, en que destaca que ellos se harían cargo del sueldo del comisario (o de su ayudante), así como de las costas de viaje:

> Y si no lo diéremos y entregáremos según dicho es, que el dicho comisario lo pueda comprar de la parte donde lo hallare y por el precio y acarretos que le costaren le pueda ejecutar con solo su juramento en que le diferimos; demás de lo cual nos obligamos de dar y pagar a la persona que viniere a la cobranza del dicho trigo y cebada, y si no lo diéramos el dicho día como está declarado, seiscientos maravedíes cada un día de los que se ocupare en la cobranza de ello de venida, estada y vuelta, por los cuales dichos salarios se nos pueda ejecutar como por el principal con solo el juramento de la persona que a ello viniere en que lo diferimos.

Este documento le llevó a José Cabello a encontrar los diferentes asientos contables que daban cuenta del pago (retrasado) de su salario, como veremos más adelante; y entre ellos, como suele ser también habitual, una copia certificada de la comisión de Cristóbal de Barros, que es la única que se ha conservado de este Proveedor General destinada a Cervantes, fechada el 21 de febrero de 1593, en que Cervantes apoyaba la comisión del comisario Juan Sáenz de la Torre (del 9 de febrero), por la que entre los dos debían conseguir 5000 fanegas de trigo para la fabricación de bizcocho, 500 fanegas de cebada para los arrieros, 400 fanegas de garbanzos, 400 fanegas de habas y 300 quintales de queso para el abastecimiento de los galeones, en las siguientes poblaciones:

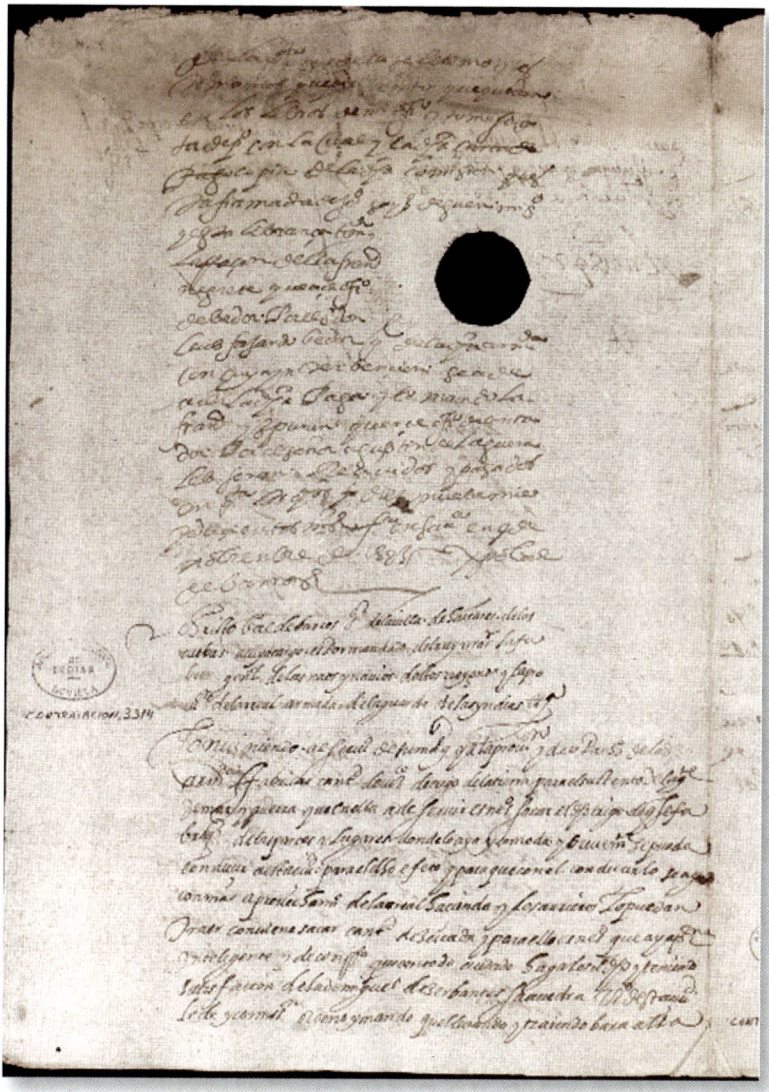

Copia certificada de la comisión del Proveedor General Cristóbal de Barros a favor de Miguel de Cervantes para conseguir trigo, cebada, aceite, habas y garbanzos por diferentes poblaciones de Sevilla. 21 de febrero de 1593. Archivo General de Indias, CONTRATACION,3314.

ordeno y mando que llevando y trayendo vara alta de justicia de Su Majestad, vaya a las villas de Carmona, Utrera, el Haraal, Morón, La Puebla de Cazalla, Marchena, Paradas, Osuna, Villamartín y a las demás ciudades, villas y lugares del Andalucía que convenga y sea necesario y le pareciere.

Gracias a este importante hallazgo, se ha podido documentar la posible presencia de Cervantes en poblaciones andaluzas que hasta ahora no se habían mencionado (Puebla de Cazalla, Osuna, Morón de la Frontera o Villamartín), así como otras en las que Cervantes se había acercado en sus anteriores comisiones. El trabajo documental de José Cabello Núñez ha confirmado su presencia en Puebla de Cazalla, y así el inicio para otras investigaciones, como la que le llevó a Julio Mayo Rodríguez a encontrar el poder notarial firmado por Cervantes el 29 de marzo de 1593 que certifica la presencia de Miguel de Cervantes en Utrera debido a esta nueva comisión hasta ahora desconocida. Este particular documento, conservado actualmente en el Archivo Histórico Provincial de Sevilla (Sig. 21.404P. Oficio 8. Escribanía de Martín Hernández Santiago. Año 1593. Fol. 239v), permite incidir sobre las dificultades de conseguir el mayor número de los productos asignados en diferentes poblaciones en el menor tiempo posible. Dado que el comisario tenía que ausentarse de una población para ir a otra en busca de más fanegas de trigo o arrobas de aceite, se hace necesario, en el caso de no contar con ayudantes, firmar cartas de obligación por las que habilitaba a personas a realizar su trabajo en su ausencia. Este es el caso del documento firmado por Cervantes el 29 de marzo de 1593 en Utrera por el que habilitaba al arriero Juan de Balbuena a recibir del cabildo las 170 fanegas de trigo y las 20 de cebada que previamente habían concertado. Cervantes, antes de marcharse, deja pagadas las fanegas con certificados de pago; el arriero, según la carta de poder se compromete a «que el dicho trigo y cebada que así recibiere sea buen trigo, nuevo, limpio, y enjunto de dar y recibir, medido con buena medida de la de Ávila»; mientras que el cabildo se obliga a pagarle 500 maravedís de salario por cada día que emplease en extraer el grano y transportarlo hasta los puertos. Quedémonos con esta cifra, que no deja de ser curiosa, pues Cervantes, como comisario real de abastos, cobrará 400 maravedís por día.

A estos nuevos documentos —al que seguirán otros tantos cuando se estudien los conservados en Osuna, Morón o Villamartín durante los días de esta nueva comisión cervantina ahora descubierta, y que permitan certificar la presencia efectiva de Miguel de Cervantes en estas poblaciones en estas y otras fechas—, hay que sumar siete nuevos documentos que José Cabello Núñez ha encontrado en el Archivo Histórico Provincial de Sevilla, que aportan datos sobre la presencia de Cervantes en Porcuna, una de las poblaciones jienenses a las que se refiere la comisión de Pedro de Isunza del 10 de octubre de 1591. Son cartas de pago de octubre de 1592 que dan cuenta de los 2744 reales (93.296 maravedís), que el Concejo de Porcuna certifica que ha recibido de Martín de Arriega, pagador de las galeras de España, como pago de las 196 fanegas de trigo «que el mes de enero próximo pasado de este año de mil y quinientos y noventa y dos sacó Miguel de Cervantes, comisario nombrado por Pedro de Isunza, Proveedor General de las dichas galeras de lo que este concejo tenía almacenado y recogido por cuenta de las alcabalas que debe a Su Majestad». Como se indicará posteriormente en la comisión firmada por Cristóbal de Barros de 1593, el pago de la fanega de trigo sale a 14 reales, frente a los 10 con que se compraba la misma cantidad en las primeras comisiones que Cervantes llevó a cabo en Écija en 1587.

Los archivos municipales —o los provinciales que tienen a su cargo los de los ayuntamientos más pequeños—, pero también centros importantes como el Archivo General de Indias o el Archivo Histórico Provincial de Sevilla, conservan todavía documentos que permitirán comprender un poco mejor la labor de Cervantes como comisario real de abastos, las diferentes comisiones que le llevan a recorrer diversos pueblos de toda Andalucía en busca de las materias habituales que permiten sustentar el abastecimiento de las galeras (de las armadas de Indias) o de la Armada, que no deja de crecer en estos años, que son también los años de las malas cosechas, de las dificultades monetarias de la Monarquía Hispánica y de las deudas contraídas con campañas militares como la Armada Invencible, que necesitará años en ser pagadas. Este es el complejo entramado burocrático en que se moverá Miguel de Cervantes como comisario real de abastos. Un complejo entramado que se complica por las dificultades económicas a las que deberá hacer frente por el pago tarde y mal del salario establecido por su trabajo. Los huecos entre comisión y comisión que los críticos han llenado con hipotéticos viajes por La Mancha o a Madrid o a Esquivias son, seguramente, tan solo silencios documentales, que en los próximos años se irán llenando de nuevos datos, fechas y poblaciones, que dibujarán, una vez más, el complejo entramado de relaciones y de complicaciones que un comisario real de abastos tenía que asumir para cumplir con su trabajo. Un trabajo, un esfuerzo, un red clientelar y de relaciones que está llegando a su fin. Como en tantas otras ocasiones, Cervantes vive de lleno una época de transición, los últimos momentos de un sistema y el nacimiento de un nueva realidad, que él ya no podrá disfrutar. Le ha pasado con la literatura y los corrales de comedias. Le pasará ahora con las comisiones de comisario real de abastos.

El sueldo de un comisario real de abastos: las dificultades económicas de Miguel de Cervantes

A Miguel de Cervantes desde 1587 a 1594 le asignaron varias comisiones para la saca de trigo, cebada o aceite, que le llevará por varios pueblos de Andalucía. ¿Qué sueldo tenía un comisario real de abastos? ¿Cómo se manejaba el tema de los pagos de su salario? La cuestión es más complicada de lo que en un principio pudiera pensarse. En primer lugar, antes de cada comisión, el comisario debía presentar fianzas y seguridades, para que así mostrarse solvente tanto para hacer frente a los gastos de su trabajo, como a las posibles denuncias y condenas por irregularidades en su cometido.

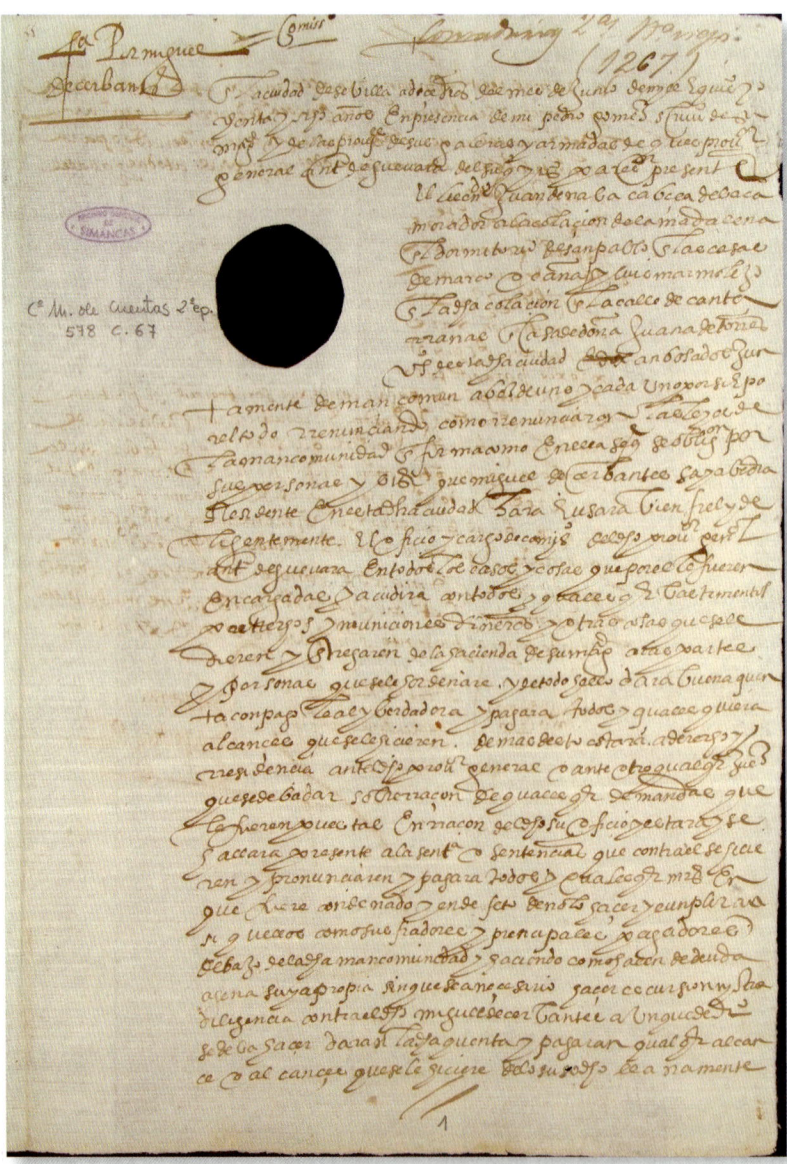

Fianza de Juan de Nava Cabeza de Vaca y Luis Marmolejo a favor de Miguel de Cervantes, para que pueda aceptar la segunda comisión de Antonio de Guevara: Sevilla, 20 de junio de 1588. Simancas: CMC, 2EP,578 C.67.

El 12 de junio de 1588, ante Pedro Gómez, «escribano de Su Majestad y de las provisiones de sus galeras y armadas, de que es Proveedor General, Antonio de Guevara», se presentan dos vecinos de Sevilla, Juan de Nava Cabeza de Vaca y Luis Marmolejo, que firman una fianza a favor de Miguel de Cervantes y de su trabajo como comisario real de abastos:

> se obligaron por sus personas y bienes, que Miguel de Cervantes Saavedra, residente en esta dicha ciudad, hará y usará bien, fiel y diligentemente el oficio y cargo de comisario del dicho Proveedor General Antonio de Guevara en todos los casos y cosas que por él le fuere encargadas, y acudirá con todos y cualquier bastimentos, pertrechos y municiones, dineros y otras cosas que se le dieren y entregaren de la hacienda de Su Majestad a las partes y personas que se le ordenare, y de todo ello hará buena cuenta, con pago leal y verdadero, y pagará todos y cualesquier alcances que se le hicieren.

Y como se ha indicado, también lo harán y pondrán en ellos sus personas y bienes en las posibles demandas que podría recibir Cervantes en el desempeño de su oficio; una prueba más de cómo los excesos de los comisarios eran un lugar común en la época, y quizás no solo un lugar común sino una realidad cotidiana:

> demás de esto estará a derecho y residencia ante el dicho Proveedor General o ante otro cualquier Juez que se deba dar, sobre razón de cualesquier demandas que le fueron puestas en razón del dicho su oficio, y estará y se hallará presente a la sentencia o sentencias que contra él se hicieren y pronunciaren, y pagará todos y cualesquier maravedís en que fuere condenado; y en defecto de no lo hacer y cumplir así, que ellos sus fiadores y principales pagadores, debajo de la dicha mancomunidad, y haciendo como hacen de deuda ajena suya propia, sin que sea necesario hacer excursión ni otra diligencia contra el dicho Miguel de Cervantes, aunque de derecho se deba hacer, dará la dicha cuenta y pagarán cualquier alcance o alcances que se le hicieren de lo susodicho llanamente.

El salario de un comisario real de abastos está estipulado a doce reales por día (unos 400 maravedís), que se pagaba a partir de terminada la comisión, y de acuerdo a los días que hubiera trabajado en ella, a los que se añadirían otras sumas para el transporte, alojamiento y comida. Más adelante, en 1591 cuando comienza a trabajar para el Proveedor Pedro de Isunza, el sueldo se reducirá a diez reales por día. En las cuentas que presenta de los cargos de trigo y cebada que sacó Miguel de Cervantes de Écija en los años 1588 y 1589, firmado en Sevilla el 27 de agosto de 1589, estipula cuál debe ser su sueldo:

> He de haber y se me han de pagar ciento y doce mil y seiscientos y ocho maravedís por el salario de doscientos y sesenta y seis días que me ocupé en la dicha comisión, a razón de doce reales cada día.

En la mayoría de los casos, los comisarios tendrán que esperar meses hasta cobrar sus sueldos, después de haber terminado sus comisiones. Detengámonos en un ejemplo, imagen multiplicada para el cobro de todas las comisiones encomendadas.

Como se ha indicado, Cristóbal de Barros, Proveedor General desde 1592, firma el 21 de febrero de 1593 una comisión para que Cervantes ayude a Juan Sáenz de la Torre en la obtención de diferentes fanegas de trigo y cebada, así como de aceite, habas y garbanzos para las naves. La comisión terminará el 28 de abril de este mismo año. El 7 de julio, Miguel de Oviedo le encomienda una nueva comisión a Cervantes, que le llevará lejos de Sevilla, a diferentes poblaciones de Huelva, por lo que al día siguiente firma una carta de poder a favor de Magdalena Enríquez, bizcochera sevillana, para que pueda cobrar el sueldo de los 48 días trabajados en la citada comisión, que todavía se le adeuda:

> doy todo mi poder cumplido cuan bastante de derecho se requiere y es necesario, a doña Magdalena Enríquez, vecina de esta dicha ciudad de Sevilla, en la collación de Santa María, especialmente para que por mí y en mi nombre pueda pedir y demandar y recibir y cobrar [...] de la Real Audiencia del Rey Nuestro Señor y de Cristóbal de Barros, Proveedor de su Real Armada del cargo del general don Francisco de Coloma, y de otro cualquier tesorero y proveedor o persona que le hubiere de pagar y de sus bienes, y de quien con derecho deba, todo lo que se me hubiere de haber de mi salario por los derechos y tiempo que me ocupé en sacar trigo para el servicio de Su Majestad por orden y comisión del dicho proveedor Cristóbal de Barros este presente año de quinientos y noventa e tres.

Gracias a la larga relación de asientos que el pagador de la Real Armada de la Casa de la Contratación de Sevilla, tiene que hacer para justificar su trabajo por estos años, conocemos que el pago de los 19.200 maravedís por la comisión de Cervantes terminada en abril, se autoriza el 9 de noviembre de 1593.

El 28 de marzo de 1594, unos días después de que hubiera acabado la comisión que le había llevado a Cervantes por tierras onubenses, la bizcochera Magdalena Enríquez firmará una carta de pago en la que certifica que, efectivamente, ha recibido los maravedís correspondientes al sueldo de Cervantes «como cesonaria que soy del dicho Miguel de Cervantes».

Si este retraso de un poco más de seis meses para cobrar la comisión de Cristóbal de Barros puede parecer mucho, no lo fue así para Cervantes, que tuvo que soportar mayores tiempos de espera para cobrar los salarios de sus primeras comisiones, justo las que le llevaron a Écija. El 13 de marzo de 1591 firma nuestro autor un poder a favor de Juan de Tamayo para que pueda cobrar en su nombre el salario que se le debe, unos 110.400 maravedís, por los 276 días que le llevó «las moliendas de la ciudad de Écija y su término los años pasados de ochenta y ocho y ochenta y nueve, como consta por las informaciones y recaudos que tengo presentados en la contaduría de las provisiones de Su Majestad». Meses y meses sin cobrar hasta que se acaba la comisión... y luego, otros meses después a la espera de conseguir la libranza firmada por el Proveedor General.

Retrasos en el cobro de los salarios que potencia esa economía de préstamos, de deudas, que es propia de los Siglos de Oro, y en la que Cervantes, como agente de negocios, se maneja con total soltura. El 27 de junio de 1592 Cervantes le concede un poder a Diego de Ruy Sayez, oficial mayor del Proveedor General, no solo para cobrar los salarios atrasados, sino también algunos de los préstamos y «asuntos» en los que ha estado trabajando en los últimos meses:

> y así mesmo pueda pedir y cobrar de otras cualesquier personas que con derecho deba, y de cada uno de ellos y de sus bienes, todos los maravedís y reales y otras cosas que me deben por obligaciones, albalaes y cuentas; y en cobrar de Nicolás Benito, comisario de Su Majestad, y residente en el dicho Puerto de Santa María trescientos y cuarenta reales, que me debe de dineros prestados y cuentas que hay entre mí y él.

¿Es buen sueldo el que cobraba un comisario real de abastos en la época de Cervantes, un sueldo que se contabiliza por días trabajados en una comisión, y no como un sueldo mensual, fijo y estable? Es cierto, como indica Jorge García López en su biografía cervantina de 2015, que el sueldo del comisario real de abastos puede compararse al de un Juez de Corte, que ganaba a finales del siglo XVI, unos 15.000 maravedís al año (un poco más de 440 reales, de 40 ducados), a los que había que añadir otros 3.000 maravedís de dietas, pero como también recuerda García López, el juez no deja de lamentarse de que este sueldo —que recibe mes a mes— no le permitía sobrevivir dignamente en una ciudad tan cara como Sevilla... ¿Qué hemos de pensar entonces de Cervantes, que ni cobraba esta cantidad todos los meses ni tampoco la recibía con regularidad? ¿Pero es realmente, un sueldo bien pagado según su responsabilidad, según sus dificultades y, sobre todo, ese continuo estar negociando, discutiendo, amenazando y ejecutando cada cifra de la comisión, cada grano de trigo y cebada cuando llega a los distintos pueblos, de los que, año tras año, se consiguen los abastecimientos para las galeras que van a la Indias y la armada que ha de viajar con ellas para protegerlas? Si tenemos en cuenta, por ejemplo, que Simón de Salazar, uno de sus ayudantes durante la molienda del trigo en Écija, que tiene entre sus funciones pesar el trigo que va a las aceñas, la harina que volvía a los almacenes y, después, pesar el harina que llevaban a Sevilla cobrará 52.836 maravedís por 259 días de trabajo, es decir, unos 200 maravedís al día, la mitad de lo que cobran los comisarios reales de abastos, con su vara alta de mando, su autoridad y su responsabilidad, no me parece que podamos hablar de un buen sueldo. Y eso sin tener en cuenta que algunos ayudantes terminarán cobrando lo mismo que los comisarios: los 12 reales al día. Por eso no extraña que después de estas comisiones y de la espera de ir cobrando los sueldos retrasados, Cervantes siga en Sevilla con sus negocios de agente, ese del que solo nos ha llegado una mínima parte documental.

Esta es la geografía idónea para que los comisarios, como el resto de los miembros de esta jerárquica estructura del abastecimiento de las galeras, hagan suyos usos y desmanes de la corrupción, de completar un sueldo que nunca llega y de sobrevivir en un medio donde la picaresca, las luchas y los enfrentamientos están a la orden del día. Algo de verdad hay en las continuas críticas a los desmanes de los comisarios en el ejercicio de sus comisiones. Algo de verdad hay en la necesidad de estar continuamente llevando controles sobre las cantidades realmente conseguidas en cada población y de su papel de intermediario para el cobro más rápido de los certificados que los propios comisarios emiten como pago inicial de todos los productos requisados. Por eso no extraña que las cárceles estén llenas de personas que, de una manera preventiva, tienen que dar cuenta de sus deudas, de los pagos no realizados de sus deudas. Por esto no extraña que el comisario real de abastos Miguel de Cervantes tenga que pasar alguna temporada de su vida en la cárcel.

¿«Busque por acá en qué se haga merced»?: Miguel de Cervantes, recaudador de impuestos atrasados (1594-1595)

En el verano de 1594 comienza Cervantes una nueva etapa profesional con las cuentas reales, gracias al apoyo de Agustín de Cetina, que ha abandonado su cargo de tesorero de las provisiones reales para ser Oidor de justicia: deja su puesto de comisario real de abastos para iniciar (y terminar) su carrera de recaudador de impuestos atrasados, que conllevaba un mejor sueldo, pero que también podía resultar —como así fue— más peligroso pues, en este caso, se trata de manejar dinero y no productos. La primera (y última) provisión que encomienda la Contaduría Mayor del Consejo de Hacienda a Cervantes el 13 de agosto le llevará por diversos pueblos de Granada para recaudar los 2 557 029 maravedís (algo más de 6800 ducados) que se debían de las alcabalas y las tercias, que son la base del sistema impositivo de la Monarquía Hispánica: la alcabala, que corresponde al diez por ciento de todas las compraventas, es el impuesto ordinario con más rendimiento, pues tiene carácter universal, es decir, todo el mundo ha de abonarlo, al margen de su condición social; y por otro lado, las tercias, que comprendían los dos novenos de los diezmos que cobraba la Iglesia.

El sistema que tenía la Hacienda Real de recaudar los impuestos propiciaba muchos desajustes entre lo que se pensaba recaudar y lo que realmente era posible hacer. Los recaudadores recibían una comisión por parte de la Contaduría Mayor para cobrar determinadas cantidades en un territorio; lo que no consiguieran completar (el conocido como *alcance*), lo debían poner de su hacienda o de sus fiadores. En caso contrario, sufrirían pena de cárcel hasta que fueran capaces de cuadrar sus cuentas. A su vez, los recaudadores delegaban en otros oficiales menores el cobro de impuestos en determinados territorios, para así poder completar la geografía asignada en el tiempo estipulado. Por eso no extraña que en las comisiones que recibían los recaudadores de impuestos atrasados, como le sucederá a Cervantes, se especifique que «todo lo cual habéis de hacer por vuestra persona, sin lo cometer ni subdelegar a otra, porque no ha de haber más de un salario, que ha de ser el que esta mi carta os ha señalado».

El salario del recaudador de impuestos atrasados sube a 550 maravedís al día, por lo que en las provisiones se indica el tiempo en que debe completar su trabajo: cincuenta días «o los que menos fueren menester, con más la ida y vuelta a esta mi Corte, contando a razón de ocho leguas por día». Un salario que el recaudador no tiene que esperar a cobrar al finalizar su provisión, sino que va cobrando a medida que va realizando su trabajo, sobre todo en los retrasos por la mala gestión de recaudadores y tesoreros. El 10 de septiembre de 1594, Cervantes le solicita a Alonso de España, tesorero de Baza, que le pague los días trabajados en balde por su falta de previsión, sabiendo que tenía que recaudar 34.000 maravedís de las rentas de las alcabalas y las tercias de la ciudad en la fecha convenida:

> que luego dé y pague 2.750 maravedís de cinco días de salario que le reparte como a tal tesorero, por no haber afianzado en tiempo y enviado la dicha finca, que son de dos días de venida de Madrid y vuelta, y otros dos de la venida y vuelta de la ciudad de Guadix a esta, y un día de ocupación en esta ciudad; y haciendo la cuenta, y no lleva nada de la llevada del dinero; los cuales los pague luego, con apercibimiento que le ejecutará por ellos y a las personas que le hubieren rentas para que las paguen a cuenta de los 41.000 maravedís que ha de haber de su salario de tal tesorero, con más los días que por esta razón se detuviere (Archivo General de Simancas: Contadurías generales, LEG,1745)

Como sucedía en el caso de los comisarios reales de abastos, el recaudador de impuestos, con su vara alta de la justicia, era el representante del rey en cada población, y tenía poder para cobrar los impuestos atrasados de los tesoreros y receptores, ya lo quisieran o no:

> y os mando que luego vais, con vara alta de mi Justicia, a las ciudades y villas, y a las demás partes y lugares donde fuere necesario, y requiráis a los dichos mis tesoreros y receptores, y a otras cualesquier personas que los debieren pagar, que os los den y paguen luego, sin poner en ello inconveniente ni dificultad alguna, cada uno la parte que le toca y fuere obligado a pagar; y si luego no os lo dieren y pagaren, haréis por ellos en sus personas y bienes y de sus fiadores, todas las ejecuciones y diligencias necesarias, como por maravedís de mi haber, hasta que con efecto los hayan pagado con más vuestros salarios de los días que en ello os ocupárades, por los cuales podáis hacer las mismas ejecuciones y diligencias que por el principal; que yo por la presente hago sanos y de paz los bienes que por esta razón fueren vendidos y rematados, a quien los comprare, para ahora y para siempre jamás.

En principio, el trabajo no era difícil: el recaudador llevaba en el texto de su provisión especificados la cuantía de lo que debía cobrar y a quién se lo debía reclamar. Las cuentas claras en el Consejo de Hacienda:

> En la Casa de la Moneda de la dicha ciudad de Granada, del año de quinientos y noventa y tres, 859.134 maravedís que se han de cobrar del Tesorero de la Casa de la Moneda de la dicha ciudad, y de sus fiadores.
>
> En la renta de la Aguela de Granada, 276.940 maravedís [...], los cuales se han de cobrar de Juan de la Peña, recaudador mayor de la renta y de sus fiadores.
>
> En las tercias de la tierra de la ciudad de Ronda del dicho año de quinientos y noventa y tres, 454.824 maravedís, los cuales se han de cobrar de Diego Mateos, vecino de dicha ciudad, y de sus fiadores... [...]
>
> En las alcabalas y tercias de la ciudad de Loja y Alhama del dicho año de quinientos y noventa y tres, 174.885 maravedís, los cuales se han de cobrar de la persona que hubiere nombrado el Corregidor de las dichas ciudades, para hacer el oficio de Tesorero de ellas, y de sus fiadores, etc. etc.

Aunque no siempre las cuentas eran tan claras, pues en ocasiones el tesorero en cuestión le enseñaba al recaudador los documentos que justificaban un pago anterior que no estaba registrado en los libros del Consejo de Hacienda. Por ejemplo, ante la imposibilidad de cobrar los impuestos de la Casa de la Moneda de Granada, así como las de Motril, Salobreña y Almuñécar Cervantes escribe: «han salido muertas porque estaban ya pagadas»... No siempre los contadores del Consejo de Hacienda lo saben todo. No siempre.

Por otro lado, todos aquellos que tenían algún puesto relacionado con la Contaduría Mayor o el Consejo de Hacienda, con el contacto diario y cercano con los resultados del cobro de los impuestos, debían presentar sus fiadores antes de acceder al cargo, esa coletilla de «y de sus fiadores» que leemos al final de cada uno de los impuestos atrasados que ha de cobrar Cervantes en su primer (y último) trabajo como recaudador. La Hacienda Real se asegura, de este modo, un mínimo de recaudación, salga bien o no el trabajo de los recaudadores. En este sentido, Miguel de Cervantes presentará como su fiador para la encomienda del cobro de los 2.459.989 maravedís en Granada a don «Francisco Suárez, vecino de la villa de Tarancón, hasta en cantidad de 4.000 ducados, que valen 1.500.000 maravedís, y tengo abono que son Agustín de Cetina, contador de Su Majestad, y D. Gabriel Suárez Gasco y Juan de Valera, residentes en esta Corte». Ante las peticiones de nuevas fianzas por parte del contador Enrique de Araiz, Miguel de Cervantes escribirá un memorial al rey solicitándole que valieran las fianzas ya presentadas, uno de los escasos manuscritos autógrafos que hemos conservado de Cervantes en estos momentos. Interesa rescatar cómo en la argumentación habla de «ser yo hombre conocido de crédito»:

> Muy poderoso Señor,
> Miguel de Cervantes Saavedra digo que Vuestra Alteza le ha hecho merced de una comisión para cobrar dos cuentos y quinientas y tantas mil maravedís que se deben a su Majestad de fincas en el Reino de Granada, para lo cual ha dado fianzas de cuatro mil ducados vistas y admitidas por Vuestra Alteza; y con todo esto el contador Enrique de Araiz me pide más fianzas a cumplimiento a la dicha cobranza. A Vuestra Alteza suplico atento que yo no tengo más fianzas y que son bastantes cuatro mil ducados y ser yo hombre conocido de crédito y casado en este lugar. Vuestra Alteza le mande se contente y me despache luego que en ello recibiré mucha merced

Pero no iba a ser fácil el primer trabajo de Cervantes como recaudador de impuestos atrasados por tierras de Granada, como tampoco lo había sido el de comisario real de abastos en la ciudad sevillana de Écija. El 17 de noviembre de 1594, escribe desde Málaga una carta al Consejo de Hacienda solicitando veinte días de prórroga para concluir su trabajo, dado que se había encontrado con varios retrasos «por estar la tierra apretada y los receptores no poder cobrar de los arrendadores». El 9 de diciembre de 1594 termina sus diligencias en Ronda.

Pero no acaban aquí los trabajos y esfuerzos de un recaudador de impuestos atrasados. Pues a los problemas para conseguir su cobro, se añade el hacerlos llegar de manera segura a la Corte. Dado que es imposible viajar con tanto dinero, en las ciudades

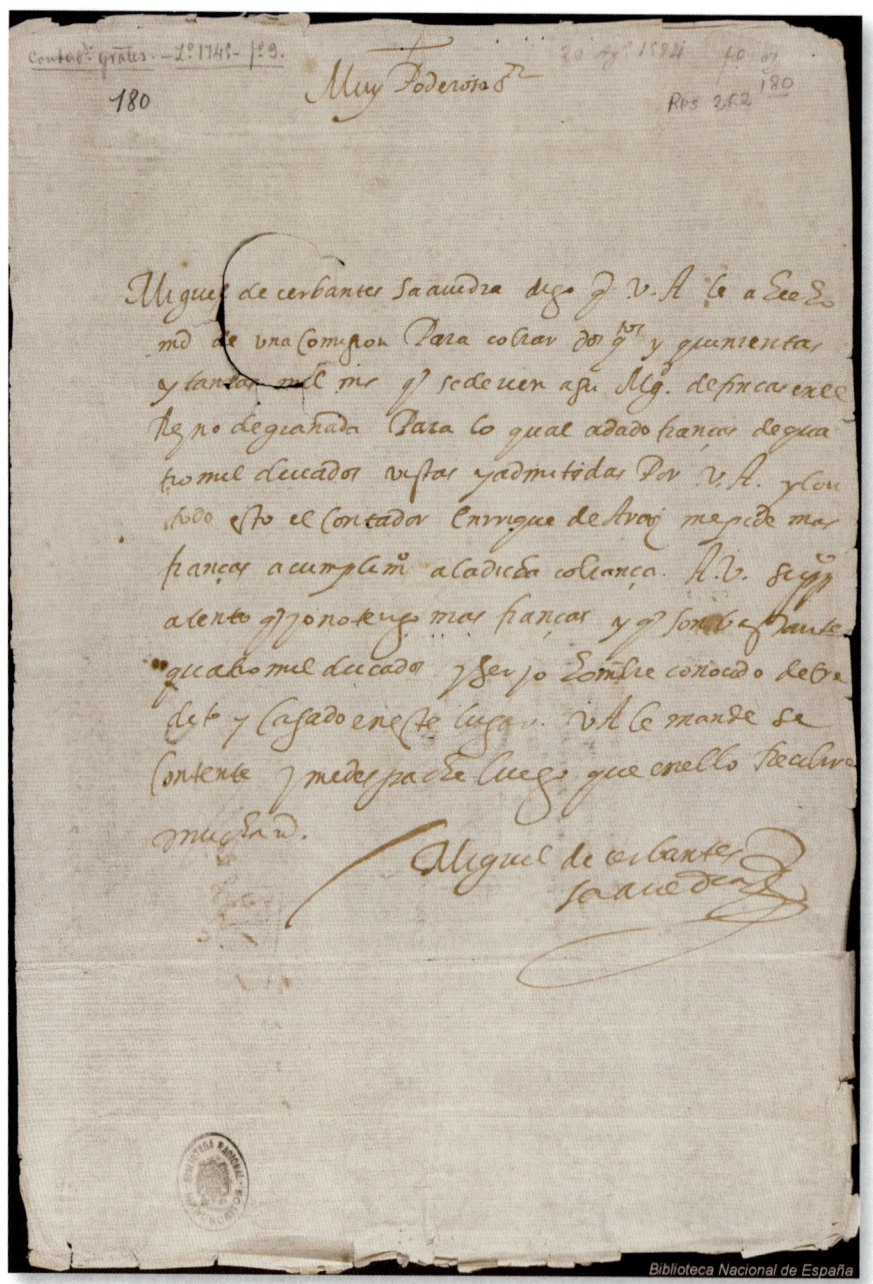

Memorial autógrafo de Miguel de Cervantes solicitando que valgan las fianzas presentadas para ser recaudador de impuestos. Madrid, 20 de agosto de 1594. El documento, procedente del Archivo General de Simancas, llegó a la Biblioteca Nacional de España de acuerdo a una Orden de la Secretaría de Instrucción Pública del 4 de diciembre de 1901: Res/262/180

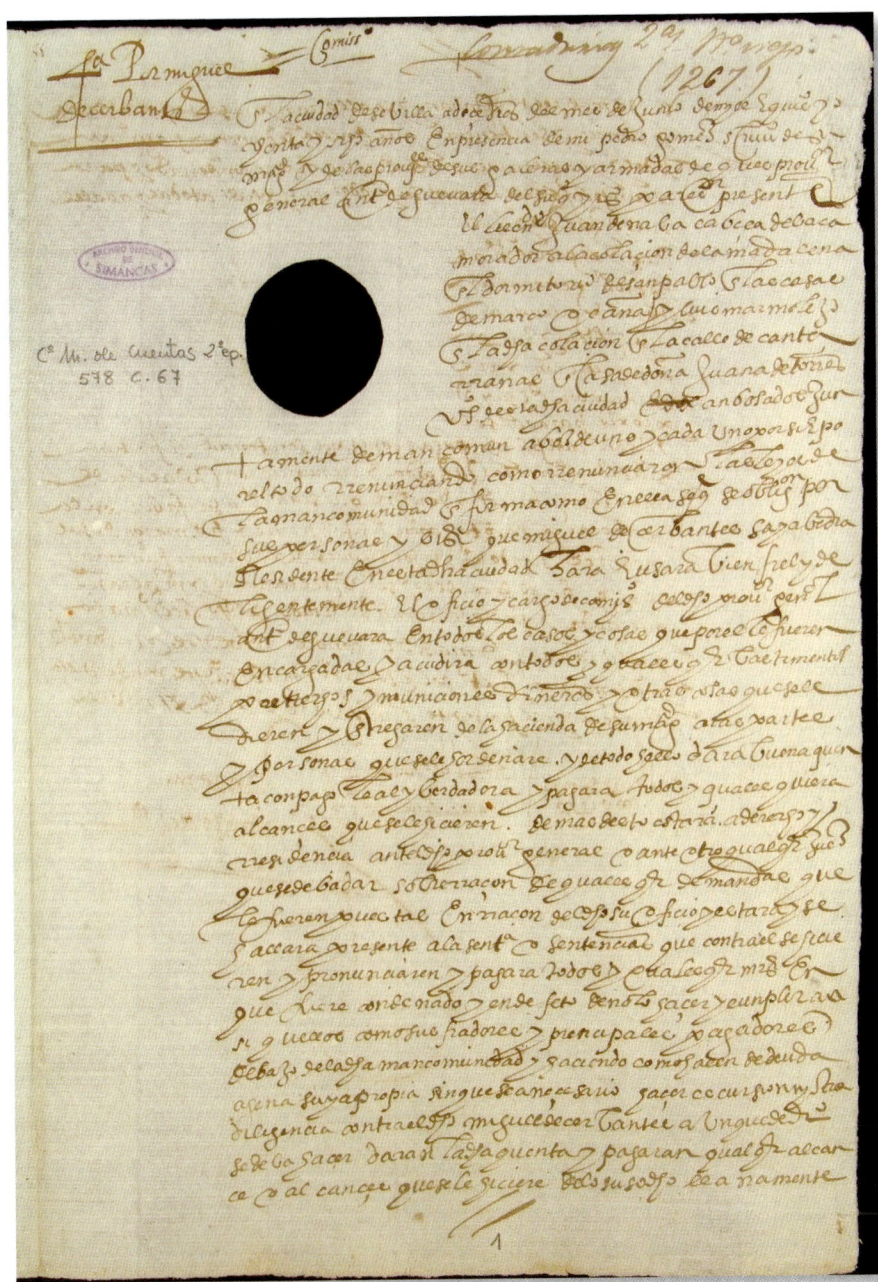

Solicitud autógrafa por la que Miguel de Cervantes solicita al Consejo de Hacienda veinte días de prórroga para terminar su provisión en tierras de Granada. 17 de noviembre de 1594. Archivo General de Simancas: Consejo y Juntas de Hacienda. Legajo 324

van a proliferar los cambistas y los banqueros, que permiten el viaje con «pólizas seguras», que se remiten a la Corte para ser cobradas allí por las casas de cambio o los banqueros contra quienes se ha realizado la entrega del dinero. Un sistema en que Cervantes se movería como pez en el agua dada su experiencia en Madrid, Sevilla y Toledo como agente de negocios. Un sistema que, como todos, pueden dar en ocasiones sus buenos disgustos, a pesar de tanta experiencia, de tantos contactos y conocimiento.

El 7 de agosto de 1595, gracias a una Real Provisión del rey al Juez de grados de Sevilla, Bernardino de Olmedilla, conocemos uno de los mayores problemas a los que tuvo que hacer frente Cervantes en su carrera como recaudador de impuestos. Con los últimos cobros de los impuestos atrasados y de su salario de los últimos días, Cervantes entrega en Sevilla al banquero Simon Freire de Lima 7.400 reales (251.600 maravedís), que le firma unas pólizas para cobrar en Madrid. Pero en la Corte, en enero de 1595, el cobro se hace imposible, pues, «en el interín había quebrado y faltado el dicho Simon Freire de Lima, y alzándose con 60.000 ducados». Por esta razón, el rey le ordena al juez que embargue los bienes necesarios para que se puedan cobrar los 7.400 reales que se habían dejado de recaudar de los cobrados impuestos por tierras granadinas. Nunca se duda de Cervantes, pues este tipo de quiebras debían de ser habituales en la época. Pero lo cierto es que con esos 7.400 maravedís también se fue buena parte de su sueldo. ¿Había valido la pena tanto esfuerzo para conseguir el puesto de recaudador? ¿Había compensando el buen sueldo —mal cobrado— para tantos sinsabores, que no terminaron en esta quiebra?

Inicio y fin de Cervantes como recaudador de impuestos atrasados. Tan solo unos meses de trabajo (algo más de setenta días, según lo establecido en la provisión más la prórroga aceptada), pero también una continua lucha con las cuentas no siempre fiables que llenan de números los márgenes de los libros de la Contaduría Mayor del Consejo de Hacienda. Cuentas de los resultados de las comisiones como comisario real de abastos, cuentas de esta única provisión como recaudador de impuestos atrasados, que le llevará a dar explicaciones, mil y una explicación... que no siempre llegaron a tiempo, que no siempre fueron suficientes. Cuentas que, como a su padre y a su abuelo, llevaron a Miguel de Cervantes a la cárcel.

¿Puede considerarse que el puesto de recaudador de impuestos sea la *merced* tantas veces solicitada por Cervantes, ese «acá» que terminó con su sueño americano en 1590? ¿En qué se equivocó nuestro autor para solicitar puestos en la administración americana que estaban muy por encima de sus posibilidades reales de conseguirlas, y, en cambio, no fue capaz de acceder a otros tantos, de menor importancia, que quedaban continuamente vacantes en la administración hispana? Ese «busque por acá en qué se le haga merced» se quedará antes en un deseo que en una realidad.

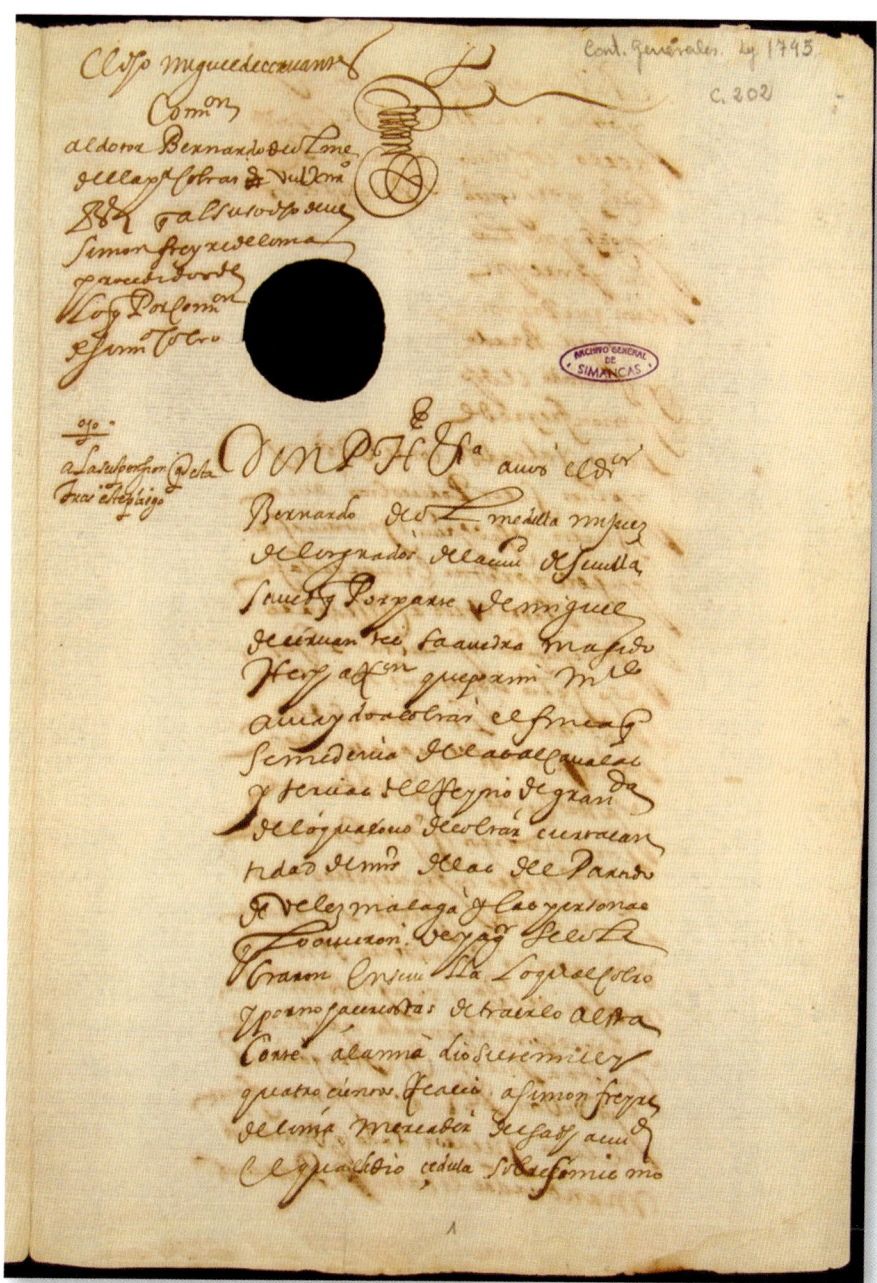

Real provisión de Bernardino de Olmedilla, Juez de los Grados de Sevilla para cobrar de los bienes embargados al banquero Simon Freire de Lima la cantidad que Cervantes le había entregado, Sevilla, 7 de agosto de 1595: Archivo General de Simancas. Libro de Contadurías generales, legajo 1.745. 2 hoj. folio
1595-08-07

Miguel de Cervantes, testigo de su tiempo: de la Armada Invencible a la muerte de Felipe II

Miguel de Cervantes no dejó de escribir durante toda su vida. Y lo hizo en verso, como era habitual en la época, como ya hemos visto. Los textos de circunstancias, los que se relacionan más directamente con los acontecimientos históricos o los más cotidianos de la Corte, se escribían y se difundían en verso. Se escribían para ser difundidos oralmente y de manera manuscrita, siendo su difusión impresa un tanto residual. La memoria y los cancioneros manuscritos serán sus medios habituales de transmisión. Hemos de evitar, de una vez por todas, pensar que el corral de comedias y la imprenta eran los únicos medios, los más habituales de la difusión literaria durante los Siglos de Oro, y que solo los escritores que llegaban a ver sus obras representadas o impresas eran los únicos conocidos, difundidos. Todo lo contrario. Será la poesía, tanto en su difusión oral y manuscrita (y en menor medida, impresa) el medio del diálogo directo y circunstancial del poeta con su tiempo, con los grandes acontecimientos de su tiempo, con los cotilleos y maldades cotidianas, con las luchas y enfrentamientos, o con los temas —algunos de ellos, bien absurdos— que los secretarios de las academias inventaban para que los poetas se batieran el cobre de su ingenio y consiguieran alguno de los premios establecidos y una cena caliente. Nada quedaba al margen de la mirada poética. Todo se transformaba en poesía durante los Siglos de Oro, desde los entresijos clientelares de la Corte, con esa red de relaciones que dejan entrever los poemas preliminares de todo tipo de libros —recuérdese que Cervantes escribe tanto para libros de literatura y religión como para tratados políticos, religiosos o médicos—, hasta los resultados de un premio literario, como el que consigue ganar en estos años Cervantes en Zaragoza en la canonización de San Jacinto. Por eso, no extraña que durante estos años andaluces de comisiones, de viajes, de defensas y de estancia en la cárcel, de cartas de poderes y de préstamos y negocios de muy diferente naturaleza, Miguel de Cervantes, como tantos otros escritores de la época, sean testigos literarios de algunos de los acontecimientos históricos más trascendentales vividos por aquellos años.

La pregunta cae por su propio peso: entonces, ¿cuántos poemas de los escritos por Cervantes durante estos años, que dialogan con su tiempo, y que gozaron de una difusión oral y manuscrita, han llegado a nosotros? ¿Cuántos de los anónimos o los atribuidos a otros autores son en realidad de Cervantes, y han quedado fuera de esa lista, no siempre idéntica, que los estudiosos colocan como «atribuciones» al final del listado canónico de las poesías aceptadas como nacidas de la pluma cervantina? La transmisión manuscrita —completamente abierta— contrasta con la transmisión impresa —de naturaleza cerrada—, por lo que el campo de estudio está abonado para todo tipo de elucubraciones y teorías. Cada copia manuscrita, cada cancionero abre la posibilidad de modificar el orden, el título e, incluso, la atribución del autor de los poemas que transmiten; cada cancionero es un mundo, una voluntad de lectura y de recepción.

Valgan los ejemplos de los poemas que Miguel de Cervantes dedica en estos años a la Armada Invencible (1588), el saco de la ciudad de Cádiz (1596), la muerte de Fernando de Herrera (1597) o la de Felipe II (1598), como la punta del iceberg de otros tantos poemas que escribiera Cervantes por estos años en diálogo con su tiempo, más allá de aquellos otros que presenta a concursos o los que imprimió en los preliminares a las obras de algunos de sus amigos, destacando el de 1602 dedicado a Lope de Vega. Poemas que gozaron de su propia difusión, que se conocieron en Sevilla, pero también en Madrid, en Toledo… poemas que muestran cómo Cervantes sigue estando dentro de las República de las Letras, y que lo estará de la misma manera que también se encuentra en la Corte: en los márgenes.

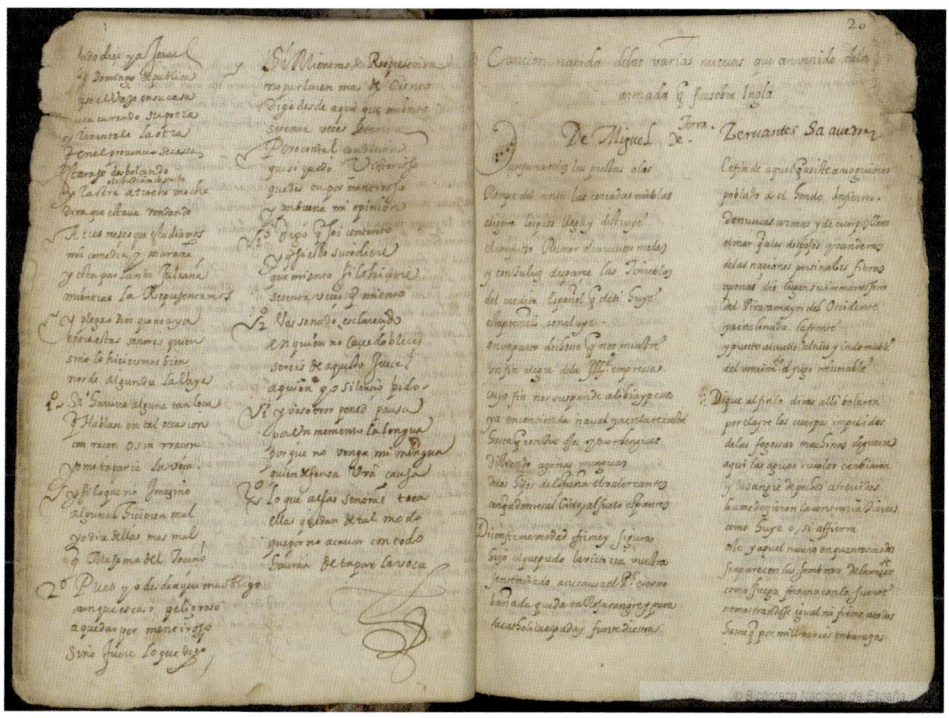

Canciones dedicadas a la Armada Invencible de Miguel de Cervantes, conservadas en el ms. 2856 de la Biblioteca Nacional de España, fols. 20r.

En 1899 Manuel Serrano y Sanz da a conocer dos nuevas canciones escritas por Miguel de Cervantes, hasta entonces desconocidas, que se habían conservado en el manuscrito 2856 de la Biblioteca Nacional de España; un cancionero que perteneció a Luis Usoz y Río, y que fue compilado en Sevilla a finales del siglo XVI o principios del XVII. Hasta ahora, sigue siendo el único testimonio que las ha conservado. De haberse perdido o de no tener localizada su existencia, no sabríamos que durante estos años Cervantes escribió dos canciones dedicadas a la Armada Invencible, que partió de Lisboa en mayo de 1588 para volver, la que pudo volver, en septiembre de este año a las costas de La Coruña. ¿Por qué no pensar que hay otros tantos poemas escritos por Cervantes durante estos años que no han llegado hasta nosotros?

El cancionero de la Biblioteca Nacional de España conserva 127 composiciones poéticas, entre las que destacan romances, canciones y sonetos, como suele ser habitual en estas compilaciones de «versos varios», como se indica al inicio. Muchas de las composiciones aparecen sin indicación del autor, como «La loa entre dos» de Lope de Vega, justo la anterior antes de la aparición de la de Cervantes que, en su origen, también fue copiada indicando solo el título: «Canción nacida de las nuevas de la Armada que fue sobre Inglaterra». Una mano posterior ha añadido debajo: «De Miguel de Zervantes Saavedra». Otras composiciones, en cambio, sí que aparecerán con indicación de sus autores, como las de Lupercio Leonardo Argensola, Luis de Góngora, Pedro Liñán de Riaza, Juan Rufo, Pedro de Padilla... nombres conocidos del círculo habitual que frecuentaba Miguel de Cervantes en el Madrid de finales del siglo XVI.

Son numerosos los poemas de circunstancias que se relacionan con acontecimientos históricos más o menos conocidos —y reconocidos— los que se agrupan en este cancionero, muestra evidente de esa poesía de expresión comunitaria tan habitual en la época: soneto de Luis de Góngora «a las tempestades y avenidas del año de 95 en Sevilla» (fol. 45r), el romance que dedicó Lope de Vega «cuando salió la premática del dozavo en las lechuguillas» (fol. 110v-111v), o el soneto «hecho el año 95 contra algunos que estaban en El Escorial» (fol. 116r); sin olvidar los poemas históricos dedicados a la destrucción de Cartago (fol. 70v), a la muerte del rey Don Fernando (fol. 71r) o a la destrucción de Troya (fol. 97r). Y junto a estos poemas, también algunas de las disputas que enfrentaron a los poetas en esta particular corte literaria que se va consolidando en estos años, como la respuesta de «Riselo» (Pedro Liñán de Riaza) a Velardo (fol. 23v.), o el romance «del señor Salinas al Canónigo San Martín de Burgos a una burla que le hizo» (fol. 74v-79r). Sin olvidar tampoco algunos temas tan tópicos como habituales en las academias y demás encuentros de poetas, como la «definición del Amor» (fols. 29r, 29v, 133v...) o de la esperanza (fol. 58v),

Este es el contexto poético en que se van a difundir los dos poemas que dedicó Cervantes a la Armada Invencible en 1588, escritos, como tantos otros, con dos finalidades bien distintas. Si el primero, fechado a finales del verano de 1588, cuando llegan las primeras noticias de la victoria de las tropas españolas frente a las inglesas, destaca por su tono heroico, tan del estilo de su admirado Fernando de Herrera; el segundo, ya compuesto en octubre o noviembre de este año, da cuenta de la realidad que se ha impuesto a los sueños y profecías que no se han hecho realidad: la necesidad de sobreponerse a la derrota no esperada.

En la primera de las canciones, en la que se convoca a la Fama para que dé cuenta de la victoria española, todo está teñido de un providencialismo propio de la época, del ambiente propagandístico que se ha ido construyendo en estos años, y que ha preparado los ánimos para una nueva victoria del rey Felipe II, después del triunfo de las tesis castellanistas en la Corte:

> Bate, Fama veloz, las prestas alas,
> rompe del norte las cerradas nieblas,
> aligera los pies, llega y destruye
> el confuso rumor de nuevas malas
> y con tu luz desparece las tinieblas
> del crédito español, que de ti huye;
> esta preñez concluye
> en un parto dichoso que nos muestre
> un fin alegre de la ilustre empresa,
> cuyo fin nos suspende, alivia y pesa,
> ya en contienda naval, ya en la terrestre,
> hasta que, con tus ojos y tus lenguas,
> diciendo ajenas menguas,
> de los hijos de España el valor cantes,
> con que admires al cielo, al suelo espantes. (vv. 1-15)

La segunda canción, por su parte, no puede tener otro tono que el del lamento, en que se invoca a España, «madre nuestra», con el deseo de que sirva de consuelo por la derrota sufrida. Dos miradas, dos momentos, dos alientos, como se aprecia desde sus primeros versos:

> Madre de los valientes de la guerra,
> archivo de católicos soldados,
> crisol donde el amor de Dios se apura,
> tierra donde se vee que el cielo entierra
> los que han de ser al cielo trasladados
> por defensores de la fee más pura:

> no te parezca acaso desventura,
> ¡Oh España, madre nuestra!,
> ver que tus hijos vuelven a tu seno
> dejando el mar de sus desgracias lleno,
> pues no los vuelve la contraria diestra:
> vuélvelos la borrasca incontrastable
> del viento, mar, y el cielo que consiente
> que se alce un poco la enemiga frente,
> odiosa al cielo, al suelo detestable,
> porque entonces es cierta la caída
> cuando es soberbia y vana la subida. (vv. 1-17)

Luis de Góngora o también Lope de Vega —este vinculado militarmente a la contienda en su posible participación en el galeón San Juan— también le dedicarán versos de circunstancias a la Armada Invencible, a una Armada, como en el siguiente soneto de Lope, estaba llamada a todas las victorias imaginables; poema, como el primero de Cervantes, nacido de ese primer impulso propagandístico que la realidad se empeñó en acallar:

> Famosa armada de estandartes llena,
> partidos todos de la roja estola,
> árboles de la fe, donde tremola
> tanta flámula blanca en cada entena;
>   selva del mar, a nuestra vista amena,
> que del cristiano Ulises la fe sola
> te saca de la margen española,
> contra la falsedad de una sirena,
>   id, y abrasad el mundo, que bien llevan
> las velas viento, y alquitrán los tiros,
> que a mis suspiros y a mi pecho deban.
>   Segura de los dos podéis partiros,
> fiad que os guarden, y fiad que os muevan:
> tal es mi fuego, y tales mis suspiros.

En 1597 muere el poeta Fernando de Herrera, que en su época se le conoce como «El divino». La admiración que siente Cervantes por él, le lleva a escribir una de las estrofas más elogiosas del todo el *Canto de Calíope* de *La Galatea*:

> En punto estoy donde, por más que diga
> en alabanza del divino HERRERA,
> será de poco fruto mi fatiga,
> aunque le suba hasta la cuarta esfera.

> Mas, si soy sospechosa por amiga,
> sus obras y su fama verdadera
> dirán que en sciencias es HERNANDO solo
> del Gange al Nilo, y de uno al otro polo. (vv. 353-360)

La muerte del poeta, del admirado poeta, le llevó a Cervantes a escribir uno de lo sonetos más hermosos, «de los buenos que he hecho en mi vida», si tenemos como confesión personal el epígrafe del único testimonio manuscrito que lo ha conservado, redescubierto hace cuarenta años en la Houghton Library de la Universidad de Harvard (signatura Span 56):

> El que subió por sendas nunca usadas
> del sacro monte a la más alta cumbre,
> el que a una Luz se hizo todo lumbre
> y lágrimas en dulce voz cantadas;
> el que con culta vena las sagradas
> de Helicón y Pirene en muchedumbre
> (libre de toda humana pesadumbre)
> bebió y dejó en divinas transformadas;
> aquel a quien invidia tuvo Apolo
> porque, a par de su Luz, tiene su fama
> de donde nace a donde muere el día;
> el agradable al cielo, al suelo solo,
> vuelto en ceniza de su ardiente llama,
> yace debajo desta losa fría.

Comparto con José Montero Reguera la lectura de este poema como una elegía, una sentida elegía en que ha sabido Cervantes salirse de las estrictas reglas del género para ser capaz de expresar su admiración y su dolor, que se concreta en ese último verso, ese «yace», que, en un juego muy de la época, también lo encontraremos en Luis de Góngora: «Yace debajo de esta piedra fría». ¡Qué lejos ya de ese poeta primerizo, de ese poeta aferrado a las lecturas garcilasistas y cancioneriles, que lloraba la pérdida de Isabel de Valois en 1568!

Y si Cervantes vio cómo en el Madrid de su juventud sus versos adornaron algunas de las arquitecturas efímeras que levantó la ciudad para alegrarse del nacimiento de la princesa Catalina Micaela de Austria, o para lamentar la muerte prematura de la reina Isabel de Valois, también algunos de sus versos sirvieron para llorar la muerte de Felipe II en 1598. En el texto manuscrito de la *Descripción del túmulo y relación de las exequias que hizo la Ciudad de Sevilla en la muerte del Rey don Felipe*

Segundo, escrita por Francisco Gerónimo Collado (Biblioteca Colombina, 58-3-12), aparecen recogidos, como único testimonio, las seis coplas reales que conforman la elegía que Cervantes dedica al rey difunto. Una elegía escrita según el patrón del género, en que se alaban sus grandezas, sus victorias militares, entre las que no puede faltar una mención a la Batalla de Lepanto:

> Arauco vio tus banderas
> vencedoras y las fieras
> ondas del sangriento Egeo
> te dieron como en trofeo
> las otomanas banderas (vv. 26-30).

Así como al final, se termina alabando al nuevo rey, a su sucesor, al que permite la continuidad de las grandes hazañas y las virtudes de las que ha hecho gala el monarca:

> Y lo que más tu valor
> sube al extremo mayor,
> es que fuiste, cual se advierte,
> bueno en vida, bueno en muerte,
> y bueno en tu sucesor. (vv. 36-40).

Ninguna referencia personal, ningún rasgo que deje traslucir al hombre Miguel de Cervantes. Ningún sentimiento. Una elegía fría, como la muerte. Aunque no será esta el único poema que Cervantes dedicó a Felipe II en este año de 1598.

Y por último, como no podía ser de otro modo, además de los poemas históricos de circunstancias, de las elegías, con su aparato retórico, también Cervantes le va a dar a la pluma satírica, ¡y de qué modo! Como tantos otros autores de los Siglos de Oro, la realidad pasa por el tamiz de la sátira en la pluma cervantina, creando un nuevo universo que no deja de sorprender a propios y extraños. Por eso no admira que los poemas satíricos de Cervantes sean los más difundidos, lo que se hayan copiado en un mayor número de cancioneros manuscritos.

En 1596 Cervantes escribió un soneto dedicado a uno de los temas de los que todo el mundo se hacía eco por aquel entonces: la toma de Cádiz por los ingleses en julio, y la lentitud del Duque de Medina Sidonia para liberar la ciudad, que permitió a los ingleses contar con quince días para saquearla. Hasta en siete testimonios manuscritos diferentes se ha conservado el soneto, todos ellos anónimos, a excepción de uno que lo atribuye a Luis de Góngora. El texto que se difunde al margen del autor, a la necesidad de indicar al autor:

Vimos en julio otra Semana Santa,
adornada de ciertas cofradías
que los soldados llaman compañías,
de quien el vulgo, y no el inglés, se espanta.
Vimos de plumas muchedumbre tanta
que, en obra de catorce o quince días,
volaron sus pigmeos y Golías,
y cayó su edificio por la planta.
Bramó el becerro y púsolos en sarta,
ciscose el mundo, obscureciose el cielo,
pronosticando una total ruina,
y al fin en Cádiz, con prudencia harta,
ido ya el conde sin ningún recelo,

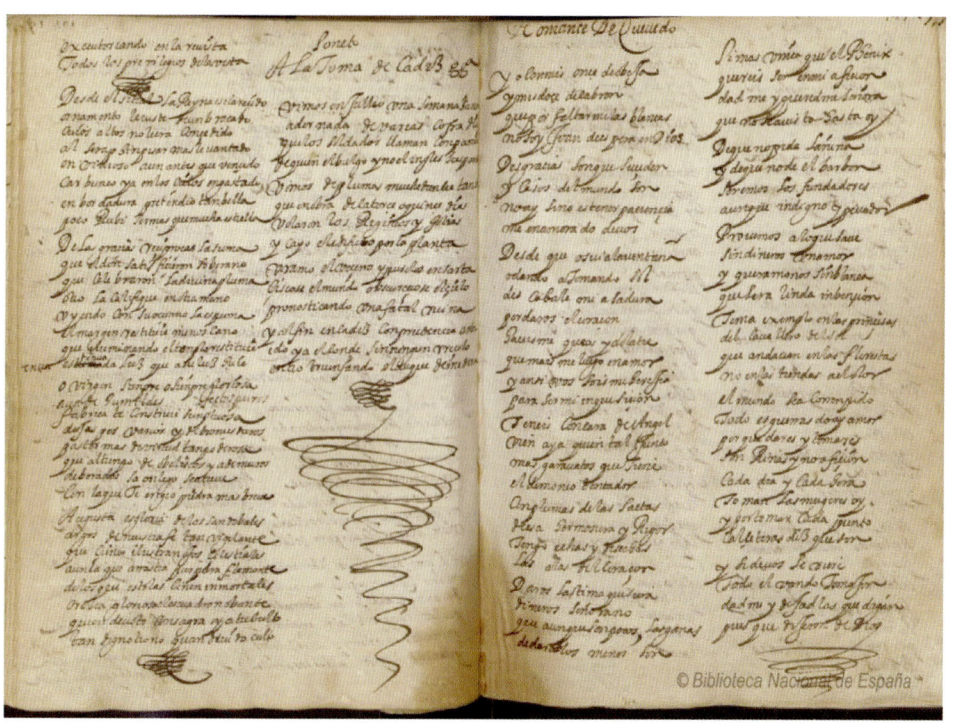

Soneto de Cervantes al saco de Cádiz. Biblioteca Nacional de España: mss/3796, fol. 194v.

Pero, sin duda, el poema más famoso de los escritos por Cervantes, el más reconocido es el soneto con estrambote que le dedica no ya a la muerte de Felipe II sino al túmulo erigido en Sevilla, clara metáfora de una época efímera, de una Corte que no ha sido capaz de dar respuesta a tantas ilusiones, a tantos servicios prestados a lo largo de los años, a los suyos y a los de otros miles de pretendientes que han llenado y siguen llenando las antesalas de los Consejos.

Túmulo levantado en Sevilla por la muerte de Felipe II (Leiden, 1707).

Un soneto del que se sentía especialmente orgullo Cervantes teniendo en cuenta lo que escribe en el *Viaje del Parnaso*:

> Yo el soneto compuse que así empieza,
> por honra principal de mis escritos:
> ¡*Voto a Dios, que me espanta esta grandeza!* (IV, vv. 37-39)

Este poema es, como ya se ha indicado, la obra poética cervantina más difundida en cancioneros manuscritos e impresos. Copias en las que nunca se indica que es un soneto escrito por Cervantes. No era necesario. Un soneto escrito por un poeta soldado, por uno de esos poetas que habían quedado relegado a un segundo plano en la «monarquía cómica» dominada por Lope de Vega y en la que aspiraba a reinar Luis de Góngora. Nada que ver con esos poetas-soldados que dominan en el *Canto de Calíope*, ese modelo de Garcilaso de la Vega que es una sombra cada vez más lejana. Una admiración poética la del poeta soldado que tiene su contestación en el gesto feroz, afirmativo, necesario del «valentón», un valentón que deja tras de sí la «nada», que no es más que espejo de los sueños de *merced* de tantos pretendientes, como el propio Cervantes. Una nada que termina por cubrirlo todo. Una nada que deja muy poco espacio a la esperanza:

> «¡Voto a Dios que me espanta esta grandeza
> y que diera un doblón por describilla!
> Porque, ¿a quién no suspende y maravilla
> esta máquina insigne, esta braveza?
> ¡Por Jesucristo vivo, cada pieza
> vale más que un millón, y que es mancilla
> que esto no dure un siglo! ¡Oh gran Sevilla,
> Roma triunfante en ánimo y riqueza!
> ¡Apostaré que la ánima del muerto,
> por gozar deste sitio, hoy ha dejado
> el cielo, de que goza eternamente!»
> Esto oyó un valentón y dijo: «¡Es cierto
> lo que dice vuasé, mi so soldado,
> y el que dijere lo contrario miente!»
> Y luego encontinente
> caló el chapeo, requirió la espada,
> miró al soslayo, fuese y no hubo nada.

Y nada se le puede comparar a este poema, a ese soneto cuyo estrambote marca la distancia satírica con la que está escrito. Aquí está el mejor Cervantes, el que se está liberando de las cadenas de su tiempo, el que está poniendo las bases para una vida en papel ya que la vida en la Corte no le ha dado ninguna posibilidad de ser nada más que un espectador que se asombra y admira de lo que le rodea. Una vida en papel que recorrerá Cervantes en los últimos años de su vida, esos que le permiten soñar que detrás de su muerte quede memoria de su vida, al menos de esa vida en papel que no ha dejado de escribir a lo largo de todos estos años. De su vida real, la de todos los días, tampoco ha quedado nada.

PROVEEDOR GENERAL QUE EXPIDE LA COMISIÓN		
ANTONIO DE GUEVARA Proveedor general de la Real Armada, delega en Diego de Valdivia que nombra comisario a Miguel de Cervantes	ANTONIO DE GUEVARA	ANTONIO DE GUEVARA

FECHA EN LA QUE SE EXPIDE LA COMISIÓN Y LUGAR		
¿-septiembre-1587	22-enero-1588. Sevilla	15-junio-1588, Sevilla Orden de 27-junio-1588 para moler trigo

FECHAS DE INICIO Y FIN DE LA COMISIÓN DE BASTIMENTO		
Inicio: 17-9-1587 Final: 28-12-1587	Inicio: 1-2-1588 Final: 5-4-1588	Inicio: 20-6-1588 Final: 19-4-1589
Trigo y cebada	Aceite	Trigo (Molienda para sacar harina)

LUGARES Y FECHAS EN LOS QUE CONSTA DOCUMENTALMENTE LA VISITA PER...		
Miguel de Cervantes Écija (Sevilla) 17-9-1587 20-9-1587 22-9-1587 26-9-1587	Miguel de Cervantes Paradas (Sevilla) (¿-¿-1588)	Miguel de Cervantes Miguel de Santa María (ayudante, desde 3-7-1588 a 19... Simón de Salazar (auxiliar de r... Écija (Sevilla) 20-6-1588
Miguel de Cervantes Francisco de Venegas (ayudante) La Rambla (Córdoba) 20-11-1587 22-11-1587	Miguel de Cervantes Miguel de Santa María (ayudante, desde 3-7-1588 a 19-4-1589) Simón de Salazar (auxiliar de romana) Écija (Sevilla) 1-2-1588 5-2-1588 8-2-1588 11-2-1588 8-3-1588 23-3-1588 5-4-1588	
Miguel de Cervantes (da comisión a su primo Rodrigo de Cervantes, estante en La Rambla, para recoger el grano) La Rambla (Córdoba) 28-12-1587		
Miguel de Cervantes Francisco de Venegas (ayudante) Castro del Río (Córdoba) ¿-11-1587		
Miguel de Cervantes Espejo (Córdoba) ¿-11-1587		

ANTONIO DE GUEVARA	ANTONIO DE GUEVARA	ANTONIO DE GUEVARA
9-julio-1588, Sevilla	20-agosto-1588	20-agosto-1588

Presencia de Cervantes
EN COMISIÓN DE SERVICIOS
desde 17-9-1587
hasta 4-11-1588

Inicio: 9-7-1588	Inicio: 30-9-1588	Inicio: 10-9-1588
Final: 25-3-1589	Final: 14-3-1589	Final: 4-11-1588
(Moler trigo y sacar harina) y cebada	Aceite	Aceite

Miguel de Cervantes	Miguel de Cervantes	Miguel de Cervantes
Miguel de Santa María	Miguel de Santa María (ayudante)	Miguel de Santa María (ayudante)
e, desde 3-7-1588 a 19-4-1589)	Écija (Sevilla)	Marchena (Sevilla)
Écija (Sevilla)	30-9-1588 1-10-1588 7-10-1588	10-9-1588 17-9-1588 18-9-1588
588 11-7-1588 14-7-1588	8-10-1588 26-10-1588 21-1-1589	19-9-1588 20-9-1588 4-11-1588
588 27-7-1588 28-7-1588	17-2-1589 18-2-1589 14-3-1589	
588 1-8-1588 2-8-1588		
588 9-8-1588 11-8-1588		
588 17-8-1588 18-8-1588		
588 22-8-1588 25-8-1588		
588 30-8-1588 18-9-1588		
588 8-10-1588 15-10-1588		
25-3-1589		

PROVEEDOR GENERAL QUE EXPIDE LA COMISIÓN

ANTONIO DE GUEVARA Proveedor general de la Real Armada.	ANTONIO DE GUEVARA Proveedor general de la Real Armada, delega en Francisco Benito de Mena.	PEDRO DE ISUNZA Proveedor General de las galeras de España, delega en Miguel de Oviedo.

FECHA EN LA QUE SE EXPIDE LA COMISIÓN Y LUGAR

17-octubre-1588, Sevilla Carta orden de 20-octubre-1588 para la molienda del trigo	9-febrero-1590, Sevilla	23-marzo-1590, Sevilla

FECHAS DE INICIO Y FIN DE LA COMISIÓN DE BASTIMENTO

Inicio: 19-10-1588 Final: 4-4-1589	Inicio: 12-2-1590 Final: 14-2-1590	Inicio: 23-3-1590 Final: 15-4-1590
Trigo (sacar y moler para hacer harina) y cebada	Aceite	Aceite

LUGARES Y FECHAS EN LOS QUE CONSTA DOCUMENTALMENTE LA VISITA PERS

MIGUEL DE CERVANTES ÉCIJA (SEVILLA) 19-10-1588 21-10-1588 25-10-1588 26-10-1588 29-10-1588 31-10-1588 11-11-1588 12-11-1588 26-11-1588 27-11-1588 7-12-1588 15-12-1588 21-1-1589 23-1-1589 6-2-1589 10-2-1589 26-3-1589 27-3-1589 4-4-1589	MIGUEL DE CERVANTES CARMONA (SEVILLA) 12-2-1590 14-2-1590	MIGUEL DE CERVANTES MIGUEL DE SANTA MARÍA (AYUDANTE, DESDE 3-7-1588 A 19- SIMÓN DE SALAZAR (AUXILIAR DE R ÉCIJA (SEVILLA) 20-6-1588

Map labels: Marmolejo 1592, Lopera 1592, Arjona, Castro del Río 1592, Villardom, Montilla 1591, Écija 1588-89-92, Aguilar 1591-92, Carmona 1590, Olivares 1592, Estepa 1591-92, Monturque 1591, Paradas 1588, Pedrera 1591, Teba 1591-92, Ardales 1591, Álora 1592

PEDRO DE ISUNZA
Proveedor General
de las galeras de España.
de Oviedo.

1-octubre-1591, El Puerto Santa María

PRESENCIA DE CERVANTES
EN COMISIÓN DE SERVICIOS
desde 19-10-1588
hasta 30-9-1592

Villacarrillo 1592
Villanueva del Arzobispo 1592
Iznatoraf 1592
Úbeda 1591
Begíjar 1592

Inicio: 15-10-1591
Final: 30-9-1592

Trigo, garbanzos y habas

ANTES
Diego de Ruy Sáenz
Miguel de Cervantes
…olás Benito (ayudante)
…on Caballero (ayudante)
…tóbal Pizarro (ayudante)

…pa (Sevilla): 15-10-1591
…ra (Sevilla): 16 ó 17-10-1591
…a (Málaga): 1591
…s (Málaga): 1591
…beda (Jaén): ¿-octubre-1591?
…aeza (Jaén): ¿-octubre-1591?
…a Córdoba): 3-12-1591
…(Córdoba): 7-12-1591
…res (Sevilla): 7-1-1592
…pa (Sevilla): 9-1-1592
…yudante Nicolás Benito.
…cuna (Jaén): 13-1-1592
…mpardo (Jaén): 14-1-1592
…ayudante Antón Caballero.
…(Córdoba): 29-1-1592 Juan
…, alguacil de Cervantes.
…(Córdoba): 3-2-1592
…rtos (Jaén): 7-2-1592
…det (Jaén): 18-2-1592

Arjona (Jaén): 21-2-1592
Lopera (Córdoba): 22-2-1592
Arjonilla (Jaén): 25-2-1592
Marmolejo (Jaén): ¿-2-1592
¿Monturque: 7-3-1592?
Linares (Jaén): 8-3-1592
Begíjar (Jaén): 9-3-1592
Torres (Jaén): ¿-3-1592
Linares (Jaén): 11-3-1592
SU AYUDANTE CRISTÓBAL PIZARRO.
Jaén: 14-3-1592 a 18-3-1592
Iznatoraf (Jaén): ¿-marzo-1592
Villacarrillo (Jaén): ¿-marzo-1592

Jaén: 23-3-1592. Cervantes comisiona a su ayudante Antón Caballero para ir a las villas y lugares de Baeza, Andújar, Huelma, Campillo de Arenas, Jódar, Albánchez, Villanueva del Arzobispo, Iznatoraf, Canena, Bailén, Menjibar, Cazalilla, Baños y Villacarrillo a recoger el trigo que había concertado.

Villanueva de Andújar (Jaén), hoy Villanueva de la Reina: 26-3-1592. Su ayudante Antón Caballero.

Jaén: 31-3-1592 a 1-4-1592.
Ruy Sáenz amplia la comisión de Cervantes.

Villanueva del Arzobispo (Jaén): 19-4-1592
Las Navas de Tolosa (Jaén): ¿-4-1592
Teba: (Málaga): 8-5-1592
Su ayudante Nicolás Benito

Álora (Málaga): mayo-junio-1592
Castro del Río (Córdoba): 19 y 21-9-1592
Écija: 30-9-1592

PROVEEDOR GENERAL QUE EXPIDE LA COMISIÓN

PEDRO DE ISUNZA	CRISTÓBAL DE BARROS	MIGUEL DE OVIEDO
Proveedor General de las galeras de España.	Proveedor general de los galeones de la Armada de la Flota de Indias.	Proveedor y contador de las provisiones de Andaluc[ía] (por mandado del Adelanta[do] Mayor de Castilla).

FECHA EN LA QUE SE EXPIDE LA COMISIÓN Y LUGAR

| 24-octubre-1592, El Puerto de Santa María | 21-febrero-1593, Sevilla | 7-julio-1593, Sevilla |

FECHAS DE INICIO Y FIN DE LA COMISIÓN DE BASTIMENTO

| Inicio: 11-11-1592 | Inicio: 21-2-1593 | Inicio: 25-7-1593 |
| Final: ¿-12-1592 | Final: 28-4-1593 | Final: 16-2-1594 |

| Aceite | Trigo, cebada, garbanzos, habas y queso | Trigo |

LUGARES Y FECHAS EN LOS QUE CONSTA DOCUMENTALMENTE LA VISITA PERS[ONAL]

Andrés de Cerio (comisario)	Miguel de Cervantes	Miguel de Cervantes
Miguel de Cervantes (ayudante, 60 días)	Juan Sáenz de la Torre	La Palma del Condado (Huelva): 2
		Villalba del Alcor (Huelva): 1
Écija: 11-11-1592	La Puebla de Cazalla (Sevilla): 5-3-1593	La Palma del Condado (Huelva):
Marchena: ¿octubre-dicbre 1592?	Utrera (Sevilla): 29-3-1593	Villarrasa (Huelva): 1
Arahal: ¿octubre-dicbre 1592?		Rociana (Huelva): 2
Utrera: ¿octubre-dicbre 1592?		Bollullos del Condado (Huelva):
		Manzanilla (Huelva): 2
		Paterna del Campo (Huelva): 1
		Almonte (Huelva): 2
		Niebla (Huelva): 2
		Villamanrique (Huelva): 2
		Gerena (Sevilla): 1

MIGUEL DE OVIEDO
Proveedor y contador de
s provisiones de Andalucía
r mandado del Adelantado
Mayor de Castilla).

EL REY FELIPE II
Contaduría Mayor
del Consejo de Hacienda.

19-agosto-1593, Sevilla

13-agosto-1594, Madrid

PRESENCIA DE CERVANTES
EN COMISIÓN DE SERVICIOS
desde 11-11-1592
hasta 30-9-1592

Inicio: 25-7-1593
Final: 16-2-1594

Inicio: 15-10-1591
Final: 30-9-1592

Trigo

Cobranza de impuestos atrasados (alcabalas y tercias)
2.557.029 maravedíes que se
debían a la Corona

/ANTES

MIGUEL DE CERVANTES

LUIS ENRÍQUEZ
(AYUDANTE POR COMISIÓN
E 18 DE SEPTIEMBRE DE 1593)

ASENCIO GUERRERO
(AYUDANTE)

LLERENA (BADAJOZ)
VILLAGARCÍA (BADAJOZ)
Y OTROS LUGARES

MIGUEL DE CERVANTES
RECAUDADOR DE IMPUESTOS ATRASADOS

GUADIX (GRANADA): 7-9-1594
BAZA (GRANADA): 9-9-1594 10-9-1594
GRANADA: 12-9-1594 13-9-1594
MOTRIL (GRANADA): ¿-¿-1594
ALMUÑECAR (GRANADA): ¿-¿-1594
ALHAMA (GRANADA): ¿-¿-1594
LOJA (GRANADA): ¿-¿-1594
GRANADA: ¿-10-1594
VELEZ-MÁLAGA (MÁLAGA): ¿-¿-1594
MÁLAGA: 17-11-1594 21-11-1594
RONDA (MÁLAGA): 9-12-1594
SALOBREÑA (GRANADA): ¿-¿-1594

Miguel de Cervantes en la cárcel: de la amenaza (Castro del Río, 1592) a la realidad (Cárcel Real de Sevilla, 1597-1598)

Parece que es inevitable: donde hay dinero, hay corrupción. Al comisario real de abastos Miguel de Cervantes le tocó trabajar con dos Proveedores Generales de las galeras y armadas, Antonio de Guevara (que delegó en Diego de Valdivia juez de Sevilla. algunas de las comisiones extraordinarias), y Pedro de Isunza, así como con un Proveedor General de la Armada y flotas de la Carrera de Indias, Cristóbal de Barros. También ellos fueron investigados por casos de corrupción, con más o menos argumentos. Ni incluso, Pedro de Isunza, que fue nombrado para acabar con tantos desmanes, pudo verse libre de rendir cuentas ante el Consejo de Hacienda y su ejército de contadores. Ni él, ni tampoco muchos de sus comisarios, como el propio Miguel de Cervantes.

Juan de Acuña, oidor de la Real Cancillería de Valladolid, fue designado desde 1585 visitador para comprobar algunas quejas recibidas de la actuación de la Audiencia de Grados de Sevilla. Después de meses de interrogatorios, de pesquisas, de leer mil y un pliego, termina por acusar el 22 de marzo de 1590 a Diego de Valdivia de diez cargos, muchos de ellos de prevaricación y abuso de autoridad, de corrupción y enriquecimiento: nombramiento de familiares y criados para negocios suyos fuera de Sevilla, con un sueldo diario de 500 maravedís; deudas no pagadas, visitas demasiado familiares con solicitadores y agentes de negocios famosos en Sevilla, robo de algunos objetos antes de sacarlos a la almoneda pública, nombramiento como sastres, tejedores y sombrereros a personas que no habían pasado el examen correspondiente para poder ejercer o, siendo juez en varios pleitos, había consentido salvar de la horca a varias personas que habían sido juzgadas a cambio de una compensación económica. Por todo ello, se le condenará a «un año de suspensión de oficio de Alcalde y de otro cualquier oficio de justicia». Y esta condena ya se le venía aplicando desde 1588, en que se le había alejado de las comisiones de abastecimiento, lo que explica que, después de la primera comisión de 1587, ya no se le vuelva a citar en las siguientes comisiones que lleva a cabo Cervantes en tierras andaluzas entre 1588 y 1589.

Pero si el Proveedor General Antonio de Guevara no contará más con Valdivia por las acusaciones reiteradas de uso fraudulento de su puesto, tampoco él correrá mejor suerte ni tampoco sus delitos serán muy diferentes a los del Juez de Grado. Su muerte, acaecida el 23 de septiembre de 1592, le evitó caer en desgracia después de haber sido investigada su labor como Proveedor General. Entre los cargos de los que se le acusaba estaban los delitos más habituales que se cometían en la época (¿y solo en la época?): fraudes, conspiración, apropiación indebida de fondos, extorsión y desfalco, hacer pasar por buenos productos de mala calidad, vender excedentes en provecho propio, aceptar comisiones de proveedores y pagar certificados de cobro por debajo de su valor nominal. A él y a muchas de sus personas de confianza y sus comisarios, como Francisco Benito de Mena, Diego de Zufre, Íñigo de Lezana, Pedro de Gárate o Pedro López de León. Todos temieron, en más de una ocasión, que sus delitos los llevaran a la horca. No nos olvidemos que uno de los grandes problemas que se encontró la flota de la Armada Invencible fue la de haber embarcado mercancías en mal estado. El contador García Villejo cuando llegaron los primeros barcos envía un informe a Andrés de Prada, secretario de la guerra, describiendo una situación realmente insostenible. Además de lamentarse de los más de mil enfermos que llegan a las costas, advierte que existe «gran cantidad de bastimentos podridos en los barcos, y os ruego ordenéis que se arrojen por la borda. Si no se hace, seguro que alguien lo comprará para molerlo y mezclarlo con los nuevos bizcochos, lo que será bastante a emponzoñar todas las armadas y flote». Sin palabras. Esta es la realidad de una corrupción generalizada por aquellos años.

En 1591 llega a Sevilla un nuevo Proveedor General, Pedro de Isunza, que parece que es nombrado para poner fin a tantos desmanes. Y la situación lo requería, pues eran continuas las demandas que ponían en evidencia los excesos de los comisarios y sus ayudantes. La villa de Fuente Ovejuna, ante los desmanes de un ayudante del comisario Andrés de Cerio, quien «embargaba a bestias de carga y las soltaba por dineros que le daban», lo ha apresado y entregado al Corregidor de Córdoba. Pedro de Isunza se queja al Rey de que el Corregidor se niega a entregárselo para que sea él quien lo castigue, al tiempo que se lava las manos porque no ha sido él quien lo ha nombrado, poniendo en evidencia una de las costumbres más habituales de la época, fuente también habitual de conflictos y corruptelas:

> me ha parecido advertir a Vuestra Majestad de ello para que no piense, siendo servido, que este sustituto de Andrés de Cerio es comisario nombrado por mí, porque no aún sé cómo se llama, sino que el mismo Cerio lo nombró, con otros dos o tres para que le ayudasen a recoger el trigo por no poder él solo hacerlo, a causa de ser aquel distrito de Córdoba tan largo y grande.

Frente a esta situación de presunta corrupción, declara al final que los comisarios de las comisiones que le atañen a él directamente, como Diego de Rui Sáenz, Miguel de Cervantes Saavedra, Bartolomé de Arredondo y Gaspar de Salamanca Maldonado son «hombres honrados y de mucha confianza», fórmula legal que es la que se repite en los encargos de las comisiones, y que antes hemos de entender como un juicio genérico que como una descripción específica y particular de la labor realizada por los citados comisarios hasta la fecha.

Pero ni Pedro de Isunza se salvará de ser acusado por las malas prácticas de los comisarios y de sus ayudantes, aunque en este caso el culpable será Nicolás Benito, uno de los ayudantes de Miguel de Cervantes, en la saca del trigo de Teba, conflicto y acusación que le acompañará a Cervantes durante años y años, incluso cuando ha dejado de hacerse cargo de las nuevas comisiones de abastecimiento o de recaudación de impuestos.

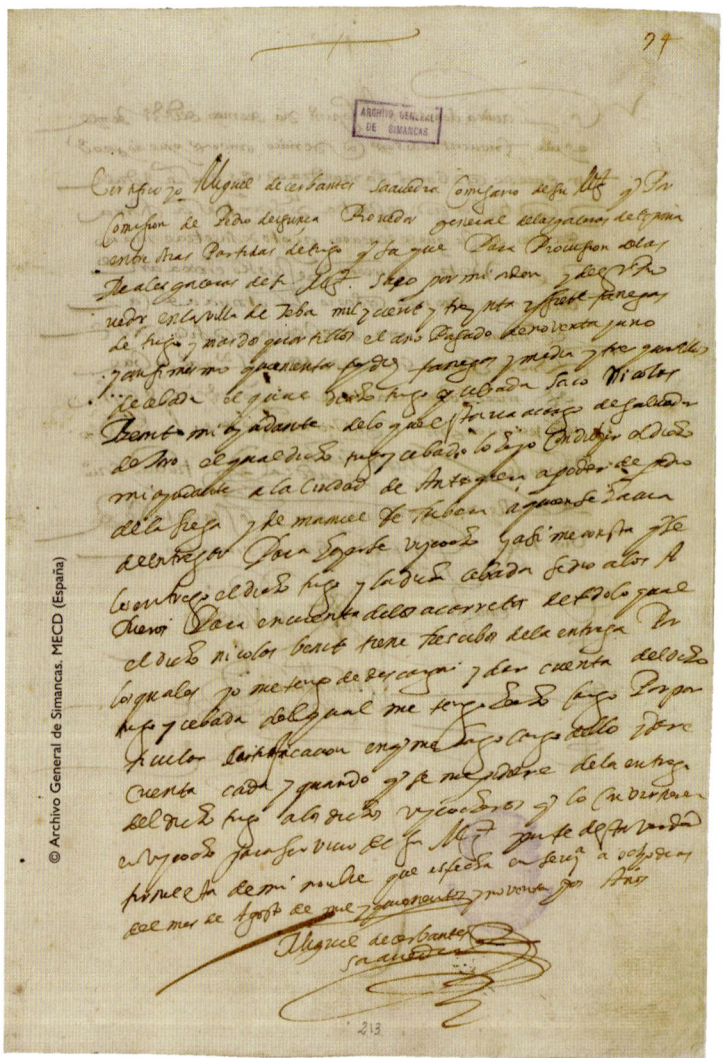

Certificación autógrafa de Miguel de Cervantes al Consejo de Hacienda explicando las sacas de trigo en Teba, y defendiendo al Proveedor General Pedro de Isunza (Sevilla, 8 de agosto de 1592): Archivo General de Simancas: Expedientes de Hacienda, leg. 516, fol. 94.

A principios de agosto de 1592, Cervantes tendrá que emitir varios documentos dejando claro el procedimiento de la saca de trigo en Teba, y el comportamiento de su ayudante, como el certificado autógrafo que envía Cervantes al Consejo de Hacienda el 8 de agosto de 1592. Ya en Madrid, junto al Proveedor General, el 3 de diciembre de este mismo año, no solo volverá a defender su actuación y la de su ayudante, negando la acusación de que el trigo fuera vendido «para particulares aprovechamientos», sino que, hasta en dos ocasiones, se quejará de que el proveedor sea injustamente molestado. Con estas palabras acaba su petición al rey:

> Otrosí suplico a Vuestra Majestad que el juez se sobresea hasta que se sepa la verdad de este negocio, porque no es justo que por una simple petición del delator, sin otra información alguna, sea creído, y más contra tan fiel criado de vuestra Majestad, como lo es el dicho Proveedor Pedro de Isunza.

El 24 de junio de 1593 moría Pedro de Isunza, mientras seguía de cerca los asuntos y las preocupaciones del abastecimiento de las galeras, tal y como le comunica Miguel de Oviedo al rey en la carta en que le notifica su muerte:

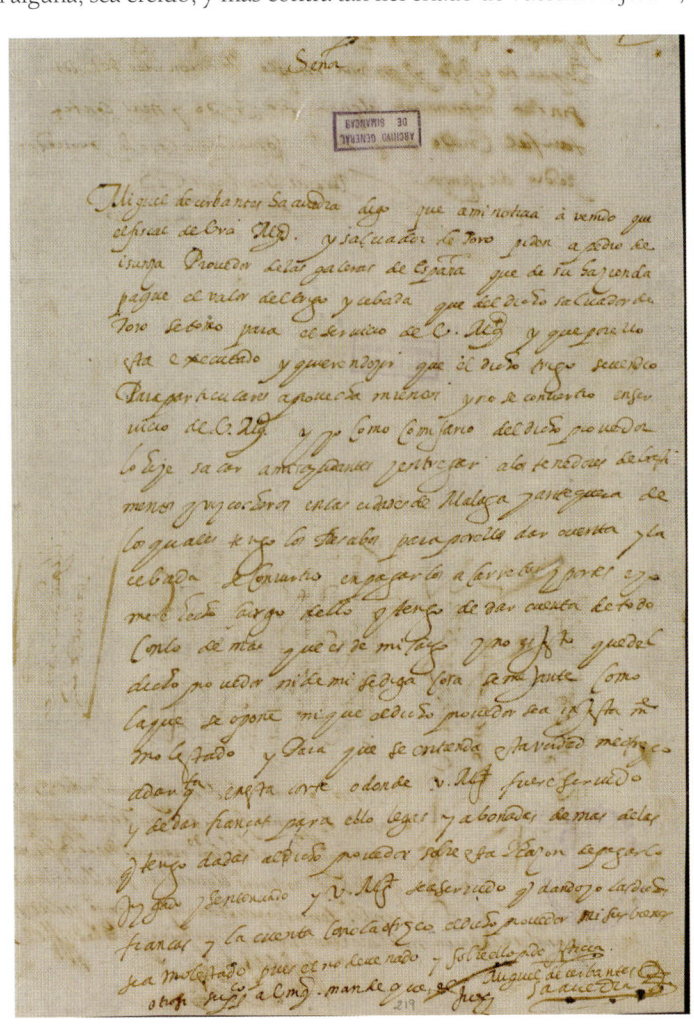

Carta autógrafa de Cervantes a Felipe II en defensa del Proveedor General Pedro de Isunza, Madrid, 3 de diciembre de 1592: Archivo General de Simancas: Expedientes de Hacienda, leg. 516, fol. 96

> Ha sido su muerte en ocasión que se había de juntar trigo para fabricar bizcocho para las galeras. Me ha parecido advertir a Vuestra Majestad que conviene mucho a su servicio que en ello se use de extraordinaria diligencia, porque la cosecha en esta Andalucía será corta, pues habiéndose segado hasta ahora gran parte, vale en el alhóndiga de esta ciudad de Sevilla a más de veintiséis reales la fanega, y así, importa que, antes que se lleve a otras partes, se compre el que fuere menester para las galeras; porque, si se dilata, se habrá de traer de más lejos, y los acarreos costarán mucho a Vuestra Majestad. Y porque lo del pan es lo que más falta puede hacer, y el dicho Pedro de Isunza me escribió a los 20 de este mes, que apenas lo había para todo el de julio siguiente, Vuestra Majestad mandará se dé orden para que las galeras no padezcan esta necesidad, y que se nombre persona que las provea.

Con la muerte de Pedro de Isunza, con quien Cervantes había trabajado como agente de negocios, y que puede ser el vínculo que le llevara a las primeras comisiones andaluzas con Antonio de Guevara más allá de Diego de Valdivia que no es un buen padrino dado su comportamiento poco ejemplar, como pusieron en evidencia los informes de los visitadores, se acaba también su prometedora carrera como comisario real de abastos, que quizás le habría permitido soñar con un puesto más estable dentro de la compleja estructura del abastecimiento de las flotas. Nada que ver las primeras comisiones en Écija, de poco monto y (aparente) sencillez, con la que Pedro de Isunza le encomienda nada más llegar a ser nombrado Proveedor General. Un camino, otro camino, que ahora llega a su fin. Como así le sucede a tantos comisarios reales de abastos de aquellos años. En este aspecto, tampoco Cervantes resulta excepcional.

Ni tampoco en los problemas que tuvo con los contadores del Consejo de Hacienda, que le llevaron, al menos, en una ocasión a la cárcel.

Nunca pensó Cervantes que su primera comisión en Écija le iba a acompañar el resto de su vida, y no para darle precisamente alegrías. El 19 de septiembre de 1592, mientras Cervantes estaba en busca de trigo según la comisión firmada por Pedro de Isunza el 1 de octubre de 1591, el juez de comisarios Francisco de Moscoso, que, no por casualidad, era por aquel entonces corregidor de Écija, firma desde Castro del Río, una sentencia contra el comisario Miguel de Cervantes, de acuerdo a una serie de delitos investigados por regidores y jurados de Écija, que se remontan a sus actividades en esta villa cinco años antes. En primer lugar, la restitución de 300 fanegas de trigo que habría vendido para su provecho personal:

> Condeno a Cervantes a que dentro el día de la notificación dé y entregue, vuelva, restituya y ponga en Écija, en poder del depositario del pósito de la dicha ciudad, trescientas fanegas de trigo, que se habían sacado por cuenta de Su Majestad para

el servicio de sus galeras, las cuales sin orden suya vendió, para que disponga de ellas el Proveedor General de su Majestad lo que conviniere al real servicio.

En el caso de no poder restituir las fanegas, tendrá que «pagarlas a catorce reales cada fanega, que es al precio que vale y se compraron».

En segundo lugar, «en cuanto a diez fanegas de trigo del regidor Juan de Valcárcel y seis fanegas de cebada de don Benito de Aguilar, les dé certificaciones para que puedan cobrar su valor de Su Majestad dentro de quince días; y si no, las pague él, pasado dicho término, en que se le da por condenado». Y, por último, los 100 reales que tomó de su salario en la villa de Montilla, «que si en la cuenta no los hubiere metido por cuenta de su salario, los vuelva a la Real Hacienda; y si la tuviere por dar, se le bajen de su salario».

¿Consiguió Cervantes justificar y defenderse de los delitos que le acusa ahora el recién nombrado juez de comisarios, o tuvo que permanecer en la cárcel de Castro del Río, situada en los bajos del Ayuntamiento? Si lo hizo, lo que no está atestiguado, no fue por mucho tiempo. El 21 de septiembre recibe Cervantes la notificación de los delitos por los que tiene que dar cuenta y el 30 de septiembre ya se hallaba de nuevo en Écija, siguiendo con su trabajo de embargo del trigo, según la nueva comisión firmada por Pedro de Isunza. Poco menos de 16 leguas hay entre Écija y Castro del Río, dos días de camino.

La cárcel de la que sí tenemos constancia que conoció por dentro, y por un cierto tiempo, fue la Cárcel Real de Sevilla. Y por un tiempo mayor de lo que el propio Miguel hubiera esperado y las autoridades reclamaban. El 6 de septiembre de 1597 se envía desde Madrid una provisión al Juez de la Real Audiencia de los Grados de Sevilla, Gaspar de Vallejo, para que en plazo de veinte días Miguel de Cervantes volviera de Sevilla a Madrid para dar cuenta de casi 79.804 maravedís que no se habían justificado en la única provisión que realizó como recaudador de impuestos atrasados, la que casi tres años antes le había llevado por diferentes villas y ciudades de Granada. En realidad, sí que estaban justificados, pues en el cobro en Vélez Málaga solo se habían podido conseguir 136.000 maravedís, cobrados a Juan Leclerque en Sevilla, y librados en Málaga el 21 de noviembre de 1594. Pero la maquinaria del Consejo de Hacienda ya se ha puesto en marcha y ya nada puede pararla. Bueno, algo sí: varios miles de maravedís, que en este momento no tenía nuestro autor.

Miguel de Cervantes, siguiendo el procedimiento del momento, antes de viajar a la Corte para dar las explicaciones pertinentes y presentar sus informes, tendrá que entregar las fianzas establecidas; en caso contrario, «le prenderéis y enviaréis preso y a buen recaudo a la cárcel real de esta mi corte a su costa, a donde se entregará al alcaide de ella, al cual se le notificará le tengo preso a buen recaudo hasta por los dichos presidente y contadores de la dicha mi contaduría mayor de Hacienda se provea y mande otra cosa».

Difícil hubiera sido para Cervantes conseguir presentar fianzas por el valor de los casi 80.000 maravedís que le solicitaba justificar ahora el Consejo de Hacienda. Pero imposible la triquiñuela que se saca de la manga el juez Gaspar de Vallejo: pedirle fianzas por el total de lo que tenía que recaudarse en Granada de impuestos atrasados: 2.557.029 maravedís. Miguel de Cervantes escribió una carta al Consejo de Hacienda quejándose de esta medida (carta autógrafa que todavía no se ha encontrado), y el Consejo le dio la razón ¡el 1 de diciembre de este año, después de haber pasado varios meses en la cárcel sevillana!:

> y os mandamos que dando el dicho Miguel de Cervantes fianzas legas, llanas y abonadas a vuestra satisfacción, de que dentro de XXX días vendrá a esta mi Corte, y dará la dicha cuenta, y satisfará el alcance que por ella se le hiciere; y no lo haciendo los dichos sus fiadores pagarán de contado los dichos 79.804 maravedís que parece que debe, le soltéis de la dicha cárcel y prisión donde está, para que pueda hacer lo susodicho; lo cual haréis ansí, no estando preso por otra cosa más que lo susodicho.

Como se aprecia, la cárcel en los Siglos de Oro no tiene un carácter punitivo —demostrado el delito cometido— sino que es preventivo: se retiene al preso que no puede entregar fianzas hasta que justifique las deudas contraídas o los asientos contables que no cuadran en los controles rutinarios del Consejo de Hacienda. Pero la carta del Rey parece poner punto y final a este nuevo sufrimiento... pero solo lo parece, pues todavía permanecerá Miguel de Cervantes unos meses más en la Cárcel Real de Sevilla, dado que el juez seguramente siguió pidiéndole fianzas «a vuestra satisfacción» que Cervantes no podría asumir. El 31 de marzo de 1598, todavía Cervantes tendrá que volver al asunto del trigo y del aceite de Teba, del ya lejano año de 1591, al que todavía siguen dando vueltas los contadores del Consejo de Hacienda, en una demanda contra el proveedor General Pedro de Isunza. En una última carta autógrafa que envía al rey a finales de marzo, sabemos que en esta fecha todavía permanece Cervantes en la Cárcel Real de Sevilla, donde permanecerá hasta bien entrado el mes de abril.

> Yo di un tanto del trigo que había sacado y dejé mis papeles en Málaga creyendo que allí había de dar mi cuenta. Si la tengo de dar a vuestras mercedes, enviaré por ellos, porque sin ellos no puedo hacer la relación jurada; lo que sé decir que de lo que a mí toca, antes alcanzó en salarios que ha alcanzado en nada. Si Dios fuere

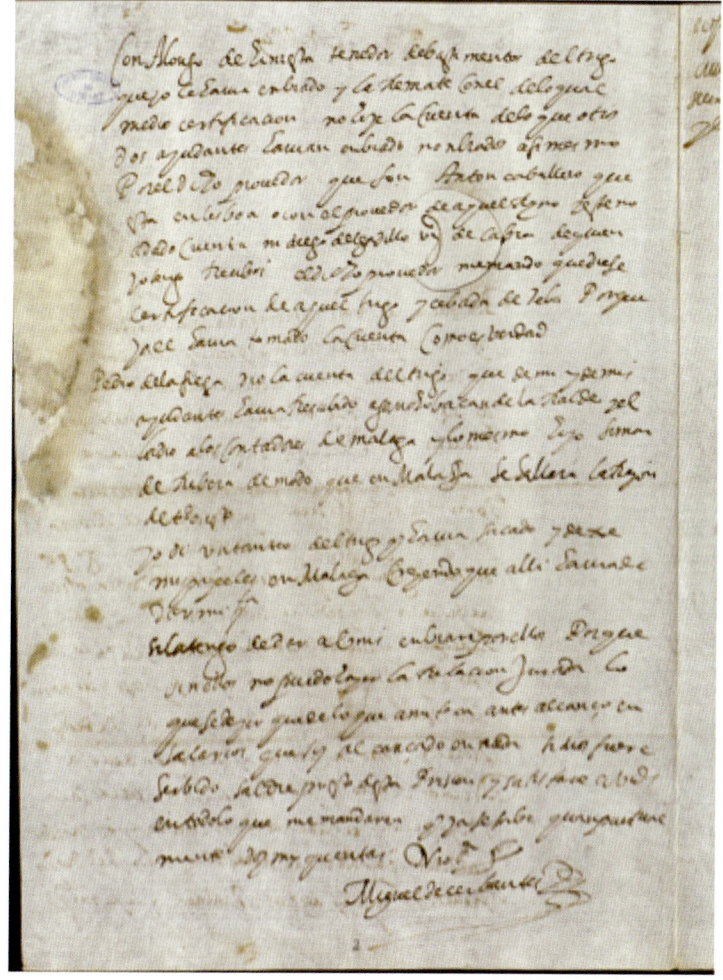

Carta autógrafa de Miguel de Cervantes desde la Cárcel Real dando cuenta de las partidas de trigo y cebada de 1591 según comisión firmada por Pedro de Isunza, Sevilla, 31 de marzo de 1598: Simancas: Contaduría Mayor de Cuentas, 1ª Época, Leg. 1784.

servido saldré presto de esta prisión y satisfaré a vuestras mercedes en todo que me mandaren, que ya se sabe cuán puntualmente doy mis cuentas.

El 28 de abril de 1598, Miguel de Cervantes firma en Sevilla la relación jurada del trigo y de la cebada que Nicolás Benito había sacado de Teba, el tema recurrente que acompañará a Cervantes en estos últimos años de estancia en Sevilla. Unos días antes, por fin, había salido de la cárcel, y ahora tendría que seguir justificando las cuentas de su provisión como recaudador de impuestos atrasados. Una justificación que le acompañará años y años. Del 14 de septiembre de 1601 y del 24 de enero de 1603 se datan dos informes de los contadores del Consejo de Hacienda que siguen planteando el mismo tema y la necesidad de justificar los maravedís no cobrados en Vélez Málaga. En este último documento se hace alusión a que se le han dado permisos para dejar la cárcel en Sevilla y así poder venir a rendir cuentas de manera satisfactoria:

> y para que viniese a dar, se han dado cartas para que el Sr. Bernabé de Pedroso le soltase de la cárcel donde estaba en Sevilla, dando fianzas de venir a darlas dentro de cierto término, y hasta ahora no ha venido, ni hay razón de las diligencias que se han hecho

Esta cita se ha entendido como una segunda estancia de Cervantes en la Real Cárcel de Sevilla en 1602, cuando en realidad se trata de un informe que da cuenta de las diligencias y de las peticiones realizadas en 1597. Nunca más volvió Miguel de Cervantes a la Real Cárcel de Sevilla, más allá del período del que tenemos constancia documental entre 1597 y 1598.

¿A qué dedicó su tiempo Miguel de Cervantes en los más de seis meses que permaneció en la Real Cárcel de Sevilla? ¿Acaso la escritura, esa vida en papel a la que se volcará en los últimos años de su vida, se convirtió en su tabla de salvación, a la que dedicó sus días y sus noches, en una clara imagen romántica, que poco tiene que ver con el día a día de una cárcel durante los Siglos de Oro? Muchos investigadores lo han pensado así. Incluso algunos lo siguen defendiendo hoy en día siguiendo los argumentos de Francisco Rodríguez Marín y de Luis Astrana Marín, los dos cervantistas que más se han batido el cobre por defender que entre los muros de la Cárcel Real comenzara a escribir Miguel de Cervantes el *Quijote*.

¿Se engendró el *Quijote* durante la estancia de Miguel de Cervantes en la Cárcel Real de Sevilla?

El número 85 de la sevillana Calle de la Sierpe alberga hoy una oficina de Caixabank, pero, como recuerda un azulejo colocado en su fachada que reproduce un cuadro de Gonzalo Bilbao del siglo XIX, este espacio fue ocupado por la Cárcel Real de Sevilla desde el siglo XV hasta 1835, cuando se trasladó al antiguo edificio de los Agustinos Descalzos de Nuestra Señora del Pópolo. A pesar de no contar con el edificio original, gracias a diferentes testimonios literarios o históricos de la época, como la *His-

toria de Sevilla (1587) de Alonso de Morgado, la *Relación de la Cárcel de Sevilla* del abogado de la Real Audiencia sevillana Cristóbal de Chaves (a fines del siglo XVI) y, sobre todo, el *Compendio de las cosas tocantes al ministerio de las cárceles* que el Padre Pedro de León escribió hacia 1606, conocemos muchos detalles del día a día, de la cotidianidad que compartió Miguel de Cervantes cuando estuvo preso en esta cárcel desde septiembre de 1597 hasta primeros de abril del año siguiente. Mateo Alemán, el autor del pícaro *Guzmán de Alfarache* estuvo tres

Placa que da cuenta del lugar donde estuvo la Cárcel Real de Sevilla.

veces preso, y dos de ellas en la Cárcel Real de Sevilla, donde su padre trabajó durante un tiempo como cirujano, por lo que puede hablar en primera persona al escribir:

> Ella es un paradero de necios, escarmiento forzoso, arrepentimiento tardo, prueba de amigos, venganza de enemigos, república confusa, infierno breve, muerte larga, puerto de suspiros, valle de lágrimas, casa de locos donde cada uno grita y trata de sola su locura. Siendo todos reos, ninguno se confiesa por culpado ni su delito por grave.

Y como se suele recordar en estos casos, Lope de Vega situó en su edificio una escena de su comedia *El amigo hasta la muerte* (1618), mientras que Santa Teresa, en una carta fechada el 29 de abril de 1576 dirigida a la madre María Bautista la califica de «infierno». Y mucho de verdad, mucho de vida y de conocimiento hay en estas visiones, aunque no refleja toda la cárcel, no la cárcel, al menos, que le tocó vivir a Cervantes. Entre 800 y 1000 presos podía albergar el edificio de la Cárcel Real de Sevilla, del que Suárez de Figueroa llegará a escribir: «todas las plagas de Egipto, todas las penas del infierno se cifran en aquel asqueroso albergue, donde se hallan corrompidos casi todos los elementos». ¿Para todos los presos fue realmente un infierno?

El edificio de la Cárcel Real de Sevilla en la Calle de la Sierpe fue reformado a mediados del siglo XVI, entre 1564 y 1569, manteniendo su estructura hasta el siglo XIX, cuando ya quede pequeño y antiguo para las demandas de la ciudad. A principios del siglo XVIII, se le encomendó al arquitecto Juan de Navarro una nueva reforma. Gracias a los planos que dibujó en esta ocasión en 1716, conservados en el Archivo Histórico Nacional, podremos adentrarnos por el edificio en que estuvo Miguel de Cervantes con centenares de presos más entre 1597 y 1598.

Pero antes de adentrarnos en el edificio de la Cárcel Real no está de más recordar cómo funciona y cómo se sostiene una cárcel a finales del siglo XVI. Frente a lo que sucederá siglos después, la cárcel en los Siglos de Oro es una especie de «empresa» que está bajo el mando de un alcaide que ha conseguido este puesto ya sea por compra o por arrendamiento del titular. De este modo, la cárcel, convertida en un negocio, adapta sus reglas y sus espacios a la capacidad económica de los reclusos, donde todo se vende y todo se puede comprar (recuérdese ese «a su costa» con el que el juez había encarcelado a Cervantes en septiembre de 1597). La Monarquía Hispánica tan solo pone el edificio así como los grilletes y cadenas que el alcaide podía utilizar con los presos. ¿El resto? Corría a cargo del propio recluso, desde la comida al lecho donde dormía, o el lugar donde era confinado. Todo se compraba, todo se alquilaba, todo se pagaba, a fin de cuentas. De este modo, mantener a una persona el máximo tiempo posible en la cárcel era todo un negocio para el alcaide, para los guardas que trapicheaban con ellos y para los propios jueces que recibían su compensación por retrasar la puesta en libertad de los presos, y así lo ponen en evidencia cientos y miles de quejas que escribieron los reclusos lamentando su situación. Una cárcel que es todo un caos. Juan de Zúñiga, visitador de la Universidad de Salamanca, en una de sus visitas a la Cárcel Real en 1594 encontró a un estudiante portugués, del cual «ni los notarios sabían por qué estaba, ni había proceso ni escrito contra él ninguna cosa». Una vida condenada al silencio.

Pero si en su interior la Cárcel Real de Sevilla era muy diferente si uno venía con dinero o formaba parte de esa masa informe de pícaros, ladrones, asesinos, o mendigos que constituían la mayor parte de su población, lo cierto es que todos tenían que pasar por su fachada.

El imponente edificio de tres plantas contaba con una magnífica portada y una ventana adornada, que correspondía con el despacho del alcaide. Si la ventana contaba con el escudo de la ciudad, encima de la portada una inscripción daba noticia de las reformas realizadas en 1569, en época de Felipe II. Y coronándolo todo, un remate que representa a la Justicia, que tiene en su mano derecha una espada en alto, y a sus lados, figuras que representan la Fortaleza y la Templanza. En el siglo

Fachada principal de la Cárcel de Sevilla. Plano de Juan Navarro de 1716. Archivo Histórico Nacional (Madrid).

XVI, en el vestíbulo, junto a la puerta principal, se podía apreciar un magnífico retablo con la imagen de la Visitación de Nuestra Señora, que dio lugar a una congregación que se dedicaba al auxilio de los presos más pobres, aquellos que no tenían ningún derecho ya que les faltaba lo único necesario para sobrevivir en su interior: el dinero.

Y será el color del dinero lo que dará nombre a las tres puertas con las que se entraba a la cárcel, hasta llegar al patio interior, su verdadero corazón. Al padre León le debemos la mejor descripción de las mismas, que es un verdadero compendio de la vida que le esperaba al recluso según el lugar que le correspondiera por delitos y, sobre todo, por capacidad económica:

> Tiene esta cárcel tres puertas. A la primera llaman de Oro, porque lo ha de tener, y no poco, el que ha de quedarse en la casa pública o aposentos del alcaide, que están antes de la primera reja de arriba a mano derecha como subimos por la escalera; porque para contentar al alcaide y porteros de la puerta de la calle es menester todo eso y más.
> A la segunda puerta, que es la primera reja de hierro al cabo de la escalera, llaman de Hierro, o de Cobre, porque basta a los que entran por allí que tengan dineros de cobre y vellón.

A la tercera reja también de hierro, que es la tercera puerta que sale a los corredores, llaman de Plata porque ha menester tener plata el que ha de quedar allí sin grillos, o mucho favor que no le cueste menos, sino mucho más, como a los que el otro fingido inquisidor favorecía para que no le echasen grillos, que todo lo allana, y hace fácil la plata y el favor.

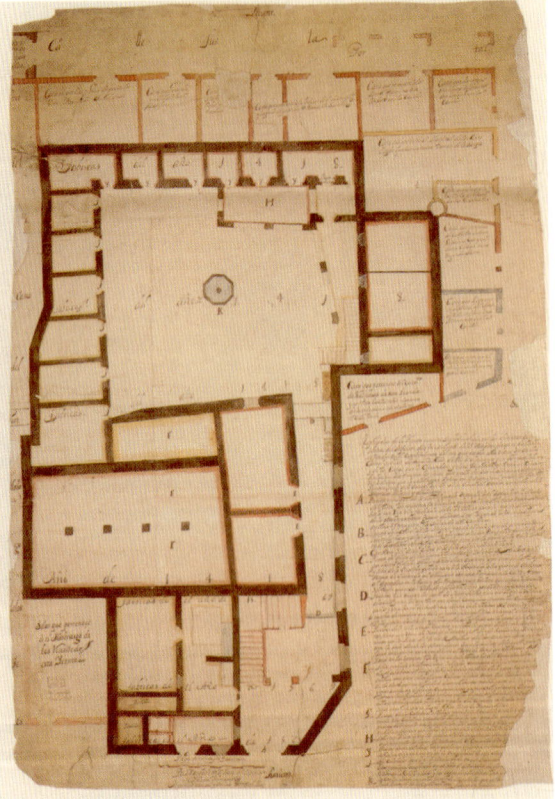

Plano de la Cárcel de Sevilla. Plano de Juan Navarro de 1716. Archivo Histórico Nacional (Madrid).

De este modo, la *Puerta de Oro* daba acceso mediante la escalera principal a la primera planta, donde se encontraba la prisión de los «hombres buenos», aquellos que sobre todo habían llegado a la cárcel por deudas. Esta prisión tenía bastante luz pues las celdas daban a la calle. En un segundo piso, vivía el «carcelero», que así se denominaba al capellán de la cárcel.

La Puerta de Hierro daba acceso a un segundo patio, a un espacio amplio con tres ventanas a la calle, del que se accedía a un segundo edificio de grandes dimensiones. La primera planta se destinaba a los que venían a visitar a los presos, y allí también se trataba de las «solturas de los presos» así como del «alivio en las prisiones». La segunda planta, también de grandes dimensiones, estaba dedicada a la enfermería.

Y, por último, la Puerta de Plata daba entrada al gran patio interior; a su alrededor se sitúan catorce calabozos, en los que se «guardaban los presos con quien se tiene mayor cuidado», por lo que son los espacios más protegidos y con las cons-

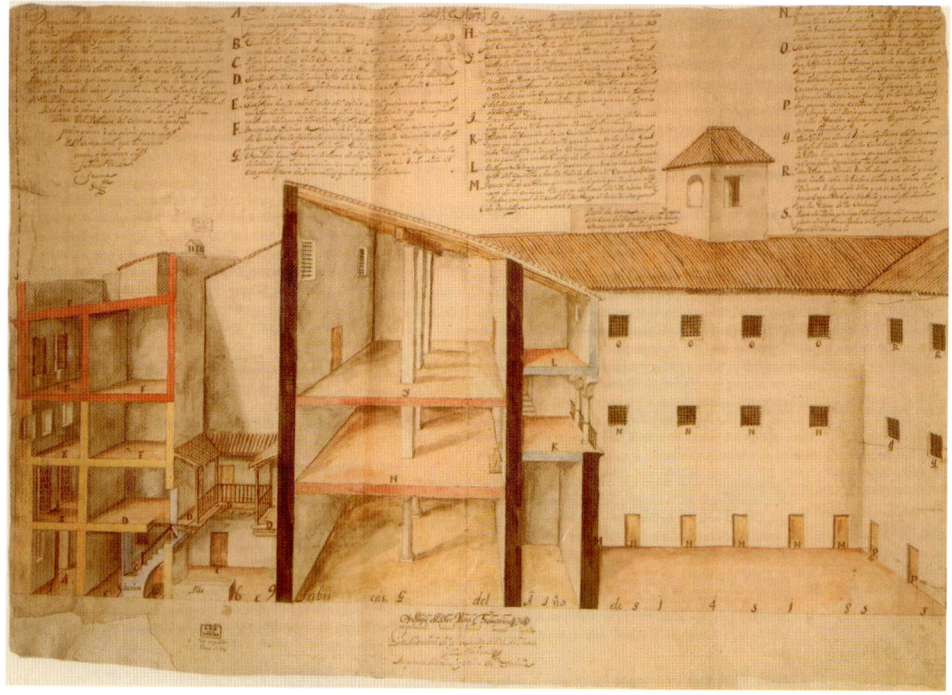

Vista lateral de la Cárcel de Sevilla. Plano de Juan Navarro de 1716. Archivo Histórico Nacional (Madrid).

trucciones más sólidas. Sobre los seis calabozos de la parte norte, en el primer piso se situaba la Galera Nueva, llamada así por ser el dormitorio destinado a los presos con mayores delitos y a los galeotes. Se divide en siete partes, cada uno con su nombre y tipo de presos, según recuerda el Padre León:

> la Galera Nueva, adonde está la gente de grandes delitos, y los galeotes rematados para el rey. En esta galera se encierran siete ranchos. El primero es de *Blasfemos* y jugadores de ventaja, que les sirven mil por vidas de tantos. El segundo es de la *Compaña*, adonde refieren sus tretas, los que arañan y hurtan [...]. El tercero llaman *Goz*, adonde los rufianes cuentan a lo grosero, sus hazañas y desvergüenzas. El cuarto rancho llaman Crujía adonde están los galeotes. El quinto llaman *Feria* adonde se vende lo mal ganado, por barañas y pendencias, habido en mala guerra. Al sexto llaman *Gula*, y sirve para las meriendas, adonde echan y derruecan y anda el trago cruel. El séptimo, y último, se llama *Laberinto*, de toda gente revuelta, como cochinos de diezmos de todos delitos.

En la parte de Levante, estarían otros dormitorios, conocidos como Galera Vieja, que a su vez se divide en cuatro partes o ranchos: «en la cual está el rancho que llaman *Traidor*, porque está oculto y escondido a la entrada a mano derecha, y desde allí hacen sus traiciones. Más adentro en la misma galera hay otros tres ranchos divididos con mantas viejas: el primero es de los *Bravos*; el segundo la *Tragedia*, adonde está la crujía; el tercero llaman *Venta* adonde pagan el escote todos los presos nuevos». Todo está organizado, todo jerarquizado también en el interior de la cárcel.

En el patio interior «hay una fuente de mucha agua de pie, adonde juegan y hacen sus suertes, mofándose unos a otros y entreteniéndose para pasar el tiempo y desechar melancolías».

«A la entrada de la Cárcel, a mano izquierda, está la cárcel de mujeres», escribe el Padre León, que como «carcelero» de la cárcel también la debía de conocer bien, con sus distribución también dependiendo del dinero y del tipo de delito por el que han sido presas.

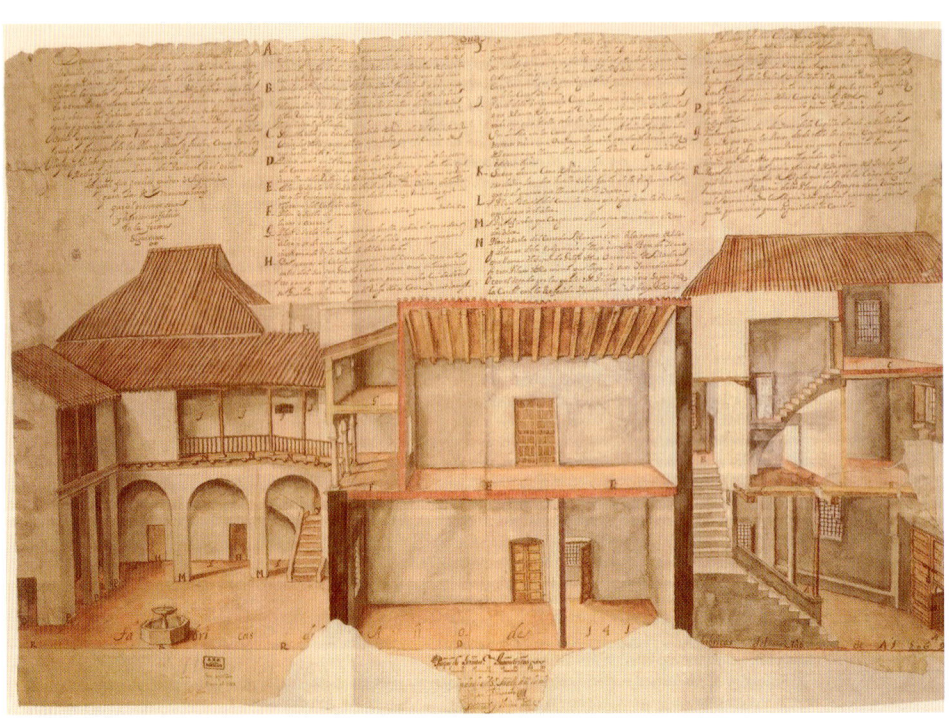

El otro lateral de la Cárcel de Sevilla. Plano de Juan Navarro de 1716.
Archivo Histórico Nacional (Madrid).

Todo se compra, todo se vende, todo se entrega y todo se negocia dentro de la cárcel. Por eso, no se ha de pensar en una cárcel donde los presos vivan incomunicados, sobre todo los del primer patio, sino todo lo contrario:

> Las puertas nunca en todo el día se cierran, ni de noche, hasta que han dado las diez que se recogen los presos y el alcaide toma las llaves. Y todo el día hasta estas horas están como hormigueros o procesión entrando y saliendo hombres y mujeres con comidas y camas, y a hablar a los presos, sin preguntarles a qué entran, ni qué quieren. Y el alcaide hace tres visitas cada noche con sus bastoneros, y en siendo las diez, que se han de cerrar las puertas (como queda dicho) andan cinco hombres que no sirven de más que de dar voces diciendo:
> —¡Ah del patio, arriba, arriba! Los de la Galera Nueva.
> Y el otro dice:
> —¡Acá los de la Galera Vieja!
> Y el otro:
> —¡Acá los de la Cámara del Hierro!
> Otro:
> —¡Acá los de los entresuelos!
> Y hasta que no queda ninguna por encerrar, siempre dan voces diciendo esto.

En este espacio, en este edificio, seguramente dedicando sus buenos maravedís para quedarse en las luminosas galerías a la que se llegaba por la Puerta del Oro, estuvo Cervantes casi seis meses encerrado. Seis meses en los que dispuso de papel y tinta, como los que utilizó para la carta que envió al rey a finales de marzo de 1598 dando respuesta a la petición de nuevas cuentas sobre el trigo embargado en Teba por uno de sus ayudantes.

¿Fue en la Cárcel Real de Sevilla durante los meses de 1597 y 1598 en que estuvo preso cuando Cervantes comenzó a escribir la primera parte del *Quijote*?

¿De dónde procede esta idea, esta tradición, esta leyenda que ha permitido concretar en un espacio y en un tiempo la génesis de una obra literaria, de una particular obra literaria como es el libro de caballerías que le contrató el librero Francisco de Robles a Miguel de Cervantes a finales del siglo XVI?

Como en tantos otros casos en los que hemos visto cómo se construye el mito Miguel de Cervantes, todo comienza con una cita literaria, con un fragmento de una de sus obras que se saca de contexto para convertirlo en dato documental, histórico. Y así en el prólogo de la primera parte del *Quijote*, uno de los espacios literarios más llenos de tópicos y de lugares comunes, como la famosa *captatio benevolentia*, es decir, las estrategias discursivas del autor para ganarse el apoyo del lector antes de comenzar a leer la obra, aparece la cita que ha dado pie a la tradición de pensar, de manera literal, que Cervantes comenzó a escribir las aventuras quijotescas en una de sus celdas:

> Desocupado lector: sin juramento me podrás creer que quisiera que este libro, como hijo del entendimiento, fuera el más hermoso, el más gallardo y más

discreto que pudiera imaginarse. Pero no he podido yo contravenir al orden de naturaleza; que en ella cada cosa engendra su semejante. Y así, ¿qué podrá engendrar el estéril y mal cultivado ingenio mío, sino la historia de un hijo seco, avellanado, antojadizo y lleno de pensamientos varios y nunca imaginados de otro alguno, bien como quien *se engendró en una cárcel*, donde toda incomodidad tiene su asiento y donde todo triste ruido hace su habitación?

Desde el siglo XVIII, los primeros biógrafos de Cervantes creyeron encontrar esta «cárcel» real en la casa de Medrano de Argamasilla de Alba, una tradición que comenzó a resquebrajarse en 1867 cuando Jerónimo Morán en su biografía cervantina dio a conocer los nuevos documentos que Fernández de Navarrete había conseguido encontrar en el Archivo General de Simancas para ampliar su biografía de 1819, y que permanecían hasta este momento inéditos. Entre estos documentos, destaca el autógrafo cervantino fechado en Sevilla el 31 de marzo de 1598, donde da cuenta de su estancia real y documentada en una cárcel, que no es otra que la Cárcel Real de Sevilla. De este modo, de creer que en el prólogo se esté hablando de manera literal sobre la génesis quijotesca, ya no hace falta echar mano de tradiciones y leyendas, pues hay un documento que certifica una «cárcel real». Por eso no extraña que en 1905, la Real Academia Sevillana de las Buenas Letras, para conmemorar el III Centenario de la publicación de la primera parte del *Quijote*, colocara una placa en el edificio de la Calle de Sierpes, con el siguiente texto:

EN EL RECINTO DE ESTA
CASA, ANTES CÁRCEL REAL,
ESTUVO PRESO (1597-1602)

MIGUEL DE CERVANTES
SAAVEDRA,

Y AQUÍ SE ENGENDRÓ PARA
ASOMBRO Y DELICIA DEL MUNDO
EL INGENIOSO HIDALGO

D. QUIJOTE DE LA MANCHA

Pero, ¿hasta qué punto este «se engendró en un cárcel» del prólogo cervantino viene a reflejar un hecho biográfico real del autor Miguel de Cervantes, que es la imagen perfecta de una biografía escrita con tinta romántica, en que desde una cárcel Cervantes, en lo más bajo de su carrera profesional, es capaz de alzarse gracias a un personaje que canta a la libertad y que le ha convertido en un mito, a lo más

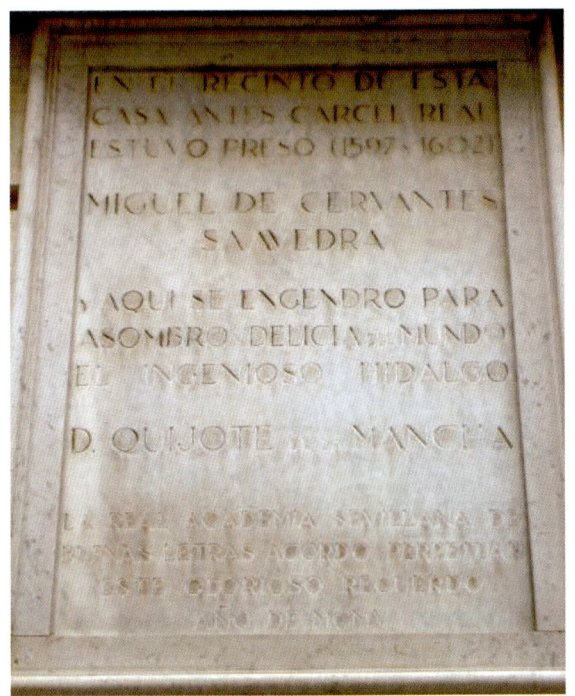

Placa de mármol en la pared de la Cárcel Real de Sevilla, colocada en 1905.

alto a lo que puede aspirar cualquier escritor? ¿O es posible leer, como los lectores de su tiempo, en este «se engendró en la cárcel» una secuencia de tópicos literarios que comienzan con su «estéril y mal cultivado ingenio mío», para continuar en la descripción del libro como «un hijo seco, avellanado, antojadizo y lleno de pensamientos varios y nunca imaginados de otro alguno»?

El primero en dudar de un lugar común en la crítica cervantina, que el *Quijote* fuera escrito realmente en una cárcel, ya fuera esta la de Argamasilla de Alba o ya fuera la Cárcel Real de Sevilla, fue Nicolás Díaz de Benjumea. Lo expuso en varios trabajos, a los que volvió en 1877. «¿Y si resultase que no hubo tal encarcelamiento del autor del *Quijote* en Argamasilla, y que esa expresión del prólogo es metafórica?». Y la metáfora de la cárcel no vendría tanto a mostrar un hecho biográfico concreto (el paso por la cárcel), como uno genérico: la cárcel sería una metáfora del verdadero espacio en que escribió el *Quijote*, que no es otro que la corte de Madrid:

> Todos esos requisitos que Cervantes menciona, como partes «para que las musas más estériles se muestren fecundas», son como contrarios bienes a los males que se sufren en las cortes y debían sufrirse más especialmente en Madrid, donde probablemente escribía Cervantes. Sosiego, por ejemplo, era entonces, como es ahora, excusado el buscarle. Lugar apacible es clase de goce de que no disfrutaron ni disfrutarán los habitantes de la corte española, mientras exista entre el altillo de San Blas y el Campo del Moro. Amenidad de los campos está por lo menos negada a los que circundan a Madrid. Serenidad de los cielos habría que buscarla muy lejos de la Península y aún de Europa, y por último, en punto a murmurar, bastante se murmura, pero desgraciadamente no por quien deseaba Cervantes, que probablemente sin las aguas de Lozoya harto de seco y huérfano de fuentes estaría Madrid. ¿Y quién puede decir que hubiese quietud del espíritu, en especial para el desdichado autor? (p. 246).

Y si en España pocas eran las voces que siguieron las tesis de Benjumea, pues los defensores de las cárceles manchegas y de la sevillana mantuvieron —y mantienen— hoy sus posiciones, no sucede lo mismo en la crítica extranjera, que desde Fitzmaurice-Kelly y su *Historia de la literatura española* a finales del siglo XIX, entiende que no es necesario extrapolar a dato biográfico lo que es un recurso retórico dentro de un texto literario como es el prólogo de la primera parte del *Quijote*. Salvador de Madariaga, en su *Guía del lector del Quijote* (1926), incidía en esta idea y en una interpretación simbólica de la frase cervantina:

> Bástenos, por lo pronto, con tomar la frase en su sentido simbólico, pues al escribir su novela, Cervantes estaba prisionero en la cárcel más incómoda y triste de todas: la de la pobreza (pp. 21-22).

La expresión cervantina «se engendró en una cárcel» ha tenido, como así sucede en muchos aspectos de la biografía cervantina, un curioso efecto creador: ante la necesidad de otorgarle rango de dato biográfico —dadas las escasas referencias con las que trabajaron los primeros biógrafos—, se llegó a crear una tradición que llevó a Cervantes a ser encarcelado en Argamasilla de Alba —y de aquí, en un rebote creador, a serlo en El Toboso, Quintanar de la Orden o Mota del Cuervo—. El descubrimiento y publicación a mediados del siglo XIX de un documento donde el propio Cervantes escribía que se encontraba el 31 de marzo de 1596 en la Cárcel Real de Sevilla, parecía que cerraba el círculo (ficticio) de la biografía cervantina al encontrar una «cárcel» real que podría identificarse con la «cárcel» de papel del prólogo. Una cárcel que, como en tantos otros momentos de la biografía cervantina, no debería de salirse de su ámbito literario para convertirla en un documento histórico. Así se construye el personaje Miguel de Cervantes. Así lo fue construyendo Cervantes, así lo hicieron los primeros biógrafos cervantinos —en una línea continua hasta nuestro tiempo—, y así lo apuntalaron algunos de los lectores más entusiastas y reconocidos de la primera obra cervantina, como lo es el autor que se esconde detrás del seudónimo de Alonso Fernández de Avellaneda, el autor del *Quijote* apócrifo (1614), que en su prólogo no puede dejar de relacionar, por primera vez, lo escrito por Cervantes de manera retórica en su prólogo y lo que todos sus contemporáneos conocían del Cervantes hombre, que le había llevado a pisar la cárcel, una cárcel real más allá de los referentes literarios, en un nuevo tropo literario, donde al libro se le asimilan algunos de los defectos que los presos suelen tener en demasía:

> pero disculpen los yerros de su *Primera parte* en esta materia al haberse escrito entre los de una cárcel; y así, no pudo dejar de salir tiznada de ellos, ni salir, menos que quejosa, murmuradora, impaciente y colérica, cual lo están los encarcelados.

Yerros e *hierros*; literatura y vida en una nueva figura retórica muy utilizada durante los Siglos de Oro. Todo es literatura en los Siglos de Oro. Todo es juego y artificio, al que estaban acostumbrados y que reclamaban los lectores de la época. Juegos literarios en una obra literaria, más allá de la vida de un autor que, por aquel entonces, a nadie interesaba… como a nadie siguió interesando en el siglo siguiente. La obra impresa, la representación escuchada, los poemas aprendidos de memoria y las historias leídas en voz alta en cualquier espacio propicio para la lectura —desde los salones más elegantes a las ventas menos recomendables, desde las silenciosas celdas de los monjes a las bulliciosas gradas de las plazas— constituyen el día a día de la difusión de los textos, de la información y del conocimiento, durante los Siglos de Oro. El autor ha quedado en los márgenes. Sigue en los márgenes, aunque sus textos, sus referencias, una frase casi escondida en una prólogo («se engendró en una cárcel») puede ser el comienzo de la construcción de una nueva realidad, como así le ha sucedido a Argamasilla de Alba, con su Casa de Medrano, que tiene a sus espaldas una tradición de siglos que le ha convertido en el «lugar de La Mancha».

Una cárcel imaginada y mítica: la Cueva de Medrano en Argamasilla de Alba

La biografía de Cervantes y, sobre todo, la necesidad de buscar referentes reales a las escasas alusiones que los primeros biógrafos identificaron en las obras cervantinas, han ido creando tradiciones que, con el tiempo, se han convertido en realidades. Muchos de los paisajes de La Mancha —desde Argamasilla de Alba a El Toboso, de Puerto Lápice a Mota del Cuervo— se han construido con los siglos a imagen y semejanza de lo escrito y leído en los textos cervantinos, con una necesidad de «parecerse» al máximo a la ficción. Movimiento de ida y vuelta, pues si la realidad se va configurando a imagen y semejanza del imaginario nacido de los textos cervantinos —con las rutas turísticas y literarias que se han ido multiplicando desde el siglo XVIII hasta nuestros días—; también se ha hecho un gran esfuerzo por encontrar en estos parajes a las personas, historias y geografías que pudieran estar en el origen de algunos de los personajes, líneas argumentales y localizaciones de las obras de Cervantes. Por eso, no extraña que en 1905, en las celebraciones del III Centenario de la publicación de la primera parte del *Quijote*, Manuel Asenjo, fotógrafo de la revista *Blanco y Negro* solo tenga que visitar los espacios manchegos relacionados con las aventuras quijotescas para encontrar a personas que encarnen a los diferentes personajes, como el Don Quijote y Sancho Panza encontrados en Argamasilla de Alba.

Portada del número del 9 de mayo de 1905 de la revista *Blanco y Negro*, dedicado a conmemorar el III Centenario de la publicación del *Quijote*

Un ejemplo paradigmático de este proceso creador de la literatura cervantina en el paisaje manchego lo constituye la Casa de Medrano en Argamasilla de Alba, que es la población que, según la tradición más antigua, se corresponde al «lugar de La Mancha» que inmortalizó Cervantes en las primeras líneas del *Quijote*.

Ante la frase «se engendró en la cárcel» en el prólogo del libro, los primeros biógrafos cervantinos se vieron en la necesidad de buscar una «cárcel real» donde pudiera haber estado nuestro autor. Y ante la falta de documentos —el autógrafo cervantino escrito desde la Cárcel Real de Sevilla el 31 de marzo de 1598 fue dado a conocer en 1867—, bien valían las tradiciones.

Vicente de los Ríos en su biografía de Cervantes, que encabeza la edición del *Quijote* de la Real Academia Española, la que termina de imprimir Joaquín Ibarra en Madrid en 1780, es el primero en identificar la cárcel de Argamasilla de Alba, la cueva de Medrano, como el espacio en que Cervantes «engendró» el *Quijote*:

> Una de las más esenciales es la de haber estado de asiento en la Mancha a su vuelta de Sevilla, porque a esta casualidad se debe la ingeniosa fábula de don Quijote, que proyectó y escribió en aquella provincia. Había vivido en ella, y observado puntualmente sus particularidades [...] cuando a resultas de una comisión que tenía, le capitularon, maltrataron y pusieron en una cárcel los vecinos del lugar donde está comisionado. En medio del abandono e incomodidad de esta triste situación, compuso sin otro auxilio que el de su maravilloso ingenio esta discreta fábula, cuya

difícil ejecución, que pide mucho espacio, madura reflexión y continuado trabajo, manifiesta que permaneció largo tiempo en la prisión. El lugar donde aconteció a Cervantes este suceso fue la Argamasilla, que por esto fingió haber sido patria de don Quijote, y no quiso nombrar por moderación, o por enojo en el principio de su fábula, en la cual se desquitó del mal hospedaje de los manchegos, haciendo inmortal su nombre, y fijando para siempre su memoria en la de la posterioridad (pp. xiv-xv).

Juan Antonio Pellicer, de acuerdo a una «tradición derivada de padres a hijos», añadirá en su biografía cervantina de 1797-1798 algunos detalles más de esta prisión de Cervantes en Argamasilla, que además explicaría lo que estuvo haciendo entre su salida de Sevilla a finales del siglo XVI y su aparición en Valladolid, en 1604: «A esto se llegan los rumores de cierta tradición, creída comúnmente, sobre este viaje y residencia del autor de *Don Quijote* en aquella provincia. No falta quien asegure que en Consuegra, cabeza del priorato de San Juan, se conserva por tradición todavía la noticia de que el juez privativo que entiende en la cobranza de los diezmos que se deben a la dignidad del Gran Prior [...] envió a Miguel de Cervantes con una ejecución de estas contra los vecinos deudores de Argamasilla de Alba, los cuales, ayudados de sus parientes, no solo consiguieron, como lo acostumbraban hacer con otros, que la justicia le negase el cumplimiento, sino que le pusiese en la cárcel» (pp. xc-xci).

Y, por último, Martín Fernández de Navarrete en 1819 termina por cerrar el círculo biográfico basado en la tradición añadiendo el nombre de la cárcel donde estuvo retenido Cervantes en Argamasilla de Alba, que no es otra que la casa de Medrano:

> Lo más singular es que en Argamasilla se ha transmitido sucesivamente de padres e hijos la noticia de que en la casa llamada de Medrano, en aquella villa, estuvo la cárcel donde permaneció Cervantes largo tiempo, y tan maltratado y miserable, que se vio obligado a recurrir a su tío don Juan Bernabé de Saavedra, vecino de Alcázar de San Juan, solicitando su amparo y protección para que le aliviase y socorriese; debiendo ser su situación tan apurada como lo daba a entender el exordio de su carta que decía: «Luengos días y menguadas noches me fatigan en esta cárcel, o mejor diré caverna». Pero este documento, que se nos asegura haberse conservado hasta nuestros días, ha desaparecido de modo que ha hecho vanas e ineficaces nuestras diligencias para examinarle (pp. 86-87).

Y por más esfuerzos que hizo Navarrete, así como otros biógrafos posteriormente, no fueron capaces de dar con la carta autógrafa de Cervantes que sería la piedra de toque para demostrar su estancia en la cárcel durante su estancia en Argamasilla de Alba. De este modo, la identificación entre la cueva de Medrano y la «cárcel, donde toda incomodidad tiene su asiento y donde todo triste ruido hace su habitación», en la que el propio Cervantes dice que se engendró el *Quijote*, se convierte en una de las verdades cervantinas del siglo XIX. Una de esas verdades que hay que preservar. Así lo pensó el gobernador de Ciudad Real, don Enrique de Cisneros, cuando visitó la Casa de Medrano en 1860, y así lo consiguió hacer realidad gracias al apoyo del infante Sebastián Gabriel de Borbón y Braganza, el 14 de mayo de 1862. Gracias a la completa crónica de José de Castells y de Bassols, publicada el 6 de junio de 1862 en *La España* conocemos algunas de las dificultades a las que tuvo que hacer frente el gobernador para su compra, como el hecho de que la propiedad estaba repartida entre quince personas, de los que cuatro o cinco eran menores de edad. Pero todo se solventó: el día 14 de mayo se firmó en Tomelloso la compra de la Casa de Medrano, y el 15 se realizaron toda una serie de actos en las Lagunas de Ruidera para así compartir con todo el pueblo tal acontecimiento. El final de la crónica es un buen ejemplo de la mitificación que había alcanzado Cervantes en el siglo XIX:

> Al levantarse luego, exclamó el señor Cisneros: «¡Gloria a Cervantes! ¡Viva España!». Secundado por todos este grito con grande entusiasmo, lo repitió el eco de los montes vecinos.
>
> Así terminó, amigos míos, nuestra peregrinación literaria y un tanto quijotesca para la prosaica edad en que vivimos. De nuestro regreso solo diré a ustedes que el 18 por la tarde nos apeábamos en la estación de Ciudad Real.
>
> ¡Quiera el cielo que veamos pronto la restauración de la cárcel de Cervantes, y que asistamos a la solemne inauguración de tan solemne monumento! Para ese día ofrezco a ustedes otra epístola, aunque en estilo tan desaliñado como el de la que hoy les dirige su afectísimo amigo.

Casa llamada de Medrano en Argamasilla de Alba. Fotografía de Joan Martí [1863]

Casa de Medrano que sirvió de prisión a Cervantes en Argamasilla de Alba.
Biblioteca Nacional de España: 17/11/204.

Una de las primeras actividades culturales que se van a realizar en la recién comprada Casa de Medrano va a reunir a uno de los escritores y estudiosos más influyente del siglo XIX, como lo fue Juan Eugenio Hartzenbusch, y a uno de los impresores más prestigiosos del momento: Manuel Rivadeneyra. Y lo harán en una aventura editorial quijotesca: la impresión de una nueva edición del *Quijote* que termina en 1863 en el mismo espacio en que por aquel entonces se creía que Cervantes había escrito la obra:

> El texto de esta edición se ha impreso en Argamasilla de Alba, en la misma casa donde, según es fama, estuvo preso Miguel de Cervantes. Con este motivo se llevó allá un material completo de imprenta. El local no es el más a propósito para sacar una impresión exenta de defectos; parte del día se ha trabajado con luz artificial: se ha hecho lo que se ha podido. Se dio principio á esta edición el 23 de octubre de 1862, según consta por acta del mismo día, ante los dignos individuos del Ayuntamiento. [...] Se concluyó la tirada del último pliego el día 8 de febrero de 1863.

Para la realización de los 2.000 ejemplares de que consta la edición, no solo se llevó a Argamasilla la maquinaria necesaria, sino también a los operarios, procedentes de diferentes ciudades y países: «D. Ramón Simón y Badía, Regente (de Barcelona); Miguel Claros (de Alicante); Pascual Canal (de Vich); Antonio Briones (de Argamasilla de Alba); Maximiliano Palomino (de Id.); Luis Godron (de París) y Césareo Fernández (de Madrid)».

Como se indicaba en el preámbulo a la edición, el primer pliego comenzó a imprimirse el 23 de octubre de 1862 con la solemnidad que merecía aquel acontecimiento, con la presencia del editor Rivadeneyra y del responsable de la edición, Juan Eugenio Hartzenbusch. Le tocó el honor al alcalde, don Antonio Millán, y al regidor, José María Briones, de tirar el primer pliego.

El 9 de mayo de 1863 comenzó Rivadeneyra una segunda edición del *Quijote*, dentro de la edición de las obras completas de Cervantes. Y en esta ocasión, fue el infante Sebastián Gabriel de Borbón el que tiró el primer pliego de esta nueva empresa editorial y quijotesca. Aprovechó la visita el nuevo propietario de la Casa de Medrano para ver los «reparos y reformas que se proponía mandar ejecutar en ella».

Los versos que se compusieron para la ocasión retoman la tradición conocida de la estancia de Cervantes en la Cueva de Medrano y la convierten, de la mano de los folios impresos por Rivadeneyra y por el empeño personal del infante Sebastián Gabriel de Borbón, en una verdad mítica, incuestionable. Así comienza Hartzenbusch el poema que dedica a la visita, publicado en la *Gaceta de Madrid* el miércoles 13 de mayo de 1863:

> La voz de la tradición,
> ya por siglos venerada,
> cuenta que en esta morada
> sufrió un ingenio prisión. […]
> A la historia se demande,
> si esta opinión se desdeña:
> cosa quizás bien pequeña
> una produjo muy grande.
> Instó a la prisión sonada
> Quijada, un hidalgo loco.
> El preso Miguel, a poco
> hizo Quijote al Quijada.
> No sé si al loco le vote
> gracias por su instigación.
> Él dio nombre y ocasión
> al libro de Don Quijote.
> Libro que, en parte verdad,
> y en parte, cuento festivo,
> pasmo cada vez más vivo
> infunde a la humanidad. […]

La idea de que el *Quijote* fue engendrado en una cárcel, en una cárcel real, siguiendo la cita del prólogo, pasó también en el siglo XIX a la iconografía, poniendo imagen a una tradición, como así sucediera a la leyenda de la visita de don Juan de Austria a un Miguel de Cervantes convaleciente en el hospital de Messina, héroe de la batalla de Lepanto, que analizamos en el primer tomo de la biografía (pp. 168-172). Una imagen que aparece en el interior de algunas ediciones francesas, como las publicadas en París en 1821 y 1866, o en grandes cuadros históricos, como el que Mariano de la Roca y Delgado presentó en la Exposición Nacional de 1858: «Miguel de Cervantes preso imaginando el Quijote», y por el que obtuvo medalla de segunda clase.

A pesar de las voces que desde finales del siglo XIX defendían que la cárcel a la que alude Cervantes en el prólogo del *Quijote* era, en realidad, la Cárcel Real de Sevilla, lo cierto es que durante todo el siglo XIX y los primeros años del XX, la Casa de Medrano con su particular cueva, su especial cárcel, seguía siendo lugar de peregrinaje de visitantes extranjeros y de artistas que querían impregnarse del «espíritu manchego» antes de comenzar a ilustrar una nueva edición del *Quijote*. Y así contamos con los testimonios —y los dibujos tomados del natural— de artistas como Gustave Doré (ant. 1863), Apeles Mestres (1879) o Daniel Urrabieta Vierge (1892).

El año 1905, con la celebración del III Centenario de la publicación de la primera parte del *Quijote*, La Cueva de Medrano estaba llamada a ser uno de los lugares de peregrinación más visitados de una primeriza ruta cervantina que contaba con más de un siglo de tradición y de leyendas. El 9 de abril de 1905, publica Rubén Darío su artículo «En tierra de Don Quijote» en el periódico argentino *La Nación*, donde da cuenta del viaje que realizó a Argamasilla de Alba en febrero de

Cervantes escribiendo el Quijote en una cárcel: Dibujo de Georges Roux (París, Furne, 1866)

Cervantes escribiendo el Quijote en una cárcel: dibujo de Deveria (París, Desoer, 1821).

Miguel de Cervantes preso imaginando el *Quijote*, cuadro de Mariano de la Roca y Delgado (1858). Depositado en el Museo de Ciudad Real.

Apeles Mestres, *Patio de la Casa de Medrano* (1879).
Daniel Urrabieta Vierge, *Cueva donde estuvo preso y escribió Cervantes su libro* (1892).

1905, «el lugar que inmortalizó Cervantes, por quererlo olvidar»; y no puede dejar de lamentarse de la situación en que se encuentra. Cuarenta años después, nada quedan de aquellos sueños del infante Sebastián Gabriel de Borbón de convertir la casa en uno de los centros culturales más activos de La Mancha, en un homenaje continuo a la memoria de Cervantes:

> Visité la casa que fue cárcel de Cervantes, donde se engendró aquel «hijo seco, avellanado, antojadizo y lleno de pensamiento nunca imaginados de otro alguno». Es propiedad del Sr. D. Ramón Noblejas, quien la tiene en arriendo a un señor Montalbán, yerno suyo. En verdad os digo que causa pena y disgusto el ver el estado en que se mantiene esa propiedad, que debía pertenecer al estado y ser visitada como se visita la casa de Shakespeare en Straford—on—Avon, y la casa de Víctor Hugo en París.

Pero si quedaba alguna duda de la deplorable situación en que se encontraba la casa, la descripción de la cueva y la decepción que siente Rubén Darío al entrar en ella no deja a nadie indiferente:

Encontré a unas sórdidas viejas guardadoras, que me indicara[n] la cueva que fue prisión de Cervantes. Descendí guiado por un chico, entre polvo y suciedad. Es aquello un palomar y un reino de ratones. Allí había plumas, fiemo, zapatos viejos. Se ve el agujero del cepo en que estuvo atado Cide Hamete Benengeli. En cuanto al cepo mismo, una de las parcas me explicó la desaparición. «Lo quemó la tía Martina para hacer arrope». Ahora, felizmente, se trata de que el gobierno compre la finca con motivo de la celebración del centenario y la declare monumento nacional.

También Azorín en *La ruta de don Quijote* le va a dedicar unas páginas durante las celebraciones cervantinas de 1905: «¿Qué hay en el ambiente de este pueblo que haya hecho posible el nacimiento y desarrollo, precisamente aquí, de esta extraña, amada y dolorosa figura? ¿De qué suerte Argamasilla de Alba, y no cualquier otra villa manchega, ha podido ser la cuna del más ilustre, del más grande de los caballeros andantes?».

Por eso no extraña que, ante el estado de abandono en que se encontraba, el 21 de marzo, a las once de la mañana, se inició un incendio que acabó con todo el inmueble.

El *Heraldo de Madrid* da noticia del incendio esa misma noche:

> En este momento acaba de declararse un violento incendio en la casa donde estuvo preso Miguel de Cervantes Saavedra, o sea en la llamada de Medrano, donde, según la tradición, pasó aquel grandes trabajos durante largo tiempo y escribió todo o parte de su universalmente famoso Don Quijote de la Mancha.
>
> El público emocionado, acude presuroso y realiza esfuerzos para salvar lo que se pueda de este edificio, que para España y para nosotros en primer término, constituye un timbre de gloria y de orgullo legítimo.
>
> El fuego cerca el edificio, amenazando destruirlo. Aun no ha llegado al sótano que ocupó Cervantes, y al que se refirió él mismo cuando dijo que su libro había sido engendrado en un triste encierro.
>
> Las pérdidas materiales son ya considerables.
>
> Desconfíase de que se salve nada.

Mariano de Cavia en una nota en *El Imparcial* del 22 de marzo de 1905, lamenta el incendio que ha sufrido el edificio, pero recuerda que «la aureola que circundaba la «casa de Medrano» se ha desvanecido en nubes de humo, antes que por el incendio de que nos da noticia el telegrama copiado, por el esfuerzo de la crítica severa y de la erudición minuciosa». Y recuerda los trabajos de Ramón León Maínez en su *Cervantes y su época*, así como en el folleto *La coartada* del cervantista Cortejón como pruebas de que algo había cambiado en la percepción de la crítica sobre el tema, que de manera unánime habían aceptado por bueno otra fantasía, otra tradi-

Situación de la Casa de Medrano y de la cueva en Argamasilla de Alba después del incendio del 21 de marzo de 1905. Fotografías aparecidas en *Hojas selectas*, mayo de 1905.

ción, un nuevo mito: «La prisión a la que se alude en el prólogo de la primera parte del *Quijote* fue la que el inmortal príncipe de los ingenios padeció en la antigua cárcel de Sevilla: sin menoscabo, por otra parte, de la buena fama que tenía entre las personas de más cuenta de aquella ciudad».

El incendio devastador, las dificultades para poner en pie de nuevo la casa, que, como se ha visto por las crónicas de Rubén Darío o de Azorín en 1905, estaba en un estado deplorable, muy lejos de los sueños de convertirlo en un centro cultural como lo había pensado el infante Sebastián Gabriel de Borbón a mediados del siglo XIX, y el hecho de la crítica a partir de este momento mire hacia Sevilla, a la Cárcel Real de Sevilla para encontrar el lugar de la escritura del *Quijote*, explican cómo habrá que esperar hasta el año 1970 para que sea adquirido por el Ayuntamiento de Argamasilla, y al 26 de octubre de 1972 para que sea declarado monumento histórico—artístico nacional, «en atención a todas estas consideraciones, el valor cultural que tan antigua tradición implica por sí misma, a su íntima relación con Cervantes y el *Quijote* y a la autenticidad de lo que aún se conserva de la casa y cueva de Medrano». El 23 de abril de 1994 se inaugura el nuevo edificio tal y como hoy puede verse, por fin convertido en un centro cultural tal y como se soñó en el siglo XIX. Un centro cultural que rinde homenaje perpetuo a Miguel de Cervantes, al autor del *Quijote*.

Tradiciones que siguen dando vida a leyendas y leyendas que siguen todavía convocando a todos los amantes de Cervantes alrededor de los espacios manchegos que se citan en el *Quijote*. Tradiciones de siglos que recogen las experiencias de miles

Cueva de Medrano de Argamasilla de Alba en la actualidad (fotografía de José Díaz-Pintado Hilario)

de visitantes, que los convocan en su propia historia, que ya nada tiene que ver con sus orígenes (la tradición de una cárcel cervantina en tierras manchegas), pero sí con lo que se ha vivido a partir de estas primeras tradiciones, con artistas, escritores, amantes de la obra cervantina, desde los primeros visitantes que se acercaron a sus muros, los artistas que los reprodujeron en el siglo XIX (Doré, Mestres, Vierge…) o en el XX (Gregorio Prieto), o aquellos otros que han dejado su huella, su presencia en las páginas de su libro de visitas; o esos miles de ejemplares que se imprimieron entre sus muros en 1863, en una de las ediciones más quijotescas que se conocen, que, sin duda, haría las delicias del propio Cervantes.

En todo caso, como muy bien supo expresar Mariano de Cavia en su artículo de 1905, «la leyenda me parece casi siempre más interesante y atractiva que la Historia. Si fuese a Elsinor, me impresionaría hondamente la terraza en donde nunca se le apareció una sombra regia y paternal a un Hamlet que no existió jamás. En Verona, me conmovería mucho ante la tumba de una Julieta, cuya existencia real ya no toma en serio ningún crítico italiano. En Teruel he visto más: he visto las momias de Diego e Isabel, y sin embargo, es harto problemática la efectiva existencia de los Amantes». La leyenda que da la vida, que sigue dando la vida, pues necesitamos de

Ilustración de Antonio Fraguas *Forges* en el libro de visitas de la Cueva de Medrano en Argamasilla de Alba.

historias, necesitamos de leyendas y de tradiciones. Por eso, no puede dejar de terminar Mariano de Cavia su artículo con estas palabras, que, más de cien años después, siguen teniendo su validez: «Impórtele poco a Argamasilla que la crítica le quite parte de su leyenda quijotil. A cambio de esta parte real, siempre le quedará la parte ideal, más luminosa e indestructible. Si no estuvo allí la *cuna del libro*, allí vemos todos la soñada *patria del héroe*».

Miguel de Cervantes más allá de las mercedes: un hombre en los márgenes de la Corte

La compleja maquinaria contable del Consejo de Hacienda, que revisa una y otra vez las cuentas y pagos efectuados, y la abundante documentación que genera cada comisión tanto en la administración de los Proveedores (avales, comisiones, libramientos, cédulas, correspondencia de seguimiento, pagos de salarios, etc.), como en la de los distintos ayuntamientos donde se producen las sacas de productos (actas del concejo, acuerdos de repartos, quejas al Consejo de Hacienda, peticiones de nuevos repartos...) ha generado tal cantidad de documentación alrededor de los años en que Miguel de Cervantes asume comisiones en Andalucía y Extremadura como comisario real de abastos y como recaudador de impuestos atrasados, desde 1587 hasta 1595, y las continuas peticiones de justificación de cuentas que llegan hasta 1603, que contabilizan más de dos tercios de todos los documentos conservados referidos a nuestro autor. Y de este complejo laberinto administrativo se seguirán encontrando nuevos testimonios en los próximos años, así como se ha visto en los anteriores al analizar de una manera sistemática los archivos municipales de poblaciones cercanas a Sevilla. Dieciséis años de una vida longeva, como fue la de Cervantes, que llegó a vivir casi setenta años. ¿Qué pasa con el resto de la vida de Cervantes? «Miró de soslayo, fuese...» y hubo bien poco.

Frente a lo que sucederá con otros escritores, de los que conservamos sus cartas personales gracias a que alguien en su momento decidió coleccionarlas y conservarlas (el ejemplo siempre repetido de Lope de Vega y el Duque de Sessa), de Cervantes nada sabemos de sus enfermedades, de sus sentimientos, de esa vida cotidiana, de ese día a día más allá de ver aparecer su nombre o su firma en un documento legal. Así que cualquier dato, por pequeño que sea, es fuente de una imaginación biográfica: si en una carta de poder se indica que se ha formalizado en su casa en Sevilla, los biógrafos deducen que por aquellos meses estaba enfermo. Si no existen noticias suyas durante una temporada en Sevilla, le imaginan viajes a Madrid o Esquivias para estar cerca de su familia. La aparición de Miguel de Cervantes como testigo de varios documentos de alquiler o de fiador, permiten situarlo en Sevilla en momentos en que se le había perdido la pista (y ahora solo sabemos su localización, que no su oficio ni beneficio). La aparición de nuevos registros de bautizos en Esquivias en los que Cervantes participó como testigo permite desmontar antiguas hipótesis que, aún hoy, siguen vigentes en el imaginario colectivo: el 15 de enero de 1602, Catalina de Salazar y su hermano, Francisco de Palacios, venden un majuelo en Esquivias, estando «ausente» Cervantes... pero unos días después, el 27 de enero, es testigo, junto con Juana Gaitán del bautizo de María, la hija de Bartolomé de Ujena y de Ana de la Peña en el lugar toledano, lo que anula la teoría expuesta por algunos biógrafos de que por estas fechas tuviera lugar una segunda estancia en la Cárcel Real de Sevilla, que nunca existió.

La escasa documentación cervantina y que en su mayoría se relacione con cuestiones administrativas y contables de su trabajo para los distintos Proveedores Generales y para el Consejo de Hacienda, hace que sean más los silencios a los que tengamos que prestar atención a la hora de intentar completar su itinerario vital que a las voces, los datos. Silencios que, en realidad, no lo son de la vida de Cervantes sino de testimonios de la misma en nuestros archivos. Sabemos que desde 1596 hasta los primeros años del siglo XVII, Miguel de Cervantes permanece en Sevilla. Desde 1594 ya no le asignan comisiones los Proveedores Generales, y las comisiones como recaudador de impuestos atrasados emanan del Consejo de Hacienda, en Madrid. ¿Qué hizo, por qué razón se mantuvo Cervantes en Sevilla y no volvió a Madrid, o al lugar de Esquivias donde la menguada hacienda de los Palacios-Salazar le permitiría llevar una vejez tranquila, sin muchos sobresaltos, como un hidalgo, ni rico ni pobre, que frisa ya más de los cincuenta años?

De este periodo de vida sevillana, hemos conservado cuatro documentos que hablan de asuntos económicos en que ha estado envuelto Miguel de Cervantes, que dejan intuir «negocios» a los que dedicaría su tiempo, y que le relacionan con antiguos amigos y con nuevos profesionales, todos ellos muy vinculados a los negocios relacionados con el abastecimientos de las galeras, que él tan bien conoce.

El 26 de junio de 1589, nada más terminar sus primeras comisiones en Écija, Miguel de Cervantes firma un documento junto a su buen amigo, Tomás Gutiérrez, que interesa por algunos datos que aporta. Por un lado, habla del préstamo de 2.160 reales que le había hecho Cervantes a Alonso de Lerma, vecino de Sevilla, pero que en realidad se había concretado en una escritura cuyo beneficiario era Tomás Gutiérrez. Y este, «por me acomodar y hacer buena obra» decide no solo darle a Cervantes los reales prestados, aunque él no los haya cobrado, así como perdonarle todas las deudas que pudiera haber contraído con él:

> Y yo el dicho Tomás Gutiérrez doy por libre y quito agora y para siempre jamás a vos, el dicho Miguel de Cervantes, de todos maravedís y otras cosas que me habéis sido deudor en todos los tiempos pasados hasta el día de hoy, por cédulas, conocimientos y escrituras y otros recaudos y de préstamos y cuentas que con vos he tenido, y de la posada que os he dado, como de otras cualesquier cosas y contrataciones que con vos he tenido, porque todo lo que así me habéis sido deudor, en cualquier manera, todo me lo habéis dado y pagado, y de vos lo he recebido en reales de contado y es en mi poder, de que estoy contento, pagado y entregado a mi voluntad, sobre que renuncio la excepción y leyes de la innumerata pecunia y prueba de la paga y recibo como en ellas se contiene.

«Cédulas, conocimientos, escrituras, recaudos, préstamos, cuentas...». Este es el vocabulario más común de Cervantes en estos años, más allá de las comisiones (que ha generado una montaña documental) y de la escritura poética, de la que solo conocemos una pequeña parte, pues en su mayoría se difundió oralmente o de manera anónima en copias manuscritas. Un vocabulario que se relaciona con su trabajo de

Carta de relación de finiquito de cuentas entre Miguel de Cervantes y Tomás Gutiérrez. Sevilla, 26 de junio de 1589. Biblioteca Nacional de España. Cerv/Sedó C/130 (nº 3/1)

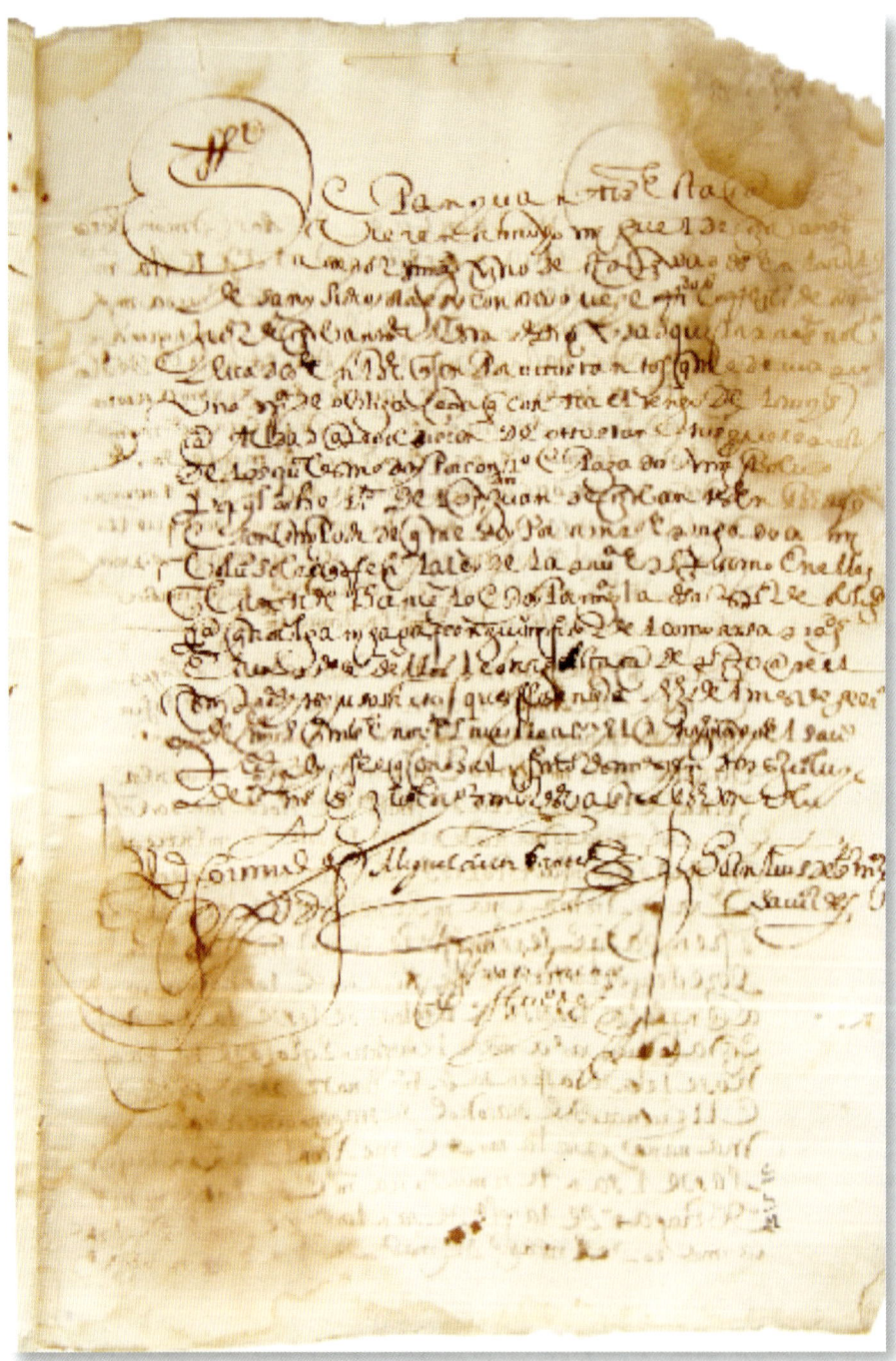

Carta de pago de Miguel de Cervantes por la que recibe 90 ducados que había prestado a Juan de Cervantes: Sevilla, 10 de febrero de 1559: Archivo Histórico de Protocolos de Sevilla: P/13727 ff. 624r.

agente de negocios para terceros, del que hemos solo conservado documentalmente una mínima parte de sus actividades, y que pervivirá desde sus primeros años de la vuelta de Argel, hasta los últimos que pasa en Sevilla. El último de los documentos que se han conservado de Cervantes firmados en la capital hispalense se data el 10 de febrero de 1599, y es una carta de pago por la que Miguel de Cervantes reconoce que Juan de Cervantes le ha devuelto los 90 ducados que le había prestado.

Y también veremos a Cervantes en 1598 ampliando sus «negocios» más allá de los préstamos, y con el comercio de productos, todos ellos vinculados, como hemos indicado, con el comercio con las Indias. Así, el 15 de septiembre firma una carta de obligación con Jerónimo Luis de Molina, vecino de Sevilla, por el que le compra «once varas de raja cabellada», de ese paño grueso y de baja estofa de color castaño, por el que le pagará 220 reales; pago se que efectuará a finales de diciembre. Como fiador de esta transacción firma Francisco de Ávila, que es abogado de la Real Audiencia de Sevilla. Por su parte, el 4 de noviembre de este año, llega a cerrar otro negocio con uno de los bizcocheros de Sevilla: Pedro de Rivar, que le vende dos quintales de bizcocho ordinario, por el que Cervantes le tiene que pagar 12 ducados; lo que se acuerda que se haga efectivo a finales de enero de 1599; como fiador firma Jerónimo de Vanegas, Procurador en la Real Audiencia de la Casa de Contratación de Indias.

Tan solo dos ejemplos que han dejado huella documental de los múltiples «negocios» que Cervantes trata por estos años en Sevilla; en esa Sevilla de mil oportunidades, como también lo será Madrid, a la que no dejará de viajar durante estos años. Como también lo será Valladolid a partir de enero de 1601, cuando se desplace allí la Corte, y donde no debe extrañarnos encontrar a Cervantes y a su familia hacia 1604.

Está todavía por escribir una historia de los «negocios» a los que se dedican muchos de los escritores, *autores de comedias*, libreros, impresores, jueces, procuradores, etc..., más allá de los oficios o de sus fuentes habituales de vida. Una historia que entienda al escritor, por quedarnos en el ámbito que nos compete en estos momentos, como un ser complejo que ha de sobrevivir en la República de las Letras (y de ahí la necesidad de aumentar y afianzar su círculo clientelar, sus relaciones literarias, su presencia en los preliminares de tantos libros impresos, en las sesiones de las academias o en las justas y juegos florales a lo largo y ancho de toda la geografía), pero que también lo ha de hacer en la República de la Corte, en ese espacio en continua construcción, en continuo cambio, donde las oportunidades están relacionadas, de manera proporcional, a la longitud de un apellido o a los servicios realizados por un linaje. El dinero, ya sea en el universo literario (las *musas rameras*), como en el real (los oficios que se venden y se compran), resulta algo más que un «poderoso caballero»: una razón de vida, la moneda de cambio para alcanzar la prosperidad.

Jacobo Cromberger es conocido por todos los que se dedican al estudio de la imprenta hispánica del siglo XVI por ser el fundador de una de las dinastías editoriales más brillantes e influyentes en la Sevilla de la primera mitad del siglo. Una dinastía que desde el centro editorial de Castilla (y de América) marcó varios modelos editoriales, como el exitoso de los libros de caballerías, cuyas ediciones del ciclo de *Amadís de Gaula*, la columna vertebral del género, son casi un monopolio de sus talleres. Pero el impresor y librero Jacobo Cromberger, que supo hacer muy buenos negocios con los libros, amasó una enorme fortuna —que luego utilizó para algunas de sus aventuras editoriales— gracias a sus «negocios»: compraventa de pisos y de diferentes inmuebles en toda Sevilla, viñas y tierras de cereal, así como los tratos con diferentes factores americanos que le llevaron a comercializar con la exportación de tejidos a Santo Domingo, y otros productos en México; cuando muere Jacobo Cromberger en 1528, el Obispo de México todavía le debe 15.000 maravedís. Estos «negocios» a gran escala de Jacobo Combrerger le llevó a traspasar a su hijo, Juan Cromberger, el floreciente taller de impresión en 1525. De Jacobo Cromberger también se podría decir aquello de que «trata negocios». Y este es solo un ejemplo. Solo una pincelada de ese mundo (casi) invisible de comercio, de préstamos, de movimiento de cédulas y de productos en que vivió Miguel de Cervantes, el que realmente le permitió sobrevivir a lo largo y ancho de su vida.

A partir del 10 de febrero de 1599, en la fecha en que firma el último de los documentos conocidos en Sevilla, Miguel de Cervantes se vuelve invisible. Invisible como persona e invisible como cortesano. En los próximos años, le veremos aparecer citado en algunas de las cartas personales que escribe Lope de Vega, en los requerimientos de los contadores del Consejo de Hacienda (sin que se hayan encontrado sus respuestas), en los documentos legales que conlleva la publicación de sus obras, desde la primera parte del *Quijote* de 1605 hasta la segunda parte, diez años después, en los acuerdos a los que llega con Francisco de Robles para evitar los casos de piratería, en las referencias de los testamentos de sus hermanas y de su mujer Catalina, en su relación con la Venerable Orden Tercera del Santísimo Sacramento y en el registro de su muerte en la Iglesia del Convento de las Trinitarias Descalzas. «Miro de soslayo, se fue»… y no hubo (casi) nada.

Los cientos de documentos que, de manera inevitable, han generado los únicos puestos de los que gozó Cervantes, desde 1587 a 1595, dentro de la maquinaria burocrática de la Corte Hispánica, con sus correspondientes coletazos administrativos que llegan hasta 1603, y aquellos otros que nacen de sus peticiones de merced al Consejo de Indias (en el caso de que no haya otros memoriales enviados a otros Consejos que esperan todavía ser descubiertos en el Archivo General de Simancas o en el Archivo Histórico Nacional), que termina en 1590, conforman casi la totalidad de los datos documentales que contamos de Cervantes antes de que abandone Sevilla. Si a estos les añadimos los escasos testimonios conocidos que dan cuenta de una carrera de agente de negocios mucho más compleja y amplia de lo que hemos imaginado hasta ahora, y aquellos otros que tienen que ver con los documentos religiosos que el Concilio de Trento consideró necesarios reseñar en los libros parroquiales: bautismo, desposorio, velaciones y entierro, junto al documento de confirmación, que aún no ha sido encontrado, y que permitiría concretar dónde pasó su primera juventud Cervantes, si en la casa materna o acompañando a su padre Rodrigo en sus diferentes destinos cordobeses, tendríamos completo el mapa documental cervantino. Nada más. Y nada menos.

Al margen quedan las leyendas y los mitos, como los viajes como recaudador de las tercias reales por El Toboso, Argamasilla de Alba o Mota del Cuervo, que tienen que ver más con la construcción del mito (a partir del éxito del *Quijote*) que con la comprensión de la persona.

Siempre sorprende el silencio documental que se impone sobre Cervantes después de la publicación del primer *Quijote*, justo cuando esperaríamos todo lo contrario, dado el éxito (aparente) de la obra. Tan solo un hecho accidental como es el asesinato del caballero Gaspar de Ezpeleta a las puertas de su casa en 1605, permite conocer detalles de la presencia de la familia de Cervantes en Valladolid. Pero, ¿y si se hubiera producido este asesinato a dos calles de distancia, por ejemplo? No sabríamos ni que Cervantes y su familia se hubieran trasladado a Valladolid, y seguiríamos pensando en largas temporadas vividas entre Madrid, Toledo y Esquivias.

El hombre Miguel de Cervantes es invisible más allá de sus trabajos, más allá de sus esperanzas puestas en una merced en América, más allá de su presencia en la República de las Letras, más allá de los documentos administrativos y religiosos que tabulan y ponen fechas a nuestra vida (nacimiento, matrimonio, muerte). Son cientos los documentos en que aparece su firma, unos pocos los escritos de su puño y letra, y otros tantos que lo citan, que lo sitúan en un tiempo y en un lugar concreto; muchos han sido reproducidos en este volumen, y nos han permitido acercarnos al Miguel de Cervantes cortesano, al Miguel de Cervantes escritor y al Miguel de Cervantes comisario real de abastos y recaudador de impuestos atrasados. Pero ¿algunos de ellos hablan, realmente, del Miguel de Cervantes hombre?

Un Miguel de Cervantes hombre que permanece en el anonimato, y que cada vez se parece más a ese otro Miguel de Cervantes personaje que el mismo autor fue construyendo en su obra, en su magnífica obra, sobre todo en ese iluminador proyecto literario que constituye la publicación de sus obras en sus últimos años de vida, esa vida en papel que será la base del tercer tomo de nuestra biografía. ¿Qué es lo que habla más de nosotros? ¿Lo que vivimos o lo que soñamos? ¿Qué Cervantes es el más verdadero, el que compartió una biografía con miles de personas en los fascinantes Siglos de Oro, o el que fue capaz de crearse una determinada imagen que se ha multiplicado con los siglos al ritmo del éxito de su propuesta literaria? ¿Vida en papel o vida de carne y hueso? Esta es la cuestión.

Epílogo: Valladolid es Corte

No se hablaba de otra cosa. Ni en los mentideros ni en los pasillos del alcázar. Todo eran dudas y todo eran rumores. Pero algo era diferente esta vez. Nada de Toledo, nada de Lisboa. Ahora la ciudad que se oía con más fuerza para ser la futura sede la Corte de la Monarquía Hispánica era Valladolid. Detrás estaba el duque de Lerma, el cada vez más poderoso Duque de Lerma. En el verano de 1600 parece que todo estaba decidido. Madrid seguía sufriendo las consecuencias de la peste, y el rey Felipe III había pasado una temporada en Valladolid en julio, disfrutando de un viaje castellano que le llevó por tierras de Segovia, Ávila, Salamanca… y, claro está, Valladolid. Y el Duque de Lerma no desaprovechó el viaje y su nombramiento como regidor de la ciudad, y compró el palacio de Camarasa.

El 12 de septiembre de 1600 los rumores se convierten en preocupación entre los miembros del concejo del Ayuntamiento de Madrid, que en su sesión municipal llegaron a los siguientes acuerdos:

> En este ayuntamiento se trató y confirió habiéndose entendido cuán adelante anda la nueva mudanza de la Corte, y considerando el notabilísimo daño que esta villa recibiría si fuese cierto por su grande empeño de más del daño que monasterio y personas pobres que tienen dadas sus haciendas a censo y lo demás que se ha representado, se acordó que los señores don Juan de la Barrera y don Juan de León, juntamente con el doctor Matute, hagan un memorial en que se represente el empeño de esta villa y las causas por qué ha procedido y el estado en que está. Y hablen al señor confesor y predicadores de su Majestad y personas que entendieren que tratan los casos de conciencia y hagan instancia con ellos procurando por todas las vías posibles estorbar esta mudanza; y también hablen a los señores del Consejo de Estado y los señores Juan Ruiz de Velasco y licenciado Valdés hablen a la Majestad de la Emperatriz y le representen todos los daños e inconvenientes y le supliquen con el memorial y pidan a su Majestad no permita que la Corte se mude.

¿No es ya demasiado tarde? Ya todo había sido decidido en el secreto de las estancias reales y todo se había puesto ya en juego. Nada podía (ni puede) parar la maquinaria burocrática cuando se pone en marcha.

El 10 de enero de 1601, el rey parte para El Escorial, y cinco días después será el momento para la partida de la reina. Y de ahí, poco a poco, se fue trasladando la compleja y laberíntica red burocrática de la Monarquía Hispánica. Un escribano municipal, Francisco Testa, dejó documento escrito del diario de esta muerte anunciada de la Corte en Madrid:

> Partió de Madrid, martes 20 de marzo de 1601, la cárcel y sello real para Valladolid muy a la sorda y sin ruido, y el sello, en un macho.

«Muy a la sorda» se fueron unos y a los gritos otros tantos. La tristeza de Madrid, la incredulidad de muchos que no sabían qué hacer, si venderlo todo e ir detrás de la Corte, o esperar a ver cómo se desarrollarían los acontecimientos, para así poder actuar con más prudencia, pero sabiendo también que en la nueva Corte, en la nueva Valladolid creada a partir de aquel momento, pocas serían las oportunidades que quedarían libres para los prudentes. Era momento para los intrépidos y para los aventureros. Los gritos, cada vez más escandalosos y tristes de Madrid, sobre todo de los miles de pleiteantes y pretendientes que se sentían en la obligación de ir detrás de quienes tenían en su gesto la resolución de sus preocupaciones e intereses, contrastaba con la alegría manifiesta de los vallisoletanos, a los que Felipe III se dirigió el 21 de enero de 1601 con estas palabras:

> Justicia y regidores, caballeros hijosdalgo y hombres buenos de la muy noble y leal ciudad de Valladolid: Diego de Mudarra y don Luis de Alcaraz me dieron vuestra carta de nueve de este y significaron el mucho contento que en general y particular se ha tenido en esa mi ciudad de la merced y favor que la hago de ir a ella de asiento con la reina, mi muy cara y amada mujer, y con mi Corte, demostración propia de la gran fidelidad y amor a mi servicio de los naturales de ella, de que me hallo tan servido cuanto a esa mi ciudad y sus naturales me lo tienen merecido; mando acudáis al apresto de todo lo necesario con la puntualidad y cuidado que lo confío de vosotros y es menester.

Si Madrid se había construido en silencio a lo largo de los años desde que fue nombrada Corte en 1561, donde eran miles los pretendientes, como Cervantes, los que se daban cita en sus calles, en sus plazas, en las antesalas de los Consejos en el alcázar, ahora el traslado a Valladolid se va a vivir con gemidos, lloros y maldiciones, según lo cuenta el padre Sepúlveda en su *Historia de varios sucesos*:

> Todo era confusión y lloros; todos andaban ya pasmados y atónitos; todo eran gemidos, lloros y maldiciones, y pasábanse a mucha furia, y en pocos días estaba aquel

pobre lugar y desdichado pueblo de suerte que no lo conocía nadie. Era de suerte que no parecía sino que moros o ingleses le habían saqueado y puéstole fuego.

Al final, Madrid, la que fue sede de la Corte, ha sido vencida por los "enemigos" de la Monarquía Hispánica, esa que pasa de la victoria (cantada a los cuatro vientos) de la Batalla de Lepanto y de la derrota (multiplicada por los enemigos) de la Armada Invencible: «moros o ingleses».

Y como no podía ser de otro modo, este acontecimiento histórico tan crucial para miles y miles de personas, rápidamente se convirtió en literatura, en esos romances que se iban difundiendo de boca a oreja, que llenaban de versos la sorpresa y la tristeza o la alegría y la admiración de muchos de los protagonistas anónimos que vivieron en sus carnes la «mudanza de la Corte». En 1601, Sebastián de Cormellas publica en Barcelona un romance anónimo: «Competencia entre las dos villas, Madrid y Valladolid, sobre la idea de su Majestad a Valladolid», donde imagina un diálogo entre las dos ciudades:

> Madrid y Valladolid,
> dos señoras de buen talle,
> sobre celos de su rey
> se encontraron una tarde.

«Madrid viene como viuda / por la ausencia de su amante», y no puede dejar de lamentarse, de llorar, mientras que Valladolid se presenta «en hábito ciudadano» [...] «tan señora como grave». Madrid, despechada, no puede dejar de insultar a Valladolid y de lamentarse de que el rey la haya escogido a pesar de todos sus defectos y faltas:

> ¿Es por dicha más hermosa
> una mujer de mal aire,
> con mil nubes en los ojos
> y con mil nieblas delante?

Y Valladolid, la nueva amante del rey, la que se siente ahora la más hermosa al ser iluminada por su amor, no se queda tampoco atrás en sus críticas, que tiene que ver mucho con su falta de higiene y los miles de pobres que abarrotan sus calles:

> Dice que tiene buen rostro
> mas con su pan se lo coma,
> que sus servidores juran
> que le huele mal la boca.

Y entre reproches casi llegan a las manos las dos ciudades, de no estar allí la ciudad de Segovia para poner un poco de orden.

Un romance que acaba con un «final», con una despedida a Madrid, muy propia de este tipo de composiciones (que retomará posteriormente Cervantes en su *Viaje del Parnaso*):

> Adiós, amada acción;
> adiós casas, prados, ríos,
> monasterios, anchas plazas,
> puentes, calles, edificios.
> Adiós a nuestro amado amparo,
> patria nuestra, Madrid rico,
> Corte del gran Salomón,
> hechura de Carlos quinto [...].
> Adiós, plazas de Madrid,
> que llegado ha el plazo esquivo
> de aquesta nuestra mudanza
> que ya los Cielos dan gritos.
> Adiós, señora de Atocha,
> que sois Madre de Dios mismo;
> adiós, nuestro amado Amparo;
> adiós, Virgen de Loritho.
> La Merced, la Trinidad,
> el Carmen y San Benito,
> la Victoria, Santa Cruz,
> adiós, divino agustino [...]

Otros muchos escritores dejaron escritas sus impresiones de un Madrid que dejó de ser Corte, de la situación en que quedó cuando el sello real viaja con el rey a Valladolid, llevándose tras de sí a los Consejos, y con él, como una cola infinita, a la red de pleiteantes, pretendientes y a los escribanos que dan sentido de sus vidas en los márgenes de los miles y miles de legajos que abarrotan los archivos. Y entre ellos, destaca Francisco de Quevedo y su letrilla burlesca: «Después que me vi en Madrid / yo os diré lo que vi». Y, copla a copla, va dando entrada en la diana de sus críticas a un Madrid desolado, triste imagen de aquello que fue y sin la esperanza de volver a serlo:

> Vi una alameda excelente,
> que a Madrid el tiempo airado
> de sus bienes le ha dejado
> las raíces solamente.
> Vi los ojos de una puente

ciegos a puro llorar,
los pájaros vi cantar,
las gentes llorar oí.
Yo os diré lo que vi.

    Médicos vi en el lugar,
que sus desdichas rematan,
y el hambre no la matan
por no haber ya que matar.
Vi a los barberos jurar
que en sus casas en seis días
por sobrar tantas vacías
no entraba un maravedí.
Yo os diré lo que vi.

    Vi de pobres tan enjambre
y una hambre tan cruel,
que la propia sarna en él
se está muriendo de hambre.
Vi por conservar la estambre
pedir hidalgos honrados
al reloj cuartos prestados
y aún quizás yo los pedí.
Yo os diré lo que vi.

    Vi mil fuentes celebradas
que son, aunque agua les sobre,
fuentes en cuerpo de pobre,
que dan lástima miradas.
Vi muchas puertas cerradas,
y un pueblo echado por puertas
de sed, vi lámparas muertas
en los templos que corrí.
Yo os diré lo que vi.

    Vi un lugar, a quien su norte
arrojo de las estrellas
que, aunque agora está con mellas,
yo le conocí con Corte.
No hay quien sus males soporte
pues por no le ver su río
huyendo corre con brío
y es arroyo baladí.
    Yo os diré lo que vi.
después que me vi en Madrid.

¿Escribió Cervantes algún romance, alguna letrilla burlesca o algún soneto para lamentar también la mudanza de la Corte? Una mudanza que le obligará a construirse una nueva vida en Valladolid, siguiendo los pasos de oportunidades, de sueños que le llevó a su padre Rodrigo a dejar Alcalá de Henares para intentar en la sede de la Cancillería una nueva vida, una posibilidad de hacer negocios, seguramente, como agente, en esos asuntos de préstamos que le llevó a pasar una temporada en la cárcel?

Lo mismo que su hijo, aunque en circunstancias y razones bien diferentes. Valladolid fue Corte entre 1601 y 1606.

Las tristezas de unos años atrás se transforman ahora en alegrías, fiestas, procesiones y regalos. El 24 de enero de 1606, el Duque de Lerma comunica a los presidentes de los Consejos que a partir del 6 de febrero cesarían sus actividades que se reanudarían en abril en la villa (y de nuevo Corte) de Madrid. El 26 de enero, el consejo madrileño no puede sentir mayor alegría:

> En este ayuntamiento, habiéndose visto una carta del señor Alcalde que escribió a esta Villa, de Valladolid de veinte y tres de enero de este año en que le da cuenta de lo que se ha hecho con su Majestad sobre la mudanza de la Corte a esta Villa, y lo que sobre ella ha pasado, y la merced que nuestro señor ha hecho a esta villa, se acordó que esta tarde se hace una solemnísima procesión que salga de Santa María, y vaya a la Victoria en hacinamiento de gracias, y vuelva por el monasterio de las Descalzas; y esta noche haya luminarias generales y se pregone y se pongan faroles [...]. Y al correo que trajo la carta de la nueva, se le den cuarenta ducados demás e su viaje, y a don Bernabé, hijo del señor Alcalde, que trujo la carta a este ayuntamiento, se le dé una cadena de cien ducados [...].

Este será el espacio, la geografía y el tiempo en que Cervantes comience su «tercera vida», esa que le lleva a abandonar Andalucía, que le muda de sus casas en Madrid y en Esquivias, a una casa alquilada en los arrabales de Valladolid, de esa ciudad que no le dará tiempo a construirse como Corte. Una tercera vida en que han quedado ya lejos sus sueños juveniles de prosperidad como capitán, para así encontrar en la milicia una forma de vida, como así lo hará su hermano Rodrigo. Una tercera vida que renuncia a sus peticiones durante su madurez de una merced en esa Corte que le ha dado la espalda durante demasiados años, la Corte de Felipe III que nada tiene que ver con la de su padre: una Corte que se va quedando en manos del Duque de Lerma, de los validos, dejando en un segundo plano al sistema de Consejos, que es el ha conocido y en que se ha desenvuelto Cervantes por estos años. Un cambio de paradigma, un cambio de los equilibrios de poder como muy bien le supo explicar el embajador imperial Hans Khevenhüller al Emperador Rodolfo II, según carta escrita en Madrid en 1606:

> Después que faltó el rey viejo, faltó la estimación a los consejeros y ministros viejos, a los cuales fueron preferidos otros que no tienen noticia de los negocios [...] de que se han seguido varios absurdos e inconvenientes, de manera que no ha habido orden ni modo en el gobierno, ni en cosa alguna, trabucándolo todo de pies a cabeza. Particularmente la Hacienda Real, que es el nervio de la paz y de la guerra, de tal suerte es gobernada que amenaza esa monarquía un naufragio total y ruina [...]. En suma, clementísimo señor, las mercedes que el rey hace cada día a los de Lerma, a sus adherentes y paniaguados, aunque son grandes, copiosas y aun exorbitantes, dañosísimas a su Real Hacienda y a todo el reino, no son bastantes a llenar su ambición y desordenada codicia, y si las continúa algunos años como hasta aquí, brevemente no le quedará tuétano en los huesos.

Cambio de la sede de la Corte. Cambio en los repartos de poder, donde los albistas verán cómo su ciclo de influencia vuelve, dejando a un lado las tesis castellanistas que se han impuesto desde los años ochenta del siglo XVI. Cambio de domicilio y cambio de vida. ¿Siguió Cervantes a sus hermanas a Valladolid, detrás de los contratos cortesanos de costura, con lo que ellas sobrevivían? ¿O lo hizo pensando en los nuevos «negocios» que siempre se producen en la Corte, donde el préstamo y las deudas eran algo habitual, cotidiano? ¿Acaso las rentas de la familia de su mujer Catalina no le permitiría llevar una vida sosegada al final de sus años, después de tantos sueños rotos, de tantas promesas incumplidas en Esquivias?

Comienza el siglo XVII Cervantes en Valladolid. Comienza en estos años su vida de plenitud, y lo hará con el éxito, no pensado, de la primera parte del *Quijote*. Y lo hará de manos de la imprenta y de un género editorial que no da prestigio en este momento, como es el de los libros de caballerías. Pero este es solo el principio, pues realmente su época de plenitud, aquella que realmente le convierte en un ser excepcional dentro de los fascinantes Siglos de Oro, comienza en 1613 como la publicación de las *Novelas ejemplares*. Hasta aquel momento, hasta el proyecto literario que le consumirá los últimos años de su vida —antes de papel que de carne y hueso—, Miguel de Cervantes se ha comportado como lo que es: uno más de los miles y miles de pleiteantes en la Corte. Su literatura, de carácter instrumental, no se diferencia mucho del acercamiento literario de la gran parte de los escritores del momento. Si no hubiera habido un Miguel de Cervantes de papel, un Miguel de Cervantes en plenitud, si no hubiera llegado a publicar nada más después de la primera parte del *Quijote*, ¿qué escritor, qué mito de genio escritor, se hubiera podido consolidar con el paso de los siglos? Escasa era su cosecha literaria, como la de tantos cientos de escritores de aquellos siglos impensables que conocemos con el nombre de Siglos de Oro: en la imprenta, un libro de pastores y otro de caballerías; primer triunfo en los corrales de Comedias, pero solo en los momentos inaugurales, nada que ver con su explosión económica y empresarial con el paso de los años; y una difusión, más o menos amplia, de sus composiciones poéticas.

Será justamente esa tercera vida, la vida en papel, la vida en plenitud la que permite individualizar, volver único a Cervantes. Miguel de Cervantes, el hombre Miguel de Cervantes, ha comprendido, por fin, su derrota, y comienza entonces su triunfo como Miguel de Cervantes personaje y Miguel de Cervantes mito, lo que nos ocupará las páginas del tercer volumen de nuestra biografía.
Vale.

Bibliografía

AA.VV. (2005-2016): *Gran enciclopedia cervantina*, Madrid, Castalia (9 tomos)
AA.VV. (2016): *Cartas autógrafas de Miguel de Cervantes Saavedra. Edición conmemorativa del IV Centenario de su muerte 1616-2016*, Madrid, Círculo Editorial/ Taberna literaria.
Alatorre, Antonio (1990): «Perduración del *ovillejo cervantino*», *Nueva Revista de Filología Hispánica*, XXXVIII, pp. 643-674.
Alcaide Aguilar, José Fernando (2009): «Cervantes en Marchena. Su estancia en el otoño de 1588», en *Actas de las XIII Jornadas sobre Historia de Marchena,* Marchena, Ayuntamiento de Marchena, pp. 105-119.
Alcalá Sánchez, Manuel (1990): «Cervantes en tierras giennenses», en *Actas de las IV Jornadas de Estudios Histórico-Artísticos sobre las Cuatro Villas,* Iznatoraf (Jaén), pp. 43-46.
Allen, John J. (1991): «Gaspar de Porres, autor de comedias», en Manuel V. Diago y Teresa Ferrer (eds.), *Comedias y comediantes. Estudios sobre el teatro clásico español*, Valencia, Universitat, pp. 337-348.
Alvar, Alfredo (2004): *Cervantes. Genio y libertad*, Madrid, Temas de hoy.
Álvarez-Ossorio Alvariño (2002): «Las esferas de la corte: príncipe, nobleza y mudanza en la jerarquía en la monarquía de España», en *Annali di Storia moderna e contemporánea*, 8, pp. 47-110.
Amezúa, Agustín G. de (1941): *Epistolario de Lope de Vega Carpio*, 4 vols., Madrid (facsímil de Madrid, 1989).
Arata, Stefano (1992): «*La conquista de Jerusalén*. Cervantes y la generación teatral de 1580», *Criticón*, 54, pp. 9-112.
——, (1997): «Notas sobre *La conquista de Jerusalén* y la transmisión manuscrita del primer teatro cervantino», *Edad de Oro*, 16, pp. 53-66.
——, y Debora Vaccari (2002): «Manuscritos atípicos, papeles de actor y compañías del siglo XVI», *Rivista di Filologia e Letterature Ispaniche*, 5, pp. 25-68.
Archivo Histórico de Protocolos de Madrid (2001): *20 documentos sobre Cervantes en el Archivo Histórico de Protocolos de Madrid*, Madrid, Comunidad de Madrid, Dirección General de Archivos, Museos y Bibliotecas; Caja Madrid, Obra Social.
Asensio y Toledo, José María (1864): *Nuevos documentos para ilustrar la vida de Miguel de Cervantes Saavedra: con algunas observaciones y artículos sobre la vida y obras del mismo autor, y las pruebas de la autenticidad de su verdadero retrato*, Sevilla, Imp. y Litogr., Librería Española y Extrangera de D. José M. Geofrín.
Astrana Marín, L. (1948-1958): *Vida ejemplar y heroica de Miguel Cervantes Saavedra*, Madrid, Reus.
Avalle Arce. J. B. (1974): *La novela pastoril española*, Madrid, Itsmo.
Barrios, Feliciano (1988): *Los Reales Consejos. El gobierno central de la Monarquía en los escritores sobre Madrid del siglo XVII*, Madrid.
——, (2005), «La atracción de la Corte: burócratas y pretendientes», AA.VV., *El mundo que*

vivió Cervantes, Madrid, SECC, pp. 78-87.
—, (2015): *La gobernación de la Monarquía de España. Consejos, Juntas y Secretarios de la Administración de Corte (1556-1700)*, Madrid, Boletín Oficial del Estado, Centro de Estudios Políticos y Constitucionales, Fundación Rafael del Pino.
Barros, Alonso de (1987): *Filosofía cortesana*, edición y estudio de Trevor J. Dadson, Madrid, Comunidad de Madrid.
Bentley, Bernard P. E. (1993): «Del 'autor' a los actores: el traslado de una comedia», *Estado actual de los estudios sobre el Siglo de Oro. Actas del II Congreso Internacional de Hispanistas del Siglo de Oro*, Salamanca, Universidad de Salamanca, I, pp. 179-194.
Blasco, Javier (2006): *Cervantes, un hombre que escribe*, Valladolid, Difácil.
Bouza Álvarez, Fernando J. (2012): *«Dásele licencia y privilegio»: Don Quijote y la aprobación de libros en el Siglo de Oro*, Tres Cantos, Madrid, Akal.
Cabello Núñez, José (2014): «Miguel de Cervantes en La Puebla de Cazalla: un nuevo e inédito documento cervantino lo acredita», *Revista Archivo Hispalense*, XVII, 294-296, pp. 57-71.
—, (2015): «Miguel de Cervantes, un comisario real de abastos en La Puebla de Cazalla: documentos inéditos sobre el abastecimiento de la Armada de Felipe II y la Flota de la Carrera de Indias», en *Trigo y aceite para la Armada. El comisario Miguel de Cervantes en el Reino de Sevilla 1587-1593*, Sevilla, Diputación Provincial, pp. 75-147.
—, (2016): «Nuevos documentos para la biografía de Miguel de Cervantes Saavedra, un comisario real de abastos en los antiguos reinos de Jaén y Sevilla (1592-1593)», *Anales Cervantinos*, en prensa.
Canavaggio Jean, (1983) *Cervantes*, Madrid, Espasa Calpe (última reedición de 2015).
Cavillac, Michel (1998): «Libros, lecturas e ideario de Alonso de Barros, prologuista de *Guzmán de Alfarache* (1599)», *Bulletin Hispanique*, tome 100, n° 1, pp. 69-94.
Cervantes, Miguel de (2014): *La Galatea*, edición de Juan Montero, Madrid, RAE.
—, (2016): *Poesías*, edición de Adrián J. Sáez, Madrid, Cátedra.
—, (2016): *Viaje del Parnaso y poesías sueltas*, edición de José Montero Reguera y Fernando Romo Feito, Madrid, RAE.
Collar de Cáceres, Fernando (2009): «El tablero italiano de la *Filosofía cortesana* de Alonso de Barros (1588); la carrera de un hombre de corte», *Anuario del Departamento de Historia y Teoría del Arte*, 21, pp. 81-104.
Coronas Tejada, Luis (1979): «Cervantes en Jaén, según documentos hasta ahora inéditos», *Boletín del Instituto de Estudios Giennenses*, Tomo XCIX, n° 6, Jaén, Diputación Provincial, pp. 9-52.
Couderc, Christophe (2009): «El autor antes la edición de sus obras. Los prólogos de las *partes* de comedia», en Mª. S. Arredondo, P. Civil y M. Moner (eds.), *Paratextos en la literatura española (siglos XV-XVII)*, Madrid, Casa de Velázquez, pp. 119-133.
Crespo López, Mario (2002): «Cervantes y la Corte: lecturas biográficas, patrocinio e interpretaciones políticas», *Studia Historica. Historia Moderna*, 24, pp. 255-295.
Crivellari, Daniele (2015): «Sobre un manuscrito autógrafo de Lope: *Barlaán y Josafat*», *Revista de Literatura*, LXXVII, pp. 75-91.
Cruz Casado, Antonio (2006): «Algunas opiniones de Cervantes sobre el teatro en un documento notarial (1593)», en *Edad de oro cantabrigense: actas del VII Congreso de la Asociación Internacional de Hispanistas del Siglo de Oro*, coord. por Anthony J. Close y

Sandra María Fernández Vales, pp. 173-178.

Dadson, Trevor J. (1987): «La biblioteca de Alonso de Barros autor de los *Proverbios morales*», *Bulletin Hispanique*, LXXXIX, Janvier-Décembre, pp. 27-53.

Davis, Charles y J. E. Varey (1997): *Los corrales de comedias y los hospitales de Madrid: 1574-1615. Estudio y documentos*, Londres, Tamesis.

De Santis, F. (2015): «El soneto de Cervantes al saco de Cádiz: «Vimos en julio otra Semana Santa»: edición crítica y notas filológicas», *Cervantes: Bulletin of the Cervantes Society of America*, 35.1, pp. 203-223.

Demattè, Claudia (2014): «Los manuscritos teatrales de Juan Pérez de Montalbán en la Biblioteca Histórica Municipal de Madrid y en otras bibliotecas», en M. Rodríguez Cáceres, E. E. Marcello, F. Pedraza Jiménez (eds.), *La comedia española en sus manuscritos*, Cuenca, Ediciones de la Universidad de Castilla-La Mancha, pp. 125-140.

——, (dir.): *Portal dedicado a Juan Pérez de Montalbán*, Biblioteca Virtual Miguel de Cervantes < http://www.cervantesvirtual.com/portales/montalban/>

Díez Borque, José Mª (1978): *Sociedad y teatro en la España de Lope de Vega*, Barcelona, Antoni Bosch.

——, (1990): *La vida española en el Siglo de Oro según los extranjeros*, Madrid, Ediciones del Serbal.

——, (2002): *Los espectáculos del teatro y de la fiesta en el Siglo de Oro*, Madrid, Arcadia de las Letras.

Díez de Benjumea, Nicolás (1877): «La cárcel mitológica de Argamasilla», *Revista contemporánea*, 30 de septiembre, pp. 234-247.

Domínguez Caparrós, José (2002): *Métrica de Cervantes*, Alcalá de Henares, Centro de Estudios Cervantinos.

Eisenberg, Daniel (1999): «El convenio de separación de Cervantes y su mujer Catalina», *Anales cervantinos*, 35, pp. 143-149.

Falcón Márquez, Teodoro (1996): «La Cárcel Real de Sevilla», *Laboratorio de Arte: Revista del Departamento de Historia del Arte*, 9, pp. 157-170.

Fanconi, Paola (en prensa): «Pedro de Padilla», en Carlos Alvar (dir.), *Gran Enciclopedia Cervantina*, Alcalá de Henares, Universidad.

Fernández Álvarez, Manuel (2005): *Cervantes visto por un historiador*, Madrid, Espasa Calpe.

Fernández de Navarrete, Martín (1819): *Vida de Miguel de Cervantes Saavedra*, Madrid, Real Academia Española.

Finello, D. (2008): *The Evolution of the Pastoral Novel in the Modern Spain*, Tempe, Arizona Center for Medieval and Renaissance Studies.

Galbis Díez, Mª del Carmen (1986): *Catálogo de pasajeros a Indias durante lo siglos XVI, XVII y XVIII, volumen VII (1586-1599)*, Ministerio de Cultura, Dirección General de Bellas Artes y Archivos.

Gallego Morell, Antonio y María Pinto Molina (1989): «La biblioteca del Duque de Gor de Granada», *Chronica nova*, 17, pp. 67-89

García Aguilar, Ignacio (2005): «Varones nobles y nobles poetas: los repertorios de ingenios en el Siglo de Oro», en Begoña López Bueno (dir.), *En torno al canon: aproximaciones y estrategias*, Sevilla, Universidad, pp. 285-316.

García García, Bernardo J. (1997): «Alonso de Cisneros: vida y arte de un comediante entre Lope de Rueda y Gaspar de Porres», *Edad de Oro*, 16, pp. 171-188.

García López, Jorge (2015): *Cervantes. La figura en el tapiz*, Barcelona, Pasado & Presente.

García Reidy, Alejandro (2013): *Las musas rameras. Oficio dramático y conciencia profesional en Lope de Vega*, Madrid-Frankfurt am Main, TC12/ Iberoamericana/ Vervuert.

Gil-Osle, Juan Pablo (2013): *Amistades imperfectas: del humanismo a la ilustración con Cervantes*, Madrid-Navarra, Universidad de Navarra, Iberoamericana, Vervuert.

Granja, Agustín de la (1995): «Apogeo, decadencia y estimación de las *Comedias* de Cervantes», en *Cervantes*, Alcalá de Henares, Centro de Estudios Cervantinos.

Griffin, Clive (1991): *Los Cromberger*, Madrid, Ediciones Cultura Hispánica.

Hernández Esteve, Esteban (2015): «Cervantes como comisionado y recaudador al servicio de la Real Hacienda», *Revista Activos*, 13, nº 24, pp. 21-99

Herrera Puga, Pedro (1971): *Sociedad y delincuencia en el Siglo de Oro*, Granada, Universidad.

Huerta Calvo, Javier (dir.) (2003): *Historia del teatro español. I. De la Edad Media a los Siglos de Oro*, Madrid, Castalia.

Iglesias, María del Carmen (2005): *El mundo que vivió Cervantes*, Madrid, Sociedad Estatal de Conmemoraciones Culturales.

Jauralde, Pablo (2013): «La biblioteca de Bartolomé March (Palma de Mallorca)», en *Han ganado los malos*, 1 de junio de 2013
< http://hanganadolosmalos.blogspot.com.es/> [19/agosto/2016].

Laskier Martín, Adrianne (1985): «El soneto a la muerte de Fernando de Herrera: texto y contextos», *Anales Cervantinos*, 23, pp. 213-220.

——, (1991): *Cervantes and the Burlesque Sonnet*, Berkeley, University of California Press.

Lucía Megías, José Manuel (2016): *Miguel de Cervantes: una vida en construcción*, Madrid, EDAF.

Madroñal Durán, Abraham (1996): «Don Luis de Vargas Manrique (1566-1591?) y su círculo de amigos en torno al romancero nuevo», *Studia Aurea. Actas del III Congreso de la AISO*, I, Toulouse-Pamplona, pp. 396-404.

Maganto Pavón, Emilio (1992): «La Ceremonia de Velaciones de Miguel de Cervantes y Catalina de Salazar (Iglesia de San Martín de Madrid, 16-I-1586). Comentarios sobre una desconocida partida parroquial en el contexto histórico y biográfico cervantina», en *Actas III Encuentro de Historiadores del Valle del Henares*, Guadalajara, pp. 351-367.

——, (2011): *Ana de Villafranca, amante de Miguel de Cervantes*, Madrid, Editorial Complutense.

——, (2013): *Isabel de Saavedra. Los enigmas en la vida de la hija de Cervantes*, Madrid, Editorial Complutense.

——, (2014): *La familia Villafranca y Miguel de Cervantes. Nuevos documentos cervantinos localizados en el Archivo General de Indias*, Madrid, Universidad de Alcalá.

——, (en prensa): «El acta parroquial de la ceremonia de velaciones de Miguel de Cervantes y Catalina de Salazar. Contrayentes y participantes dentro de su contexto histórico (Nuevo estudio retrospectivo y reevaluación de este importante documento cervantino)», en *E-Humanista/Cervantes*.

Maríluz Urquijo, José María (1980): «Regulación jurídica de los pretensores», *Anuario Histórico Jurídico Ecuatoriano*, V, pp. 137-158.

Marín Cepeda, Patricia (2015): *Cervantes y la corte de Felipe II. Escritores en el entorno de Ascanio Colonna (1560-1608)*, Madrid, Polifemo.

Martín Ojeda, Marina (2005): *Miguel de Cervantes en Écija (1587-1589)*, Écija.
—, (2015): «Nuevos documentos sobre la estancia de Miguel de Cervantes en Écija», en *Trigo y aceite para la Armada. El comisario Miguel de Cervantes en el Reino de Sevilla 1587-1593*, Sevilla, Diputación Provincial, pp. 149-187.
Martínez, José Florencio (2011): *Biografía de Lope de Vega. 1562-1635. Un friso literario del Siglo de Oro*, Barcelona, PPU.
Martínez Millán, José (1996): «Filosofía cortesana de Alonso de Barros (1587)», en P. Albaladejo, J. Martínez Millán y V. Pinto Crespo (eds.), *Política, religión e inquisición en la España moderna: Homenaje a Joaquín Pérez Villanueva*, Madrid, Universidad Autónoma, pp. 461-488.
—, (2011): «Corte y casas reales en la Monarquía hispana: la imposición de la casa de borgoña», *Obradoiro de Historia Moderna*, 20, pp. 13-42.
—, (2016): «Cervantes y las facciones cortesanas de su tiempo (1547-1616)», En prensa.
Mayans i Siscar, Gregorio (2006): *Vida de Cervantes* (1738), con estudio introductorio de Antonio Mestre, València, Consell Valencia de Cultura.
Mayo Rodríguez, Julio (2015): «Cervantes en Utrera», *Revista Vía Marciala*, pp. 1-7.
Montemayor, Jorge de (1995): *La Diana*, edición de Asunción Rallo, Madrid, Cátedra.
Montero Reguera, José (1999): «Una amistad truncada: sobre Lope de Vega y Cervantes (Esbozo de una compleja relación)», *Anales del Instituto de Estudios Madrileños*, 39, pp. 313-336.
—, (2012): «Trayectoria del epitafio en la poesía cervantina», *E-Humanista/Cervantes*, 1, pp. 388-410.
—, (2013): «'Fuese y no hubo nada': fortuna y actualidad de un verso cervantino», *Parole Rubate*, 8, pp. 171-186.
—, (2015): «Los tres *Quijotes* ante la poesía: una propuesta sobre el discurso poético de Cervantes», *Cuadernos AISPI*, 5, pp. 117-130.
Morisse, Gérard (2002): «Blas de Robles (1542-1592) primer editor de Cervantes», en *El libro antiguo español. VI. De libros, librería, imprentas y lectores*, Salamanca, Universidad de Salamanca-Seminario de Estudios medievales y Renacentistas, pp. 285-320.
Oehrlein, Josef (1993): *El actor en el teatro español del Siglo de Oro*, Madrid, Castalia.
Ojeda Calvo, Mª del Valle (1995): «Nuevas aportaciones al estudio de la *Commedia dell'Arte* en España: el *zibaldone* de Stefanello Bottarga», *Criticón*, 63, pp. 119-138.
Otte, Enrique (1996): *Cartas privadas de emigrantes a Indias. 1540-1616*, México, FCE.
Pedraza Jiménez, Felipe B. (2009): *Lope de Vega. Pasiones, obra y fortuna del «monstruo de naturaleza»*, Madrid, EDAF.
Pereira Pereira, Jesús ([1995] 2008): «El impacto de la corte en el siglo XVI», en Virgilio Pinto Crespo y Santos Madrazo Madrazo (dirs.), *Madrid: Atlas histórico de la ciudad: siglos IX-XIX*, [Madrid], [Barcelona], Centro de Documentación y Estudios para la Historia de Madrid, Fundación Caja de Madrid y Lunwerg Editores S.A., pp. 170-181.
Pérez Fernández, Antonio (2013): «Miguel de Cervantes Saavedra y la Comarca de las Villas (Jaén, Andalucía)», *Argentaria, Revista Histórica, Cultural y Costumbrista de las Cuatro Villas*, 3, pp. 68-85.
Pérez Pastor, Cristóbal (1897): *Documentos cervantinos hasta ahora inéditos*, Madrid, Estab. tip. de Fortanet.
—, (1902): *Nuevos documentos cervantinos hasta ahora inéditos*, Madrid, Estab. tip. de Fortanet.

Rodríguez Marín, Francisco (1914): *Nuevos documentos hasta ahora inéditos*, Madrid, Tip. de la «Revista de Archivos, Bibliotecas y Museos».

Rodríguez Moñino, Antonio (1964): «Reaparición de un manuscrito cervantino (*El Trato de Argel* y *La Numancia*», *Anuario de Letras* IV, pp. 247-253.

Ruiz Pérez, P. (2006): *La distinción cervantina: poética e historia*, Alcalá de Henares, Centro de Estudios Cervantinos.

——, (2010a): «El 'Canto de Calíope': entre la Arcadia, el Parnaso y la república literaria», en Mª Carmen Marín Pina (coord.), *Cervantes en el espejo del tiempo*, Zaragoza, Universidad, pp. 393-429.

——, (2010b): *El Parnaso versificado: la construcción de la república de los poetas en los siglos de Oro*, Madrid, Aldaba.

——, (2011): «Cervantes y la poesía», en Florencio Sevilla (ed.), *Retrato de Miguel de Cervantes Saavedra*, Guanajuato, Museo Iconográfico del Quijote, pp. 157-204.

Sánchez Mariana, Manuel (1993): «Los manuscritos dramáticos del Siglo de Oro», *Homenaje al Profesor Fradejas Lebrero*, Madrid, UNED, I, pp. 441-452.

——, (2011): «Los autógrafos de Lope de Vega», *Manuscrit. Cao*, 10 (versión digital)

Sanz Ayán, Carmen y Bernardo J. García García (2000): *Teatros y comediantes en el Madrid de Felipe II*, Madrid, Universidad Complutense de Madrid.

Shaw Fairman, Patricia (1981): *España vista por los ingleses del siglo XVII*, Madrid, Sociedad General Española de Librería.

Simón Díaz, José (2000): *El libro español antiguo*, Madrid, Ollero & Ramos.

Sola, Emilio y de la Peña, José F. (1995): *Cervantes y la Berbería. Cervantes, mundo turco-berberisco y servicios secretos en la época de Felipe II*, Madrid, Fondo de Cultura Económica.

Sliwa, Krzysztof (1999): *Documentos de Miguel de Cervantes Saavedra*, Pamplona, Ediciones Universidad de Navarra.

——, (2000): *Documentos cervantinos. Nueva recopilación; listas e índices*, New York, Peter Lang.

——, (2006): *Vida de Miguel de Cervantes Saavedra*, prólogo de Kurt Reichenberger, Kassel, Reichenberger.

——, (2013): «Miguel de Cervantes Saavedra quiso emigrar dos veces a América Latina», *E-Humanista*, 25, pp. 256-275.

Thompson, I. A. A. (1976): *Guerra y decadencia. Gobierno y administración en la España de los Austrias, 1560-1620*, Barcelona, Crítica.

Vaccari, Débora (2003): «Edición de una pieza inédita y de su plan en prosa: el *Entremés del paño*», *Criticón*, 87-89, pp. 877-885.

——, (2006): *I «papeles de actor» della Biblioteca Nacional de Madrid. Catalogo e studio*, Florencia, Alinea Editrice.

Vélez-Sainz, Julio (2006): *El parnaso español: Canon, mecenazgo y propaganda en la poesía del Siglo de Oro*, Madrid, Visor Libros.

Vigo, Abelardo del (1997): *Cambistas, mercaderes y banqueros en el Siglo de Oro español*, Madrid, Biblioteca de Autores Españoles.

Recursos en Internet

Anales cervantinos: http://analescervantinos.revistas.csic.es/index.php/analescervantinos
Banco de imágenes del Quijote: 1605-1915: http://www.qbi2005.com
Biblioteca Digital Hispánica. Biblioteca Nacional de España: http://bdh.bne.es
Hemeroteca Digital. Biblioteca Nacional de España.
   http://hemerotecadigital.bne.es/index.vm
Biblioteca virtual del Patrimonio bibliográfico: http://bvpb.mcu.es/es/consulta/busqueda.cmd
Cervantes en la BNE: http://cervantes.bne.es/
Las rutas de Cervantes:
   https://www.google.com/culturalinstitute/beta/project/the-routes-of-cervantes?hl=es
Miguel de Cervantes. Biblioteca de Autor. Biblioteca Virtual Miguel de Cervantes:
   http://www.cervantesvirtual.com/bib/bib_autor/Cervantes/
Portal de Archivos Españoles (PARES). http://pares.mcu.es/
Publicaciones de la Asociación de Cervantistas: http://cvc.cervantes.es/literatura/cervantistas/
El Quijote. Centro Virtual Cervantes. http://cvc.cervantes.es/quijote/
Universo Cervantes: http://universocervantes.com/es

Índice onomástico

Acuña, Alonso de, 67, 68
Aguado, Juan, 153
Aguilar y Córdoba, Diego de, 174
Aguilar, Benito de, 333
Aguilar, Francisco de, 20
Aguilar, Gaspar de, 197
Alarcón, Juan de, 187, 258
Alauca y Villareal, José de, 169
Alba, Andrés de, 67, 253
Alcaraz, Luis de, 370
Alcázar Sotomayor, Francisco de, 58
Alemán, Mateo, 55, 83, 123, 160, 162
Alfaro, Damiana de, 113
Alfay, José, 227, 238
Alhama Montes, Manuel, 118
Alhama, María, 120
Almonacir, Mateo de, 117
Alvar, Alfredo, 16
Álvarez de Soria, 228
Álvarez de Toledo, Agustín,
Álvarez Terán, Conceppción, 52
Álvarez, Gabriel, 98, 99
Alvear, Isabel de, 22
Angulo, Andrés de, 206
Angulo, Gabriel de, 73
Angulo, Silvestre de, 115, 116
Antisco, Lucas Gracián de, 36, 150
Aragón, Cesáreo, 119
Araiz, enrique de, 307
Arata, Stefano, 214, 219, 221
Argensola, Leonardo de, 197, 202
Argensola, Lupercio Leonardo de, 77, 197
Aríndez de Oñate, Bernardino, 271
Arredondo, Bartolomé de, 329
Arriola, Francisco de, 253
Artiaga, Lorenza Clara de, 56
Asensio, José María, 204
Astrana Marín, Luis, 52, 55, 74, 89, 90, 93, 109, 110, 113, 114, 117, 206, 291
Austria, Ana de, 25, 46

Austria, Juan de, 35, 36. 69, 77, 112
Austria, Juana de, 35
Austria, María de, 77
Ávalos, Juan de, 174
Ávila, Francisca de, 157
Ávila, Francisco de, 363
Ávila, Teresa de, 56
Ayllon, Diego de, 271
Azorín, 356, 357
Bajá, Hazán, 19
Bandello, 291
Barrera, Cayetano de, 224
Barrios, Feliciano, 16, 25, 26,
Barros, Alonso de, 11, 14, 62, 75, 80, 81-86, 88, 107, 126
Barros, Cristóbal de, 17, 71, 268, 276, 293
Barros, Elvira de, 81
Bazán, Álvaro de, 45, 251, 269
Bella, Antonio de la, 19
Belleforest, François, 291
Bellero, Francisco, 169
Benítez, Amaro, 232
Benito, Nicolás, 303, 330, 335
Benito de Mena, Francisco, 350
Bolaños, Juan de, 46
Bonsor, Jorge, 260
Borghese, Camilo, 225
Briones, Antonio, 352
Briones, José maría, 352
Briviesca, Fernando de, 158, 159
Briviesca, Juan de, 102

Cabello Núñez, José, 16, 17, 267, 276, 292
Cabrera de Córdoba, Luis, 44
Cabrero, Francisco, 77
Cáceres, Francisco de, 57
Camos, Marco Antonio de, 31
Canavaggio, Jean, 74
Cardenal don Enrique, 45

Cardenal Espinosa, 35, 37
Cardenal Granvela, 37, 46
Cardona (familia), 37
Carlos I (emperador), 81
Carlos V, 34, 35, 54, 166, 171, 172, 202
Carranza, Jerónimo de, 69
Carrillo, Andrés, 75
Carrizales, Felipo de, 59
Cartagena, 49, 61, 62, 68
Cartagena, Antonio de, 158
Casa, Giovanni della, 150
Castellanos Orozco, Juan de, 81, 82
Castells y de Bassols, José de, 350
Castillo de Bobadilla, Jerónimo, 287
Castillo, Cristina, 16, 166
Castillo, Hernando del, 291
Catalina Micaela, 44
Cavia, Mariano de, 357, 359
Cerio, Andrés de, 329
Cervantes, Andrea de, (hermana), 16, 22, 71, 72, 74, 96
Cervantes, Constanza de (sobrina de), 22, 109
Cervantes (de Saavedra), Isabel de (hija), 109, 112
Cervantes, Juan de (hermano), 22
Cervantes, Luisa de (hermana), 22, 71
Cervantes, Magdalena de (hermana), 22, 63, 64, 71, 96
Cervantes, Rodrigo de (hermano), 46, 63, 71, 99
Cervantes, Rodrigo de (padre de M. de Cervantes), 22, 45, 46, 63, 72, 94
Céspedes, Maximiliano de, 41
Cetina, Agustín de, 291
Chacón de Narváez, Juan, 261, 262
Chaves, Rodrigo de, 20, 21
Cifuentes, conde de, 35
Cisneros, Alonso de, 178, 180
Claramonte, Andrés de, 134
Claros, Miguel, 352
Cobarrubias Herrera, Jerónimo, 150, 164
Colonna, Ascanio, 80, 170, 190, 231, 241
Conde de Altamira, 56
Conde Alcoutin, 44

Conde Chinchón, 31
Conde de Gondomar, 191, 223, 224
Conde de Lemos, 37, 125
Conde de Puñoenrostro, 37
Conde de Ureña, 165, 166
Conde de Villamediana, 238
Conde Portalegre, 44
Constanza, 22, 109
Cortinas, Leonor de (madre de Miguel de C.), 22, 47
Costa, Mª Augusta da, 16
Cravileri, Daniele, 16
Cromberger, Jacobo, 136, 365
Cromberger, Juan, 365
Cuende, Juan, 69
Cuesta, Juan de la, 157
Cueva, Francisco de la, 58, 202
Cueva, Juan de la, 157, 202
Cueva, Nuño de la, 58

Daniel, Arnaut, 229
Darío, Rubén, 355-357
Dávila, Rodrigo, 271
Delgado, Juan, 49, 63, 64, 99
Demantte, Claudia, 16
Díaz, Diego, 190
Díaz, Francisco, 78, 242
Díaz de Benjumea, Nicolás, 111, 345
Díaz-Pintado Hilario, José, 16
Díez de Morales, Luis de, 56
Díez de Tudanca, Pedro, 62
Doctor Vallés, 46, 78
Drake, 64
Duarte, Francisco, 254
Dumas, Alejandro, 204
Duque de Alba, 35, 36, 45, 47, 62
Duque de Berganza, 44
Duque de Estrada, 233, 236
Duque de Francavila, 35
Duque de Gor, 91
Duque de Medina Sidonia, *véase* Pérez de Guzmán, Alonso,
Duque de Osuna, 165,166
III Duque de Parma, *véase* Farnesio, Alejandro de

Duque de Pastrana, 242
Duque de Sessa, 37, 128, 129, 224, 244
Durán, Diego, 78
Durán, Hernando (capitán), 58

Écija, Andrés de, 73
Eleyzalde, Miguel de, 160
Enríquez, Alonso, 69
Enríquez, Magdalena, 268
Enríquez de Ribera, Francisco, 286
Eraso, Antonio de, 34, 52, 54, 59, 108, 145, 148, 150, 153, 160, 165, 166
Eraso, Francisco de, 34, 35, 54
Ercilla, Alonso de, 76, 77, 166
Escalante, Bernardino, 252
Escobedo, Juan de, 36, 157
Escribano, Diego, 98
Espinel, Vicente, 171, 241
Espinosa, Pedro de, 227
Esquivel, Jusepe de, 190
Estéfano, Juan de, 20
Estrada, Alonso de, 93, 174
Ezpeleta, Gaspar de, 366

Fajardo y Córdoba, Pedro, marqués de los Vélez, 159
Familia Palacios-Salazar, 99
Faria e Sousa, Manuel de, 149
Farnesio, Alejandro, III duque de Parma, 252, 253
Felipe II, 10, 11, 23, 28, 30, 31, 33, 35-39, 43-51, 54, 64, 67, 78, 79, 83, 94, 230, 251-253, 257, 262
Felipe III, 31, 34, 39, 84, 118
Fernández, Carmen, 16
Fernández, Cesáreo, 352
Fernández, Justo, 16
Fernández ¿con o sin preposici´n? Navarrete, Pedro,
Fernández Álvarez, Manuel, 74
Fernández de Avellaneda, Alonso, 125, 246, 346
Fernández de Espinosa, Juan, 49, 64
Fernández de Navarrete, Martín, 49, 110, 111

Fernández de Navarrete, Pedro, 38, 39
Fernández de Recalde, Pedro, 69
Fernández de Sotomayor, Gonzalo, 174
Fernández González, Manuel, 204
Figueroa, Francisco de, 166-170
Figueroa, Roque de, 210
Fine, Ruth, 16
Fletcher, John, 210
Franca, Ana, 74, 90, 95, 110, 112-114, 117
Freire de Lima, Simón, 310, 311
Fresco, Luigi, 46

Gaitán, Juana, 73, 89-93, 98, 102, 103
Gálvez de Montalvo, Luis, 36, 76, 79, 155, 161, 165-167, 170, 171, 231, 240, 241, 242
Gárate, Pedro de, 329
Garcés, María Antonia, 16
García, Antonio, 222
García, Juana, 116
García de Loaysa y Girón, 83
García de Palacio, Diego, 267
García Raidy, Alejandro, 128, 208
Gasca de Salazar, Diego de (licenciado), 57, 62
Gil, Juan, 19, 20, 22, 47
Gil Polo, Gaspar, 164, 172
Giner, Lope, 49
Girón, Magdalena, 165
Goleta, la, 61, 95
Gómez, Alonso, 25, 161
Gómez del Águila, Baltasar, 73
Gómez de Butrón, Martín, 258
Gómez de Carrión, 73, 74
Gómez de Luque, Gonzalo, 78
Gómez de Silva y Mendoza, Rui, 35, 45, 91
Góngora, Luis de, 38, 77, 91, 173, 228, 231, 241, 243, 246
González, Tiburcio, 224
González, Tomás, 192-194
González de Aguilar, Antonio, 27
González Dávila, 38
Gracián Dantisco, Lucas, 36, 150

Gracián, Juan, 134
Granada, Antonio de, 203
Granados, Antonio, 134
Gregorio VIII (papa), 36, 47
Guevara, Antonio de, 71, 253-257, 269, 271-273, 275-278, 280, 287, 293
Gutenberg, 136
Gutiérrez, Juan, 160
Gutiérrez, Tomás, 73, 193-196, 204, 206, 269
Gutiérrez de Rufo, Juan, 77, 160
Gutiérrez Flórez, Pedro, 62
Guzmán, Gaspar de, 107

Hartzenbusch, Juan Eugenio, 351, 352
Hasun, Abu, 50
Hermanos Argensola, 37
Hernán Mejía (capitán), 95
Hernández de Códoba, Felipe, 51
Hern, Félix d,
Herrera, Jerónimo de, 291
Hondaro, Diego de, 73, 74, 89, 92, 93, 102, 103
Hondaro, Juan de, 93
Hurtado de Mendoza, Diego, 159, 170, 171
Hurtado de Mendoza, Luis, 166

Ibarra, Joaquín, 348
Idiáquez, Juan de, 31
Illescas, Ana de, 74
Íñiguez de Lequerica, Diego, 155
Íñiguez de Lequerica, Juan, 160, 251
Isabel Clara Eugenia, 44
Isunza, Pedro de, 71, 74, 75, 95, 108, 254, 261, 269

Jauralde, Pablo, 16
Jiménez de Urrea, Jerónimo, 151, 172
Jiménez, Juan, 116, 117
Khevenhüller, Hans, 375

Lacy, Rafael de, 118
Laguna, Francisco de la, 99
Laínez, Pedro, 27, 36, 37, 73, 74, 88-94, 98, 107, 148, 167, 170, 231, 240,
Laso, Gutierre de, 273
Lazar, Hernando de,
Ledesma, Alonso de, 231
Ledesma, Juan de, 61
León, Melchor de,191
León, Pedro de (padre), 342
León Máinez, Ramón, 49
Lerma, Alonso de, 362
Lezana, Íñigo de, 329
Licardi, Martín de, 266, 267
Liñán de Riaza, Pedro, 231, 232, 241, 242
Liñán y Verugo, Antonio, 41, 42, 242
Lisardo, Alférez, 42
Llerena, Bartolomé de, 283
Loaisa, Jofré de, 95
Lope de Rueda, 197
Lope de Vega, *véase* Vega y Carpio, Félix Lope de
López, Francisco, 157
López de Enciso, Bartolomé, 164
López de León, Pedro, 329
López de Mendoza, Íñigo, 166
López de Orozco, Diego, 81
López de Úbeda, Francisco, 228
López de Vivero, Vasco, 69
Ludeña, Fernando de, 22, 64
Ludeña, Juan de, 65
Ludeña, Pedro de, 63, 64, 99
Luján, Micaela de, 190

Madrigal, Pedro de, 76, 83, 155
Madroñal, Abraham, 16
Magento Hilario, Emilio, 16, 63, 95, 98, 99, 110
Magento Pavón, Emilio, 63, 74, 95-98, 110, 113, 117
Maldonado, Gabriel, 75
Maldonado, Gaspar de, 75
Maldonado, Jerónimo, 275
Maldonado, Juan, 93
Maldonado, Lorenzo, 58
Manso de Contreras, Francisco, 69
March, Bartolomé, 91, 92
Marcos, Francisco, 97, 98

Marín Cepeda, Patricia, 70, 80, 231
Marín Perellón, Francisco José, 16
Marqués de Cañete, 58
Marqués de las Navas, 128
Marqués de Malpica, 128
Marqués de Pidal, 225
Marqués de Santa Cruz, 45, 61, 252, 253, 256, 264, 265
Marqués de Sarrià, 128
Marqués de Velada, 37, 80
Marqués de Villarreal,
Martín, Diego, 117
Martín Ojeda, Marina, 270
Martínez, Marcos, 97, 98
Martínez de Ribera, Diego, 174
Martínez Millán, José, 16, 34, 36
Matías, Diego, 56
Matute (músico), 166
Mayo Rodríguez, Julio, 297
Medici, Francesco d', 83
Medina, Juan de, 157
Medina Medianilla, Pedro, 231
Medina de Zarauz, 62
Mejía, Alonso, 95
Mejía, Hernán, 95
Mejía, Rodrigo, 97, 98
Mena Barrionuevo, Pedro, 58
Méndez, Simón, 11, 72
Mendoz, Pedro de, 95
Mendoza, Ana de, princesa de Éboli, 36, 37
Mendoza, Diego de, 35
Mendoza y Aragón, Enrique de, 155, 166
Menéndez de Valdés, Gonzalo, 65, 66
Mercado, Luis de, 62
Mestanza Rivera, Juan de, 55, 174
Mira de Amezcua,
Miranda, Diego de, 235
Molina, Luis de, 96, 112-115, 118, 363
Molina, Tirso de, 213
Montemayor, Jorge de, 147, 161-165
Montero Reguera, José, 16, 228, 240, 243
Monteroso y Alvarado, Gabriel, 160
Montesdeoca, Pedro de, 99
Montoya, Juan de, 58

Morales, Alonso de, 219, 244
Morales, Bartolomé de, 89
Morán, Jerónimo, 49, 111
Moreto, Agustín de, 42
Morgado, Alonso de, 337
Moscoso, Francisco de, 332
Moura, Cristóbal de, 31
Moya, Miguel de, 273
Mudarra, Diego de, 370
Múgica, Martín de, 113

Nazerí de Galassa, Juan Alberto, 178
Nunes, Filipo, 229
Núñez Morquecho, doctor, 61
Núñez Roldán, Francisco, 116
Núñez de Zurbarán, Juan (almirante), 58

O'Neill, John, 16
Obispo de Guadix, 286
Obispo de Leira, 44
Obregón, Andrés, 153
Obregón Herrera, Juan de, 275
Ocaña, Pedro de, 190
Ochoa Ibáñez, Juan, 247
Olivar, Jorge de, fray, 47
Olmedilla, Bernardino de, 310
Olmedo, Alonso de, 134
Ondarza Zavala, Miguel de, 146, 153
Ordóñez, Alonso, 69
Orellana, Pietro de, 21
Oribe Salazar, Tristán de, 58
Ortega Rosa, 89, 90
Ortiz de Sandoval, Melchor, 194
Ortúñez de Calahorra, Diego, 160, 163
Osorio, Elena, 178, 191, 232, 240
Osorio, Francisco de, 204
Osorio, Inés, 75
Osorio, Rodrigo, 10, 197, 204-206
Otte, Enrique, 56
Oudin, César, 169
Oviedo, Miguel de, 294

Padilla, Pedro de, 76-78, 160, 161, 226, 227, 231, 241
Palacios, Catalina de, 11, 15, 65, 72, 94,

97, 99, 101
Palacios, Juan de, 97, 98, 103
Palacios y Salazar, Catalina, 102
Palafox, Jerónimo de, 19
Palomino, Maximilian, 352
Pasamonte, Ginés de, 123, 148
Pascual, Mateo, 20, 134
Paz Salas, Pedro de, 263, 264
Pedroso, Bernabé de, 263
Pellicer, Juan Antonio, 72, 109
Penagos, Baltasar de, 222, 223
Peña, Cristóbal, 99 (¿de la?)
Peña, Francisco, 16
Pérez, Alonso, 164
Pérez de Alcega, Juan, 22
Pérez de Guzmán, Alonso, 253
Pérez de Herrera, Cristóbal, 83
Pérez de Montalbán, Juan, 129, 210, 211, 214
Pérez Pastor, Cristóbal, 73, 74, 110, 112, 198
Pérez, Antonio, 31, 36, 50, 147
Peso de Vera, Pedro del, 69
Pinedo, Baltasar de, 134, 203, 222
Pío V, papa, 35
Pizarro, Francisco, 63, 174
Plantino, Cristóbal, 159, 207
Porres, Gaspar de, 10, 93, 107, 131, 178, 197-204, 209
Portugal, Juan de, 35
Prada, Andrés de, 329
Prieto, Gregorio, 359
Prieto, Melquíades, 16
Princesa de Éboli, *véase* Mendoza, Ana de,
Príncipe de Éboli, 34, 35, 91
Palacios, Juan de, 97, 98, 103
Puebla, Matilde de la, 286

Quevedo, Francisco de, 38, 76, 114, 133
Quijada de Salazar, Alonso, 109
Quijano el Bueno, Alonso, 77, 111, 147, 197, 243, 290, 291

Rafael (pintor), 204
Ramírez, Manuel, 190

Reggio, Agustín, 11
Reina Margarita, 188
Reyes Católicos, 29, 30
Ribera, Juana de, 232
Ribera, Nicolás, el viejo, 174, 232
Ribera, Sancho de, 174
Ríos, Nicolás de los, 191, 204
Rivadeneyra, manuel, 351, 352
Robles, Bartolomé de, 157, 158
Robles, Blas de, 77, 78, 107, 143, 148-163, 169
Robles, Francisco de, 123, 126, 156, 157, 161, 169, 206, 207
Roca y Delgado, Mariano de, 357
Rodaja, Tomás, 269
Rodolfo II (emperador), 375
Rodríguez, Alonso, 112-114, 178
Rodríguez Baltodano, Benito, 62
Rodríguez de Fonseca, Juan, 30, 117
Rodríguez de Herrera, Pedro, 262
Rodríguez de Montalvo, Garci, 160
Rodríguez Jurado, Adolfo, 193
Rodríguez Marín, Francisco, 109, 116, 198
Rodríguez Moñino, Antonio, 219
Rodríguez Zamorano (licenciado), 73
Rojas, Ana, 112
Rojas, Diego de, 56
Rojas Manrique, Diego de, 56, 77
Romano, Gregorio, 72
Romo Feito, Fernando, 228
Ross, William Cecil, 26
Rueda, Pedro de, 93
Rufo de Gutiérrez, Juan, 70
Ruy Sáez, Diego, 293, 329

Saavedra, Isabel de, 22, 96, 109, 110, 112, 117
Saavedra Fajardo, 31
Sáez, Adrián, 240
Sáenz de la Torre, Juan, 296
Sáenz de Viteri, Pedro, 222
Salamanca Maldonado, 329
Salazar, Catalina de, 63, 71, 73, 90, 94, 95-100, 102, 106-108, 110, 113, 115, 174

Salazar, Juan de, 95, 96
Salazar Vozmediano, Hernando de, 72, 100
Salisbury, lord, 26
Sancha, Gabriel de, 219
Sánchez, Francisco, 57, 155
Sánchez Coello, 166
Sanchez Moltó, Vicente, 16
Sánchez poblete, Bartolomé, 194
Sánchez Tristán, Francisco, 57
Sannazaro, 163, 165
Sarmiento de Acuña, Diego, 191, 223
Sasio (músico), 166
Sessa, duque de, 128, 224
Shakespeare, William, 129, 130, 134, 204
Serna, Bernabé de la, 241
Sierra, Pedro de la, 160-163
Sigura, Antonio de, 90
Silva, Catalina de, 35
Silva, Feliciano de, 162, 163
Silva, Fernando de, 285
Simon y Badía, Ramón, 352
Sobarzo, Diego de, 95
Sosa, Antonio de, 46, 47
Soto, Hernando de, 83
Spaña, Alonso de,
Suárez, Cirpiano, 160
Suárez de Figueroa, Cristóbal, 140
Suárez Gasco, Gabriel, 307
Tácito, 84
Tarfe, Álvaro, 167
Tárrega, Francisco de, 197
Terrazas, Francisco de, 174
Tiépolo, 34
Toledo, Antonio de, 46-48, 79, 80
Tomás (poeta), 150
Torres, Eduardo, 16
Trapiello, Andrés, 17
Tudor, María, 35
Túnez, 44, 61, 95

Ujena, Bartolomé de, 361
Urbina, Ana María de, 64
Urbina, Juan de, 112
Ureña, conde de, 165, 166

Urrea, Jerónimo, 172

Valcárcel, Juan de, 333
Valdés, Pedro de, 267
Valdivia, Diego de, 108, 269, 271, 274, 285, 286, 293
Valencia, Francisco de, 46
Valera, Joaquín de, 273
Valera, Juan de, 273, 307
Valladolid, Jerónimo de, 74
Vallejo, Gaspar de, 333
Valois, isabel de, 317
Valverde, Bernardino de, 56
Vanegas, jerónimo de, 363
Várez de Castro, 146, 155
Vargas Manrique, Luis de, 170, 171, 231, 232
Vega García-Luengos, Germán, 16
Valverde, Bernardino de, 56, 91
Várez de Castro (licenciado), 155
Vargas, Diego de, 17, 232
Vargas Manrique, Luis de, 76-78, 171
Varnuevo, Simón de, 113
Vázquez, Mateo, 31, 36, 37, 46-48, 52, 54, 59, 75, 80, 83, 87, 88, 122, 147
Vázquez de Arce, Alonso, 65, 69
Vázquez de Arce, Rodrigo, 65
Vázquez de Leca, Mateo, 83
Vega de Fonseca, Hernando de, 60, 67
Vega y Carpio, Félix Lope de, 70, 76, 92, 121, 124, 128-133, 138, 151, 164, 168, 169, 173, 178, 186, 189, 191, 197, 200-218, 222, 224, 227, 231, 240-249
Vega y de Fonseca, Hernando de la, 67
Vega, Agustina de, 190

Velázquez, Ana de, 232
Velázquez, Jerónimo, 178, 191, 202, 232
Velázquez Osorio, matrimonio, 232
Vera, Francisco de, 73
Vergara, Juan de, 78, 196
Vergara, Luis de,
Villafranca, Ana de, 90
Villafuerte, Pedro de, 91

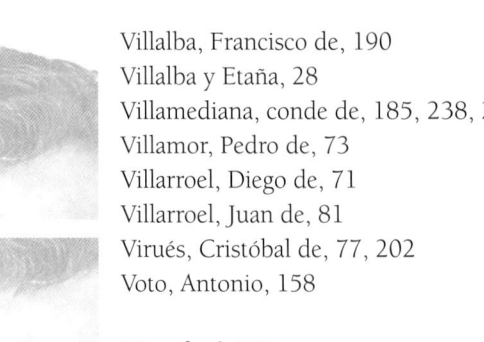

Villalba, Francisco de, 190
Villalba y Etaña, 28
Villamediana, conde de, 185, 238, 239
Villamor, Pedro de, 73
Villarroel, Diego de, 71
Villarroel, Juan de, 81
Virués, Cristóbal de, 77, 202
Voto, Antonio, 158

Waterford, 252

Wyts, Lamberto de, 25

Xara de la Cerda, Hernando, 57
Xaramillo, Diego de, 160

Zárate (capitán), 222
Zaráuz, Medina de, 62
Zavala, Ondarza, 146
Zufre, Diego de, 329
Zúñiga y Avellaneda, Félix de, 58

Índice toponímico

Academia Sevillana de las Buenas Letras, 344
Aguilar, 294
Alba de Tormes, 164
Alcalá de Henares, 20, 22, 71, 78, 107, 154-157, 160-162, 179, 191, 201, 207, 374, 382
Alcaudete, 294
Alemania, 136
Alhama, 306
Almagro, 179
Almonte (Huelva), 294,
Álora, 294
Amberes, 162, 207
Andaguailas, 56
Andújar, 271, 276
Antequera, 261, 265
Aragón, 28-30, 35, 179, 203, 241
Archivo de Protocolos Notariales de Morón de la Frontera, 295
Archivo General de Indias, 55, 57, 60-62, 67, 81, 82, 101, 169, 297, 299
Archivo General de Simancas, 49-52, 282, 284, 305, 308, 310, 331, 344, 366
Archivo Histórico de Protocolos de Madrid, 20, 21, 112, 151, 152, 199, 205
Archivo Histórico de Protocolos de Sevilla, 205
Archivo Histórico Nacional de Madrid, 142, 338-342, 366
Archivo Histórico Provincial de Córdoba, 116
Archivo Histórico Provincial de Sevilla, 298, 299
Archivo Provincial de Toledo,
Ardales, 293
Arequipa, 57, 174
Argamasilla, 349
Argel, 20-23, 37, 46-49, 50, 55, 61-64, 72, 73, 78-79, 90, 11, 113, 135, 197, 198, 202, 217-221, 227, 233, 285, 362
Arica, 57
Arjona, 294
Arjonilla 294
Asrahal, 294
Audiencia de Grados de Sevilla, 328
Audiencia de Guatemala, 174
Audiencia Real de México, 69, 70
Azpeitia, 22

Badajoz, 46, 162, 294
Baeza, 293
Barcarrota (Badajoz), 162
Barcelona, 31, 123, 164, 179, 352, 371
Begíjar (Jaén), 283
Begilar, 294
Biblioteca Colombina, 318
Biblioteca Nacional de España, 154, 168, 208, 209, 217-225, 308, 314
Biblioteca Central del CSIC, 236
Biblioteca de El Escorial, 159
Biblioteca Nazionale di Firenze, 236
Biblioteca Nazionale di Napoli, 233, 236
Biblioteca Pública de Évora, 236
Bolullos del Condado (Huelva), 294
Borgoña, 28, 30
Burgos, 93, 162, 179, 265

Cabra, 294
Cádiz, 179, 213, 253, 254, 257, 318
Cajamarca, 56
Calle de la Sierpe, 336, 338
Calle Toledo, 117
Canal de la Mancha, 254
Cantillana, 46
Cárcel de Castro del Río, 333
Cárcel Real de Sevilla, 10, 17, 235, 328, 333-355, 357, 361

Cariñena, 160
Carmona, 84, 259, 260, 293, 296
Casa de Medrano, 355
Casa Museo de Cervantes (Alcalá de Henares), 108
Castro del Río (Córdoba), 270, 287, 288, 293, 328
Catedral de Santa Fe, 169
Catedral de Sevilla, 274, 286
Cerdeña, 29
Chancillería de Valladolid, 196
Chile, 57
Constantinopla, 22, 200
Convento de la Merced, 72
Convento de las Carmelitas (Alcalá de Henares), 71
Convento de las Trinitarias Descalzas de Madrid, 111
Convento de Santo Domingo de Zaragoza, 234
Córdoba, 44, 70, 77, 116, 117, 159, 179, 193, 213
Corral de Atarazanas, 180
Corral de Alcalá de Henares, 71
Corral de Burguillos, 180
Corral de Comedias de Almagro (Ciudad Real), 179
Corral de don Juan, 180
Corral de doña Elvira, 180
Corral de Isabel de Pacheco, 178
Corral de la Cruz, 135, 200, 201, 210
Corral de la Olivera (Valencia), 180
Corral de la Pacheca, 180
Corral de San Pedro, 180
Corral del Alcoba, 180
Corral del Hospital de Santa Cruz (Barcelona), 180
Corral del Mesón del Carbón (Granada), 180
Corral del Mesón de la Fruta (Toledo), 180
Corral del Pero Mato (Córdoba), 180
Corral del Príncipe, 232
Corral del Sol, 179
Cortes de Valladolid, 28
Cueva de Medrano, 347

Cuzco, 56, 69

Denia, 19
Ducado de Milán, 30
Duero, río, 173

Ebro, río, 173
Écija, 10, 73, 257, 269-276, 280, 283, 285, 288, 292-295, 298, 301-307, 332, 333, 362
Edificio de Agustinos Descalzos de Nuestra Señora del Pópolo, 336
El corral de Almagro, 179
El Escorial, 252, 314, 370
El Ferrol, 64
El Puerto de Santa María, 45
El Toboso, 346
Esquivias, 73, 89-100, 103, 107-109, 191, 268, 293, 361, 362, 374, 375
Estambul, 50
Estaña, 28
Estepa, 293

Filipinas, 158, 159
Flandes, 252, 269
Frankfurt, 136
Fundación María Cristina Masaveu Peterson, 225

Gerena (Sevilla), 294
Gobernación de Soconusco, 61, 65-68
Guadix, 286, 305
Guadalajara, 166
Guamanga, 57, 63
Guanuco, 57

Haraal, 296
Hispanic Society of America (Nueva York), 219, 220, 236
Hospital de la Sangre (Sevilla), 291
Hospital de Messina, 112, 353
Huancavelica, 57
Hungría, 95

Iglesia de San Martín (Madrid), 63, 98, 117

Iglesia de Santa maría de la Asunción (Esquivias), 97
Instituto Universitario «La corte en Europa», 34
Irlanda, 252
Iznatoraf (Jaén), 294

Jaén, 213, 283, 293294
Jerez de la Frontera, 256

Kent (costa de), 252

La Coruña, 314
La Palma del Condado (Huelva), 294
Lagunas de Ruidera, 350
La Paz, 57, 58, 61, 65, 68, 69
Las Alpujarras, 69
Las Navas de Tolosa (Jaén), 294
Leganés, 91
Linares, 189, 294
Lisboa, 44, 46, 52, 229, 252, 253, 256, 265, 267, 276, 314,
Loja, 306
Lombardía (región), 45

Madrid, 20-26, 28, 34-43, 46, 47, 52, 56, 57, 70, 72-80, 89-94, 97-103, 107, 111-113, 118-122, 127, 131, 148-151, 155-158, 160, 161, 164, 168, 176-180, 186, 187, 191, 194, 197, 199, 201, 204, 207, 210, 219, 221, 222, 232, 240, 242, 243, 375
Málaga, 179, 213, 265, 293, 307, 333, 336, 336
Mallorca, 29, 47
Manzanilla (Huelva), 294
Marchena, 294, 296
Marmolejo, 294
Martos, 294,
Medina del Campo, 136, 162, 231
Medina de Rioseco, 151
Moguer, 63, 174
Monasterio de el Escorial, 94
Monasterio de Nuestra Señora de los Remedios (Valencia), 19

Monasterio de San Agustín, de Barcelona, 31
Montilla, 294
Morón de la Frontera, 295-298
Mostagán, 49-52, 61
Mota del cuervo, 346, 347
Motril, 306
Murcia, 265

Nápoles, 30, 37, 40, 45, 83, 265
Nielba (Huelva), 294,

Obispado de Córdoba, 254
Olivares, 294,
Orán, 49-51, 61, 82
Osuna, 165, 296-298

Palacio de Pastrana, 37
Parinacoha, 56
Parroquia de los Santos San Justo y Pastor, 117
Parroquia de Nuestra Señora de los Remedios de Madrid, 56
Parroquia de San Martín (Madrid), 63, 95, 98, 113
Parroquia de San Miguel, 158
Prroquia (iglesia) de Santa María, 285
Paterna del Campo (Huelva), 294
Pedrera, 293
Perú, 55, 59, 63, 69, 173, 174
Pisuerga, río, 173
Plaza de Guadalajara, 158
Porcuna, 294
Portugal, 26, 28, 36, 43, 46, 47, 61, 64,
Potosí, 55-57, 64
Principado de Cataluña, 30
Puebla de Cazalla, 16, 295
Puerta de Guadalajara, 158
Puerto Lápice (Ciudad Real), 347
Puerto de Santa María (Cádiz), 45, 303
Puerto de Sevilla, 138, 159

Quintanar de la Orden, 346
Quito, 57, 69

Real Audiencia de Sevilla, 269
Real Cancillería de Valladolid, 328
Real Capilla,
Real Casa de Contratación (Sevilla), 30, 254, 363
Rociana (Huelva), 294
Roma, 36, 321
Ronda, 258, 306, 307

Salamanca, 79, 138, 162, 231, 369
Salobreña, 306
Sevilla, 23, 30, 73-75, 84, 87, 93, 99, 103, 107, 108, 115, 136, 164, 169, 179-181, 191-194, 204, 228, 230, 244-247, 249, 253, 265-268, 272-278, 285, 287, 291, 293, 304, 314, 328, 329, 335, 344, 357-366
Sicilia, 81, 265
Soconusco, 61, 65-67, 69

Tajo, río, 173
Támesis, río,
Tarragona, 125
Teba, 293
Toledo, 72, 94, 99, 100, 103, 108, 127, 166, 179, 191, 231, 244, 245, 293, 310, 313, 366, 369
Tomar, 23, 30, 43, 45, 46, 48, 49, 52, 80
Tomelloso, 350
Tormes, río, 173
Torres, 294
Túnez (fuerte), 95

Turia, río, 173

Úbeda, 293
Universidad Autónoma de Madrid, 34
Universidad de Alcalá, 79
Universidad de Harvard, 317
Universidad de Salamanca, 79, 338
Universidad de Sevilla, 193
Utrera, 294, 296, 298

Valencia, 19, 20, 29, 46, 163, 164, 179, 201, 207, 241,
Valladolid, 11, 72, 74, 93, 100, 109-111, 151, 164, 189, 191, 196, 207, 213, 223, 244, 245, 268, 290, 328, 349, 364, 366, 369, 371-375
Vélez Málaga, 333, 336
Venecia, 34
Venezuela, 63
Vicálvaro, 91
Villalba del Alcor (Huelva), 294
Villalba, 28
Villamanrique (Huelva), 294
Villamartín, 296, 297
Villareal, 169
Villarrasa (Huelva), 294
Villasdompardo, 294,
Vizcaya, 255, 265

Yucatán, 69

Zamora, 179, 202